Alle Jesusworte von A bis Z

Alle **Jesus-worte** von A bis Z

Das praktische Handbuch
zum Nachschlagen, Lesen
und Zitieren

Herausgegeben von
Albert Buchwald

KREUZ VERLAG

Vorwort

Bei Diskussionen und Gesprächen werden oft Sätze gebraucht wie: In der Bibel steht das so..., Jesus sagt zu diesem Thema folgendes... Die Kirche sagt...
Für mich als Laien, der im Kirchengemeinderat und als Synodaler immer wieder mit solchen Aussagen konfrontiert wurde, stellte sich immer wieder die Frage: Stimmt das so? In unzähligen Buchhandlungen suchte ich nach dem Buch, in dem ich schnell und einfach die Aussagen Jesu nachschlagen könnte. Die Suche war ergebnislos.
Ich nahm mir vor, alle Jesusworte, und diese nach Stichworten geordnet, aufzuschreiben. Nach vier Jahren hatte ich meiner Meinung nach alle wichtigen und entscheidenden Sätze von Jesus aus der Bibel herausgeschrieben. Ich stellte fest, daß Jesusworte »pur« nichts von ihrer Aktualität verloren habern, im Gegenteil: Ich lernte die Bibel in einem ganz neuen Licht sehen. Jesusworte sind eine Hilfe für jeden, der sucht – er findet Antwort.
Das veranlaßte mich, mit dem Kreuz Verlag Kontakt aufzunehmen, und ich übergab Frau Hildegunde Wöller, Lektorin, meine handgeschriebenen Aufzeichnungen. Das Ergebnis war, daß meine Zusammenstellung noch um viele Stichworte und Zitate erweitert und vervollständigt werden mußte.
Jetzt liegt das Werk fertig vor Ihnen.

Mir bleibt zu danken:
- Frau Wöller für ihren entscheidenden und richtungsweisenden Beistand,
- Herrn Frank Heinle für seine Hilfe bei der EDV-Organisation,
- meiner Frau Susanne für ihre Leistung bei der schreibtechnischen Umsetzung.

Ihnen, liebe Leserinnen und liebe Leser, wünsche ich bei der Lektüre dieses Buches viel Freude, Hilfe und Erkenntnis.

Bad Boll, April 1996 *Albert Buchwald*

A

AAS

Wo das Aas ist, da sammeln sich die Geier.
Matthäus Kapitel 24 Vers 28
Lukas Kapitel 17 Vers 37

ABBA

Abba, mein Vater, alles ist dir möglich; nimm diesen Kelch von mir; doch nicht, was ich will, sondern was du willst!
Markus Kapitel 14 Vers 36

ABEND

Des Abends sprecht ihr: Es wird ein schöner Tag werden, denn der Himmel ist rot. Und des Morgens sprecht ihr: Es wird heute ein Unwetter kommen, denn der Himmel ist rot und trübe. Über das Aussehen des Himmels könnt ihr urteilen; könnt ihr dann nicht auch über die Zeichen der Zeit urteilen?
Matthäus Kapitel 16 Vers 2 f

So wacht nun; denn ihr wißt nicht, wann der Herr des Hauses kommt, ob am Abend oder zu Mitternacht oder um den Hahnenschrei oder am Morgen.
Markus Kapitel 13 Vers 35

ABENDMAHL

Es war ein Mensch, der machte ein großes Abendmahl und lud viele dazu ein. Und er sandte seinen Knecht aus zur Stunde des Abendmahls, den Geladenen zu sagen: Kommt, denn es ist alles bereit! Und sie fingen an alle nacheinander, sich zu entschuldigen. Der erste sprach zu ihm: Ich habe einen Acker gekauft und muß hinausgehen und ihn besehen; ich bitte dich, entschuldige mich. Und der zweite sprach: Ich habe fünf Gespanne Ochsen gekauft und ich gehe jetzt hin, sie zu besehen; ich bitte dich, entschuldige mich. Und der dritte sprach: Ich habe eine Frau genommen; darum kann ich nicht kommen. Und der Knecht kam zurück und sagte das seinem Herrn. Da wurde der Hausherr zornig und sprach zu seinem Knecht: Geh schnell hinaus auf die Straßen und Gassen der Stadt und führe die Armen, Verkrüppelten, Blinden und Lahmen herein. Und der Knecht sprach: Herr, es ist geschehen, was du befohlen hast; es ist aber noch Raum da. Und der Herr sprach zu dem Knecht: Geh hinaus auf die Landstraßen und an die Zäune und nötige sie hereinzukommen, daß mein Haus voll werde. Denn ich sage euch, daß keinem der Männer, die eingeladen waren, mein Abendmahl schmecken wird.
Lukas Kapitel 14 Vers 16-24

ABFALL

Wenn dich aber dein rechtes Auge zum Abfall verführt, so reiß es aus und wirf's von dir. Es ist besser für dich, daß eins deiner Glieder verderbe und nicht der ganze Leib in die Hölle geworfen werde.
Matthäus Kapitel 5 Vers 29

Der Menschensohn wird seine Engel senden, und sie werden sammeln aus seinem Reich alles, was zum Abfall verführt, und die da Unrecht tun.
Matthäus Kapitel 13 Vers 41

Wer aber einen dieser Kleinen, die an mich glauben, zum Abfall verführt, für den wäre es besser, daß ein Mühlstein an seinen Hals gehängt und er ersäuft würde im Meer, wo es am tiefsten ist.
Matthäus Kapitel 18 Vers 6
Markus Kapitel 9 Vers 42
Lukas Kapitel 17 Vers 2

Weh der Welt der Verführungen wegen! Es müssen ja Verführungen kommen; doch weh dem Menschen, der zum Abfall verführt!
Matthäus Kapitel 18 Vers 7

Wenn aber deine Hand oder dein Fuß dich zum Abfall verführt, so hau sie ab und wirf sie von dir. Es ist besser für dich, daß du lahm oder verkrüppelt zum Leben eingehst, als daß du zwei Hände oder zwei Füße hast und wirst in das ewige Feuer geworfen.
Matthäus Kapitel 18 Vers 8
Matthäus Kapitel 5 Vers 30
Markus Kapitel 9 Vers 43 u.45

Und wenn dich dein Auge zum Abfall verführt, reiß es aus und wirf's von dir. Es ist besser für dich, daß du einäugig zum Leben eingehst, als daß du zwei Augen hast und wirst in das höllische Feuer geworfen.
Matthäus Kapitel 18 Vers 9
Markus Kapitel 9 Vers 47

ABRAHAM

Viele werden kommen von Osten und von Westen und mit Abraham und Isaak und Jakob im Himmelreich zu Tisch sitzen.
Matthäus Kapitel 8 Vers 11

Sollte dann nicht diese, die doch Abrahams Tochter ist, die der Satan schon achtzehn Jahre gebunden hatte, am Sabbat von dieser Fessel gelöst werden.
Lukas Kapitel 13 Vers 16

Es begab sich aber, daß der Arme starb, und er wurde von den Engeln getragen in Abrahams Schoß. Der Reiche aber starb auch und wurde begraben. Als er nun in der Hölle war, hob er seine Augen auf in seiner Qual und sah Abraham von ferne und Lazarus in seinem Schoß. Und er rief: Vater Abraham, erbarme dich meiner und sende Lazarus, damit er die Spitze seines Fingers ins Wasser tauche und mir die Zunge kühle; denn ich leide Pein in diesen Flammen. Abraham aber sprach: Gedenke, Sohn, daß du dein Gutes empfangen hast in deinem Leben, Lazarus dagegen hat Böses empfangen; nun wird er hier getröstet, und du wirst gepeinigt. Und überdies besteht zwischen uns und euch eine große Kluft, daß niemand, der von hier zu euch hinüber will, dorthin kommen kann und auch niemand von dort zu uns herüber. Da sprach er: So bitte ich dich, Vater, daß du ihn sendest in meines Vaters Haus; denn ich habe noch fünf Brüder, die soll er warnen, damit sie nicht auch kommen an diesen Ort der Qual. Abraham sprach: Sie haben Mose und die Propheten; die sollen sie hören. Er aber sprach: Nein, Vater Abraham, sondern wenn einer von den Toten zu ihnen ginge, so würden sie Buße tun. Er sprach zu ihm: Hören sie Mose und die Propheten nicht, so werden sie sich auch nicht überzeugen lassen, wenn jemand von den Toten auferstünde.
Lukas Kapitel 16 Vers 22-31

Heute ist diesem Hause Heil widerfahren, denn auch er ist Abrahams Sohn.
Lukas Kapitel 19 Vers 9

Abraham, euer Vater, wurde froh, daß er meinen Tag sehen sollte, und er sah ihn und freute sich.
Johannes Kapitel 8 Vers 56

Wahrlich, wahrlich, ich sage euch: Ehe Abraham wurde, bin ich.
Johannes Kapitel 8 Vers 58

ABRECHNEN
Das Himmelreich gleicht einem König, der mit seinen Knechten abrechnen wollte.
Matthäus Kapitel 18 Vers 23

ABTRÜNNIG
Ein böses und abtrünniges Geschlecht fordert ein Zeichen, aber es wird ihm kein Zeichen gegeben werden, es sei denn das Zeichen des Propheten Jona.
Matthäus Kapitel 12 Vers 39

Wer sich aber meiner und meiner Worte schämt unter diesem abtrünnigen und sündigen Geschlecht, dessen wird sich auch der Menschensohn schä-

men, wenn er kommen wird in der Herrlichkeit seines Vaters mit den heiligen Engeln.
Markus Kapitel 8 Vers 38

ACKER
Das Himmelreich gleicht einem Menschen, der guten Samen auf seinen Acker säte.
Matthäus Kapitel 13 Vers 24

Das Himmelreich gleicht einem Senfkorn, das ein Mensch nahm und auf seinen Acker säte.
Matthäus Kapitel 13 Vers 31

Der Acker ist die Welt. Der gute Same sind die Kinder des Reichs. Das Unkraut sind die Kinder des Bösen.
Matthäus Kapitel 13 Vers 38

Das Himmelreich gleicht einem Schatz, verborgen im Acker, den ein Mensch fand und verbarg; und in seiner Freude ging er hin und verkaufte alles, was er hatte, und kaufte den Acker.
Matthäus Kapitel 13 Vers 44

Und wer Häuser oder Brüder oder Schwestern oder Vater oder Mutter oder Kinder oder Äcker verläßt um meines Namens willen, der wird's hundertfach empfangen und das ewige Leben ererben.
Matthäus Kapitel 19 Vers 29
Markus Kapitel 10 Vers 29 f

ÄHRE
Von selbst bringt die Erde Frucht, zuerst den Halm, danach die Ähre, danach den vollen Weizen in der Ähre.
Markus Kapitel 4 Vers 28

ÄRGERNIS/ÄRGERN
Geh weg von mir, Satan! Du bist mir ein Ärgernis; denn du meinst nicht, was göttlich, sondern was menschlich ist.
Matthäus Kapitel 16 Vers 23

In dieser Nacht werdet ihr alle Ärgernis nehmen an mir. Denn es steht geschrieben: Ich werde den Hirten schlagen, und die Schafe der Herde werden sich zerstreuen.
Matthäus Kapitel 26 Vers 31
Markus Kapitel 14 Vers 27

Selig ist, wer sich nicht ärgert an mir.
Lukas Kapitel 7 Vers 23

ALLE

Es werden nicht alle, die zu mir sagen: Herr, Herr!, in das Himmelreich kommen, sondern die den Willen tun meines Vaters im Himmel.
Matthäus Kapitel 7 Vers 21

Kommt her zu mir, alle, die ihr mühselig und beladen seid; ich will euch erquicken.
Matthäus Kapitel 11 Vers 28

Er nahm den Kelch und dankte, gab ihnen den und sprach: Trinket alle daraus; das ist mein Blut des Bundes, das vergossen wird für viele zur Vergebung der Sünden.
Matthäus Kapitel 26 Vers 27 f

Mir ist gegeben alle Gewalt im Himmel und auf Erden. Darum geht hin und machet zu Jüngern alle Völker: Taufet sie auf den Namen des Vaters und des Sohnes und des heiligen Geistes. Und lehret sie halten alles, was ich euch befohlen habe. Und siehe, ich bin bei euch alle Tage bis an der Welt Ende.
Matthäus Kapitel 28 Vers 18 f

Wenn ich erhöht werde von der Erde, so will ich alle zu mir ziehen.
Johannes Kapitel 12 Vers 32

ALLEIN

Weg mit dir, Satan! denn es steht geschrieben: Du sollst anbeten den Herrn, deinen Gott, und ihm allein dienen.
Matthäus Kapitel 4 Vers 10
Lukas Kapitel 4 Vers 8

Von dem Tage aber und von der Stunde weiß niemand, auch die Engel im Himmel nicht, auch der Sohn nicht, sondern allein der Vater.
Matthäus Kapitel 24 Vers 36
Markus Kapitel 13 Vers 32

Niemand ist gut als Gott allein.
Markus Kapitel 10 Vers 18
Lukas Kapitel 18 Vers 19

Der Mensch lebt nicht allein vom Brot.
Lukas Kapitel 4 Vers 4

ALLES

Alles ist mir übergeben von meinem Vater; und niemand kennt den Sohn als nur der Vater; und niemand kennt den Vater als nur der Sohn und wem es der Sohn offenbaren will.
Matthäus Kapitel 11 Vers 27
Lukas Kapitel 10 Vers 22

Mein Vater, der mir sie gegeben hat, ist größer als alles, und niemand kann sie aus des Vaters Hand reißen.
Johannes Kapitel 10 Vers 29

Der Tröster, der heilige Geist, den mein Vater senden wird in meinem Namen, der wird euch alles lehren und euch an alles erinnern, was ich euch gesagt habe.
Johannes Kapitel 14 Vers 26

Alles, was der Vater hat, das ist mein. Darum habe ich gesagt: Er wird's von dem Meinen nehmen und euch verkündigen.
Johannes Kapitel 16 Vers 15

ALLERHÖCHSTER

Liebt eure Feinde; tut Gutes und leiht, wo ihr nichts dafür zu bekommen hofft. So wird euer Lohn groß sein, und ihr werdet Kinder des Allerhöchsten sein; denn er ist gütig gegen die Undankbaren und Bösen.
Lukas Kapitel 6 Vers 35

ALLEZEIT

Seht zu, daß ihr nicht einen von diesen Kleinen verachtet. Denn ich sage euch: Ihre Engel im Himmel sehen allezeit das Angesicht meines Vaters im Himmel.
Matthäus Kapitel 18 Vers 10

Arme habt ihr allezeit bei euch, mich aber habt ihr nicht allezeit.
Matthäus Kapitel 26 Vers 11

So seid allezeit wach und betet, daß ihr stark werdet, zu entfliehen diesem allen, was geschehen soll, und zu stehen vor dem Menschensohn.
Lukas Kapitel 21 Vers 36

ALMOSEN

Wenn du nun Almosen gibst, sollst du es nicht vor dir ausposaunen lassen, wie es die Heuchler tun in den Synagogen und auf den Gassen, damit sie von den Leuten gepriesen werden. Wahrlich, ich sage euch: Sie haben ihren Lohn schon gehabt.
Matthäus Kapitel 6 Vers 2

Wenn du aber Almosen gibst, so laß deine linke Hand nicht wissen, was die rechte tut. Damit dein Almosen verborgen bleibe; und dein Vater, der in das Verborgene sieht, wird dir's vergelten.
Matthäus Kapitel 6 Vers 3 f

Verkauft, was ihr habt, und gebt Almosen. Macht euch Geldbeutel, die nicht veralten, einen Schatz, der niemals abnimmt, im Himmel, wo kein Dieb hinkommt und den keine Motten fressen.
Lukas Kapitel 12 Vers 33

ALTE

Ihr habt gehört, daß zu den Alten gesagt ist: Du sollst nicht töten; wer aber tötet, der soll des Gerichts schuldig sein.
Matthäus Kapitel 5 Vers 21

Niemand flickt ein altes Kleid mit einem Lappen von neuem Tuch; denn der Lappen reißt doch wieder vom Kleid ab, und der Riß wird ärger. Man füllt auch nicht neuen Wein in alte Schläuche; sonst zerreißen die Schläuche, und der Wein wird verschüttet, und die Schläuche verderben. Sondern man füllt neuen Wein in neue Schläuche, so bleiben beide miteinander erhalten.
Matthäus Kapitel 9 Vers 16 f

Darum gleicht jeder Schriftgelehrte, der ein Jünger des Himmelreichs geworden ist, einem Hausvater, der aus seinem Schatz Neues und Altes hervorholt.
Matthäus Kapitel 13 Vers 52

Als du jünger warst, gürtetest du dich selbst und gingst, wo du hin wolltest; wenn du aber alt wirst, wirst du deine Hände ausstrecken, und ein anderer wird dich gürten und führen, wo du nicht hin willst.
Johannes Kapitel 21 Vers 18

ALTAR

Wenn du deine Gabe auf dem Altar opferst und dort kommt dir in den Sinn, daß dein Bruder etwas gegen dich hat, so laß dort vor dem Altar deine Gabe und geh zuerst hin und versöhne dich mit deinem Bruder und dann komm und opfere deine Gabe. Wenn einer schwört bei dem Altar, das gilt nicht; wenn aber einer schwört bei dem Opfer, das darauf liegt, der ist gebunden. Ihr Blinden! Was ist mehr: das Opfer oder der Altar, der das Opfer heilig macht? Darum, wer schwört bei dem Altar, der schwört bei ihm und bei allem, was darauf liegt.
Matthäus Kapitel 5 Vers 23 f
Matthäus Kapitel 23 Vers 18 f

ANBEGINN
Da wird dann der König sagen zu denen zu seiner Rechten: Kommt her, ihr Gesegneten meines Vaters, ererbt das Reich, das euch bereitet ist von Anbeginn der Welt!
Matthäus Kapitel 25 Vers 34

ANBETEN
Du sollst anbeten den Herrn, deinen Gott, und ihm allein dienen.
Matthäus Kapitel 4 Vers 10

Ihr wißt nicht, was ihr anbetet; wir wissen aber, was wir anbeten; denn das Heil kommt von den Juden. Aber es kommt die Zeit und ist schon jetzt, in der die wahren Anbeter den Vater anbeten werden im Geist und in der Wahrheit; denn auch der Vater will solche Anbeter haben. Gott ist Geist, und die ihn anbeten, die müssen ihn im Geist und in der Wahrheit anbeten.
Johannes Kapitel 4 Vers 22 f

ANFECHTUNG
Wachet und betet, daß ihr nicht in Anfechtung fallt! Der Geist ist willig; aber das Fleisch ist schwach.
Matthäus Kapitel 26 Vers 41
Lukas Kapitel 22 Vers 46

Die aber auf dem Fels sind die: wenn sie es hören, nehmen sie das Wort mit Freuden an. Doch sie haben keine Wurzel; eine Zeitlang glauben sie, und zu der Zeit der Anfechtung fallen sie ab.
Lukas Kapitel 8 Vers 13

ANGESICHT
Seht zu, daß ihr nicht einen von diesen Kleinen verachtet. Denn ich sage euch: Ihre Engel im Himmel sehen allezeit das Angesicht meines Vaters im Himmel.
Matthäus Kapitel 18 Vers 10

ANGST
Eine Frau, wenn sie gebiert, so hat sie Schmerzen, denn ihre Stunde ist gekommen. Wenn sie aber das Kind geboren hat, denkt sie nicht mehr an die Angst um der Freude willen, daß ein Mensch zur Welt gekommen ist.
Johannes Kapitel 16 Vers 21

In der Welt habt ihr Angst; aber seid getrost, ich habe die Welt überwunden.
Johannes Kapitel 16 Vers 33

ANKLOPFEN

Bittet, so wird euch gegeben; suchet so werdet ihr finden; klopfet an, so wird euch aufgetan. Denn wer da bittet, der empfängt; und wer da sucht, der findet; und wer da anklopft, dem wird aufgetan.
Matthäus Kapitel 7 Vers 7 f

Seid gleich den Menschen, die auf ihren Herrn warten, wann er aufbrechen wird von der Hochzeit, damit, wenn er kommt und anklopft, sie ihm sogleich auftun.
Lukas Kapitel 12 Vers 36

ANNEHMEN

Dann werden zwei auf dem Felde sein; der eine wird angenommen, der andere wird preisgegeben. Zwei Frauen werden mahlen mit der Mühle; die eine wird angenommen, die andere wird preisgegeben. Darum wachet; denn ihr wißt nicht, an welchem Tag euer Herr kommt.
Matthäus Kapitel 24 Vers 40 f

Wahrlich, ich sage euch: Wer nicht das Reich Gottes annimmt wie ein Kind, der wird nicht hineinkommen.
Lukas Kapitel 18 Vers 17

Wahrlich, wahrlich, ich sage dir: Wir reden, was wir wissen, und bezeugen, was wir gesehen haben; ihr aber nehmt unser Zeugnis nicht an.
Johannes Kapitel 3 Vers 11

Ich bin gekommen in meines Vaters Namen, und ihr nehmt mich nicht an. Wenn ein anderer kommen wird in seinem eigenen Namen, den werdet ihr annehmen.
Johannes Kapitel 5 Vers 43

ANSEHEN

Wer eine Frau ansieht, sie zu begehren, der hat schon mit ihr die Ehe gebrochen in seinem Herzen.
Matthäus Kapitel 5 Vers 28

Seht die Vögel unter dem Himmel an: sie säen nicht, sie ernten nicht, sie sammeln nicht in die Scheunen; und euer himmlischer Vater ernährt sie doch. Seid ihr denn nicht viel mehr als sie?
Matthäus Kapitel 6 Vers 26

Seht die Raben an: sie säen nicht, sie ernten auch nicht, sie haben auch keinen Keller und keine Scheune, und Gott ernährt sie doch. Wieviel besser seid ihr als die Vögel!
Lukas Kapitel 12 Vers 24

Seht den Feigenbaum und alle Bäume an: wenn sie jetzt ausschlagen und ihr seht es, so wißt ihr selber, daß jetzt der Sommer nahe ist. So auch ihr: wenn ihr seht, daß dies alles geschieht, so wißt, daß das Reich Gottes nahe ist.
Lukas Kapitel 21 Vers 29 – 31

APOSTEL
Darum spricht die Weisheit Gottes: Ich will Propheten und Apostel zu ihnen senden, und einige von ihnen werden sie töten und verfolgen.
Lukas Kapitel 11 Vers 49

Wahrlich, wahrlich, ich sage euch: Der Knecht ist nicht größer als sein Herr und der Apostel nicht größer als der, der ihn gesandt hat. Wenn ihr dies wißt – selig seid ihr, wenn ihr's tut.
Johannes Kapitel 13 Vers 16 f

ARBEITEN
Warum sorgt ihr euch um die Kleidung? Schaut die Lilien auf dem Feld an, wie sie wachsen: sie arbeiten nicht, auch spinnen sie nicht.
Matthäus Kapitel 6 Vers 28

ARBEITER
Die Ernte ist groß, aber wenige sind der Arbeiter. Darum bittet den Herrn der Ernte, daß er Arbeiter in seine Ernte sende.
Matthäus Kapitel 9 Vers 37 f
Lukas Kapitel 10 Vers 37

Ein Arbeiter ist seiner Speise wert.
Matthäus Kapitel 10 Vers 10

Ein Arbeiter ist seines Lohnes wert.
Lukas Kapitel 10 Vers 7

ARM
Blinde sehen und Lahme gehen, Aussätzige werden rein und Taube hören, Tote stehen auf, und Armen wird das Evangelium gepredigt.
Matthäus Kapitel 11 Vers 5
Lukas Kapitel 7 Vers 22

Willst du vollkommen sein, so geh hin, verkaufe, was du hast, und gib's den Armen, so wirst du einen Schatz im Himmel haben; und komm und folge mir nach!
Matthäus Kapitel 19 Vers 21
Markus Kapitel 10 Vers 21

Ihr habt allezeit Arme bei euch, und wenn ihr wollt, könnt ihr ihnen Gutes tun; mich aber habt ihr nicht allezeit.
Markus Kapitel 14 Vers 7
Matthäus Kapitel 26 Vers 11
Johannes Kapitel 12 Vers 8

»Der Geist des Herrn ist auf mir, weil er mich gesalbt hat, zu verkündigen das Evangelium den Armen.«
Lukas Kapitel 4 Vers 18

Selig seid ihr Armen; denn das Reich Gottes ist euer.
Lukas Kapitel 6 Vers 20

Wenn du ein Mahl machst, so lade Arme, Verkrüppelte, Lahme und Blinde ein, dann wirst du selig sein, denn sie haben nichts, um es dir zu vergelten, es wird dir aber vergolten werden bei der Auferstehung der Gerechten.
Lukas Kapitel 14 Vers 13 f

Es war aber ein reicher Mann, der kleidete sich in Purpur und kostbares Leinen und lebte alle Tage herrlich und in Freuden. Es war aber ein Armer mit Namen Lazarus, der lag vor seiner Tür voll von Geschwüren und begehrte, sich zu sättigen mit dem, was von des Reichen Tisch fiel; dazu kamen auch die Hunde und leckten seine Geschwüre. Es begab sich aber, daß der Arme starb, und er wurde von den Engeln getragen in Abrahams Schoß. Der Reiche aber starb auch und wurde begraben. Als er nun in der Hölle war, hob er seine Augen auf in seiner Qual und sah Abraham von ferne und Lazarus in seinem Schoß. Und er rief: Vater Abraham, erbarme dich meiner und sende Lazarus, damit er die Spitze seines Fingers ins Wasser tauche und mir die Zunge kühle; denn ich leide Pein in diesen Flammen. Abraham aber sprach: Gedenke, Sohn, daß du dein Gutes empfangen hast in deinem Leben, Lazarus dagegen hat Böses empfangen; nun wird er hier getröstet, und du wirst gepeinigt. Und überdies besteht zwischen uns und euch eine große Kluft, daß niemand, der von hier zu euch hinüber will, dorthin kommen kann und auch niemand von dort zu uns herüber. Da sprach er: So bitte ich dich, Vater, daß du ihn sendest in meines Vaters Haus; denn ich habe noch fünf Brüder, die soll er warnen, damit sie nicht auch kommen an diesen Ort der Qual. Abraham sprach: Sie haben Mose und die Propheten; die sollen sie hören. Er aber sprach: Nein, Vater Abraham, sondern wenn einer von den Toten zu ihnen ginge, so würden sie Buße tun. Er sprach zu ihm: Hören sie Mose und die Propheten nicht, so werden sie sich auch nicht überzeugen lassen, wenn jemand von den Toten auferstünde.
Lukas Kapitel 16 Vers 19-31

ARMUT

Wahrlich, ich sage euch: diese arme Witwe hat mehr als sie alle eingelegt. Denn diese alle haben etwas von ihrem Überfluß zu den Opfern eingelegt; sie aber hat von ihrer Armut alles eingelegt, was sie zum Leben hatte.
Lukas Kapitel 21 Vers 2 f

ARZT

Die Gesunden bedürfen des Arztes nicht, sondern die Kranken.
Markus Kapitel 2 Vers 17
Matthäus Kapitel 9 Vers 12
Lukas Kapitel 5 Vers 31

Ihr werdet mir freilich dies Sprichwort sagen: Arzt, hilf dir selber! Denn wie große Dinge haben wir gehört, die in Kapernaum geschehen sind! Tu so auch hier in deiner Vaterstadt! Wahrlich, ich sage euch: Kein Prophet gilt etwas in seinem Vaterland.
Lukas Kapitel 4 Vers 23 f

AUFERSTEHEN/AUFERSTEHUNG

In der Auferstehung werden sie weder heiraten noch sich heiraten lassen, sondern sie sind wie Engel im Himmel.
Matthäus Kapitel 22 Vers 30

Habt ihr denn nicht gelesen von der Auferstehung der Toten, was euch gesagt ist von Gott, der da spricht: »Ich bin der Gott Abrahams und der Gott Isaaks und der Gott Jakobs«? Gott ist nicht ein Gott der Toten, sondern der Lebenden.
Matthäus Kapitel 22 Vers 31 f

Wenn ich aber auferstanden bin, will ich vor euch hingehen nach Galiläa.
Markus Kapitel 14 Vers 28

Wundert euch darüber nicht. Denn es kommt die Stunde, in der alle, die in den Gräbern sind, seine Stimme hören werden, und werden hervorgehen, die Gutes getan haben, zur Auferstehung des Lebens, die aber Böses getan haben, zur Auferstehung des Gerichts.
Johannes Kapitel 5 Vers 28 f

Ich bin die Auferstehung und das Leben. Wer an mich glaubt, der wird leben, auch wenn er stirbt.
Johannes Kapitel 11 Vers 25

AUFNEHMEN
Und wenn euch jemand nicht aufnehmen und eure Rede nicht hören wird, so geht heraus aus diesem Hause oder dieser Stadt und schüttelt den Staub von euren Füßen.
Matthäus Kapitel 10 Vers 14
Markus Kapitel 6 Vers 11
Lukas Kapitel 9 Vers 5

Wer jemanden aufnimmt, den ich senden werde, der nimmt mich auf; wer aber mich aufnimmt, der nimmt den auf, der mich gesandt hat.
Matthäus Kapitel 10 Vers 40
Johannes Kapitel 13 Vers 20

Wer einen Propheten aufnimmt, weil es ein Prophet ist, der wird den Lohn eines Propheten empfangen. Wer einen Gerechten aufnimmt, weil es ein Gerechter ist, der wird den Lohn eines Gerechten empfangen.
Matthäus Kapitel 10 Vers 41

Wer ein solches Kind aufnimmt in meinem Namen, der nimmt mich auf.
Matthäus Kapitel 18 Vers 5
Markus Kapitel 9 Vers 37
Lukas Kapitel 9 Vers 48

AUFSTEHEN
Jüngling, ich sage dir, steh auf!
Lukas Kapitel 7 Vers 14

Steh auf, nimm dein Bett und geh hin!
Johannes Kapitel 5 Vers 8
Lukas Kapitel 2 Vers 11

Aber die Welt soll erkennen, daß ich den Vater liebe und tue, wie mir der Vater geboten hat. Steht auf und laßt uns von hier weggehen.
Johannes Kapitel 14 Vers 31

AUGE
Wenn dich aber dein rechtes Auge zum Abfall verführt, so reiß es aus und wirf's von dir. Es ist besser für dich, daß eins deiner Glieder verderbe und nicht der ganze Leib in die Hölle geworfen werde.
Matthäus Kapitel 5 Vers
Markus Kapitel 9 Vers 47
Matthäus Kapitel 18 Vers 9

Ihr habt gehört, daß gesagt ist: Auge um Auge, Zahn um Zahn. Ich aber sage euch, daß ihr nicht widerstreben sollt dem Übel, sondern: wenn dich jemand auf deine rechte Backe schlägt, dem biete auch die andere dar.
Matthäus Kapitel 5 Vers 38 f

Das Auge ist das Licht des Leibes. Wenn dein Auge lauter ist, so wird dein ganzer Leib licht sein. Wenn aber dein Auge böse ist, so wird dein ganzer Leib finster sein. Wenn nun das Licht, das in dir ist, Finsternis ist, wie groß wird dann die Finsternis sein!
Matthäus Kapitel 6 Vers 22 f
Lukas Kapitel 11 Vers 34 f

Darum rede ich zu ihnen in Gleichnissen. Denn mit sehenden Augen sehen sie nicht und mit hörenden Ohren hören sie nicht; und sie verstehen es nicht. Und an ihnen wird die Weissagung Jesajas erfüllt, die da sagt: »Mit den Ohren werdet ihr hören und werdet es nicht verstehen; und mit sehenden Augen werdet ihr sehen und werdet es nicht erkennen. Denn das Herz dieses Volkes ist verstockt: ihre Ohren hören schwer, und ihre Augen sind geschlossen, damit sie nicht etwa mit den Augen sehen und mit den Ohren hören und mit dem Herzen verstehen und sich bekehren, und ich ihnen helfe.« Aber selig sind eure Augen, daß sie sehen, und eure Ohren, daß sie hören.
Matthäus Kapitel 13 Vers 13-16

Habt ihr noch ein verhärtetes Herz in euch? Habt Augen und seht nicht, und habt Ohren und hört nicht?
Markus Kapitel 8 Vers 17 f

Was siehst du aber den Splitter in deines Bruders Auge und nimmst nicht wahr den Balken in deinem Auge? Oder wie kannst du sagen zu deinem Bruder: Halt, ich will dir den Splitter aus deinem Auge ziehen?, und siehe, ein Balken ist in deinem Auge. Du Heuchler, zieh zuerst den Balken aus deinem Auge; danach sieh zu, wie du den Splitter aus deines Bruders Auge ziehst.
Matthäus Kapitel 7 Vers 3 f
Lukas Kapitel 6 Vers 41 f

Hebt eure Augen auf und seht auf die Felder, denn sie sind reif zur Ernte.
Johannes Kapitel 4 Vers 35

Richtet nicht nach dem, was vor Augen ist, sondern richtet gerecht.
Johannes Kapitel 7 Vers 24

Aber ich sage euch die Wahrheit: Es ist gut für euch, daß ich weggehe. Denn wenn ich nicht weggehe, kommt der Tröster nicht zu euch. Wenn ich

aber gehe, will ich ihn zu euch senden. Und wenn er kommt, wird er der Welt die Augen auftun über die Sünde und über die Gerechtigkeit und über das Gericht.
Johannes Kapitel 16 Vers7 f

AUSERWÄHLT
Denn viele sind berufen, aber wenige sind auserwählt.
Matthäus Kapitel 22 Vers 14

Und wenn diese Tage nicht verkürzt würden, so würde kein Mensch selig werden; aber um der Auserwählten willen werden diese Tage verkürzt.
Matthäus Kapitel 24 Vers 22
Markus Kapitel 13 Vers 20

Denn es werden falsche Christusse und falsche Propheten aufstehen und große Zeichen und Wunder tun, so daß sie, wenn es möglich wäre, auch die Auserwählten verführten.
Matthäus Kapitel 24 Vers 24
Markus Kapitel 13 Vers 22

Er wird seine Engel senden mit hellen Posaunen, und sie werden seine Auserwählten sammeln von den vier Winden, von einem Ende des Himmels bis zum andern.
Matthäus Kapitel 24 Vers 31
Markus Kapitel 13 Vers 27

Sollte Gott nicht auch Recht schaffen seinen Auserwählten, die zu ihm Tag und Nacht rufen, und sollte er's bei ihnen lange hinziehen? Ich sage euch: Er wird ihnen Recht schaffen in Kürze.
Lukas Kapitel 18 Vers 7

AUSSÄTZIGE
Macht Kranke gesund, weckt Tote auf, macht Aussätzige rein, treibt böse Geister aus. Umsonst habt ihr's empfangen, umsonst gebt es auch.
Matthäus Kapitel 10 Vers 8

Geht und verkündet Johannes, was ihr gesehen und gehört habt: Blinde sehen, Lahme gehen, Aussätzige werden rein, Taube hören, Tote stehen auf, Armen wird das Evangelium gepredigt.
Lukas Kapitel 7 Vers 22
Matthäus Kapitel 11 Vers 5

AUSSTOSSEN
Selig seid ihr, wenn euch die Menschen hassen und euch ausstoßen und schmähen und verwerfen euren Namen als böse um des Menschensohnes willen.
Lukas Kapitel 6 Vers 22

B

BACKE

Wenn dich jemand auf deine rechte Backe schlägt, dem biete die andere auch dar.
Matthäus Kapitel 5 Vers 39
Lukas Kapitel 6 Vers 29

BALKEN

Was siehst du aber den Splitter in deines Bruders Auge und nimmst nicht wahr den Balken in deinem Auge? Oder wie kannst du sagen zu deinem Bruder: Halt, ich will dir den Splitter aus deinem Auge ziehen?, und siehe, ein Balken ist in deinem Auge. Du Heuchler, zieh zuerst den Balken aus deinem Auge; danach sieh zu, wie du den Splitter aus deines Bruders Auge ziehst.
Matthäus Kapitel 7 Vers 3 f
Lukas Kapitel 6 Vers 41 f

BANK

Niemand aber zündet ein Licht an und bedeckt es mit einem Gefäß oder setzt es unter eine Bank; sondern er setzt es auf einen Leuchter, damit, wer hineingeht, das Licht sehe.
Lukas Kapitel 8 Vers 16
Markus Kapitel 4 Vers 21

BARMHERZIG/ BARMHERZIGKEIT

Selig sind die Barmherzigen; denn sie werden Barmherzigkeit erlangen.
Matthäus Kapitel 5 Vers 7

Ich habe Wohlgefallen an Barmherzigkeit und nicht am Opfer.
Matthäus Kapitel 12 Vers 7

Seid barmherzig, wie auch euer Vater barmherzig ist.
Lukas Kapitel 6 Vers 36

BAUEN

Darum, wer diese meine Rede hört und tut sie, der gleicht einem klugen Mann, der sein Haus auf Fels baute.
Matthäus Kapitel 7 Vers 24

Du bist Petrus, und auf diesen Felsen will ich meine Gemeinde bauen, und die Pforten der Hölle sollen sie nicht überwältigen.
Matthäus Kapitel 16 Vers 18

Wer ist unter euch, der einen Turm bauen will und setzt sich nicht zuvor hin und überschlägt die Kosten, ob er genug habe, um es auszuführen? damit nicht, wenn er den Grund gelegt hat und kann's nicht ausführen, alle, die es sehen, anfangen, über ihn zu spotten und sagen: Dieser Mensch hat angefangen zu bauen und kann's nicht ausführen.
Lukas Kapitel 14 Vers 28 f

BAULEUTE
Habt ihr nie gelesen in der Schrift: »Der Stein, den die Bauleute verworfen haben, der ist zum Eckstein geworden. Vom Herrn ist das geschehen und ist ein Wunder vor unsern Augen?«
Matthäus Kapitel 21 Vers 42
Markus Kapitel 12 Vers 10 f
Lukas Kapitel 20 Vers 17

BAUM
So bringt jeder gute Baum gute Früchte; aber ein fauler Baum bringt schlechte Früchte. Ein guter Baum kann nicht schlechte Früchte bringen, und ein fauler Baum kann nicht gute Früchte bringen. Jeder Baum, der nicht gute Früchte bringt, wird abgehauen und ins Feuer geworfen. Darum: an ihren Früchten sollt ihr sie erkennen.
Matthäus Kapitel 7 Vers 17 f
Matthäus Kapitel 3 Vers 10
Matthäus Kapitel 12 Vers 33
Lukas Kapitel 3 Vers 9
Lukas Kapitel 6 Vers 43 f

Das Himmelreich gleicht einem Senfkorn, das ein Mensch nahm und auf seinen Acker säte; das ist das kleinste unter allen Samenkörnern; wenn es aber gewachsen ist, so ist es größer als alle Kräuter und wird ein Baum, so daß die Vögel unter dem Himmel kommen und wohnen in seinen Zweigen.
Matthäus Kapitel 13 Vers 31 f
Lukas Kapitel 13 Vers 19

BECHER
Wer euch einen Becher Wasser zu trinken gibt deshalb, weil ihr Christus angehört, wahrlich, ich sage euch: Es wird ihm nicht unvergolten bleiben.
Markus Kapitel 9 Vers 41
Matthäus Kapitel 10 Vers 42

Ihr Pharisäer, ihr haltet die Becher und Schüsseln außen rein; aber euer Inneres ist voll Raubgier und Bosheit.
Lukas Kapitel 11 Vers 39
Matthäus Kapitel 23 Vers 25

BEDRÄNGNIS

Wenn ihr nun sehen werdet das Greuelbild der Verwüstung stehen an der heiligen Stätte, wovon gesagt ist durch den Propheten Daniel, – wer das liest, der merke auf! – , alsdann fliehe auf die Berge, wer in Judäa ist; und wer auf dem Dach ist, der steige nicht hinunter, etwas aus seinem Hause zu holen; und wer auf dem Feld ist, der kehre nicht zurück, seinen Mantel zu holen. Weh aber den Schwangeren und den Stillenden zu jener Zeit! Bittet aber, daß eure Flucht nicht geschehe im Winter oder am Sabbat. Denn es wird dann eine große Bedrängnis sein, wie sie nicht gewesen ist vom Anfang der Welt bis jetzt und auch nicht wieder werden wird. Und wenn diese Tage nicht verkürzt würden, so würde kein Mensch selig werden; aber um der Auserwählten willen werden diese Tage verkürzt.
Matthäus Kapitel 24 Vers 15 f
Markus Kapitel 13 Vers 14 f

Sogleich aber nach der Bedrängnis jener Zeit wird die Sonne sich verfinstern und der Mond seinen Schein verlieren, und die Sterne werden vom Himmel fallen, und die Kräfte der Himmel werden ins Wanken kommen. Und dann wird erscheinen das Zeichen des Menschensohns am Himmel. Und dann werden wehklagen alle Geschlechter auf Erden und werden sehen den Menschensohn kommen auf den Wolken des Himmels mit großer Kraft und Herrlichkeit. Und er wird seine Engel senden mit hellen Posaunen, und sie werden seine Auserwählten sammeln von den vier Winden, von einem Ende des Himmels bis zum andern.
Matthäus Kapitel 24 Vers 29 f
Markus Kapitel 13 Vers 24 f

Sie haben keine Wurzel in sich, sondern sind wetterwendisch; wenn sich Bedrängnis oder Verfolgung um des Wortes willen erhebt, so fallen sie sogleich ab.
Markus Kapitel 4 Vers 17

BEDÜRFEN

Euer Vater weiß, was ihr bedürft, bevor ihr ihn bittet.
Matthäus Kapitel 6 Vers 8

Die Starken bedürfen keines Arztes, sondern die Kranken. Ich bin gekommen, die Sünder zu rufen und nicht die Gerechten.
Markus Kapitel 2 Vers 17
Lukas Kapitel 5 Vers 31

Wer gewaschen ist, bedarf nichts, als daß ihm die Füße gewaschen werden; denn er ist ganz rein. Und ihr seid rein, aber nicht alle.
Johannes Kapitel 13 Vers 10

BEELZEBUL
Es ist für den Jünger genug, daß er ist wie sein Meister und der Knecht wie sein Herr. Haben sie den Hausherrn Beelzebul genannt, wieviel mehr werden sie seine Hausgenossen so nennen!
Matthäus Kapitel 10 Vers 25

Wenn ich aber die bösen Geister durch Beelzebul austreibe, durch wen treiben eure Söhne sie aus? Darum werden sie eure Richter sein. Wenn ich aber die bösen Geister durch den Geist Gottes austreibe, so ist ja das Reich Gottes zu euch gekommen.
Matthäus Kapitel 12 Vers 27 f
Lukas Kapitel 11 Vers 18 f

BEGEHREN
Wer eine Frau ansieht, sie zu begehren, der hat schon mit ihr die Ehe gebrochen in seinem Herzen.
Matthäus Kapitel 5 Vers 28

Wahrlich, ich sage euch: Viele Propheten und Gerechte haben begehrt, zu sehen, was ihr seht, und haben's nicht gesehen, und zu hören, was ihr hört, und haben's nicht gehört.
Matthäus Kapitel 13 Vers 17

Es wird die Zeit kommen, in der ihr begehren werdet, zu sehen einen der Tage des Menschensohns, und werdet ihn nicht sehen.
Lukas Kapitel 17 Vers 22

BEGRABEN
Laß die Toten ihre Toten begraben; du aber geh hin und verkündige das Reich Gottes!
Lukas Kapitel 9 Vers 60

BEGRÄBNIS
Sie hat getan, was sie konnte; sie hat meinen Leib im voraus gesalbt für mein Begräbnis.
Markus Kapitel 14 Vers 8

BEHALTEN
Welchen ihr die Sünden erlaßt, denen sind sie erlassen; und welchen ihr sie behaltet, denen sind sie behalten.
Johannes Kapitel 20 Vers 23

BEHARREN

Und ihr werdet gehaßt werden von jedermann um meines Namens willen. Wer aber bis an das Ende beharrt, der wird selig werden.
Matthäus Kapitel 10 Vers 22
Markus Kapitel 13 Vers 13

Ihr aber seid's, die ihr ausgeharrt habt bei mir in meinen Anfechtungen.
Lukas Kapitel 22 Vers 28

BEISPIEL

Ein Beispiel habe ich euch gegeben, damit ihr tut, wie ich euch getan habe.
Johannes Kapitel 13 Vers 15

BEKEHREN

Das Herz dieses Volkes ist verstockt: ihre Ohren hören schwer, und ihre Augen sind geschlossen, damit sie nicht etwa mit den Augen sehen und mit den Ohren hören und mit dem Herzen verstehen und sich bekehren, und ich ihnen helfe.
Matthäus Kapitel 13 Vers 15
Markus Kapitel 4 Vers 12

Ich aber habe für dich gebeten, daß dein Glaube nicht aufhöre. Und wenn du dereinst dich bekehrst, so stärke deine Brüder.
Lukas Kapitel 22 Vers 32

BEKENNEN

Es werden viele zu mir sagen an jenem Tage: Herr, Herr, haben wir nicht in deinem Namen geweissagt? Haben wir nicht in deinem Namen böse Geister ausgetrieben? Haben wir nicht in deinem Namen viele Wunder getan? Dann werde ich ihnen bekennen: Ich habe euch noch nie gekannt; weicht von mir, ihr Übeltäter!
Matthäus Kapitel 7 Vers 22 f

Wer nun mich bekennt vor den Menschen, den will ich auch bekennen vor meinem himmlischen Vater. Wer mich aber verleugnet vor den Menschen, den will ich auch verleugnen vor meinem himmlischen Vater.
Matthäus Kapitel 10 Vers 32 f
Lukas Kapitel 12 Vers 8

BELEIDIGEN

Segnet, die euch verfluchen; bittet für die, die euch beleidigen.
Lukas Kapitel 6 Vers 28

BELOHNEN
Seid fröhlich und getrost; es wird euch im Himmel reichlich belohnt werden.
Matthäus Kapitel 5 Vers 12

BERG
Ihr seid das Licht der Welt. Es kann die Stadt, die auf einem Berge liegt, nicht verborgen sein.
Matthäus Kapitel 5 Vers 14

Wahrlich, ich sage euch: Wer zu diesem Berge spräche: Heb dich und wirf dich ins Meer! und zweifelte nicht in seinem Herzen, sondern glaubte, daß geschehen werde, was er sagt, so wird's ihm geschehen.
Markus Kapitel 11 Vers 23
Matthäus Kapitel 17 Vers 20
Matthäus Kapitel 21 Vers 21

BEREITEN
In meines Vaters Hause sind viele Wohnungen. Wenn's nicht so wäre, hätte ich dann zu euch gesagt: Ich gehe hin, euch die Stätte zu bereiten? Und wenn ich hingehe, euch die Stätte zu bereiten, will ich wieder kommen und euch zu mir nehmen, damit ihr seid, wo ich bin.
Johannes Kapitel 14 Vers 2 f

BERUFEN
Viele sind berufen, aber wenige sind auserwählt.
Matthäus Kapitel 22 Vers 14

BETEN
Und wenn ihr betet, sollt ihr nicht sein wie die Heuchler, die gern in den Synagogen und an den Straßenecken stehen und beten, damit sie von den Leuten gesehen werden. Wahrlich, ich sage euch: Sie haben ihren Lohn schon gehabt. Wenn du aber betest, so geh in dein Kämmerlein und schließ die Tür zu und bete zu deinem Vater, der im Verborgenen ist; und dein Vater, der in das Verborgene sieht, wird dir's vergelten. Und wenn ihr betet, sollt ihr nicht viel plappern wie die Heiden; denn sie meinen, sie werden erhört, wenn sie viele Worte machen. Darum sollt ihr ihnen nicht gleichen. Denn euer Vater weiß, was ihr bedürft, bevor ihr ihn bittet. Darum sollt ihr so beten: Unser Vater im Himmel! Dein Name werde geheiligt. Dein Reich komme. Dein Wille geschehe wie im Himmel so auf Erden. Unser tägliches Brot gib uns heute. Und vergib uns unsere Schuld, wie auch wir vergeben unseren Schuldigern. Und führe uns nicht in Versuchung, sondern erlöse uns von dem Bösen. Denn dein ist das Reich und die Kraft und die Herrlichkeit in Ewigkeit. Amen.
Matthäus Kapitel 6 Vers 5-13
Lukas Kapitel 11 Vers 2-4

Wachet und betet, daß ihr nicht in Anfechtung fallt! Der Geist ist willig; aber das Fleisch ist schwach.
Matthäus Kapitel 26 Vers 41
Markus Kapitel 14 Vers 38
Lukas Kapitel 22 Vers 40 und 46

Alles, was ihr bittet in eurem Gebet, glaubt nur, daß ihr's empfangt, so wird's euch zuteil werden. Und wenn ihr steht und betet, so vergebt, wenn ihr etwas gegen jemanden habt, damit auch euer Vater im Himmel euch vergebe eure Übertretungen.
Markus Kapitel 11 Vers 24 f

Es gingen zwei Menschen hinauf in den Tempel, um zu beten, der eine ein Pharisäer, der andere ein Zöllner. Der Pharisäer stand für sich und betete so: Ich danke dir, Gott, daß ich nicht bin wie die andern Leute, Räuber, Betrüger, Ehebrecher oder auch wie dieser Zöllner. Ich faste zweimal in der Woche und gebe den Zehnten von allem, was ich einnehme. Der Zöllner aber stand ferne, wollte auch die Augen nicht aufheben zum Himmel, sondern schlug an seine Brust und sprach: Gott, sei mir Sünder gnädig! Ich sage euch: Dieser ging gerechtfertigt hinab in sein Haus, nicht jener. Denn wer sich selbst erhöht, der wird erniedrigt werden; und wer sich selbst erniedrigt, der wird erhöht werden.
Lukas Kapitel 18 Vers 10-14

So seid allezeit wach und betet, daß ihr stark werdet, zu entfliehen diesem allen, was geschehen soll, und zu stehen vor dem Menschensohn.
Lukas Kapitel 21 Vers 36

BETHAUS

Steht nicht geschrieben : »Mein Haus soll ein Bethaus heißen für alle Völker« ? Ihr aber habt eine Räuberhöhle daraus gemacht.
Markus Kapitel 11 Vers 17
Matthäus Kapitel 21 Vers 13
Lukas Kapitel 19 Vers 46

BETRÜBT

Meine Seele ist betrübt bis an den Tod; bleibt hier und wacht mit mir!
Matthäus Kapitel 26 Vers 38
Markus Kapitel 14 Vers 34

Jetzt ist meine Seele betrübt. Und was soll ich sagen? Vater, hilf mir aus dieser Stunde? Doch darum bin ich in diese Stunde gekommen.
Johannes Kapitel 12 Vers 27

BETT

Ich sage euch: In jener Nacht werden zwei auf einem Bett liegen; der eine wird angenommen, der andere wird preisgegeben werden.
Lukas Kapitel 17 Vers 34

Steh auf, nimm dein Bett und geh hin!
Johannes Kapitel 5 Vers 8

BEWAHREN

Selig sind, die das Wort Gottes hören und bewahren.
Lukas Kapitel 11 Vers 28

Ich bitte dich nicht, daß du sie aus der Welt nimmst, sondern daß du sie bewahrst vor dem Bösen.
Johannes Kapitel 17 Vers 15

BILD

Zeigt mir einen Silbergroschen! Wessen Bild und Aufschrift hat er? So gebt dem Kaiser, was des Kaisers ist, und Gott, was Gottes ist.
Lukas Kapitel 20 Vers 24 f
Matthäus Kapitel 22 Vers 20
Markus Kapitel 12 Vers 16 f

BINDEN

Ich will dir die Schlüssel des Himmelreichs geben: alles, was du auf Erden binden wirst, soll auch im Himmel gebunden sein, und alles, was du auf Erden lösen wirst, soll auch im Himmel gelöst sein.
Matthäus Kapitel 16 Vers 19
Matthäus Kapitel 18 Vers 18

Sie binden schwere und unerträgliche Bürden und legen sie den Menschen auf die Schultern; aber sie selbst wollen keinen Finger dafür krümmen.
Matthäus Kapitel 23 Vers 4

Weh euch, ihr verblendeten Führer, die ihr sagt: Wenn einer schwört bei dem Tempel, das gilt nicht; wenn aber einer schwört bei dem Gold des Tempels, der ist gebunden.
Matthäus Kapitel 23 Vers 16
Matthäus Kapitel 23 Vers 18

Sollte dann nicht diese, die doch Abrahams Tochter ist, die der Satan schon achtzehn Jahre gebunden hatte, am Sabbat von dieser Fessel gelöst werden?
Lukas Kapitel 13 Vers 16

BISSEN
Der ist's, dem ich den Bissen eintauche und gebe. Was du tust, das tue bald!
Johannes Kapitel 13 Vers 26 f

BITTEN
Gib dem, der dich bittet, und wende dich nicht ab von dem, der etwas von dir borgen will.
Matthäus Kapitel 5 Vers 42
Lukas Kapitel 6 Vers 30

Liebt eure Feinde und bittet für die, die euch verfolgen,
Matthäus Kapitel 5 Vers 44
Lukas Kapitel 6 Vers 28

Euer Vater weiß, was ihr bedürft, bevor ihr ihn bittet.
Matthäus Kapitel 6 Vers 8

Bittet, so wird euch gegeben; suchet, so werdet ihr finden; klopfet an, so wird euch aufgetan. Denn wer da bittet, der empfängt; und wer da sucht, der findet; und wer da anklopft, dem wird aufgetan. Wer ist unter euch Menschen, der seinem Sohn, wenn er ihn bittet um Brot, einen Stein biete? Oder, wenn er ihn bittet um einen Fisch, eine Schlange biete? Wenn nun ihr, die ihr doch böse seid, dennoch euren Kindern gute Gaben geben könnt, wieviel mehr wird euer Vater im Himmel Gutes geben denen, die ihn bitten!
Matthäus Kapitel 7 Vers 7-11
Lukas Kapitel 11 Vers 9-13

Bittet den Herrn der Ernte, daß er Arbeiter in seine Ernte sende.
Matthäus Kapitel 9 Vers 38
Lukas Kapitel 10 Vers 2

Wahrlich, ich sage euch auch: Wenn zwei unter euch eins werden auf Erden, worum sie bitten wollen, so soll es ihnen widerfahren von meinem Vater im Himmel.
Matthäus Kapitel 18 Vers 19

Ihr wißt nicht, was ihr bittet. Könnt ihr den Kelch trinken, den ich trinken werde?
Matthäus Kapitel 20 Vers 22
Markus Kapitel 10 Vers 38

Alles was ihr bittet im Gebet, wenn ihr glaubt, so werdet ihr's empfangen.
Matthäus Kapitel 21 Vers 22
Markus Kapitel 11 Vers 24

Oder meinst du, ich könnte meinen Vater nicht bitten, daß er mir sogleich mehr als zwölf Legionen Engel schickte?
Matthäus Kapitel 26 Vers 53

Wer dich bittet, dem gib; und wer dir das Deine nimmt, von dem fordere es nicht zurück.
Lukas Kapitel 6 Vers 30

Was ihr bitten werdet in meinem Namen, das will ich tun, damit der Vater verherrlicht werde im Sohn.
Johannes Kapitel 14 Vers 13

Was ihr bitten werdet in meinem Namen, das will ich tun, damit der Vater verherrlicht werde im Sohn. Was ihr mich bitten werdet in meinem Namen, das will ich tun.
Johannes Kapitel 14 Vers 13 f

Ich will den Vater bitten, und er wird euch einen andern Tröster geben, daß er bei euch sei in Ewigkeit: den Geist der Wahrheit, den die Welt nicht empfangen kann, denn sie sieht ihn nicht und kennt ihn nicht. Ihr kennt ihn, denn er bleibt bei euch und wird in euch sein.
Johannes Kapitel 14 Vers 16 f

Wenn ihr in mir bleibt und meine Worte in euch bleiben, werdet ihr bitten, was ihr wollt, und es wird euch widerfahren.
Johannes Kapitel 15 Vers 7

Wenn ihr den Vater um etwas bitten werdet in meinem Namen, wird er's euch geben. Bisher habt ihr um nichts gebeten in meinem Namen. Bittet, so werdet ihr nehmen, daß eure Freude vollkommen sei.
Johannes Kapitel 16 Vers 23 f

BLEIBEN

Seht ihr nicht das alles? Wahrlich, ich sage euch: Es wird hier nicht ein Stein auf dem andern bleiben, der nicht zerbrochen werde.
Matthäus Kapitel 24 Vers 2

Schafft euch Speise, die nicht vergänglich ist, sondern die bleibt zum ewigen Leben. Die wird euch der Menschensohn geben; denn auf dem ist das Siegel Gottes des Vaters.
Johannes Kapitel 6 Vers 27

Wer mein Fleisch ißt und mein Blut trinkt, der bleibt in mir und ich in ihm.
Johannes Kapitel 6 Vers 56

Wenn ihr bleiben werdet an meinem Wort, so seid ihr wahrhaftig meine Jünger und werdet die Wahrheit erkennen, und die Wahrheit wird euch frei machen.
Johannes Kapitel 8 Vers 31 f

Wärt ihr blind, so hättet ihr keine Sünde; weil ihr aber sagt: Wir sind sehend, bleibt eure Sünde.
Johannes Kapitel 9 Vers 41

Wenn das Weizenkorn nicht in die Erde fällt und erstirbt, bleibt es allein; wenn es aber erstirbt, bringt es viel Frucht.
Johannes Kapitel 12 Vers 24

Bleibt in mir und ich in euch. Wie die Rebe keine Frucht bringen kann aus sich selbst, wenn sie nicht am Weinstock bleibt, so auch ihr nicht, wenn ihr nicht in mir bleibt. Ich bin der Weinstock, ihr seid die Reben. Wer in mir bleibt und ich in ihm, der bringt viel Frucht; denn ohne mich könnt ihr nichts tun. Wer nicht in mir bleibt, der wird weggeworfen wie eine Rebe und verdorrt, und man sammelt sie und wirft sie ins Feuer, und sie müssen brennen. Wenn ihr in mir bleibt und meine Worte in euch bleiben, werdet ihr bitten, was ihr wollt, und es wird euch widerfahren. Darin wird mein Vater verherrlicht, daß ihr viel Frucht bringt und werdet meine Jünger. Wie mich mein Vater liebt, so liebe ich euch auch. Bleibt in meiner Liebe! Wenn ihr meine Gebote haltet, so bleibt ihr in meiner Liebe, wie ich meines Vaters Gebote halte und bleibe in seiner Liebe.
Johannes Kapitel 15 Vers 4-10

BLIND

Blinde sehen und Lahme gehen, Aussätzige werden rein und Taube hören, Tote stehen auf, und Armen wird das Evangelium gepredigt.
Matthäus Kapitel 11 Vers 5
Lukas Kapitel 7 Vers 22

Laßt sie, sie sind blinde Blindenführer! Wenn aber ein Blinder den andern führt, so fallen sie beide in die Grube.
Matthäus Kapitel 15 Vers 14
Lukas Kapitel 6 Vers 39

Wenn du ein Mahl machst, so lade Arme, Verkrüppelte, Lahme und Blinde ein, dann wirst du selig sein, denn sie haben nichts, um es dir zu vergelten; es wird dir aber vergolten werden bei der Auferstehung der Gerechten.
Lukas Kapitel 14 Vers 13 f

Ich bin zum Gericht in diese Welt gekommen, damit, die nicht sehen, sehend werden, und die sehen, blind werden.
Johannes Kapitel 9 Vers 39

Wärt ihr blind, so hättet ihr keine Sünde; weil ihr aber sagt: Wir sind sehend, bleibt eure Sünde.
Johannes Kapitel 9 Vers 41

BLITZ
Ich sah den Satan vom Himmel fallen wie einen Blitz.
Lukas Kapitel 10 Vers 18

Wie der Blitz aufblitzt und leuchtet von einem Ende des Himmels bis zum andern, so wird der Menschensohn an seinem Tage sein.
Lukas Kapitel 17 Vers 24
Matthäus 24 Vers 27

BLUT
Selig bist du, Simon, Jonas Sohn; denn Fleisch und Blut haben dir das nicht offenbart, sondern mein Vater im Himmel.
Matthäus Kapitel 16 Vers 17

Er nahm den Kelch und dankte, gab ihnen den und sprach: Trinket alle daraus; das ist mein Blut des Bundes, das vergossen wird für viele zur Vergebung der Sünden.
Matthäus Kapitel 26 Vers 27 f
Markus Kapitel 14 Vers 23 f
Lukas Kapitel 22 Vers 20

Wahrlich, wahrlich, ich sage euch: Wenn ihr nicht das Fleisch des Menschensohns eßt und sein Blut trinkt, so habt ihr kein Leben in euch. Wer mein Fleisch ißt und mein Blut trinkt, der hat das ewige Leben, und ich werde ihn am Jüngsten Tage auferwecken. Denn mein Fleisch ist die wahre Speise, und mein Blut ist der wahre Trank. Wer mein Fleisch ißt und mein Blut trinkt, der bleibt in mir und ich in ihm.
Johannes Kapitel 6 Vers 53-55

BÖSE /BÖSES
Liebt eure Feinde und bittet für die, die euch verfolgen, damit ihr Kinder seid eures Vaters im Himmel. Denn er läßt seine Sonne aufgehen über Böse und Gute und läßt regnen über Gerechte und Ungerechte.
Matthäus Kapitel 5 Vers 44 f

Führe uns nicht in Versuchung, sondern erlöse uns von dem Bösen.
Matthäus Kapitel 6 Vers 13 f

Wenn aber dein Auge böse ist, so wird dein ganzer Leib finster sein. Wenn nun das Licht, das in dir ist, Finsternis ist, wie groß wird dann die Finsternis sein!
Matthäus Kapitel 6 Vers 23
Lukas Kapitel 11 Vers 34

Wenn nun ihr, die ihr doch böse seid, dennoch euren Kindern gute Gaben geben könnt, wieviel mehr wird euer Vater im Himmel Gutes geben denen, die ihn bitten!
Matthäus Kapitel 7 Vers 11
Lukas Kapitel 11 Vers 13

Wenn ich aber die bösen Geister durch den Geist Gottes austreibe, so ist ja das Reich Gottes zu euch gekommen.
Matthäus Kapitel 12 Vers 28

Ein böses und abtrünniges Geschlecht fordert ein Zeichen, aber es wird ihm kein Zeichen gegeben werden, es sei denn das Zeichen des Propheten Jona.
Matthäus Kapitel 12 Vers 39
Matthäus Kapitel 16 Vers 4

Wenn jemand das Wort von dem Reich hört und nicht versteht, so kommt der Böse und reißt hinweg, was in sein Herz gesät ist; das ist der, bei dem auf den Weg gesät ist.
Matthäus Kapitel 13 Vers 19

Der Acker ist die Welt. Der gute Same sind die Kinder des Reichs. Das Unkraut sind die Kinder des Bösen.
Matthäus Kapitel 13 Vers 38

So wird es auch am Ende der Welt gehen: die Engel werden ausgehen und die Bösen von den Gerechten scheiden
Matthäus Kapitel 13 Vers 49

Denn aus dem Herzen kommen böse Gedanken, Mord, Ehebruch, Unzucht, Diebstahl, falsches Zeugnis, Lästerung.
Matthäus Kapitel 15 Vers 19
Markus Kapitel 7 Vers 21

Soll man am Sabbat Gutes tun oder Böses tun, Leben erhalten oder töten?
Markus Kapitel 3 Vers 4

Selig seid ihr, wenn euch die Menschen hassen und euch ausstoßen und schmähen und verwerfen euren Namen als böse um des Menschensohnes willen.
Lukas Kapitel 6 Vers 22

Liebt eure Feinde; tut Gutes und leiht, wo ihr nichts dafür zu bekommen hofft. So wird euer Lohn groß sein, und ihr werdet Kinder des Allerhöchsten sein; denn er ist gütig gegen die Undankbaren und Bösen.
Lukas Kapitel 6 Vers 35

Ein guter Mensch bringt Gutes hervor aus dem guten Schatz seines Herzens; und ein böser bringt Böses hervor aus dem bösen. Denn wes das Herz voll ist, des geht der Mund über.
Lukas Kapitel 6 Vers 45
Matthäus Kapitel 12 Vers 35

Wenn aber ich die bösen Geister durch Beelzebul austreibe, durch wen treiben eure Söhne sie aus? Darum werden sie eure Richter sein. Wenn ich aber durch Gottes Finger die bösen Geister austreibe, so ist ja das Reich Gottes zu euch gekommen.
Lukas Kapitel 11 Vers 19 f

Das ist aber das Gericht, daß das Licht in die Welt gekommen ist, und die Menschen liebten die Finsternis mehr als das Licht, denn ihre Werke waren böse. Wer Böses tut, der haßt das Licht und kommt nicht zu dem Licht, damit seine Werke nicht aufgedeckt werden.
Johannes Kapitel 3 Vers 19 f

Und werden hervorgehen, die Gutes getan haben, zur Auferstehung des Lebens, die aber Böses getan haben, zur Auferstehung des Gerichts.
Johannes Kapitel 5 Vers 29

Die Welt kann euch nicht hassen. Mich aber haßt sie, denn ich bezeuge von ihr, daß ihre Werke böse sind.
Johannes Kapitel 7 Vers 7

Ich habe keinen bösen Geist, sondern ich ehre meinen Vater, aber ihr nehmt mir die Ehre.
Johannes Kapitel 8 Vers 49

Ich bitte dich nicht, daß du sie aus der Welt nimmst, sondern daß du sie bewahrst vor dem Bösen.
Johannes Kapitel 17 Vers 15

BORGEN

Gib dem, der dich bittet, und wende dich nicht ab von dem, der etwas von dir borgen will.
Matthäus Kapitel 5 Vers 42

BOSHEIT

Von innen, aus dem Herzen der Menschen, kommen heraus böse Gedanken, Unzucht, Diebstahl, Mord, Ehebruch, Habgier, Bosheit, Arglist, Ausschweifung, Mißgunst, Lästerung, Hochmut, Unvernunft. Alle diese bösen Dinge kommen von innen heraus und machen den Menschen unrein.
Markus Kapitel 7 Vers 21- 23

Ihr Pharisäer, ihr haltet die Becher und Schüsseln außen rein; aber euer Inneres ist voll Raubgier und Bosheit.
Lukas Kapitel 11 Vers 39

BRÄUTIGAM

Wie können die Hochzeitsgäste Leid tragen, solange der Bräutigam bei ihnen ist? Es wird aber die Zeit kommen, daß der Bräutigam von ihnen genommen wird; dann werden sie fasten.
Matthäus Kapitel 9 Vers 15
Markus Kapitel 2 Vers 19 f
Lukas Kapitel 5 Vers 34 f

Dann wird das Himmelreich gleichen zehn Jungfrauen, die ihre Lampen nahmen und gingen hinaus, dem Bräutigam entgegen.
Matthäus Kapitel 25 Vers 1

BRENNEN

Laßt eure Lenden umgürtet sein und eure Lichter brennen und seid gleich den Menschen, die auf ihren Herrn warten, wann er aufbrechen wird von der Hochzeit, damit, wenn er kommt und anklopft, sie ihm sogleich auftun.
Lukas Kapitel 12 Vers 35 f

Ich bin gekommen, ein Feuer anzuzünden auf Erden; was wollte ich lieber, als daß es schon brennte!
Lukas Kapitel 12 Vers 49

BROT

Der Mensch lebt nicht vom Brot allein, sondern von einem jeden Wort, das aus dem Mund Gottes geht.
Matthäus Kapitel 4 Vers 4
Lukas Kapitel 4 Vers 4

Unser tägliches Brot gib uns heute.
Matthäus Kapitel 6 Vers 11
Lukas Kapitel 11 Vers 3

Wer ist unter euch Menschen, der seinem Sohn, wenn er ihn bittet um Brot, einen Stein biete?
Matthäus Kapitel 7 Vers 9

Es ist nicht recht, daß man den Kindern ihr Brot nehme und werfe es vor die Hunde.
Matthäus Kapitel 15 Vers 26
Markus Kapitel 7 Vers 27

Ihr Kleingläubigen, was bekümmert ihr euch doch, daß ihr kein Brot habt? Versteht ihr noch nicht? Denkt ihr nicht an die fünf Brote für die fünftausend und wieviel Körbe voll ihr da aufgesammelt habt? Auch nicht an die sieben Brote für die viertausend und wieviel Körbe voll ihr da aufgesammelt habt? Wieso versteht ihr denn nicht, daß ich nicht vom Brot zu euch geredet habe?
Matthäus Kapitel 16 Vers 8-11
Markus Kapitel 8 Vers 17 f

Ihr sollt nichts mit auf den Weg nehmen, weder Stab noch Tasche noch Brot noch Geld; es soll auch einer nicht zwei Hemden haben.
Lukas Kapitel 9 Vers 3

Selig ist, der das Brot ißt im Reich Gottes!
Lukas Kapitel 14 Vers 15

Das ist mein Leib, der für euch gegeben wird; das tut zu meinem Gedächtnis.
Lukas Kapitel 22 Vers 19
Markus Kapitel 14 Vers 22
Matthäus Kapitel 26 Vers 26
Lukas Kapitel 24 Vers 30

Wahrlich, wahrlich, ich sage euch: Ihr sucht mich nicht, weil ihr Zeichen gesehen habt, sondern weil ihr von dem Brot gegessen habt und satt geworden seid.
Johannes Kapitel 6 Vers 26

Wahrlich, wahrlich, ich sage euch: Nicht Mose hat euch das Brot vom Himmel gegeben, sondern mein Vater gibt euch das wahre Brot vom Himmel. Denn Gottes Brot ist das, das vom Himmel kommt und gibt der Welt das Leben.
Johannes Kapitel 6 Vers 32 f

Ich bin das Brot des Lebens. Wer zu mir kommt, den wird nicht hungern; und wer an mich glaubt, den wird nimmermehr dürsten.
Johannes Kapitel 6 Vers 35 und 48

Dies ist das Brot, das vom Himmel kommt, damit, wer davon ißt, nicht sterbe. Ich bin das lebendige Brot, das vom Himmel gekommen ist. Wer von diesem Brot ißt, der wird leben in Ewigkeit. Und dieses Brot ist mein Fleisch, das ich geben werde für das Leben der Welt.
Johannes Kapitel 6 Vers 50 f

Dies ist das Brot, das vom Himmel gekommen ist. Es ist nicht wie bei den Vätern, die gegessen haben und gestorben sind. Wer dies Brot ißt, der wird leben in Ewigkeit.
Johannes Kapitel 6 Vers 58

Es muß die Schrift erfüllt werden: »Der mein Brot ißt, tritt mich mit Füßen.«
Johannes Kapitel 13 Vers 18

BRUDER
Wer mit seinem Bruder zürnt, der ist des Gerichts schuldig; wer aber zu seinem Bruder sagt: Du Nichtsnutz!, der ist des Hohen Rats schuldig; wer aber sagt: Du Narr!, der ist des höllischen Feuers schuldig. Darum: wenn du deine Gabe auf dem Altar opferst und dort kommt dir in den Sinn, daß dein Bruder etwas gegen dich hat, so laß dort vor dem Altar deine Gabe und geh zuerst hin und versöhne dich mit deinem Bruder und dann komm und opfere deine Gabe.
Matthäus Kapitel 5 Vers 22-24

Wenn ihr nun zu euren Brüdern freundlich seid, was tut ihr Besonderes? Tun nicht dasselbe auch die Heiden?
Matthäus Kapitel 5 Vers 47

Es wird aber ein Bruder den andern dem Tod preisgeben und der Vater den Sohn, und die Kinder werden sich empören gegen ihre Eltern und werden sie töten helfen.
Matthäus Kapitel 10 Vers 21
Markus Kapitel 13 Vers 12

Denn wer den Willen tut meines Vaters im Himmel, der ist mir Bruder und Schwester und Mutter.
Matthäus Kapitel 12 Vers 50
Markus Kapitel 3 Vers 35

Sündigt aber dein Bruder an dir, so geh hin und weise ihn zurecht zwischen dir und ihm allein. Hört er auf dich, so hast du deinen Bruder gewonnen.
Matthäus Kapitel 18 Vers 15

Da trat Petrus zu ihm und fragte: Herr, wie oft muß ich denn meinem Bruder, der an mir sündigt, vergeben? Genügt es siebenmal? Jesus sprach zu ihm: Ich sage dir: nicht siebenmal, sondern siebenmal siebzigmal.
Matthäus Kapitel 18 Vers 21 f

Und sein Herr wurde zornig und überantwortete ihn den Peinigern, bis er alles bezahlt hätte, was er ihm schuldig war. So wird auch mein himmlischer Vater an euch tun, wenn ihr einander nicht von Herzen vergebt, ein jeder seinem Bruder.
Matthäus Kapitel 18 Vers 34 f

Und wer Häuser oder Brüder oder Schwestern oder Vater oder Mutter oder Kinder oder Äcker verläßt um meines Namens willen, der wird's hundertfach empfangen und das ewige Leben ererben.
Matthäus Kapitel 19 Vers 29

Ihr sollt euch nicht Rabbi nennen lassen; denn einer ist euer Meister; ihr aber seid alle Brüder.
Matthäus Kapitel 23 Vers 8

Was ihr getan habt einem von diesen meinen geringsten Brüdern, das habt ihr mir getan.
Matthäus Kapitel 25 Vers 40

Fürchtet euch nicht! Geht hin und verkündigt es meinen Brüdern, daß sie nach Galiläa gehen: dort werden sie mich sehen.
Matthäus Kapitel 28 Vers 10

Wer ist meine Mutter und meine Brüder? Siehe, das ist meine Mutter und das sind meine Brüder! Denn wer Gottes Willen tut, der ist mein Bruder und meine Schwester und meine Mutter.
Markus Kapitel 3 Vers 33-35

Wahrlich, ich sage euch: Es ist niemand, der Haus oder Brüder oder Schwestern oder Mutter oder Vater oder Kinder oder Äcker verläßt um meinetwillen und um des Evangeliums willen, der nicht hundertfach empfange: jetzt in dieser Zeit Häuser und Brüder und Schwestern und Mütter und Kinder und Äcker mitten unter Verfolgungen – und in der zukünftigen Welt das ewige Leben.
Markus Kapitel 10 Vers 29 f
Lukas Kapitel 18 Vers 29 f

Wie kannst du sagen zu deinem Bruder: Halt still, Bruder, ich will den Splitter aus deinem Auge ziehen, und du siehst selbst nicht den Balken in deinem Auge? Du Heuchler, zieh zuerst den Balken aus deinem Auge und sieh dann zu, daß du den Splitter aus deines Bruders Auge ziehst!
Lukas Kapitel 6 Vers 42
Matthäus Kapitel 7 Vers 4 f

Meine Mutter und meine Brüder sind diese, die Gottes Wort hören und tun.
Lukas Kapitel 8 Vers 21

Wenn du ein Mittags- oder Abendmahl machst, so lade weder deine Freunde noch deine Brüder noch deine Verwandten noch reiche Nachbarn ein, damit sie dich nicht etwa wieder einladen und dir vergolten wird.
Lukas Kapitel 14 Vers 12

Wenn jemand zu mir kommt und haßt nicht seinen Vater, Mutter, Frau, Kinder, Brüder, Schwestern und dazu sich selbst, der kann nicht mein Jünger sein.
Lukas Kapitel 14 Vers 26

Du solltest aber fröhlich und guten Mutes sein; denn dieser dein Bruder war tot und ist wieder lebendig geworden, er war verloren und ist wiedergefunden.
Lukas Kapitel 15 Vers 32

Wenn dein Bruder sündigt, so weise ihn zurecht; und wenn er es bereut, vergib ihm. Und wenn er siebenmal am Tag an dir sündigen würde und siebenmal wieder zu dir käme und spräche: Es reut mich!, so sollst du ihm vergeben.
Lukas Kapitel 17 Vers 3 f

Ich aber habe für dich gebeten, daß dein Glaube nicht aufhöre. Und wenn du dereinst dich bekehrst, so stärke deine Brüder.
Lukas Kapitel 22 Vers 32

BUCHSTABE
Bis Himmel und Erde vergehen, wird nicht vergehen der kleinste Buchstabe noch ein Tüpfelchen vom Gesetz, bis es alles geschieht.
Matthäus Kapitel 5 Vers 18

BUND
Dieser Kelch ist der neue Bund in meinem Blut, das für euch vergossen wird!
Lukas Kapitel 22 Vers 20

BUSSE

Tut Buße, denn das Himmelreich ist nahe herbeigekommen!
Matthäus Kapitel 3 Vers 2
Matthäus Kapitel 4 Vers 17

Wehe dir, Chorazin! Weh dir, Betsaida! Wären solche Taten in Tyrus und Sidon geschehen, wie sie bei euch geschehen sind, sie hätten längst in Sack und Asche Buße getan.
Matthäus Kapitel 11 Vers 21

Die Leute von Ninive werden auftreten beim Jüngsten Gericht mit diesem Geschlecht und werden es verdammen; denn sie taten Buße nach der Predigt des Jona. Und siehe, hier ist mehr als Jona.
Matthäus Kapitel 12 Vers 41
Lukas Kapitel 11 Vers 32

Johannes kam zu euch und lehrte euch den rechten Weg, und ihr glaubtet ihm nicht; aber die Zöllner und Huren glaubten ihm. Und obwohl ihr's saht, tatet ihr dennoch nicht Buße, so daß ihr ihm dann auch geglaubt hättet.
Matthäus Kapitel 21 Vers 32

Die Zeit ist erfüllt, und das Reich Gottes ist herbeigekommen.Tut Buße und glaubt an das Evangelium!
Markus Kapitel 1 Vers 15

Ich bin gekommen, die Sünder zur Buße zu rufen und nicht die Gerechten.
Lukas Kapitel 5 Vers 32

Wenn ihr nicht Buße tut, werdet ihr alle auch so umkommen.
Lukas Kapitel 13 Vers 3 und 5

So wird auch Freude im Himmel sein über einen Sünder, der Buße tut, mehr als über neunundneunzig Gerechte, die der Buße nicht bedürfen.
Lukas Kapitel 15 Vers 7

So, sage ich euch, wird Freude sein vor den Engeln Gottes über einen Sünder, der Buße tut.
Lukas Kapitel 15 Vers 10

Nein, Vater Abraham, sondern wenn einer von den Toten zu ihnen ginge, so würden sie Buße tun. Er sprach zu ihm: Hören sie Mose und die Propheten nicht, so werden sie sich auch nicht überzeugen lassen, wenn jemand von den Toten auferstünde.
Lukas Kapitel 16 Vers 30 f

C

CHRISTUS

Und ihr sollt euch nicht Lehrer nennen lassen; denn einer ist euer Lehrer: Christus.
Matthäus Kapitel 23 Vers 10

Denn es werden viele kommen unter meinem Namen und sagen: Ich bin der Christus, und sie werden viele verführen.
Matthäus Kapitel 24 Vers 5

Wenn dann jemand zu euch sagen wird: Siehe, hier ist der Christus! oder da!, so sollt ihr's nicht glauben.
Matthäus Kapitel 24 Vers 23
Markus Kapitel 13 Vers 21

Denn wer euch einen Becher Wasser zu trinken gibt deshalb, weil ihr Christus angehört, wahrlich, ich sage euch: Es wird ihm nicht unvergolten bleiben.
Markus Kapitel 9 Vers 41

Mußte nicht Christus dies erleiden und in seine Herrlichkeit eingehen?
Lukas Kapitel 24 Vers 26

So steht's geschrieben, daß Christus leiden wird und auferstehen von den Toten am dritten Tage.
Lukas Kapitel 24 Vers 46

Das ist aber das ewige Leben, daß sie dich, der du allein wahrer Gott bist, und den du gesandt hast, Jesus Christus, erkennen.
Johannes Kapitel 17 Vers 3

D

DACH
Was ich euch sage in der Finsternis, das redet im Licht; und was euch gesagt wird in das Ohr, das predigt auf den Dächern.
Matthäus Kapitel 10 Vers 27

Was ihr in der Finsternis sagt, das wird man im Licht hören; und was ihr ins Ohr flüstert in der Kammer, das wird man auf den Dächern predigen.
Lukas Kapitel 12 Vers 3

DANK/DANKEN
Wenn ihr die liebt, die euch lieben, welchen Dank habt ihr davon? Denn auch die Sünder lieben ihre Freunde.
Lukas Kapitel 6 Vers 32

Wenn ihr euren Wohltätern wohltut, welchen Dank habt ihr davon? Denn die Sünder tun dasselbe auch. Und wenn ihr denen leiht, von denen ihr etwas zu bekommen hofft, welchen Dank habt ihr davon? Auch die Sünder leihen den Sündern, damit sie das Gleiche bekommen. Vielmehr liebt eure Feinde; tut Gutes und leiht, wo ihr nichts dafür zu bekommen hofft. So wird euer Lohn groß sein, und ihr werdet Kinder des Allerhöchsten sein; denn er ist gütig gegen die Undankbaren und Bösen.
Lukas Kapitel 6 Vers 33-35

Vater, ich danke dir, daß du mich erhört hast. Ich weiß, daß du mich allezeit hörst; aber um des Volkes willen, das umhersteht, sage ich's, damit sie glauben, daß du mich gesandt hast.
Johannes Kapitel 11 Vers 41 f

DAVID
Wieso sagen die Schriftgelehrten, der Christus sei Davids Sohn? David selbst hat durch den heiligen Geist gesagt : »Der Herr sprach zu meinem Herrn: Setze dich zu meiner Rechten, bis ich deine Feinde unter deine Füße lege.« Da nennt ihn ja David selbst seinen Herrn. Woher ist er dann sein Sohn?
Markus Kapitel 12 Vers 35-37
Matthäus Kapitel 22 Vers 42-45
Lukas Kapitel 20 Vers 41-44

DEIN
Darum sollst du so beten: Unser Vater im Himmel! Dein Name werde geheiligt. Dein Reich komme. Dein Wille geschehe wie im Himmel so auf

Erden. Unser tägliches Brot gibt uns heute. Und vergib uns unsere Schuld, wie auch wir vergeben unseren Schuldigern. Und führe uns nicht in Versuchung, sondern erlöse uns von dem Bösen. Denn dein ist das Reich und die Kraft und die Herrlichkeit in Ewigkeit. Amen.
Matthäus Kapitel 6 Vers 9-13

DEMÜTIG
Nehmt auf euch mein Joch und lernt von mir; denn ich bin sanftmütig und von Herzen demütig; so werdet ihr Ruhe finden für eure Seelen.
Matthäus Kapitel 11 Vers 29

DENKEN
Warum denkt ihr so Böses in euren Herzen?
Matthäus Kapitel 9 Vers 4

Was denkt ihr von dem Christus? Wessen Sohn ist er?.
Matthäus Kapitel 22 Vers 42

Eine Frau, wenn sie gebiert, so hat sie Schmerzen, denn ihre Stunde ist gekommen. Wenn sie aber das Kind geboren hat, denkt sie nicht mehr an die Angst um der Freude willen, daß ein Mensch zur Welt gekommen ist.
Johannes Kapitel 16 Vers 21

DIEB
Das sollt ihr aber wissen: Wenn ein Hausvater wüßte, zu welcher Stunde in der Nacht der Dieb kommt, so würde er ja wachen und nicht in sein Haus einbrechen lassen.
Matthäus Kapitel 24 Vers 43
Lukas Kapitel 12 Vers 39

Verkauft, was ihr habt, und gebt Almosen. Macht euch Geldbeutel, die nicht veralten, einen Schatz, der niemals abnimmt, im Himmel, wo kein Dieb hinkommt und den keine Motten fressen.
Lukas Kapitel 12 Vers 33

Wahrlich, wahrlich, ich sage euch: Wer nicht zur Tür hineingeht in den Schafstall, sondern steigt anderswo hinein, der ist ein Dieb und ein Räuber.
Johannes Kapitel 10 Vers 1

Ein Dieb kommt nur, um zu stehlen, zu schlachten und umzubringen. Ich bin gekommen, damit sie das Leben und volle Genüge haben sollen.
Johannes Kapitel 10 Vers 10

DIENEN/DIENER

»Du sollst anbeten den Herrn, deinen Gott, und ihm allein dienen.«
Matthäus Kapitel 4 Vers 10
Lukas Kapitel 4 Vers 8

»Vergeblich dienen sie mir, weil sie lehren solche Lehren, die nichts als Menschengebote sind.«
Matthäus Kapitel 15 Vers 9
Markus Kapitel 7 Vers 7

Wer unter euch groß sein will, der sei euer Diener.
Matthäus Kapitel 20 Vers 26
Markus Kapitel 10 Vers 43

Der größte unter euch soll euer Diener sein. Denn wer sich selbst erhöht, der wird erniedrigt; und wer sich selbst erniedrigt, der wird erhöht.
Matthäus Kapitel 23 Vers 11 f

Wenn jemand will der Erste sein, der soll der Letzte sein von allen und aller Diener.
Markus Kapitel 9 Vers 35

Denn auch der Menschensohn ist nicht gekommen, daß er sich dienen lasse, sondern daß er diene und sein Leben gebe als Lösegeld für viele.
Markus Kapitel 10 Vers 45
Matthäus Kapitel 20 Vers 28

Kein Knecht kann zwei Herren dienen; entweder er wird den einen hassen und den andern lieben, oder er wird an dem einen hängen und den andern verachten. Ihr könnt nicht Gott dienen und dem Mammon.
Lukas Kapitel 16 Vers 13
Matthäus Kapitel 6 Vers 24

Wenn doch auch du erkenntest zu dieser Zeit, was zum Frieden dient! Aber nun ist's vor deinen Augen verborgen.
Lukas Kapitel 19 Vers 42

Die Könige herrschen über ihre Völker, und ihre Machthaber lassen sich Wohltäter nennen. Ihr aber nicht so! Sondern der Größte unter euch soll sein wie der Jüngste, und der Vornehmste wie ein Diener. Denn wer ist größer: der zu Tisch sitzt oder der dient? Ist's nicht der, der zu Tisch sitzt? Ich aber bin unter euch wie ein Diener.
Lukas Kapitel 22 Vers 25-27

Wer mir dienen will, der folge mir nach; und wo ich bin, da soll mein Diener auch sein. Und wer mir dienen wird, den wird mein Vater ehren.
Johannes Kapitel 12 Vers 26

Mein Reich ist nicht von dieser Welt. Wäre mein Reich von dieser Welt, meine Diener würden darum kämpfen, daß ich den Juden nicht überantwortet würde; nun aber ist mein Reich nicht von dieser Welt.
Johannes Kapitel 18 Vers 36

DINGE

Aus dem Herzen kommen böse Gedanken, Mord, Ehebruch, Unzucht, Diebstahl, falsches Zeugnis, Lästerung. Das sind die Dinge, die den Menschen unrein machen. Aber mit ungewaschenen Händen essen, macht den Menschen nicht unrein.
Matthäus Kapitel 15 Vers 19 f

Bei den Menschen ist's unmöglich; aber bei Gott sind alle Dinge möglich.
Matthäus Kapitel 19 Vers 26
Markus Kapitel 10 Vers 27

Alle Dinge sind möglich dem, der da glaubt.
Markus Kapitel 9 Vers 23

Die Menschen werden vergehen vor Furcht und in Erwartung der Dinge, die kommen sollen über die ganze Erde; denn die Kräfte der Himmel werden ins Wanken kommen.
Lukas Kapitel 21 Vers 26

Glaubt ihr nicht, wenn ich euch von irdischen Dingen sage, wie werdet ihr glauben, wenn ich euch von himmlischen Dingen sage?
Johannes Kapitel 3 Vers 12

DORF

Wenn ihr aber in eine Stadt oder in ein Dorf geht, da erkundigt euch, ob jemand darin ist, der es wert ist; und bei dem bleibt, bis ihr weiterzieht.
Matthäus Kapitel 10 Vers 11

DORNEN

An ihren Früchten sollt ihr sie erkennen. Kann man denn Trauben lesen von den Dornen oder Feigen von den Disteln?
Matthäus Kapitel 7 Vers 16
Lukas Kapitel 6 Vers 44

Einiges fiel unter die Dornen; und die Dornen wuchsen empor und erstickten's.
Matthäus Kapitel 13 Vers 5
Markus Kapitel 4 Vers 7
Lukas Kapitel 8 Vers 7

Bei dem aber unter die Dornen gesät ist, das ist, der das Wort hört, und die Sorge der Welt und der betrügerische Reichtum ersticken das Wort, und er bringt keine Frucht.
Matthäus Kapitel 13 Vers 22
Markus Kapitel 4 Vers 18 f
Lukas Kapitel 8 Vers 14

DREI/DREIMAL
Denn wie Jona drei Tage und drei Nächte im Bauch des Fisches war, so wird der Menschensohn drei Tage und drei Nächte im Schoß der Erde sein.
Matthäus Kapitel 12 Vers 40

Hört er nicht auf dich, so nimm noch einen oder zwei zu dir, damit jede Sache durch den Mund von zwei oder drei Zeugen bestätigt werde.
Matthäus Kapitel 18 Vers 16

Wo zwei oder drei versammelt sind in meinem Namen, da bin ich mitten unter ihnen.
Matthäus Kapitel 18 Vers 20

Wahrlich, ich sage dir: In dieser Nacht, ehe der Hahn kräht, wirst du mich dreimal verleugnen.
Matthäus 26 Vers 34

Der Menschensohn wird überantwortet werden in die Hände der Menschen, und sie werden ihn töten; und wenn er getötet ist, so wird er nach drei Tagen auferstehen.
Markus Kapitel 9 Vers 31
Markus Kapitel 8 Vers 31

Denn von nun an werden fünf in einem Hause uneins sein, drei gegen zwei und zwei gegen drei.
Lukas Kapitel 12 Vers 52

DULDEN
O du ungläubiges und verkehrtes Geschlecht, wie lange soll ich bei euch sein? Wie lange soll ich euch erdulden?
Matthäus Kapitel 17 Vers 17

DÜRR

Denn wenn man das tut am grünen Holz, was wird am dürren werden?
Lukas Kapitel 23 Vers 31

DÜRSTEN/DURSTIG

Selig sind, die da hungert und dürstet nach der Gerechtigkeit; denn sie sollen satt werden.
Matthäus Kapitel 5 Vers 6

Ich bin hungrig gewesen, und ihr habt mir zu essen gegeben. Ich bin durstig gewesen, und ihr habt mir zu trinken gegeben. Ich bin ein Fremder gewesen, und ihr habt mich aufgenommen.
Matthäus Kapitel 25 Vers 35

Wer von diesem Wasser trinkt, den wird wieder dürsten; wer aber von dem Wasser trinken wird, das ich ihm gebe, den wird in Ewigkeit nicht dürsten, sondern das Wasser, das ich ihm geben werde, das wird in ihm eine Quelle des Wassers werden, das in das ewige Leben quillt.
Johannes Kapitel 4 Vers 13 f

Ich bin das Brot des Lebens. Wer zu mir kommt, den wird nicht hungern; und wer an mich glaubt, den wird nimmermehr dürsten.
Johannes Kapitel 6 Vers 35

Wen da dürstet, der komme zu mir und trinke!
Johannes Kapitel 7 Vers 37

Mich dürstet.
Johannes Kapitel 19 Vers 28

E

ECKSTEIN

»Der Stein, den die Bauleute verworfen haben, der ist zum Eckstein geworden.«
Lukas Kapitel 20 Vers 17
Matthäus Kapitel 21 Vers 42
Markus Kapitel 12 Vers 10

EHE

Wer eine Frau ansieht, sie zu begehren, der hat schon mit ihr die Ehe gebrochen in seinem Herzen.
Matthäus Kapitel 5 Vers 28

Wer sich von seiner Frau scheidet, es sei denn wegen Ehebruchs, der macht, daß sie die Ehe bricht; und wer eine Geschiedene heiratet, der bricht die Ehe.
Matthäus Kapitel 5 Vers 32
Matthäus Kapitel 19 Vers 9

Einige sind von Geburt an zur Ehe unfähig; andere sind von Menschen zur Ehe unfähig gemacht; und wieder andere haben sich selbst zur Ehe unfähig gemacht um des Himmelreichs willen. Wer es fassen kann, der fasse es!
Matthäus Kapitel 19 Vers 12

Wer sich scheidet von seiner Frau und heiratet eine andere, der bricht ihr gegenüber die Ehe.
Markus Kapitel 10 Vers 11
Lukas Kapitel 16 Vers 18

Wenn sich eine Frau scheidet von ihrem Mann und heiratet einen andern, bricht sie ihre Ehe.
Markus Kapitel 10 Vers 12

EHEBRECHEN/EHEBRUCH

Aus dem Herzen kommen böse Gedanken, Mord, Ehebruch, Unzucht, Diebstahl, falsches Zeugnis, Lästerung.
Matthäus Kapitel 15 Vers 19

»Du sollst nicht töten; du sollst nicht ehebrechen; du sollst nicht stehlen; du sollst nicht falsch Zeugnis geben.«
Matthäus Kapitel 19 Vers 18
Markus Kapitel 10 Vers 19

Wer sich scheidet von seiner Frau und heiratet eine andere, der bricht ihr gegenüber die Ehe; und wenn sich eine Frau scheidet von ihrem Mann und heiratet einen anderen, bricht sie die Ehe.
Markus Kapitel 10 Vers 11 f
Lukas Kapitel 16 Vers 18

EHRE/EHREN

Ihr Heuchler, wie fein hat Jesaja von euch geweissagt und gesprochen: »Dies Volk ehrt mich mit seinen Lippen, aber ihr Herz ist fern von mir.«
Matthäus Kapitel 15 Vers 7 f

Wenn du eingeladen bist, so geh hin und setz dich untenan, damit, wenn der kommt, der dich eingeladen hat, er zu dir sagt: Freund, rücke hinauf! Dann wirst du Ehre haben vor allen, die mit dir zu Tisch sitzen.
Lukas Kapitel 14 Vers 10

Der Vater richtet niemand, sondern hat alles Gericht dem Sohn übergeben, damit sie alle den Sohn ehren, wie sie den Vater ehren. Wer den Sohn nicht ehrt, der ehrt den Vater nicht, der ihn gesandt hat.
Johannes Kapitel 5 Vers 22 f

Ich nehme nicht Ehre von Menschen.
Johannes Kapitel 5 Vers 41

Wie könnt ihr glauben, die ihr Ehre voneinander annehmt, und die Ehre, die von dem alleinigen Gott ist, sucht ihr nicht?
Johannes Kapitel 5 Vers 44

Wer von sich selbst aus redet, der sucht seine eigene Ehre; wer aber die Ehre dessen sucht, der ihn gesandt hat, der ist wahrhaftig, und keine Ungerechtigkeit ist in ihm.
Johannes Kapitel 7 Vers 18

Ich habe keinen bösen Geist, sondern ich ehre meinen Vater, aber ihr nehmt mir die Ehre. Ich suche nicht meine Ehre; es ist aber einer, der sie sucht, und er richtet.
Johannes Kapitel 8 Vers 49 f

Wenn ich mich selber ehre, so ist meine Ehre nichts. Es ist aber mein Vater, der mich ehrt, von dem ihr sagt: Er ist unser Gott;
Johannes Kapitel 8 Vers 54

EI

Wo ist unter euch ein Vater, der seinem Sohn, wenn der ihn um einen Fisch bittet, eine Schlange für einen Fisch biete? oder der ihm, wenn er um ein Ei bittet, einen Skorpion dafür biete?
Lukas Kapitel 11 Vers 11 f

EID

Du sollst keinen falschen Eid schwören und sollst dem Herrn deinen Eid halten.
Matthäus Kapitel 5 Vers 33

EINER/EINES

Wer nun eines von diesen kleinsten Geboten auflöst und lehrt die Leute so, der wird der Kleinste heißen im Himmelreich; wer es aber tut und lehrt, der wird groß heißen im Himmelreich.
Matthäus Kapitel 5 Vers 19

Und wer ein solches Kind aufnimmt in meinem Namen, der nimmt mich auf.
Matthäus Kapitel 18 Vers 5

Was fragst du mich nach dem, was gut ist? Gut ist nur einer.
Matthäus Kapitel 19 Vers 17

Aber ihr sollt euch nicht Rabbi nennen lassen; denn einer ist euer Meister; ihr aber seid alle Brüder. Und ihr sollt niemanden unter euch Vater nennen auf Erden; denn einer ist euer Vater, der im Himmel ist. Und ihr sollt euch nicht Lehrer nennen lassen; denn einer ist euer Lehrer: Christus.
Matthäus Kapitel 23 Vers 8 f

Und der König wird antworten und zu ihnen sagen: Wahrlich, ich sage euch: Was ihr getan habt einem von diesen meinen geringsten Brüdern, das habt ihr mir getan.
Matthäus Kapitel 25 Vers 40

Wahrlich, ich sage euch: Einer unter euch wird mich verraten.
Matthäus Kapitel 26 Vers 21

Siehst du diese großen Bauten? Nicht ein Stein wird auf dem andern bleiben, der nicht zerbrochen werde.
Markus Kapitel 13 Vers 2

Eins aber ist not. Maria hat das gute Teil erwählt; das soll nicht von ihr genommen werden.
Lukas Kapitel 10 Vers 42

Ich sage euch: So wird auch Freude im Himmel sein über einen Sünder, der Buße tut, mehr als über neunundneunzig Gerechte, die der Buße nicht bedürfen.
Lukas Kapitel 15 Vers 7

Und ich habe noch andere Schafe, die sind nicht aus diesem Stall; auch sie muß ich herführen, und sie werden meine Stimme hören, und es wird eine Herde und ein Hirte werden.
Johannes Kapitel 10 Vers 16

Ich und der Vater sind eins.
Johannes Kapitel 10 Vers 30

ELTERN
Es wird aber ein Bruder den andern dem Tod preisgeben und der Vater den Sohn, und die Kinder werden sich empören gegen ihre Eltern und werden sie töten helfen.
Matthäus Kapitel 10 Vers 21
Markus Kapitel 13 Vers 12

Wahrlich, ich sage euch: Es ist niemand, der Haus oder Frau oder Brüder oder Eltern oder Kinder verläßt um des Reiches Gottes willen, der es nicht vielfach wieder empfange in dieser Zeit und in der zukünftigen Welt das ewige Leben.
Lukas Kapitel 18 Vers 29 f

Ihr werdet aber verraten werden von Eltern, Brüdern, Verwandten und Freunden; und man wird einige von euch töten.
Lukas Kapitel 21 Vers 16

Es hat weder dieser gesündigt noch seine Eltern, sondern es sollen die Werke Gottes offenbar werden an ihm.
Johannes Kapitel 9 Vers 3

EMPFANGEN
Denn wer da bittet, der empfängt; und wer da sucht, der findet; und wer da anklopft, dem wird aufgetan.
Matthäus Kapitel 7 Vers 8
Lukas Kapitel 11 Vers 10

Macht Kranke gesund, weckt Tote auf, macht Aussätzige rein, treibt böse Geister aus. Umsonst habt ihr's empfangen, umsonst gebt es auch.
Matthäus Kapitel 10 Vers 8

Wer einen Propheten aufnimmt, weil es ein Prophet ist, der wird den Lohn eines Propheten empfangen. Wer einen Gerechten aufnimmt, weil es ein Gerechter ist, der wird den Lohn eines Gerechten empfangen.
Matthäus Kapitel 10 Vers 41

Wer Häuser oder Brüder oder Schwestern oder Vater oder Mutter oder Kinder oder Äcker verläßt um meines Namens willen, der wird's hundertfach empfangen und das ewige Leben ererben.
Matthäus Kapitel 19 Vers 29

Und alles, was ihr bittet im Gebet, wenn ihr glaubt, so werdet ihr's empfangen.
Matthäus Kapitel 21 Vers 22

Wahrlich, ich sage euch: Wer das Reich Gottes nicht empfängt wie ein Kind, der wird nicht hineinkommen.
Markus Kapitel 10 Vers 15

Hütet euch vor den Schriftgelehrten, die es lieben, in langen Gewändern einherzugehen, und lassen sich gern grüßen auf dem Markt und sitzen gern obenan in den Synagogen und bei Tisch; sie fressen die Häuser der Witwen und verrichten zum Schein lange Gebete. Die werden ein um so härteres Urteil empfangen.
Lukas Kapitel 20 Vers 46 f
Markus Kapitel 12 Vers 40

Wer erntet, empfängt schon seinen Lohn und sammelt Frucht zum ewigen Leben, damit sich miteinander freuen, der da sät und der da erntet.
Johannes Kapitel 4 Vers 36

Darum liebt mich mein Vater, weil ich mein Leben lasse, daß ich's wiedernehme. Niemand nimmt es von mir, sondern ich selber lasse es. Ich habe Macht, es zu lassen, und habe Macht, es wiederzunehmen. Dies Gebot habe ich empfangen von meinem Vater.
Johannes Kapitel 10 Vers 17 f

Und ich will den Vater bitten, und er wird euch einen andern Tröster geben, daß er bei euch sei in Ewigkeit: den Geist der Wahrheit, den die Welt nicht empfangen kann, denn sie sieht ihn nicht und kennt ihn nicht. Ihr kennt ihn, denn er bleibt bei euch und wird in euch sein.
Johannes 14 Vers 16 f

ENDE

Ihr werdet gehaßt werden von jedermann um meines Namens willen. Wer aber bis an das Ende beharrt, der wird selig werden.
Matthäus Kapitel 10 Vers 22
Markus Kapitel 13 Vers 13

Der Feind, der es sät, ist der Teufel. Die Ernte ist das Ende der Welt. Die Schnitter sind die Engel.
Matthäus Kapitel 13 Vers 39

Wie man nun das Unkraut ausjätet und mit Feuer verbrennt, so wird's auch am Ende der Welt gehen.
Matthäus Kapitel 13 Vers 40

So wird es auch am Ende der Welt gehen: die Engel werden ausgehen und die Bösen von den Gerechten scheiden.
Matthäus Kapitel 13 Vers 49

Ihr werdet hören von Kriegen und Kriegsgeschrei; seht zu und erschreckt nicht. Denn das muß so geschehen; aber es ist noch nicht das Ende da.
Matthäus Kapitel 24 Vers 6
Markus Kapitel 13 Vers 7
Lukas Kapitel 21 Vers 9

Wer aber beharrt bis ans Ende, der wird selig werden.
Matthäus Kapitel 24 Vers 13

Und es wird gepredigt werden dies Evangelium vom Reich in der ganzen Welt zum Zeugnis für alle Völker, und dann wird das Ende kommen.
Matthäus Kapitel 24 Vers 14

Lehret sie halten alles, was ich euch befohlen habe. Und siehe, ich bin bei euch alle Tage bis an der Welt Ende.
Matthäus Kapitel 28 Vers 20

Und dann wird er die Engel senden und wird seine Auserwählten versammeln von den vier Winden, vom Ende der Erde bis zum Ende des Himmels.
Markus Kapitel 13 Vers 27

Und ich sage euch: Macht euch Freunde mit dem ungerechten Mammon, damit, wenn er zu Ende geht, sie euch aufnehmen in die ewigen Hütten.
Lukas Kapitel 16 Vers 9

ENGEL

Der Feind, der es sät, ist der Teufel. Die Ernte ist das Ende der Welt. Die Schnitter sind die Engel.
Matthäus Kapitel 13 Vers 39

Der Menschensohn wird seine Engel senden, und sie werden sammeln aus seinem Reich alles, was zum Abfall verführt, und die da Unrecht tun.
Matthäus Kapitel 13 Vers 41

So wird es auch am Ende der Welt gehen: die Engel werden ausgehen und die Bösen von den Gerechten scheiden
Matthäus Kapitel 13 Vers 49

Denn es wird geschehen, daß der Menschensohn kommt in der Herrlichkeit seines Vaters mit seinen Engeln, und dann wird er einem jeden vergelten nach seinem Tun.
Matthäus Kapitel 16 Vers 27
Matthäus Kapitel 25 Vers 31
Markus Kapitel 8 Vers 38
Lukas Kapitel 9 Vers 26

Seht zu, daß ihr nicht einen von diesen Kleinen verachtet. Denn ich sage euch: Ihre Engel im Himmel sehen allezeit das Angesicht meines Vaters im Himmel.
Matthäus Kapitel 18 Vers 10

Er wird seine Engel senden mit hellen Posaunen, und sie werden seine Auserwählten sammeln von den vier Winden, von einem Ende des Himmels bis zum andern.
Matthäus Kapitel 24 Vers 31
Markus Kapitel 13 Vers 27

Von dem Tage aber und von der Stunde weiß niemand, auch die Engel im Himmel nicht, auch der Sohn nicht, sondern allein der Vater.
Matthäus Kapitel 24 Vers 36
Markus Kapitel 13 Vers 32

Wenn aber der Menschensohn kommen wird in seiner Herrlichkeit, und alle Engel mit ihm, dann wird er sitzen auf dem Thron seiner Herrlichkeit.
Matthäus Kapitel 25 Vers 31

Oder meinst du, ich könnte meinen Vater nicht bitten, daß er mir sogleich mehr als zwölf Legionen Engel schickte?
Matthäus Kapitel 26 Vers 53

Wenn sie von den Toten auferstehen werden, so werden sie weder heiraten noch sich heiraten lassen, sondern sie sind wie die Engel im Himmel.
Markus Kapitel 12 Vers 25
Matthäus Kapitel 22 Vers 30

Wer sich aber meiner und meiner Worte schämt, dessen wird sich der Menschensohn auch schämen, wenn er kommen wird in seiner Herrlichkeit und der des Vaters und der heiligen Engel.
Lukas Kapitel 9 Vers 26

Ich sage euch aber: Wer mich bekennt vor den Menschen, den wird auch der Menschensohn bekennen vor den Engeln Gottes.
Lukas Kapitel 12 Vers 8

So, sage ich euch, wird Freude sein vor den Engeln Gottes über einen Sünder, der Buße tut.
Lukas Kapitel 15 Vers 10

Wahrlich, wahrlich, ich sage euch: Ihr werdet den Himmel offen sehen und die Engel Gottes hinauf- und herabfahren über dem Menschensohn.
Johannes Kapitel 1 Vers 51

ERBSCHLICHTER
Mensch, wer hat mich zum Richter oder Erbschlichter über euch gesetzt?
Lukas Kapitel 12 Vers 14

ENTSCHULDIGEN
Es war ein Mensch, der machte ein großes Abendmahl und lud viele dazu ein. Und er sandte seine Knechte aus zur Stunde des Abendmahls, den Geladenen zu sagen: Kommt, denn es ist alles bereit! Und sie fingen an alle nacheinander, sich zu entschuldigen. Der erste sprach zu ihm: Ich habe einen Acker gekauft und muß hinausgehen und ihn besehen; ich bitte dich, entschuldige mich. Und der zweite sprach: Ich habe fünf Gespanne Ochsen gekauft und ich gehe jetzt hin, sie zu besehen; ich bitte dich, entschuldige mich.
Lukas Kapitel 14 Vers 16 -18

ERDBEBEN
Es wird sich ein Volk gegen das andere erheben und ein Königreich gegen das andere; und es werden Hungersnöte sein und Erdbeben hier und dort.
Matthäus Kapitel 24 Vers 7
Markus Kapitel 13 Vers 8
Lukas Kapitel 21 Vers 11

ERDE

Ihr seid das Salz der Erde. Wenn nun das Salz nicht mehr salzt, womit soll man salzen? Es ist zu nichts mehr nütze, als daß man es wegschüttet und läßt es von den Leuten zertreten.
Matthäus Kapitel 5 Vers 13

Bis Himmel und Erde vergehen, wird nicht vergehen der kleinste Buchstabe noch ein Tüpfelchen vom Gesetz, bis es alles geschieht.
Matthäus Kapitel 5 Vers 18

Dein Reich komme. Dein Wille geschehe wie im Himmel so auf Erden.
Matthäus Kapitel 6 Vers 10

Ihr sollt euch nicht Schätze sammeln auf Erden, wo sie die Motten und der Rost fressen und wo die Diebe einbrechen und stehlen.
Matthäus Kapitel 6 Vers 19

Damit ihr aber wißt, daß der Menschensohn Vollmacht hat, auf Erden die Sünden zu vergeben – Steh auf, hebe dein Bett auf und geh heim!
Matthäus Kapitel 9 Vers 6

Kauft man nicht zwei Sperlinge für einen Groschen? Dennoch fällt keiner von ihnen auf die Erde ohne euren Vater.
Matthäus Kapitel 10 Vers 29

Ihr sollt nicht meinen, daß ich gekommen bin, Frieden zu bringen auf die Erde. Ich bin nicht gekommen, Frieden zu bringen, sondern das Schwert.
Matthäus Kapitel 10 Vers 34

Denn wie Jona drei Tage und drei Nächte im Bauch des Fisches war, so wird der Menschensohn drei Tage und drei Nächte im Schoß der Erde sein.
Matthäus Kapitel 12 Vers 40

Ich will dir die Schlüssel des Himmelreichs geben: alles, was du auf Erden binden wirst, soll auch im Himmel gebunden sein, und alles, was du auf Erden lösen wirst, soll auch im Himmel gelöst sein.
Matthäus Kapitel 16 Vers 19
Matthäus Kapitel 18 Vers 18

Wahrlich, ich sage euch auch: Wenn zwei unter euch eins werden auf Erden, worum sie bitten wollen, so soll es ihnen widerfahren von meinem Vater im Himmel.
Matthäus Kapitel 18 Vers 19

Und ihr sollt niemanden unter euch Vater nennen auf Erden; denn einer ist euer Vater, der im Himmel ist.
Matthäus Kapitel 23 Vers 9

Himmel und Erde werden vergehen; aber meine Worte werden nicht vergehen.
Matthäus Kapitel 24 Vers 35
Markus Kapitel 13 Vers 31
Lukas Kapitel 21 Vers 33

Mir ist gegeben alle Gewalt im Himmel und auf Erden.
Matthäus Kapitel 28 Vers 18

Denn von selbst bringt die Erde Frucht, zuerst den Halm, danach die Ähre, danach den vollen Weizen in der Ähre.
Markus Kapitel 4 Vers 28

Und dann wird er die Engel senden und wird seine Auserwählten versammeln von den vier Winden, vom Ende der Erde bis zum Ende des Himmels.
Markus Kapitel 13 Vers 27

Ich preise dich, Vater, Herr des Himmels und der Erde, weil du dies den Weisen und Klugen verborgen hast und hast es den Unmündigen offenbart. Ja, Vater, so hat es dir wohlgefallen.
Lukas Kapitel 10 Vers 21
Matthäus Kapitel 11 Vers 25

Ich bin gekommen, ein Feuer anzuzünden auf Erden; was wollte ich lieber, als daß es schon brennte!
Lukas Kapitel 12 Vers 49

Ihr Heuchler! Über das Aussehen der Erde und des Himmels könnt ihr urteilen; warum aber könnt ihr über diese Zeit nicht urteilen?
Lukas Kapitel 12 Vers 56

Es ist aber leichter, daß Himmel und Erde vergehen, als daß ein Tüpfelchen vom Gesetz fällt.
Lukas Kapitel 16 Vers 17

Doch wenn der Menschensohn kommen wird, meinst du, er werde Glauben finden auf Erden?
Lukas Kapitel 18 Vers 8

Wenn das Weizenkorn nicht in die Erde fällt und erstirbt, bleibt es allein; wenn es aber erstirbt, bringt es viel Frucht.
Johannes Kapitel 12 Vers 24

Und ich, wenn ich erhöht werde von der Erde, so will ich alle zu mir ziehen.
Johannes Kapitel 12 Vers 32

ERDREICH
Selig sind die Sanftmütigen; denn sie werden das Erdreich besitzen.
Matthäus Kapitel 5 Vers 5

ERERBEN
Und wer Häuser oder Brüder oder Schwestern oder Vater oder Mutter oder Kinder oder Äcker verläßt um meines Namens willen, der wird's hundertfach empfangen und das ewige Leben ererben.
Matthäus Kapitel 19 Vers 29

Da wird dann der König sagen zu denen zu seiner Rechten: Kommt her, ihr Gesegneten meines Vaters, ererbt das Reich, das euch bereitet ist von Anbeginn der Welt!
Matthäus Kapitel 25 Vers 34

ERFÜLLEN/ERFÜLLUNG
Laß es jetzt geschehen! Denn so gebührt es uns, alle Gerechtigkeit zu erfüllen.
Matthäus Kapitel 3 Vers 15

Ihr sollt nicht meinen, daß ich gekommen bin, das Gesetz oder die Propheten aufzulösen; ich bin nicht gekommen aufzulösen, sondern zu erfüllen.
Matthäus Kapitel 5 Vers 17

Ihr seid ausgezogen wie gegen einen Räuber mit Schwertern und mit Stangen, mich zu fangen. Habe ich doch täglich im Tempel gesessen und gelehrt, und ihr habt mich nicht ergriffen. Aber das ist alles geschehen, damit erfüllt würden die Schriften der Propheten.
Matthäus Kapitel 26 Vers 55 f

Die Zeit ist erfüllt, und das Reich Gottes ist herbeigekommen. Tut Buße und glaubt an das Evangelium!
Markus Kapitel 1 Vers 15
Lukas Kapitel 9 Vers 51

Heute ist dieses Wort der Schrift erfüllt vor euren Ohren.
Lukas Kapitel 4 Vers 21

Und sie werden fallen durch die Schärfe des Schwertes und gefangen weggeführt unter alle Völker, und Jerusalem wird zertreten werden von den Heiden, bis die Zeiten der Heiden erfüllt sind.
Lukas Kapitel 21 Vers 24

Das sind meine Worte, die ich zu euch gesagt habe, als ich noch bei euch war: Es muß alles erfüllt werden, was von mir geschrieben steht im Gesetz des Mose, in den Propheten und in den Psalmen.
Lukas Kapitel 24 Vers 44

Geht ihr hinauf zum Fest! Ich will nicht hinaufgehen zu diesem Fest, denn meine Zeit ist noch nicht erfüllt.
Johannes Kapitel 7 Vers 8

ERHALTEN
Wer sein Leben erhalten will, der wird's verlieren; und wer sein Leben verliert um meinetwillen und um des Evangeliums willen, der wird's erhalten.
Markus Kapitel 8 Vers 35
Matthäus Kapitel 16 Vers 25
Lukas Kapitel 9 Vers 24

Ich frage euch: Ist's erlaubt, am Sabbat Gutes zu tun oder Böses, Leben zu erhalten oder zu vernichten?
Lukas Kapitel 6 Vers 9

Wer sein Leben zu erhalten sucht, der wird es verlieren; und wer es verlieren wird, der wird es gewinnen.
Lukas Kapitel 17 Vers 33

Wer sein Leben lieb hat, der wird's verlieren; und wer sein Leben auf dieser Welt haßt, der wird's erhalten zum ewigen Leben.
Johannes Kapitel 12 Vers 25

Ich bin nicht mehr in der Welt; sie aber sind in der Welt, und ich komme zu dir. Heiliger Vater, erhalte sie in deinem Namen, den du mir gegeben hast, daß sie eins seien wie wir.
Johannes Kapitel 17 Vers 11

ERHÖHEN
Denn wer sich selbst erhöht, der wird erniedrigt; und wer sich selbst erniedrigt, der wird erhöht.
Matthäus Kapitel 23 Vers 12
Lukas Kapitel 14 Vers 11
Lukas Kapitel 18 Vers 14

Wie Mose in der Wüste die Schlange erhöht hat, so muß der Menschensohn erhöht werden.
Johannes Kapitel 3 Vers 14

Wenn ihr den Menschensohn erhöhen werdet, dann werdet ihr erkennen, daß ich es bin und nichts von mir selber tue, sondern, wie mich der Vater gelehrt hat, so rede ich.
Johannes Kapitel 8 Vers 28

Und ich, wenn ich erhöht werde von der Erde, so will ich alle zu mir ziehen.
Johannes Kapitel 12 Vers 32

ERKENNEN
An ihren Früchten sollt ihr sie erkennen.
Matthäus Kapitel 7 Vers 16
Matthäus Kapitel 7 Vers 20

Nehmt an, ein Baum ist gut, so wird auch seine Frucht gut sein; oder nehmt an, ein Baum ist faul, so wird auch seine Frucht faul sein. Denn an der Frucht erkennt man den Baum.
Matthäus Kapitel 12 Vers 33
Lukas Kapitel 6 Vers 44

Mit den Ohren werdet ihr hören und werdet es nicht verstehen; und mit sehenden Augen werdet ihr sehen und werdet es nicht erkennen.
Matthäus Kapitel 13 Vers 14
Markus Kapitel 4 Vers 12

Wenn doch auch du erkenntest zu dieser Zeit, was zum Frieden dient! Aber nun ist's vor deinen Augen verborgen.
Lukas Kapitel 19 Vers 42

Wenn du erkenntest die Gabe Gottes und wer der ist, der zu dir sagt: Gib mir zu trinken!, du bätest ihn, und der gäbe dir lebendiges Wasser.
Johannes Kapitel 4 Vers 10

Wenn ihr den Menschensohn erhöhen werdet, dann werdet ihr erkennen, daß ich es bin und nichts von mir selber tue, sondern, wie mich der Vater gelehrt hat, so rede ich.
Johannes Kapitel 8 Vers 28

Wenn ihr bleiben werdet an meinem Wort, so seid ihr wahrhaftig meine Jünger und werdet die Wahrheit erkennen, und die Wahrheit wird euch frei machen.
Johannes Kapitel 8 Vers 31 f

Daran wird jedermann erkennen, daß ihr meine Jünger seid, wenn ihr Liebe untereinander habt.
Johannes Kapitel 13 Vers 35

Wenn ihr mich erkannt habt, so werdet ihr auch meinen Vater erkennen. Und von nun an kennt ihr ihn und habt ihn gesehen.
Johannes Kapitel 14 Vers 7

An jenem Tage werdet ihr erkennen, daß ich in meinem Vater bin und ihr in mir und ich in euch.
Johannes Kapitel 14 Vers 20

Aber die Welt soll erkennen, daß ich den Vater liebe und tue, wie mir der Vater geboten hat.
Johannes Kapitel 14 Vers 31

Es kommt aber die Zeit, daß, wer euch tötet, meinen wird, er tue Gott einen Dienst damit. Und das werden sie darum tun, weil sie weder meinen Vater noch mich erkennen.
Johannes Kapitel 16 Vers 2 f

Das ist aber das ewige Leben, daß sie dich, der du allein wahrer Gott bist, und den du gesandt hast, Jesus Christus, erkennen.
Johannes Kapitel 17 Vers 3

Ich habe ihnen die Herrlichkeit gegeben, die du mir gegeben hast, damit sie eins seien, wie wir eins sind, ich in ihnen und du in mir, damit sie vollkommen eins seien und die Welt erkenne, daß du mich gesandt hast und sie liebst, wie du mich liebst.
Johannes Kapitel 17 Vers 22 f

ERKENNTNIS

Weh euch Schriftgelehrten! Denn ihr habt den Schlüssel der Erkenntnis weggenommen. Ihr selbst seid nicht hineingegangen und habt auch denen gewehrt, die hinein wollten.
Lukas Kapitel 11 Vers 52

ERLEIDEN

Der Knecht aber, der den Willen seines Herrn kennt, hat aber nichts vorbereitet noch nach seinem Willen getan, der wird viel Schläge erleiden müssen. Wer ihn aber nicht kennt und getan hat, was Schläge verdient, wird wenig Schläge erleiden. Denn wem viel gegeben ist, bei dem wird man viel suchen; und wem viel anvertraut ist, von dem wird man um so mehr fordern.
Lukas Kapitel 12 Vers 47 f

ERLÖSUNG

Wer unter euch der Erste sein will, der sei euer Knecht, so wie der Menschensohn nicht gekommen ist, daß er sich dienen lasse, sondern daß er diene und gebe sein Leben zu einer Erlösung für viele.
Matthäus Kapitel 20 Vers 27 f

Wenn aber dieses anfängt zu geschehen, dann seht auf und erhebt eure Häupter, weil sich eure Erlösung naht.
Lukas Kapitel 21 Vers 28

ERNÄHREN

Seht die Raben an: sie säen nicht, sie ernten auch nicht, sie haben auch keinen Keller und keine Scheune, und Gott ernährt sie doch. Wieviel besser seid ihr als die Vögel!
Lukas Kapitel 12 Vers 24
Matthäus Kapitel 6 Vers 26

ERNIEDRIGEN

Wer nun sich selbst erniedrigt und wird wie dies Kind, der ist der Größte im Himmelreich.
Matthäus Kapitel 18 Vers 4

Wer sich selbst erhöht, der soll erniedrigt werden; und wer sich selbst erniedrigt, der soll erhöht werden.
Lukas Kapitel 14 Vers 11
Lukas Kapitel 18 Vers 14
Matthäus Kapitel 23 Vers 12

ERNTE/ERNTEN

Seht die Vögel unter dem Himmel an: sie säen nicht, sie ernten nicht, sie sammeln nicht in die Scheunen; und euer himmlischer Vater ernährt sie doch. Seid ihr denn nicht viel mehr als sie?
Matthäus Kapitel 6 Vers 26

Die Ernte ist groß , aber wenige sind der Arbeiter. Darum bittet den Herrn der Ernte, daß er Arbeiter in seine Ernte sende.
Matthäus Kapitel 9 Vers 37 f
Lukas Kapitel 10 Vers 2

Laßt beides miteinander wachsen bis zur Ernte; und um die Erntezeit will ich zu den Schnittern sagen: Sammelt zuerst das Unkraut und bindet es in Bündel, damit man es verbrenne; aber den Weizen sammelt mir in meine Scheune.
Matthäus Kapitel 13 Vers 30

Der Feind, der es sät, ist der Teufel. Die Ernte ist das Ende der Welt. Die Schnitter sind die Engel.
Matthäus Kapitel 13 Vers 39

Mit deinen eigenen Worten richte ich dich, du böser Knecht. Wußtest du, daß ich ein harter Mann bin, nehme, was ich nicht angelegt habe, und ernte, was ich nicht gesät habe: Warum hast du dann mein Geld nicht zur Bank gebracht? Und wenn ich zurückgekommen wäre, hätte ich's mit Zinsen eingefordert.
Lukas Kapitel 19 Vers 22 f

Sagt ihr nicht selber: Es sind noch vier Monate, dann kommt die Ernte? Siehe, ich sage euch: Hebt eure Augen auf und seht auf die Felder, denn sie sind reif zur Ernte.
Johannes Kapitel 4 Vers 35

ERQUICKEN
Kommt her zu mir, alle, die ihr mühselig und beladen seid; ich will euch erquicken.
Matthäus Kapitel 11 Vers 28

ERSÄUFEN
Wer aber einen dieser Kleinen, die an mich glauben, zum Abfall verführt, für den wäre es besser, daß ein Mühlstein an seinen Hals gehängt und er ersäuft würde im Meer, wo es am tiefsten ist.
Matthäus Kapitel 18 Vers 6

ERSCHEINEN
Und dann wird erscheinen das Zeichen des Menschensohns am Himmel. Und dann werden wehklagen alle Geschlechter auf Erden und werden sehen den Menschensohn kommen auf den Wolken des Himmels mit großer Kraft und Herrlichkeit.
Matthäus Kapitel 24 Vers 30

ERSCHRECKEN
Ihr werdet hören von Kriegen und Kriegsgeschrei; seht zu und erschreckt nicht. Denn das muß so geschehen; aber es ist noch nicht das Ende da.
Matthäus Kapitel 24 Vers 6

ERSTER
Wenn jemand will der Erste sein, der soll der Letzte sein von allen und aller Diener.
Markus Kapitel 9 Vers 35

Wer unter euch der Erste sein will, der soll aller Knecht sein.
Markus Kapitel 10 Vers 44
Matthäus Kapitel 20 Vers 27

Es sind Letzte, die werden die Ersten sein, und sind Erste, die werden die Letzten sein.
Lukas Kapitel 13 Vers 30
Matthäus Kapitel 19 Vers 30
Matthäus Kapitel 20 Vers 16
Markus Kapitel 10 Vers 31

Wer unter euch ohne Sünde ist, der werfe den ersten Stein auf sie.
Johannes Kapitel 8 Vers 7

ERTRAGEN
O du ungläubiges Geschlecht, wie lange soll ich bei euch sein? Wie lange soll ich euch ertragen?
Markus Kapitel 9 Vers 19

Ich habe euch noch viel zu sagen; aber ihr könnt es jetzt nicht ertragen.
Johannes Kapitel 16 Vers 12

ERWÄHLEN
Maria hat das gute Teil erwählt; das soll nicht von ihr genommen werden.
Lukas Kapitel 10 Vers 42

Habe ich nicht euch Zwölf erwählt? Und einer von euch ist ein Teufel.
Johannes Kapitel 6 Vers 70

Ich weiß, welche ich erwählt habe. Aber es muß die Schrift erfüllt werden: »Der mein Brot ißt, tritt mich mit Füßen.«
Johannes Kapitel 13 Vers 18

Nicht ihr habt mich erwählt, sondern ich habe euch erwählt und bestimmt, daß ihr hingeht und Frucht bringt und eure Frucht bleibt, damit, wenn ihr den Vater bittet in meinem Namen, er's euch gebe.
Johannes Kapitel 15 Vers 16

Wäret ihr von der Welt, so hätte die Welt das Ihre lieb. Weil ihr aber nicht von der Welt seid, sondern ich euch aus der Welt erwählt habe, darum haßt euch die Welt.
Johannes Kapitel 15 Vers 19

ESEL/ESELIN
Geht hin in das Dorf, das vor euch liegt, und gleich werdet ihr eine Eselin angebunden finden und ein Füllen bei ihr; bindet sie los und führt sie zu mir!
Matthäus Kapitel 21 Vers 2

Ihr Heuchler! Bindet nicht jeder von euch am Sabbat seinen Ochsen oder seinen Esel von der Krippe los und führt ihn zur Tränke?
Lukas Kapitel 13 Vers 15

ESSEN
Sorgt nicht um euer Leben, was ihr essen und trinken werdet; auch nicht um euren Leib, was ihr anziehen werdet. Ist nicht das Leben mehr als die Nahrung und der Leib mehr als die Kleidung?
Matthäus Kapitel 6 Vers 25 und 31
Lukas Kapitel 12 Vers 22 und 29

Johannes ist gekommen, aß nicht und trank nicht; so sagen sie: Er ist besessen. Der Menschensohn ist gekommen, ißt und trinkt; so sagen sie: Siehe, was ist dieser Mensch für ein Fresser und Weinsäufer, ein Freund der Zöllner und Sünder!
Matthäus Kapitel 11 Vers 18 f
Lukas Kapitel 7 Vers 34

Es ist nicht nötig, daß sie fortgehen; gebt ihr ihnen zu essen.
Matthäus Kapitel 14 Vers 16
Markus Kapitel 6 Vers 37
Lukas Kapitel 9 Vers 13

Mit ungewaschenen Händen essen, macht den Menschen nicht unrein.
Matthäus Kapitel 15 Vers 20

Das Volk jammert mich; denn sie harren nun schon drei Tage bei mir aus und haben nichts zu essen; und ich will sie nicht hungrig gehen lassen, damit sie nicht verschmachten auf dem Wege.
Matthäus Kapitel 15 Vers 32
Markus Kapitel 8 Vers 2

Ich bin hungrig gewesen, und ihr habt mir zu essen gegeben. Ich bin durstig gewesen, und ihr habt mir zu trinken gegeben. Ich bin ein Fremder gewesen, und ihr habt mich aufgenommen.
Matthäus Kapitel 25 Vers 35, 37 und 42

Nehmet, esset; das ist mein Leib.
Matthäus Kapitel 26 Vers 26

Nun esse niemand mehr eine Frucht von dir in Ewigkeit!
Markus Kapitel 11 Vers 14

Wenn ihr in ein Haus kommt, sprecht zuerst: Friede sei diesem Hause! Und wenn dort ein Kind des Friedens ist, so wird euer Friede auf ihm ruhen; wenn aber nicht, so wird sich euer Friede wieder zu euch wenden. In demselben Haus aber bleibt, eßt und trinkt, was man euch gibt; denn ein Arbeiter ist seines Lohnes wert. Ihr sollt nicht von einem Haus zum andern gehen. Und wenn ihr in eine Stadt kommt, und sie euch aufnehmen, dann eßt, was euch vorgesetzt wird.
Lukas Kapitel 10 Vers 5-8

Geht hin und bereitet uns das Passalamm, damit wir's essen.
Lukas Kapitel 22 Vers 8

Mich hat herzlich verlangt, dies Passalamm mit euch zu essen, ehe ich leide. Denn ich sage euch, daß ich es nicht mehr essen werde, bis es erfüllt wird im Reich Gottes.
Lukas Kapitel 22 Vers 15 f

Ich will euch das Reich zueignen, wie mir's mein Vater zugeeignet hat, daß ihr essen und trinken sollt an meinem Tisch in meinem Reich und sitzen auf Thronen und richten die zwölf Stämme Israels.
Lukas Kapitel 22 Vers 29 f

Ich habe eine Speise zu essen, von der ihr nicht wißt.
Johannes Kapitel 4 Vers 32

Eure Väter haben in der Wüste das Manna gegessen und sind gestorben. Dies ist das Brot, das vom Himmel kommt, damit, wer davon ißt, nicht sterbe. Ich bin das lebendige Brot, das vom Himmel gekommen ist. Wer

von diesem Brot ißt, der wird leben in Ewigkeit. Und dieses Brot ist mein Fleisch, das ich geben werde für das Leben der Welt. Wahrlich, wahrlich, ich sage euch: Wenn ihr nicht das Fleisch des Menschensohns eßt und sein Blut trinkt, so habt ihr kein Leben in euch. Wer mein Fleisch ißt und mein Blut trinkt, der hat das ewige Leben, und ich werde ihn am Jüngsten Tage auferwecken. Denn mein Fleisch ist die wahre Speise, und mein Blut ist der wahre Trank.Wer mein Fleisch ißt und mein Blut trinkt, der bleibt in mir und ich in ihm.
Johannes Kapitel 6 Vers 49-51 und 53f

Kinder, habt ihr nichts zu essen?
Johannes Kapitel 21 Vers 5 f

EVANGELIUM
Blinde sehen und Lahme gehen, Aussätzige werden rein und Taube hören, Tote stehen auf, und Armen wird das Evangelium gepredigt.
Matthäus Kapitel 11 Vers 5
Lukas Kapitel 7 Vers 22

Es wird gepredigt werden dies Evangelium vom Reich in der ganzen Welt zum Zeugnis für alle Völker, und dann wird das Ende kommen.
Matthäus Kapitel 24 Vers 14
Markus Kapitel 13 Vers 10

Wo dies Evangelium gepredigt wird in der ganzen Welt, da wird man auch sagen zu ihrem Gedächtnis, was sie getan hat.
Matthäus Kapitel 26 Vers 13
Markus Kapitel 14 Vers 9

Die Zeit ist erfüllt, und das Reich Gottes ist herbeigekommen. Tut Buße und glaubt an das Evangelium!
Markus Kapitel 1 Vers 15

Wer sein Leben erhalten will, der wird's verlieren; und wer sein Leben verliert um meinetwillen und um des Evangeliums willen, der wird's erhalten.
Markus Kapitel 8 Vers 35

Es ist niemand, der Haus oder Brüder oder Schwestern oder Mutter oder Vater oder Kinder oder Äcker verläßt um meinetwillen und um des Evangeliums willen, der nicht hundertfach empfange: jetzt in dieser Zeit Häuser und Brüder und Schwestern und Mütter und Kinder und Äcker mitten unter Verfolgungen – und in der zukünftigen Welt das ewige Leben.
Markus Kapitel 10 Vers 29 f

Gehet hin in alle Welt und predigt das Evangelium aller Kreatur.
Markus Kapitel 16 Vers 15

»Der Geist des Herrn ist auf mir, weil er mich gesalbt hat, zu verkündigen das Evangelium den Armen; er hat mich gesandt, zu predigen den Gefangenen, daß sie frei sein sollen, und den Blinden, daß sie sehen sollen, und den Zerschlagenen, daß sie frei und ledig sein sollen.«
Lukas Kapitel 4 Vers 18

Ich muß auch den andern Städten das Evangelium predigen vom Reich Gottes; denn dazu bin ich gesandt.
Lukas Kapitel 4 Vers 43

Das Gesetz und die Propheten reichen bis zu Johannes. Von da an wird das Evangelium vom Reich Gottes gepredigt, und jedermann drängt sich mit Gewalt hinein.
Lukas Kapitel 16 Vers 16

EWIG

Also hat Gott die Welt geliebt, daß er seinen eingeborenen Sohn gab, damit alle, die an ihn glauben, nicht verloren werden, sondern das ewige Leben haben.
Johannes Kapitel 3 Vers 16

Wer an den Sohn glaubt, der hat das ewige Leben. Wer aber dem Sohn nicht gehorsam ist, der wird das Leben nicht sehen, sondern der Zorn Gottes bleibt über ihm.
Johannes Kapitel 3 Vers 36
Johannes Kapitel 5 Vers 24
Johannes Kapitel 6 Vers 40 und 47

Wer aber von dem Wasser trinken wird, das ich ihm gebe, den wird in Ewigkeit nicht dürsten, sondern das Wasser, das ich ihm geben werde, das wird in ihm eine Quelle des Wassers werden, das in das ewige Leben quillt.
Johannes Kapitel 4 Vers 14

Ihr sucht in der Schrift, denn ihr meint, ihr habt das ewige Leben darin; und sie ist's, die von mir zeugt.
Johannes Kapitel 5 Vers 39

Schafft euch Speise, die nicht vergänglich ist, sondern die bleibt zum ewigen Leben. Die wird euch der Menschensohn geben; denn auf dem ist das Siegel Gottes des Vaters.
Johannes Kapitel 6 Vers 27

Der Knecht bleibt nicht ewig im Haus; der Sohn bleibt ewig.
Johannes Kapitel 8 Vers 35

Ich gebe ihnen das ewige Leben, und sie werden nimmermehr umkommen, und niemand wird sie aus meiner Hand reißen.
Johannes Kapitel 10 Vers 28

Wer sein Leben lieb hat, der wird's verlieren; und wer sein Leben auf dieser Welt haßt, der wird's erhalten zum ewigen Leben.
Johannes Kapitel 12 Vers 25

Das ist aber das ewige Leben, daß sie dich, der du allein wahrer Gott bist, und den du gesandt hast, Jesus Christus, erkennen.
Johannes Kapitel 17 Vers 3

EWIGKEIT
Dein ist das Reich und die Kraft und die Herrlichkeit in Ewigkeit. Amen.
Matthäus Kapitel 6 Vers 13

Wer aber den heiligen Geist lästert, der hat keine Vergebung in Ewigkeit, sondern ist ewiger Sünde schuldig.
Markus Kapitel 3 Vers 29

Wer aber von dem Wasser trinken wird, das ich ihm gebe, den wird in Ewigkeit nicht dürsten, sondern das Wasser, das ich ihm geben werde, das wird in ihm eine Quelle des Wassers werden, das in das ewige Leben quillt.
Johannes Kapitel 4 Vers 14

Ich bin das lebendige Brot, das vom Himmel gekommen ist. Wer von diesem Brot ißt, der wird leben in Ewigkeit. Und dieses Brot ist mein Fleisch, das ich geben werde für das Leben der Welt.
Johannes Kapitel 6 Vers 51 und 58

Wahrlich, wahrlich, ich sage euch: Wer mein Wort hält, der wird den Tod nicht sehen in Ewigkeit.
Johannes Kapitel 8 Vers 51

Und ich will den Vater bitten, und er wird euch einen andern Tröster geben, daß er bei euch sei in Ewigkeit.
Johannes Kapitel 14 Vers 16

F

FAHREN
Fahre hinaus, wo es tief ist, und werft eure Netze zum Fang aus!
Lukas Kapitel 5 Vers 4

Der Wind bläst, wo er will, und du hörst sein Sausen wohl; aber du weißt nicht, woher er kommt und wohin er fährt. So ist es bei jedem, der aus dem Geist geboren ist.
Johannes Kapitel 3 Vers 8

Und niemand ist gen Himmel aufgefahren außer dem, der vom Himmel herabgekommen ist, nämlich der Menschensohn.
Johannes Kapitel 3 Vers 13

FALSCH
Seht euch vor vor den falschen Propheten, die in Schafskleidern zu euch kommen, inwendig aber sind sie reißende Wölfe.
Matthäus Kapitel 7 Vers 15

Siehe, ich sende euch wie Schafe mitten unter die Wölfe. Darum seid klug wie die Schlangen und ohne Falsch wie die Tauben.
Matthäus Kapitel 10 Vers 16

Aus dem Herzen kommen böse Gedanken, Mord, Ehebruch, Unzucht, Diebstahl, falsches Zeugnis, Lästerung.
Matthäus Kapitel 15 Vers 19

»Du sollst nicht töten; du sollst nicht ehebrechen; du sollst nicht stehlen; du sollst nicht falsch Zeugnis geben...«
Matthäus Kapitel 19 Vers 18
Markus Kapitel 10 Vers 19
Lukas Kapitel 18 Vers 20

Und es werden sich viele falsche Propheten erheben und werden viele verführen.
Matthäus Kapitel 24 Vers 11

Weh euch, wenn euch jedermann wohlredet! Denn das gleiche haben ihre Väter den falschen Propheten getan.
Lukas Kapitel 6 Vers 26

Siehe, ein rechter Israelit, in dem kein Falsch ist.
Johannes Kapitel 1 Vers 47

FANGEN
Ihr seid ausgezogen wie gegen einen Räuber mit Schwertern und mit Stangen, mich zu fangen. Habe ich doch täglich im Tempel gesessen und gelehrt, und ihr habt mich nicht ergriffen.
Matthäus Kapitel 26 Vers 55
Markus Kapitel 14 Vers 48 f

Fürchte dich nicht! Von nun an wirst du Menschen fangen.
Lukas Kapitel 5 Vers 10

FASTEN
Wenn ihr fastet, sollt ihr nicht sauer dreinsehen wie die Heuchler; denn sie verstellen ihr Gesicht, um sich vor den Leuten zu zeigen mit ihrem Fasten. Wahrlich, ich sage euch: Sie haben ihren Lohn schon gehabt. Wenn du aber fastest, so salbe dein Haupt und wasche dein Gesicht, damit du dich nicht vor den Leuten zeigst mit deinem Fasten, sondern vor deinem Vater, der im Verborgenen ist; und dein Vater, der in das Verborgene sieht, wird dir's vergelten.
Matthäus Kapitel 6 Vers 16-18

Wie können die Hochzeitsgäste fasten, während der Bräutigam bei ihnen ist? Solange der Bräutigam bei ihnen ist, können sie nicht fasten.
Markus Kapitel 2 Vers 19
Matthäus Kapitel 9 Vers 15
Lukas Kapitel 5 Vers 34

FAUL
Nehmt an, ein Baum ist gut, so wird auch seine Frucht gut sein; oder nehmt an, ein Baum ist faul, so wird auch seine Frucht faul sein. Denn an der Frucht erkennt man den Baum.
Matthäus Kapitel 12 Vers 33

FEHLEN
Eines fehlt dir. Geh hin, verkaufe alles, was du hast, und gib's den Armen, so wirst du einen Schatz im Himmel haben, und komm und folge mir nach!
Markus Kapitel 10 Vers 21
Lukas Kapitel 18 Vers 22

FEIGEN
An ihren Früchten sollt ihr sie erkennen. Kann man denn Trauben lesen von den Dornen oder Feigen von den Disteln?
Matthäus Kapitel 7 Vers 16

Denn jeder Baum wird an seiner eigenen Frucht erkannt. Man pflückt ja nicht Feigen von den Dornen, auch liest man nicht Trauben von den Hecken.
Lukas Kapitel 6 Vers 44

FEIGENBAUM
Wahrlich, ich sage euch: Wenn ihr Glauben habt und nicht zweifelt, so werdet ihr nicht allein Taten wie die mit dem Feigenbaum tun, sondern, wenn ihr zu diesem Berge sagt: Heb dich und wirf dich ins Meer!, so wird's geschehen.
Matthäus Kapitel 21 Vers 21

An dem Feigenbaum lernt ein Gleichnis: wenn seine Zweige jetzt saftig werden und Blätter treiben, so wißt ihr, daß der Sommer nahe ist.
Matthäus Kapitel 24 Vers 32
Lukas Kapitel 21 Vers 29 f

Es hatte einer einen Feigenbaum, der war gepflanzt in seinem Weinberg, und er kam und suchte Frucht darauf und fand keine. Da sprach er zu dem Weingärtner: Siehe, ich bin nun drei Jahre lang gekommen und habe Frucht gesucht an diesem Feigenbaum, und finde keine. So hau ihn ab! Was nimmt er dem Boden die Kraft? Er aber antwortete und sprach zu ihm: Herr, laß ihn noch dies Jahr, bis ich um ihn grabe und ihn dünge; vielleicht bringt er doch noch Frucht; wenn aber nicht, so hau ihn ab.
Lukas Kapitel 13 Vers 6-9

Bevor Philippus dich rief, als du unter dem Feigenbaum warst, sah ich dich.
Johannes Kapitel 1 Vers 48

FEIND
Ihr habt gehört, daß gesagt ist: Du sollst deinen Nächsten lieben und deinen Feind hassen. Ich aber sage euch: Liebt eure Feinde und bittet für die, die euch verfolgen, damit ihr Kinder seid eures Vaters im Himmel. Denn er läßt seine Sonne aufgehen über Böse und Gute und läßt regnen über Gerechte und Ungerechte.
Matthäus Kapitel 5 Vers 43 – 45
Lukas Kapitel 6 Vers 27

Und des Menschen Feinde werden seine eigenen Hausgenossen sein.
Matthäus Kapitel 10 Vers 36

Der Feind, der es sät, ist der Teufel. Die Ernte ist das Ende der Welt. Die Schnitter sind die Engel.
Matthäus Kapitel 13 Vers 39

Seht, ich habe euch Macht gegeben, zu treten auf Schlangen und Skorpione, und Macht über alle Gewalt des Feindes; und nichts wird euch schaden.
Lukas Kapitel 10 Vers 19

Denn es wird eine Zeit über dich kommen, da werden deine Feinde um dich einen Wall aufwerfen, dich belagern und von allen Seiten bedrängen.
Lukas Kapitel 19 Vers 43

FELD

Schaut die Lilien auf dem Feld an, wie sie wachsen: sie arbeiten nicht, auch spinnen sie nicht. Wenn nun Gott das Gras auf dem Feld so kleidet, das doch heute steht und morgen in den Ofen geworfen wird: sollte er das nicht viel mehr für euch tun, ihr Kleingläubigen?
Matthäus Kapitel 6 Vers 28 u.30
Lukas Kapitel 12 Vers 28

FELS

Darum, wer diese meine Rede hört und tut sie, der gleicht einem klugen Mann, der sein Haus auf Fels baute. Als nun ein Platzregen fiel und die Wasser kamen und die Winde wehten und stießen an das Haus, fiel es doch nicht ein; denn es war auf Fels gegründet.
Matthäus Kapitel 7 Vers 24 f
Lukas Kapitel 6 Vers 48

Und ich sage dir auch: Du bist Petrus, und auf diesen Felsen will ich meine Gemeinde bauen, und die Pforten der Hölle sollen sie nicht überwältigen. Ich will dir die Schlüssel des Himmelreichs geben: alles, was du auf Erden binden wirst, soll auch im Himmel gebunden sein, und alles, was du auf Erden lösen wirst, soll auch im Himmel gelöst sein.
Matthäus Kapitel 16 Vers 18 f

Und einiges fiel auf den Fels; und als es aufging, verdorrte es, weil es keine Feuchtigkeit hatte.
Lukas Kapitel 8 Vers 6

Die aber auf dem Fels sind die: wenn sie es hören, nehmen sie das Wort mit Freuden an. Doch sie haben keine Wurzel; eine Zeitlang glauben sie, und zu der Zeit der Anfechtung fallen sie ab.
Lukas Kapitel 8 Vers 13

Du bist Simon, der Sohn des Johannes; du sollst Kephas heißen, das heißt übersetzt: Fels.
Johannes Kapitel 1 Vers 42

FERN

»Dies Volk ehrt mich mit seinen Lippen, aber ihr Herz ist fern von mir.«
Matthäus Kapitel 15 Vers 8
Markus Kapitel 7 Vers 6

Du bist nicht fern vom Reich Gottes.
Markus Kapitel 12 Vers 34

FESSEL

Sollte dann nicht diese, die doch Abrahams Tochter ist, die der Satan schon achtzehn Jahre gebunden hatte, am Sabbat von dieser Fessel gelöst werden?
Lukas Kapitel 13 Vers 16

FEUER

Ich aber sage euch: Wer mit seinem Bruder zürnt, der ist des Gerichts schuldig; wer aber zu seinem Bruder sagt: Du Nichtsnutz!, der ist des Hohen Rats schuldig; wer aber sagt: Du Narr!, der ist des höllischen Feuers schuldig.
Matthäus Kapitel 5 Vers 22

Jeder Baum, der nicht gute Früchte bringt, wird abgehauen und ins Feuer geworfen.
Matthäus Kapitel 7 Vers 19

Wie man nun das Unkraut ausjätet und mit Feuer verbrennt, so wird's auch am Ende der Welt gehen.
Matthäus Kapitel 13 Vers 40

Wenn aber deine Hand oder dein Fuß dich zum Abfall verführt, so hau sie ab und wirf sie von dir. Es ist besser für dich, daß du lahm oder verkrüppelt zum Leben eingehst, als daß du zwei Hände oder zwei Füße hast und wirst in das ewige Feuer geworfen. Und wenn dich dein Auge zum Abfall verführt, reiß es aus und wirf's von dir. Es ist besser für dich, daß du einäugig zum Leben eingehst, als daß du zwei Augen hast und wirst in das höllische Feuer geworfen.
Matthäus Kapitel 18 Vers 8 f
Markus Kapitel 9 Vers 43

...wo ihr Wurm nicht stirbt und das Feuer nicht verlöscht. Denn jeder wird mit Feuer gesalzen werden.
Markus Kapitel 9 Vers 48 f

Ich bin gekommen, ein Feuer anzuzünden auf Erden; was wollte ich lieber, als daß es schon brennte!
Lukas Kapitel 12 Vers 49

Wer nicht in mir bleibt, der wird weggeworfen wie eine Rebe und verdorrt, und man sammelt sie und wirft sie ins Feuer, und sie müssen brennen.
Johannes Kapitel 15 Vers 6

FEUEROFEN
Der Menschensohn wird seine Engel senden, und sie werden sammeln aus seinem Reich alles, was zum Abfall verführt, und die da Unrecht tun, und werden sie in den Feuerofen werfen; da wird Heulen und Zähneklappern sein.
Matthäus Kapitel 13 Vers 41 f und 5o

FINDEN
Bittet, so wird euch gegeben; suchet, so werdet ihr finden; klopfet an, so wird euch aufgetan.
Matthäus Kapitel 7 Vers 7
Lukas Kapitel 11 Vers 9

Wie eng ist die Pforte und wie schmal der Weg, der zum Leben führt, und wenige sind's, die ihn finden!
Matthäus Kapitel 7 Vers 14

Wahrlich, ich sage euch: Solchen Glauben habe ich in Israel bei keinem gefunden!
Matthäus Kapitel 8 Vers 10

Wer sein Leben findet, der wird's verlieren; und wer sein Leben verliert um meinetwillen, der wird's finden.
Matthäus Kapitel 10 Vers 39
Matthäus Kapitel 16 Vers 25

Nehmt auf euch mein Joch und lernt von mir; denn ich bin sanftmütig und von Herzen demütig; so werdet ihr Ruhe finden für eure Seelen.
Matthäus Kapitel 11 Vers 29

Das Himmelreich gleicht einem Schatz, verborgen im Acker, den ein Mensch fand und verbarg; und in seiner Freude ging er hin und verkaufte alles, was er hatte, und kaufte den Acker. Wiederum gleicht das Himmelreich einem Kaufmann, der gute Perlen suchte, und als er eine kostbare Perle fand, ging er hin und verkaufte alles, was er hatte, und kaufte sie.
Matthäus Kapitel 13 Vers 44-46

Geht hin in das Dorf, das vor euch liegt, und gleich werdet ihr eine Eselin angebunden finden und ein Füllen bei ihr; bindet sie los und führt sie zu mir!
Matthäus Kapitel 21 Vers 2

Geht hinaus auf die Straßen und ladet zur Hochzeit ein, wen ihr findet.
Matthäus Kapitel 22 Vers 9

So wacht nun; denn ihr wißt nicht, wann der Herr des Hauses kommt, ob am Abend oder zu Mitternacht oder um den Hahnenschrei oder am Morgen, damit er euch nicht schlafend finde, wenn er plötzlich kommt.
Markus Kapitel 13 Vers 35 f

Selig sind die Knechte, die der Herr, wenn er kommt, wachend findet. Wahrlich, ich sage euch: Er wird sich schürzen und wird sie zu Tisch bitten und kommen und ihnen dienen.
Lukas Kapitel 12 Vers 37

Welcher Mensch ist unter euch, der hundert Schafe hat und, wenn er eins von ihnen verliert, nicht die neunundneunzig in der Wüste läßt und geht dem verlorenen nach, bis er's findet?
Lukas Kapitel 15 Vers 4

Denn dieser mein Sohn war tot und ist wieder lebendig geworden; er war verloren und ist gefunden worden.
Lukas Kapitel 15 Vers 24

Sind nicht die zehn rein geworden? Wo sind aber die neun? Hat sich sonst keiner gefunden, der wieder umkehrte, um Gott die Ehre zu geben, als nur dieser Fremde?
Lukas Kapitel 17 Vers 17 f

Doch wenn der Menschensohn kommen wird, meinst du, er werde Glauben finden auf Erden?
Lukas Kapitel 18 Vers 8

Ihr werdet mich suchen und nicht finden; und wo ich bin, könnt ihr nicht hinkommen.
Johannes Kapitel 7 Vers 34

Ich bin die Tür; wenn jemand durch mich hineingeht, wird er selig werden und wird ein- und ausgehen und Weide finden.
Johannes Kapitel 10 Vers 9

FINGER
Wenn ich aber durch Gottes Finger die bösen Geister austreibe, so ist ja das Reich Gottes zu euch gekommen.
Lukas Kapitel 11 Vers 20

Weh auch euch Schriftgelehrten! Denn ihr beladet die Menschen mit unerträglichen Lasten, und ihr selbst rührt sie nicht mit einem Finger an.
Lukas Kapitel 11 Vers 46
Matthäus Kapitel 23 Vers 4

Reiche deinen Finger her und sieh meine Hände und reiche deine Hand her und lege sie in meine Seite, und sei nicht ungläubig, sondern gläubig!
Johannes Kapitel 20 Vers 27

FINSTERNIS
Wenn aber dein Auge böse ist, so wird dein ganzer Leib finster sein. Wenn nun das Licht, das in dir ist, Finsternis ist, wie groß wird dann die Finsternis sein!
Matthäus Kapitel 6 Vers 23

Aber die Kinder des Reichs werden hinausgestoßen in die Finsternis; da wird sein Heulen und Zähneklappern.
Matthäus Kapitel 8 Vers 12

Was ich euch sage in der Finsternis, das redet im Licht; und was euch gesagt wird in das Ohr, das predigt auf den Dächern.
Matthäus Kapitel 10 Vers 27

Da sprach der König zu seinen Dienern: Bindet ihm die Hände und Füße und werft ihn in die Finsternis hinaus! Da wird Heulen und Zähneklappern sein.
Matthäus Kapitel 22 Vers 13
Matthäus Kapitel 25 Vers 30

Wenn nun dein Auge lauter ist, so ist dein ganzer Leib licht; wenn es aber böse ist, so ist auch dein Leib finster. So schaue darauf, daß nicht das Licht in dir Finsternis sei.
Lukas Kapitel 11 Vers 34 f

Darum, was ihr in der Finsternis sagt, das wird man im Licht hören; und was ihr ins Ohr flüstert in der Kammer, das wird man auf den Dächern predigen.
Lukas Kapitel 12 Vers 3

Ich bin täglich bei euch im Tempel gewesen, und ihr habt nicht Hand an mich gelegt. Aber dies ist eure Stunde und die Macht der Finsternis.
Lukas Kapitel 22 Vers 53

Das ist aber das Gericht, daß das Licht in die Welt gekommen ist, und die Menschen liebten die Finsternis mehr als das Licht, denn ihre Werke waren böse.
Johannes Kapitel 3 Vers 19

Ich bin das Licht der Welt. Wer mir nachfolgt, der wird nicht wandeln in der Finsternis, sondern wird das Licht des Lebens haben.
Johannes Kapitel 8 Vers 12

Es ist das Licht noch eine kleine Zeit bei euch. Wandelt, solange ihr das Licht habt, damit euch die Finsternis nicht überfalle. Wer in der Finsternis wandelt, der weiß nicht, wo er hingeht.
Johannes Kapitel 12 Vers 35

Ich bin in die Welt gekommen als ein Licht, damit, wer an mich glaubt, nicht in der Finsternis bleibe.
Johannes Kapitel 12 Vers 46

FISCH

Wie Jona drei Tage und drei Nächte im Bauch des Fisches war, so wird der Menschensohn drei Tage und drei Nächte im Schoß der Erde sein.
Matthäus Kapitel 12 Vers 40

Wiederum gleicht das Himmelreich einem Netz, das ins Meer geworfen ist und Fische aller Art fängt.
Matthäus Kapitel 13 Vers 47

Damit wir ihnen aber keinen Anstoß geben, geh hin an den See und wirf die Angel aus, und den ersten Fisch, der heraufkommt, den nimm; und wenn du sein Maul aufmachst, wirst du ein Zweigroschenstück finden; das nimm und gib's ihnen für mich und dich.
Matthäus Kapitel 17 Vers 27

Wo ist unter euch ein Vater, der seinem Sohn, wenn der ihn um einen Fisch bittet, eine Schlange für den Fisch biete?
Lukas Kapitel 11 Vers 11
Matthäus Kapitel 7 Vers 10

FLEISCH

Selig bist du, Simon, Jonas Sohn; denn Fleisch und Blut haben dir das nicht offenbart, sondern mein Vater im Himmel.
Matthäus Kapitel 16 Vers 17

»Darum wird ein Mann Vater und Mutter verlassen und an seiner Frau hängen, und die zwei werden ein Fleisch sein.« So sind sie nun nicht mehr zwei, sondern ein Fleisch. Was nun Gott zusammengefügt hat, das soll der Mensch nicht scheiden!
Matthäus Kapitel 19 Vers 5 f
Markus Kapitel 10 Vers 8

Wachet und betet, daß ihr nicht in Anfechtung fallt! Der Geist ist willig; aber das Fleisch ist schwach.
Matthäus Kapitel 26 Vers 41
Markus Kapitel 14 Vers 38

Seht meine Hände und meine Füße, ich bin's selber. Faßt mich an und seht; denn ein Geist hat nicht Fleisch und Knochen, wie ihr seht, daß ich sie habe.
Lukas Kapitel 24 Vers 39

Was vom Fleisch geboren ist, das ist Fleisch; und was vom Geist geboren ist, das ist Geist.
Johannes Kapitel 3 Vers 6

Ich bin das lebendige Brot, das vom Himmel gekommen ist. Wer von diesem Brot ißt, der wird leben in Ewigkeit. Und dieses Brot ist mein Fleisch, das ich geben werde für das Leben der Welt.
Johannes Kapitel 6 Vers 51

Wahrlich, wahrlich, ich sage euch: Wenn ihr nicht das Fleisch des Menschensohns eßt und sein Blut trinkt, so habt ihr kein Leben in euch. Wer mein Fleisch ißt und mein Blut trinkt, der hat das ewige Leben, und ich werde ihn am Jüngsten Tage auferwecken. Denn mein Fleisch ist die wahre Speise, und mein Blut ist der wahre Trank. Wer mein Fleisch ißt und mein Blut trinkt, der bleibt in mir und ich in ihm.
Johannes Kapitel 6 Vers 53 f

Der Geist ist's, der lebendig macht; das Fleisch ist nichts nütze. Die Worte, die ich zu euch geredet habe, die sind Geist und sind Leben.
Johannes Kapitel 6 Vers 63

Ihr richtet nach dem Fleisch, ich richte niemand.
Johannes Kapitel 8 Vers 15

FLEISS

Oder welche Frau, die zehn Silbergroschen hat und einen davon verliert, zündet nicht ein Licht an und kehrt das Haus und sucht mit Fleiß, bis sie ihn findet?
Lukas Kapitel 15 Vers 8

FLICKEN
Niemand flickt ein altes Kleid mit einem Lappen von neuem Tuch; denn der Lappen reißt doch wieder vom Kleid ab, und der Riß wird ärger.
Matthäus Kapitel 9 Vers 16

FLIESSEN
Wer an mich glaubt, wie die Schrift sagt, von dessen Leib werden Ströme lebendigen Wassers fließen.
Johannes Kapitel 7 Vers 38

FLUCHEN
Liebt eure Feinde, segnet, die euch fluchen, tut wohl denen, die euch hassen, und bittet für die, die euch beleidigen und verfolgen.
Matthäus Kapitel 5 Vers 44

FLUCHT
Bittet aber, daß eure Flucht nicht geschehe im Winter oder am Sabbat.
Matthäus Kapitel 24 Vers 20

FLÜGEL
Jerusalem, Jerusalem, die du tötest die Propheten und steinigst, die zu dir gesandt werden, wie oft habe ich deine Kinder versammeln wollen wie eine Henne ihre Küken unter ihre Flügel, und ihr habt nicht gewollt!
Lukas Kapitel 13 Vers 34
Matthäus Kapitel 23 Vers 37

FOLGEN
Folge mir!
Matthäus Kapitel 9 Vers 9

Die Zeichen aber, die folgen werden denen, die da glauben, sind diese: in meinem Namen werden sie böse Geister austreiben, in neuen Zungen reden, Schlangen mit den Händen hochheben, und wenn sie etwas Tödliches trinken, wird's ihnen nicht schaden; auf Kranke werden sie die Hände legen, so wird's besser mit ihnen werden.
Markus Kapitel 16 Vers 17 f

Wer mir folgen will, der verleugne sich selbst und nehme sein Kreuz auf sich täglich und folge mir nach.
Lukas Kapitel 9 Vers 23

Meine Schafe hören meine Stimme, und ich kenne sie, und sie folgen mir.
Johannes Kapitel 10 Vers 27

Wo ich hingehe, kannst du mir diesmal nicht folgen; aber du wirst mir später folgen.
Johannes Kapitel 13 Vers 36

FORDERN
Wer dich bittet, dem gib; und wer dir das Deine nimmt, von dem fordere es nicht zurück.
Lukas Kapitel 6 Vers 30

Aber Gott sprach zu ihm: Du Narr! Diese Nacht wird man deine Seele von dir fordern; und wem wird dann gehören, was du angehäuft hast?
Lukas Kapitel 12 Vers 20

Wem viel gegeben ist, bei dem wird man viel suchen; und wem viel anvertraut ist, von dem wird man um so mehr fordern.
Lukas Kapitel 12 Vers 48

FRAGEN
Ich will euch auch eine Sache fragen; wenn ihr mir die sagt, will ich euch auch sagen, aus welcher Vollmacht ich das tue. Woher war die Taufe des Johannes? War sie vom Himmel oder von den Menschen? – So sage ich euch auch nicht, aus welcher Vollmacht ich das tue.
Matthäus Kapitel 21 Vers 24 f und 27

Darum auch ihr, fragt nicht danach, was ihr essen oder was ihr trinken sollt, und macht euch keine Unruhe. Nach dem allen trachten die Heiden in der Welt; aber euerVater weiß , daß ihr dessen bedürft.
Lukas Kapitel 12 Vers 29 f

An dem Tag werdet ihr mich nichts fragen. Wahrlich, wahrlich, ich sage euch: Wenn ihr den Vater um etwas bitten werdet in meinem Namen, wird er's euch geben.
Johannes Kapitel 16 Vers 23

FRAU
Wer eine Frau ansieht, sie zu begehren, der hat schon mit ihr die Ehe gebrochen in seinem Herzen.
Matthäus Kapitel 5 Vers 28

Es ist euch gesagt: Wer sich von seiner Frau scheidet, der soll ihr einen Scheidebrief geben. Ich aber sage euch: Wer sich von seiner Frau scheidet, es sei denn wegen Ehebruchs, der macht, daß sie die Ehe bricht; und wer eine Geschiedene heiratet, der bricht die Ehe.
Matthäus Kapitel 5 Vers 31 f

Das Himmelreich gleicht einem Sauerteig, den eine Frau nahm und unter einen halben Zentner Mehl mengte, bis es ganz durchsäuert war.
Matthäus Kapitel 13 Vers 33
Lukas Kapitel 13 Vers 21

Frau, dein Glaube ist groß . Dir geschehe, wie du willst!
Matthäus Kapitel 15 Vers 28

Mose hat euch erlaubt, euch zu scheiden von euren Frauen, eures Herzens Härte wegen; von Anfang an aber ist's nicht so gewesen.
Matthäus Kapitel 19 Vers 8

Zwei Frauen werden mahlen mit der Mühle; die eine wird angenommen, die andere wird preisgegeben.
Matthäus Kapitel 24 Vers 41

Was betrübt ihr die Frau? Sie hat ein gutes Werk an mir getan. Denn Arme habt ihr allezeit bei euch, mich aber habt ihr nicht allezeit.
Matthäus Kapitel 26 Vers 10 f

»Darum wird ein Mann seinen Vater und seine Mutter verlassen und wird an seiner Frau hängen, und die zwei werden ein Fleisch sein.«
Markus Kapitel 10 Vers 7 f

Siehst du diese Frau? Ich bin in dein Haus gekommen; du hast mir kein Wasser für meine Füße gegeben; diese aber hat meine Füße mit Tränen benetzt und mit ihren Haaren getrocknet. Du hast mir keinen Kuß gegeben; diese aber hat, seit ich hereingekommen bin, nicht abgelassen, meine Füße zu küssen. Du hast mein Haupt nicht mit Öl gesalbt; sie aber hat meine Füße mit Salböl gesalbt.
Lukas Kapitel 7 Vers 44-46

Oder welche Frau, die zehn Silbergroschen hat und einen davon verliert, zündet nicht ein Licht an und kehrt das Haus und sucht mit Fleiß, bis sie ihn findet? Und wenn sie ihn gefunden hat, ruft sie ihre Freundinnen und Nachbarinnen und spricht: Freut euch mit mir; denn ich habe meinen Silbergroschen gefunden, den ich verloren hatte.
Lukas Kapitel 15 Vers 8 f

Wo sind sie, Frau? Hat dich niemand verdammt? – So verdamme ich dich auch nicht; geh hin und sündige hinfort nicht mehr.
Johannes Kapitel 8 Vers 10 f

Eine Frau, wenn sie gebiert, so hat sie Schmerzen, denn ihre Stunde ist gekommen. Wenn sie aber das Kind geboren hat, denkt sie nicht mehr an die Angst um der Freude willen, daß ein Mensch zur Welt gekommen ist.
Johannes Kapitel 16 Vers 21

FREI

»Der Geist des Herrn ist auf mir, weil er mich gesalbt hat, zu verkündigen das Evangelium den Armen; er hat mich gesandt, zu predigen den Gefangenen, daß sie frei sein sollen, und den Blinden, daß sie sehen sollen, und den Zerschlagenen, daß sie frei und ledig sein sollen.«
Lukas Kapitel 4 Vers 18

Ihr werdet die Wahrheit erkennen, und die Wahrheit wird euch frei machen.
Johannes Kapitel 8 Vers 32

Wenn euch nun der Sohn frei macht, so seid ihr wirklich frei.
Johannes Kapitel 8 Vers 36

Das habe ich euch in Bildern gesagt. Es kommt die Zeit, daß ich nicht mehr in Bildern mit euch reden werde, sondern euch frei heraus verkündigen von meinem Vater.
Johannes Kapitel 16 Vers 25

Ich habe frei und offen vor aller Welt geredet. Ich habe allezeit gelehrt in der Synagoge und im Tempel, wo alle Juden zusammenkommen, und habe nichts im Verborgenen geredet.
Johannes Kapitel 18 Vers 20

FREMD/FREMDER

Ich bin ein Fremder gewesen, und ihr habt mich aufgenommen.
Matthäus Kapitel 25 Vers 35

Ich bin ein Fremder gewesen, und ihr habt mich nicht aufgenommen.
Matthäus Kapitel 25 Vers 43

Wer im Geringsten treu ist, der ist auch im Großen treu; und wer im Geringsten ungerecht ist, der ist auch im Großen ungerecht. Wenn ihr nun mit dem ungerechten Mammon nicht treu seid, wer wird euch das wahre Gut anvertrauen? Und wenn ihr mit dem fremden Gut nicht treu seid, wer wird euch geben, was euer ist?
Lukas Kapitel 16 Vers 10-12

Sind nicht die zehn rein geworden? Wo sind aber die neun? Hat sich sonst keiner gefunden, der wieder umkehrte, um Gott die Ehre zu geben, als nur dieser Fremde?
Lukas Kapitel 17 Vers 17 f

Wahrlich, wahrlich, ich sage euch: Wer nicht zur Tür hineingeht in den Schafstall, sondern steigt anderswo hinein, der ist ein Dieb und ein Räuber. Der aber zur Tür hineingeht, der ist der Hirte der Schafe. Dem macht der Türhüter auf, und die Schafe hören seine Stimme; und er ruft seine Schafe mit Namen und führt sie hinaus. Und wenn er alle seine Schafe hinausgelassen hat, geht er vor ihnen her, und die Schafe folgen ihm nach; denn sie kennen seine Stimme. Einem Fremden aber folgen sie nicht nach, sondern fliehen vor ihm; denn sie kennen die Stimme der Fremden nicht.
Johannes Kapitel 10 Vers 1-5

FRESSEN/FRESSER

Ihr sollt euch nicht Schätze sammeln auf Erden, wo sie die Motten und der Rost fressen und wo die Diebe einbrechen und stehlen. Sammelt euch aber Schätze im Himmel, wo sie weder Motten noch Rost fressen und wo die Diebe nicht einbrechen und stehlen.
Matthäus Kapitel 6 Vers 19 f
Lukas Kapitel 12 Vers 33

Der Menschensohn ist gekommen, ißt und trinkt; so sagen sie: Siehe, was ist dieser Mensch für ein Fresser und Weinsäufer, ein Freund der Zöllner und Sünder! Und doch ist die Weisheit gerechtfertigt worden aus ihren Werken.
Matthäus Kapitel 11 Vers 19

Sie fressen die Häuser der Witwen und verrichten zum Schein lange Gebete. Die werden ein um so härteres Urteil empfangen.
Markus Kapitel 12 Vers 40
Lukas Kapitel 20 Vers 47

Hütet euch aber, daß eure Herzen nicht beschwert werden mit Fressen und Saufen und mit täglichen Sorgen.
Lukas Kapitel 21 Vers 34

FREUDE/SICH FREUEN

Selig seid ihr, wenn euch die Menschen hassen und euch ausstoßen und schmähen und verwerfen euren Namen als böse und des Menschensohnes willen. Freut euch an jenem Tage und springt vor Freude; denn siehe, euer Lohn ist groß im Himmel.
Lukas Kapitel 6 Vers 22 f

Doch darüber freut euch nicht, daß euch die Geister untertan sind. Freut euch aber, daß eure Namen im Himmel geschrieben sind.
Lukas Kapitel 10 Vers 20

Welcher Mensch ist unter euch, der hundert Schafe hat und, wenn er eins von ihnen verliert, nicht die neunundneunzig in der Wüste läßt und geht dem verlorenen nach, bis er's findet? Und wenn er's gefunden hat, so legt er sich's auf die Schultern voller Freude. Und wenn er heimkommt, ruft er seine Freunde und Nachbarn und spricht zu ihnen: Freut euch mit mir; denn ich habe mein Schaf gefunden, das verloren war. Ich sage euch: So wird auch Freude im Himmel sein über einen Sünder, der Buße tut, mehr als über neunundneunzig Gerechte, die der Buße nicht bedürfen.
Lukas Kapitel 15 Vers 4 – 7 und 10

Wer erntet, empfängt schon seinen Lohn und sammelt Frucht zum ewigen Leben, damit sich miteinander freuen, der da sät und der da erntet.
Johannes Kapitel 4 Vers 36

Abraham, euer Vater, wurde froh, daß er meinen Tag sehen sollte, und er sah ihn und freute sich.
Johannes Kapitel 8 Vers 56

Ihr habt gehört, daß ich euch gesagt habe: Ich gehe hin und komme wieder zu euch. Hättet ihr mich lieb, so würdet ihr euch freuen, daß ich zum Vater gehe; denn der Vater ist größer als ich.
Johannes Kapitel 14 Vers 28

Das sage ich euch, damit meine Freude in euch bleibe und eure Freude vollkommen werde.
Johannes Kapitel 15 Vers 11

Wahrlich, wahrlich, ich sage euch: Ihr werdet weinen und klagen, aber die Welt wird sich freuen; ihr werdet traurig sein, doch eure Traurigkeit soll in Freude verwandelt werden. Eine Frau, wenn sie gebiert, so hat sie Schmerzen, denn ihre Stunde ist gekommen. Wenn sie aber das Kind geboren hat, denkt sie nicht mehr an die Angst um der Freude willen, daß ein Mensch zur Welt gekommen ist. Und auch ihr habt nun Traurigkeit; aber ich will euch wiedersehen, und euer Herz soll sich freuen, und eure Freude soll niemand von euch nehmen.
Johannes Kapitel 16 Vers 20 f

Bisher habt ihr um nichts gebeten in meinem Namen. Bittet, so werdet ihr nehmen, daß eure Freude vollkommen sei.
Johannes Kapitel 16 Vers 24

FREUND

Der Menschensohn ist gekommen, ißt und trinkt; so sagen sie: Siehe, was ist dieser Mensch für ein Fresser und Weinsäufer, ein Freund der Zöllner und Sünder! Und doch ist die Weisheit gerechtfertigt worden aus ihren Werken.
Matthäus Kapitel 11 Vers 19
Lukas Kapitel 7 Vers 34

Mein Freund, dazu bist du gekommen?
Matthäus Kapitel 26 Vers 50

Wenn ihr die liebt, die euch lieben, welchen Dank habt ihr davon? Denn auch die Sünder lieben ihre Freunde.
Lukas Kapitel 6 Vers 32

Wenn jemand unter euch einen Freund hat, und ginge zu ihm um Mitternacht und spräche zu ihm: Lieber Freund, leih mir drei Brote; denn mein Freund ist zu mir gekommen auf der Reise, und ich habe nichts, was ich ihm vorsetzen kann, und der drinnen würde antworten und sprechen: Mach mir keine Unruhe! Die Tür ist schon zugeschlossen, und meine Kinder und ich liegen schon zu Bett; ich kann nicht aufstehen und dir etwas geben. Ich sage euch: Und wenn er schon nicht aufsteht und ihm etwas gibt, weil er sein Freund ist, dann wird er doch wegen seines unverschämten Drängens aufstehen und ihm geben, so viel er bedarf.
Lukas Kapitel 11 Vers 5 f

Wenn du eingeladen bist, so geh hin und setz dich untenan, damit, wenn der kommt, der dich eingeladen hat, er zu dir sagt: Freund, rücke hinauf! Dann wirst du Ehre haben vor allen, die mit dir zu Tisch sitzen.
Lukas Kapitel 14 Vers 10

Wenn du ein Mittags- oder Abendmahl machst, so lade weder deine Freunde noch deine Brüder noch deine Verwandten noch reiche Nachbarn ein, damit sie dich nicht etwa wieder einladen und dir vergolten wird.
Lukas Kapitel 14 Vers 12

Macht euch Freunde mit dem ungerechten Mammon, damit, wenn er zu Ende geht, sie euch aufnehmen in die ewigen Hütten.
Lukas Kapitel 16 Vers 9

Lazarus, unser Freund, schläft, aber ich gehe hin, ihn aufzuwecken.
Johannes Kapitel 11 Vers 11

Niemand hat größere Liebe als die, daß er sein Leben läßt für seine Freunde. Ihr seid meine Freunde, wenn ihr tut, was ich euch gebiete.
Johannes Kapitel 15 Vers 13 f

Ich sage hinfort nicht, daß ihr Knechte seid; denn ein Knecht weiß nicht, was sein Herr tut. Euch aber habe ich gesagt, daß ihr Freunde seid; denn alles, was ich von meinem Vater gehört habe, habe ich euch kundgetan.
Johannes Kapitel 15 Vers 15

FREUNDIN

Oder welche Frau, die zehn Silbergroschen hat und einen davon verliert, zündet nicht ein Licht an und kehrt das Haus und sucht mit Fleiß, bis sie ihn findet? Und wenn sie ihn gefunden hat, ruft sie ihre Freundinnen und Nachbarinnen und spricht: Freut euch mit mir; denn ich habe meinen Silbergroschen gefunden, den ich verloren hatte.
Lukas Kapitel 15 Vers 8 f

FREUNDLICH

Und wenn ihr nur zu euren Brüdern freundlich seid, was tut ihr Besonderes? Tun nicht dasselbe auch die Heiden?
Matthäus Kapitel 5 Vers 47

FRIEDE

Wenn es das Haus wert ist, wird euer Friede auf sie kommen. Ist es aber nicht wert, so wird sich euer Friede wieder zu euch wenden.
Matthäus Kapitel 10 Vers 13

Ihr sollt nicht meinen, daß ich gekommen bin, Frieden zu bringen auf die Erde. Ich bin nicht gekommen, Frieden zu bringen, sondern das Schwert.
Matthäus Kapitel 10 Vers 34

Habt Salz bei euch und habt Frieden untereinander!
Markus Kapitel 9 Vers 50

Meine Tochter, dein Glaube hat dir geholfen. Geh hin in Frieden!
Lukas Kapitel 8 Vers 48

Wenn ihr in ein Haus kommt, sprecht zuerst: Friede sei diesem Hause! Und wenn dort ein Kind des Friedens ist, so wird euer Friede auf ihm ruhen; wenn aber nicht, so wird sich euer Friede wieder zu euch wenden.
Lukas Kapitel 10 Vers 5 f

Wenn ein Starker gewappnet seinen Palast bewacht, so bleibt, was er hat, in Frieden.
Lukas Kapitel 11 Vers 21

Meint ihr, daß ich gekommen bin, Frieden zu bringen auf Erden? Ich sage: Nein, sondern Zwietracht.
Lukas Kapitel 12 Vers 51

Friede sei mit euch!
Lukas Kapitel 24 Vers 36
Johannes Kapitel 20 Vers 19, 21 und 26

Laß sie in Frieden! Es soll gelten für den Tag meines Begräbnisses. Denn Arme habt ihr allezeit bei euch; mich aber habt ihr nicht allezeit.
Johannes Kapitel 12 Vers 7 f

Den Frieden lasse ich euch, meinen Frieden gebe ich euch. Nicht gebe ich euch, wie die Welt gibt. Euer Herz erschrecke nicht und fürchte sich nicht.
Johannes Kapitel 14 Vers 27

Das habe ich mit euch geredet, damit ihr in mir Frieden habt. In der Welt habt ihr Angst; aber seid getrost, ich habe die Welt überwunden.
Johannes Kapitel 16 Vers 33

FRIEDFERTIG
Selig sind die Friedfertigen; denn sie werden Gottes Kinder heißen.
Matthäus Kapitel 5 Vers 9

FROH/FRÖHLICH
Seid fröhlich und getrost; es wird euch im Himmel reichlich belohnt werden. Denn ebenso haben sie verfolgt die Propheten, die vor euch gewesen sind.
Matthäus Kapitel 5 Vers 12

Bringt das gemästete Kalb und schlachtet's; laßt uns essen und fröhlich sein!
Lukas Kapitel 15 Vers 23

Du solltest aber fröhlich und guten Mutes sein; denn dieser dein Bruder war tot und ist wieder lebendig geworden, er war verloren und ist wiedergefunden.
Lukas Kapitel 15 Vers 32
Er war ein brennendes und scheinendes Licht; ihr aber wolltet eine kleine Weile fröhlich sein in seinem Licht.
Johannes Kapitel 5 Vers 35

Abraham, euer Vater, wurde froh, daß er meinen Tag sehen sollte, und er sah ihn und freute sich.
Johannes Kapitel 8 Vers 56

Ich bin froh um euretwillen, daß ich nicht dagewesen bin, damit ihr glaubt. Aber laßt uns zu ihm gehen!
Johannes Kapitel 11 Vers 15

FROMM

Von außen scheint ihr vor den Menschen fromm, aber innen seid ihr voller Heuchelei und Unrecht.
Matthäus Kapitel 23 Vers 28

FRÖMMIGKEIT

Habt acht auf eure Frömmigkeit, daß ihr die nicht übt vor den Leuten, um von ihnen gesehen zu werden; ihr habt sonst keinen Lohn bei eurem Vater im Himmel.
Matthäus Kapitel 6 Vers 1

FRUCHT

Seht zu, bringt rechtschaffene Frucht der Buße!
Matthäus Kapitel 3 Vers 8
Lukas Kapitel 3 Vers 8

An ihren Früchten sollt ihr sie erkennen.
Matthäus Kapitel 7 Vers 16

So bringt jeder gute Baum gute Früchte; aber ein fauler Baum bringt schlechte Früchte. Ein guter Baum kann nicht schlechte Früchte bringen, und ein fauler Baum kann nicht gute Früchte bringen. Jeder Baum, der nicht gute Früchte bringt, wird abgehauen und ins Feuer geworfen.
Matthäus Kapitel 7 Vers 17 f

Nehmt an, ein Baum ist gut, so wird auch seine Frucht gut sein; oder nehmt an, ein Baum ist faul, so wird auch seine Frucht faul sein. Denn an der Frucht erkennt man den Baum.
Matthäus Kapitel 12 Vers 33

Einiges fiel auf gutes Land und trug Frucht, einiges hundertfach, einiges sechzigfach, einiges dreißigfach.
Matthäus Kapitel 13 Vers 8

Bei dem aber unter die Dornen gesät ist, das ist, der das Wort hört, und die Sorge der Welt und der betrügerische Reichtum ersticken das Wort, und er bringt keine Frucht. Bei dem aber auf gutes Land gesät ist, das ist, der das Wort hört und versteht und dann auch Frucht bringt; und der eine trägt hundertfach, der andere sechzigfach, der dritte dreißigfach.
Matthäus Kapitel 13 Vers 22 f
Markus Kapitel 4 Vers 7 und 19 f
Lukas Kapitel 8 Vers 14 f

Darum sage ich euch: Das Reich Gottes wird von euch genommen und einem Volk gegeben werden, das seine Früchte bringt.
Matthäus Kapitel 21 Vers 43

Denn von selbst bringt die Erde Frucht, zuerst den Halm, danach die Ähre, danach den vollen Weizen in der Ähre. Wenn sie aber die Frucht gebracht hat, so schickt er alsbald die Sichel hin; denn die Ernte ist da.
Markus Kapitel 4 Vers 28 f

Denn es gibt keinen guten Baum, der faule Frucht trägt, und keinen faulen Baum, der gute Frucht trägt. Denn jeder Baum wird an seiner eigenen Frucht erkannt. Man pflückt ja nicht Feigen von den Dornen, auch liest man nicht Trauben von den Hecken.
Lukas Kapitel 6 Vers 43 f

Das aber auf dem guten Land sind die, die das Wort hören und behalten in einem feinen, guten Herzen und bringen Frucht in Geduld.
Lukas Kapitel 8 Vers 15

Wer erntet, empfängt schon seinen Lohn und sammelt Frucht zum ewigen Leben, damit sich miteinander freuen, der da sät und der da erntet.
Johannes Kapitel 4 Vers 36

Wahrlich, wahrlich, ich sage euch: Wenn das Weizenkorn nicht in die Erde fällt und erstirbt, bleibt es allein; wenn es aber erstirbt, bringt es viel Frucht.
Johannes Kapitel 12 Vers 24

Ich bin der wahre Weinstock, und mein Vater der Weingärtner. Eine jede Rebe an mir, die keine Frucht bringt, wird er wegnehmen; und eine jede, die Frucht bringt, wird er reinigen, daß sie mehr Frucht bringe. Bleibt in mir und ich in euch. Wie die Rebe keine Frucht bringen kann aus sich selbst, wenn sie nicht am Weinstock bleibt, so auch ihr nicht, wenn ihr nicht in mir bleibt. Ich bin der Weinstock, ihr seid die Reben. Wer in mir bleibt und ich in ihm, der bringt viel Frucht; denn ohne mich könnt ihr nichts tun. Darin wird mein Vater verherrlicht, daß ihr viel Frucht bringt und werdet meine Jünger.
Johannes Kapitel 15 Vers 1-2, 4-5 und 8

Nicht ihr habt mich erwählt, sondern ich habe euch erwählt und bestimmt, daß ihr hingeht und Frucht bringt und eure Frucht bleibt, damit, wenn ihr den Vater bittet in meinem Namen, er's euch gebe.
Johannes Kapitel 15 Vers 16

FUCHS
Die Füchse haben Gruben, und die Vögel unter dem Himmel haben Nester; aber der Menschensohn hat nichts, wo er sein Haupt hinlege.
Matthäus Kapitel 8 Vers 20
Lukas Kapitel 9 Vers 58

Geht hin und sagt diesem Fuchs: Siehe, ich treibe böse Geister aus und mache gesund heute und morgen, und am dritten Tage werde ich vollendet sein.
Lukas Kapitel 13 Vers 32

FÜHREN
Man wird euch vor Statthalter und Könige führen um meinetwillen, ihnen und den Heiden zum Zeugnis.
Matthäus Kapitel 10 Vers 18

Wenn sie euch aber führen werden in die Synagogen und vor die Machthaber und die Obrigkeit, so sorgt nicht, wie oder womit ihr euch verantworten oder was ihr sagen sollt.
Lukas Kapitel 12 Vers 11

Wahrlich, wahrlich, ich sage dir: Als du jünger warst, gürtetest du dich selbst und gingst, wo du hin wolltest; wenn du aber alt wirst, wirst du deine Hände ausstrecken, und ein anderer wird dich gürten und führen, wo du nicht hin willst.
Johannes Kapitel 21 Vers 18

FÜHRER
Weh euch, ihr verblendeten Führer, die ihr sagt: Wenn einer schwört bei dem Tempel, das gilt nicht; wenn aber einer schwört bei dem Gold des Tempels, der ist gebunden.
Matthäus Kapitel 23 Vers 16

Ihr verblendeten Führer, die ihr Mücken aussiebt, aber Kamele verschluckt!
Matthäus Kapitel 23 Vers 24

FÜLLE
Denn wer da hat, dem wird gegeben, daß er die Fülle habe; wer aber nicht hat, dem wird auch das genommen, was er hat.
Matthäus Kapitel 13 Vers 12
Matthäus Kapitel 25 Vers 29

Wie viele Tagelöhner hat mein Vater, die Brot in Fülle haben, und ich verderbe hier im Hunger!
Lukas Kapitel 15 Vers 17

FÜLLEN

Und er begehrte, seinen Bauch zu füllen mit den Schoten, die die Säue fraßen; und niemand gab sie ihm.
Lukas Kapitel 15 Vers 16

Füllt die Wasserkrüge mit Wasser!
Johannes Kapitel 2 Vers 7

FÜLLEN, DAS

Geht hin in das Dorf, das vor euch liegt, und gleich werdet ihr eine Eselin angebunden finden und ein Füllen bei ihr; bindet sie los und führt sie zu mir!
Matthäus Kapitel 21 Vers 2
Markus Kapitel 11 Vers 2
Lukas Kapitel 19 Vers 30

FÜNF

Verkauft man nicht fünf Sperlinge für zwei Groschen? Dennoch ist vor Gott nicht einer von ihnen vergessen.
Lukas Kapitel 12 Vers 6

Fünf Männer hast du gehabt, und der, den du jetzt hast, ist nicht dein Mann; das hast du recht gesagt.
Johannes Kapitel 4 Vers 18

FÜR

Denn wer nicht gegen uns ist, der ist für uns.
Markus Kapitel 9 Vers 40

Denn wer nicht gegen euch ist, der ist für euch.
Lukas Kapitel 9 Vers 50

FÜRCHTEN

Fürchtet euch nicht vor denen, die den Leib töten, doch die Seele nicht töten können; fürchtet euch aber viel mehr vor dem, der Leib und Seele verderben kann in der Hölle.
Matthäus Kapitel 10 Vers 28
Lukas Kapitel 12 Vers 5

Seid getrost, ich bin's; fürchtet euch nicht!
Matthäus Kapitel 14 Vers 27

Steht auf und fürchtet euch nicht!
Matthäus Kapitel 17 Vers 7

Fürchte dich nicht, glaube nur!
Markus Kapitel 5 Vers 36

Wenn ihr aber hören werdet von Kriegen und Kriegsgeschrei, so fürchtet euch nicht. Es muß so geschehen. Aber das Ende ist noch nicht da.
Markus Kapitel 13 Vers 7

Fürchte dich nicht! Von nun an wirst du Menschen fangen.
Lukas Kapitel 5 Vers 10

Ich sage aber euch, meinen Freunden: Fürchtet euch nicht vor denen, die den Leib töten und danach nichts mehr tun können. Ich will euch aber zeigen, vor wem ihr euch fürchten sollt: Fürchtet euch vor dem, der, nachdem er getötet hat, auch Macht hat, in die Hölle zu werfen. Ja, ich sage euch, vor dem fürchtet euch.
Lukas Kapitel 12 Vers 4 f

Verkauft man nicht fünf Sperlinge für zwei Groschen? Dennoch ist vor Gott nicht einer von ihnen vergessen. Aber auch die Haare auf eurem Haupt sind alle gezählt. Darum fürchtet euch nicht; ihr seid besser als viele Sperlinge.
Lukas Kapitel 12 Vers 6 f

Fürchte dich nicht, du kleine Herde! Denn es hat eurem Vater wohlgefallen, euch das Reich zu geben.
Lukas Kapitel 12 Vers 32

Es war ein Richter in einer Stadt, der fürchtete sich nicht vor Gott und scheute sich vor keinem Menschen.
Lukas Kapitel 18 Vers 2

Den Frieden lasse ich euch, meinen Frieden gebe ich euch. Nicht gebe ich euch, wie die Welt gibt. Euer Herz erschrecke nicht und fürchte sich nicht.
Johannes Kapitel 14 Vers 27

FÜRST

Jetzt ergeht das Gericht über diese Welt; nun wird der Fürst dieser Welt ausgestoßen werden.
Johannes Kapitel 12 Vers 31

Ich werde nicht mehr viel mit euch reden, denn es kommt der Fürst dieser Welt. Er hat keine Macht über mich.
Johannes Kapitel 14 Vers 30

FURCHT

Die Menschen werden vergehen vor Furcht und in Erwartung der Dinge, die kommen sollen über die ganze Erde; denn die Kräfte der Himmel werden ins Wanken kommen.
Lukas Kapitel 21 Vers 26

FURCHTSAM

Ihr Kleingläubigen, warum seid ihr so furchtsam?
Matthäus Kapitel 8 Vers 26

FUSS

Ich aber sage euch, daß ihr überhaupt nicht schwören sollt, weder bei dem Himmel, denn er ist Gottes Thron; noch bei der Erde, denn sie ist der Schemel seiner Füße; noch bei Jerusalem, denn sie ist die Stadt des großen Königs.
Matthäus Kapitel 5 Vers 34 f

Ihr sollt das Heilige nicht den Hunden geben, und eure Perlen sollt ihr nicht vor die Säue werfen, damit die sie nicht zertreten mit ihren Füßen und sich umwenden und euch zerreißen.
Matthäus Kapitel 7 Vers 6

Und wenn euch jemand nicht aufnehmen und eure Rede nicht hören wird, so geht heraus aus diesem Hause oder dieser Stadt und schüttelt den Staub von euren Füßen.
Matthäus Kapitel 10 Vers 14

Wenn aber deine Hand oder dein Fuß dich zum Abfall verführt, so hau sie ab und wirf sie von dir. Es ist besser für dich, daß du lahm oder verkrüppelt zum Leben eingehst, als daß du zwei Hände oder zwei Füße hast und wirst in das ewige Feuer geworfen.
Matthäus Kapitel 18 Vers 8
Markus Kapitel 9 Vers 45

Aber der Vater sprach zu seinen Knechten: Bringt schnell das beste Gewand her und zieht es ihm an und gebt ihm einen Ring an seine Hand und Schuhe an seine Füße.
Lukas Kapitel 15 Vers 22

Seht meine Hände und meine Füße, ich bin's selber. Faßt mich an und seht; denn ein Geist hat nicht Fleisch und Knochen, wie ihr seht, daß ich sie habe.
Lukas Kapitel 24 Vers 39

Wer gewaschen ist, bedarf nichts, als daß ihm die Füße gewaschen werden; denn er ist ganz rein. Wenn nun ich, euer Herr und Meister, euch die Füße gewaschen habe, so sollt auch ihr euch untereinander die Füße waschen.
Johannes Kapitel 13 Vers 10 und 14

G

GABE
Wenn du deine Gabe auf dem Altar opferst und dort kommt dir in den Sinn, daß dein Bruder etwas gegen dich hat, so laß dort vor dem Altar deine Gabe und geh zuerst hin und versöhne dich mit deinem Bruder und dann komm und opfere deine Gabe.
Matthäus Kapitel 5 Vers 23 f

Wenn nun ihr, die ihr doch böse seid, dennoch euren Kindern gute Gaben geben könnt, wieviel mehr wird euer Vater im Himmel Gutes geben denen, die ihn bitten!
Matthäus Kapitel 7 Vers 11
Lukas Kapitel 11 Vers 13

Sieh zu, sage es niemandem, sondern geh hin und zeige dich dem Priester und opfere die Gabe, die Mose befohlen hat, ihnen zum Zeugnis.
Matthäus Kapitel 8 Vers 3 f

Wenn du erkenntest die Gabe Gottes und wer der ist, der zu dir sagt: Gib mir zu trinken!, du bätest ihn, und der gäbe dir lebendiges Wasser.
Johannes Kapitel 4 Vers 10

GASSE
Wenn du nun Almosen gibst, sollst du es nicht vor dir ausposaunen lassen, wie es die Heuchler tun in den Synagogen und auf den Gassen, damit sie von den Leuten gepriesen werden. Wahrlich, ich sage euch: Sie haben ihren Lohn schon gehabt.
Matthäus Kapitel 6 Vers 2

Geh schnell hinaus auf die Straßen und Gassen der Stadt und führe die Armen, Verkrüppelten, Blinden und Lahmen herein.
Lukas Kapitel 14 Vers 21

GAST
Das Himmelreich gleicht einem König, der seinem Sohn die Hochzeit ausrichtete. Und er sandte seine Knechte aus, die Gäste zur Hochzeit zu laden; doch sie wollten nicht kommen. Abermals sandte er andere Knechte aus und sprach: Sagt den Gästen: Siehe, meine Mahlzeit habe ich bereitet, meine Ochsen und mein Mastvieh ist geschlachtet, und alles ist bereit; kommt zur Hochzeit! Aber sie verachteten das und gingen weg, einer auf seinen Acker, der andere an sein Geschäft. Dann sprach er zu seinen Knechten: Die Hochzeit ist zwar bereit, aber die Gäste waren's nicht wert.

Darum geht hinaus auf die Straßen und ladet zur Hochzeit ein, wen ihr findet. Und die Knechte gingen auf die Straßen hinaus und brachten zusammen, wen sie fanden, Böse und Gute; und die Tische wurden alle voll. Da ging der König hinein, sich die Gäste anzusehen, und sah da einen Menschen, der hatte kein hochzeitliches Gewand an, und sprach zu ihm: Freund, wie bist du hier hereingekommen und hast doch kein hochzeitliches Gewand an? Er aber verstummte.
Matthäus Kapitel 22 Vers 2-5 und 8-12

GEBÄREN
Eine Frau, wenn sie gebiert, so hat sie Schmerzen, denn ihre Stunde ist gekommen. Wenn sie aber das Kind geboren hat, denkt sie nicht mehr an die Angst um der Freude willen, daß ein Mensch zur Welt gekommen ist.
Johannes Kapitel 16 Vers 21

GEBEN
Gib dem, der dich bittet, und wende dich nicht ab von dem, der etwas von dir borgen will.
Matthäus Kapitel 5 Vers 42

Wenn du nun Almosen gibst, sollst du es nicht vor dir ausposaunen lassen, wie es die Heuchler tun in den Synagogen und auf den Gassen, damit sie von den Leuten gepriesen werden. Wahrlich, ich sage euch: Sie haben ihren Lohn schon gehabt.
Matthäus Kapitel 6 Vers 2

Ihr sollt das Heilige nicht den Hunden geben, und eure Perlen sollt ihr nicht vor die Säue werfen, damit die sie nicht zertreten mit ihren Füßen und sich umwenden und euch zerreißen.
Matthäus Kapitel 7 Vers 6

Bittet, so wird euch gegeben; suchet, so werdet ihr finden; klopfet an, so wird euch aufgetan.
Matthäus Kapitel 7 Vers 7

Wenn nun ihr, die ihr doch böse seid, dennoch euren Kindern gute Gaben geben könnt, wieviel mehr wird euer Vater im Himmel Gutes geben denen, die ihn bitten!
Matthäus Kapitel 7 Vers 11
Lukas Kapitel 11 Vers 13

Macht Kranke gesund, weckt Tote auf, macht Aussätzige rein, treibt böse Geister aus. Umsonst habt ihr's empfangen, umsonst gebt es auch.
Matthäus Kapitel 10 Vers 8

Ich will dir die Schlüssel des Himmelreichs geben: alles, was du auf Erden binden wirst, soll auch im Himmel gebunden sein, und alles, was du auf Erden lösen wirst, soll auch im Himmel gelöst sein.
Matthäus Kapitel 16 Vers 19

Was hülfe es dem Menschen, wenn er die ganze Welt gewönne und nähme doch Schaden an seiner Seele? Oder was kann der Mensch geben, womit er seine Seele auslöse?
Matthäus Kapitel 16 Vers 26
Markus Kapitel 8 Vers 37

Wer unter euch der Erste sein will, der sei euer Knecht, so wie der Menschensohn nicht gekommen ist, daß er sich dienen lasse, sondern daß er diene und gebe sein Leben zu einer Erlösung für viele.
Matthäus Kapitel 20 Vers 27 f

So gebt dem Kaiser, was des Kaisers ist, und Gott, was Gottes ist!
Matthäus Kapitel 22 Vers 21

Mir ist gegeben alle Gewalt im Himmel und auf Erden.
Matthäus Kapitel 28 Vers 18

Wer da hat, dem wird gegeben; und wer nicht hat, dem wird man auch das nehmen, was er hat.
Markus Kapitel 4 Vers 25
Lukas Kapitel 8 Vers 18
Matthäus Kapitel 13 Vers 12
Matthäus Kapitel 25 Vers 29

Gebt, so wird euch gegeben. Ein volles, gedrücktes, gerütteltes und überfließendes Maß wird man in euren Schoß geben; denn eben mit dem Maß, mit dem ihr meßt, wird man euch wieder messen.
Lukas Kapitel 6 Vers 38

Wem viel gegeben ist, bei dem wird man viel suchen; und wem viel anvertraut ist, von dem wird man um so mehr fordern.
Lukas Kapitel 12 Vers 48

Und ich will den Vater bitten, und er wird euch einen andern Tröster geben, daß er bei euch sei in Ewigkeit:
Johannes Kapitel 14 Vers 16

Denn also hat Gott die Welt geliebt, daß er seinen eingeborenen Sohn gab, damit alle, die an ihn glauben, nicht verloren werden, sondern das ewige Leben haben.
Johannes Kapitel 3 Vers 16

Wie der Vater das Leben hat in sich selber, so hat er auch dem Sohn gegeben, das Leben zu haben in sich selber.
Johannes Kapitel 5 Vers 26

Alles, was mir mein Vater gibt, das kommt zu mir; und wer zu mir kommt, den werde ich nicht hinausstoßen.
Johannes Kapitel 6 Vers 37

Mein Vater, der mir sie gegeben hat, ist größer als alles, und niemand kann sie aus des Vaters Hand reißen.
Johannes Kapitel 10 Vers 29

Den Frieden lasse ich euch, meinen Frieden gebe ich euch. Nicht gebe ich euch, wie die Welt gibt. Euer Herz erschrecke nicht und fürchte sich nicht.
Johannes Kapitel 14 Vers 27

Nicht ihr habt mich erwählt, sondern ich habe euch erwählt und bestimmt, daß ihr hingeht und Frucht bringt und eure Frucht bleibt, damit ihr, wenn ihr den Vater bittet in meinem Namen, er's euch gebe.
Johannes Kapitel 15 Vers 16

Wenn aber der Tröster kommen wird, den ich euch senden werde vom Vater, der Geist der Wahrheit, der vom Vater ausgeht, der wird Zeugnis geben von mir.
Johannes Kapitel 15 Vers 26

Wahrlich, wahrlich, ich sage euch: Wenn ihr den Vater um etwas bitten werdet in meinem Namen, wird er's euch geben.
Johannes Kapitel 16 Vers 23

Vater, die Stunde ist da: verherrliche deinen Sohn, damit der Sohn dich verherrliche; denn du hast ihm Macht gegeben über alle Menschen, damit er das ewige Leben gebe allen, die du ihm gegeben hast.
Johannes Kapitel 17 Vers 1 f

Ich habe keinen von denen verloren, die du mir gegeben hast.
Johannes Kapitel 18 Vers 9

Du hättest keine Macht über mich, wenn es dir nicht von oben her gegeben wäre. Darum: der mich dir überantwortet hat, der hat größere Sünde.
Johannes Kapitel 19 Vers 11

GEBET

Und alles, was ihr bittet im Gebet, wenn ihr glaubt, so werdet ihr's empfangen.
Matthäus Kapitel 21 Vers 22
Markus Kapitel 11 Vers 24

GEBOREN

Wahrlich, ich sage euch: Unter allen, die von einer Frau geboren sind, ist keiner aufgetreten, der größer ist als Johannes der Täufer; der aber der Kleinste ist im Himmelreich, ist größer als er.
Matthäus Kapitel 11 Vers 11

Der Menschensohn geht zwar dahin, wie von ihm geschrieben steht; doch weh dem Menschen, durch den der Menschensohn verraten wird! Es wäre für diesen Menschen besser, wenn er nie geboren wäre.
Matthäus Kapitel 26 Vers 24
Markus Kapitel 14 Vers 21

Denn siehe, es wird die Zeit kommen, in der man sagen wird: Selig sind die Unfruchtbaren und die Leiber, die nicht geboren haben, und die Brüste, die nicht genährt haben!
Lukas Kapitel 23 Vers 29

Wahrlich, wahrlich, ich sage dir: Es sei denn, daß jemand von neuem geboren werde, so kann er das Reich Gottes nicht sehen. Wahrlich, wahrlich, ich sage dir: Es sei denn, daß jemand geboren werde aus Wasser und Geist, so kann er nicht in das Reich Gottes kommen. Was vom Fleisch geboren ist, das ist Fleisch; und was vom Geist geboren ist, das ist Geist. Der Wind bläst, wo er will, und du hörst sein Sausen wohl; aber du weißt nicht, woher er kommt und wohin er fährt. So ist es bei jedem, der aus dem Geist geboren ist.
Johannes Kapitel 3 Vers 3-6 und 8

Eine Frau, wenn sie gebiert, so hat sie Schmerzen, denn ihre Stunde ist gekommen. Wenn sie aber das Kind geboren hat, denkt sie nicht mehr an die Angst um der Freude willen, daß ein Mensch zur Welt gekommen ist.
Johannes Kapitel 16 Vers 21

Du sagst es, ich bin ein König. Ich bin dazu geboren und in die Welt gekommen, daß ich die Wahrheit bezeugen soll. Wer aus der Wahrheit ist, der hört meine Stimme.
Johannes Kapitel 18 Vers 37

GEBOT

Wer nun eines von diesen kleinsten Geboten auflöst und lehrt die Leute so, der wird der Kleinste heißen im Himmelreich; wer es aber tut und lehrt, der wird groß heißen im Himmelreich.
Matthäus Kapitel 5 Vers 19

Was fragst du mich nach dem, was gut ist? Gut ist nur Einer. Willst du aber zum Leben eingehen, so halte die Gebote.
Matthäus Kapitel 19 Vers 17

Ihr verlaßt Gottes Gebot und haltet der Menschen Satzungen. Wie fein hebt ihr Gottes Gebot auf, damit ihr eure Satzungen aufrichtet!
Markus Kapitel 7 Vers 8 f

Du kennst die Gebote: Du sollst nicht töten; du sollst nicht ehebrechen; du sollst nicht stehlen; du sollst nicht falsch Zeugnis reden; du sollst niemanden berauben; ehre Vater und Mutter.
Markus Kapitel 10 Vers 19
Lukas Kapitel 18 Vers 20

Das höchste Gebot ist das: »Höre, Israel, der Herr, unser Gott, ist der Herr allein, und du sollst den Herrn, deinen Gott, lieben von ganzem Herzen, von ganzer Seele, von ganzem Gemüt und von allen deinen Kräften.« Das andre ist dies: »Du sollst deinen Nächsten lieben wie dich selbst.« Es ist kein anderes Gebot größer als diese.
Markus Kapitel 12 Vers 29 f
Matthäus Kapitel 22 Vers 37 f

Darum liebt mich mein Vater, weil ich mein Leben lasse, daß ich's wiedernehme. Niemand nimmt es von mir, sondern ich selber lasse es. Ich habe Macht, es zu lassen, und habe Macht, es wiederzunehmen. Dies Gebot habe ich empfangen von meinem Vater.
Johannes Kapitel 10 Vers 17 f

Ich habe nicht aus mir selbst geredet, sondern der Vater, der mich gesandt hat, der hat mir ein Gebot gegeben, was ich tun und reden soll. Und ich weiß: sein Gebot ist das ewige Leben. Darum: was ich rede, das rede ich so, wie es mir der Vater gesagt hat.
Johannes Kapitel 12 Vers 49 f

Ein neues Gebot gebe ich euch, daß ihr euch untereinander liebt, wie ich euch geliebt habe, damit auch ihr einander lieb habt.
Johannes Kapitel 13 Vers 34
Johannes Kapitel 15 Vers 12

Liebt ihr mich, so werdet ihr meine Gebote halten.
Johannes Kapitel 14 Vers 15

Wer meine Gebote hat und hält sie, der ist's, der mich liebt. Wer mich aber liebt, der wird von meinem Vater geliebt werden, und ich werde ihn lieben und mich ihm offenbaren.
Johannes Kapitel 14 Vers 21

Wenn ihr meine Gebote haltet, so bleibt ihr in meiner Liebe, wie ich meines Vaters Gebote halte und bleibe in seiner Liebe.
Johannes Kapitel 15 Vers 10

GEDÄCHTNIS
Wahrlich, ich sage euch: Wo dies Evangelium gepredigt wird in der ganzen Welt, da wird man auch sagen zu ihrem Gedächtnis, was sie getan hat.
Matthäus Kapitel 26 Vers 13
Markus Kapitel 14 Vers 9

Das ist mein Leib, der für euch gegeben wird; das tut zu meinem Gedächtnis.
Lukas Kapitel 22 Vers 19

GEDENKEN
Gedenkt an das Wort, das ich euch gesagt habe: Der Knecht ist nicht größer als sein Herr. Haben sie mich verfolgt, so werden sie euch auch verfolgen; haben sie mein Wort gehalten, so werden sie eures auch halten.
Johannes Kapitel 15 Vers 20

GEDULD
Das aber auf dem guten Land sind die, die das Wort hören und behalten in einem feinen, guten Herzen und bringen Frucht in Geduld.
Lukas Kapitel 8 Vers 15

GEFÄNGNIS
Vertrage dich mit deinem Gegner sogleich, solange du noch mit ihm auf dem Weg bist, damit dich der Gegner nicht dem Richter überantworte und der Richter dem Gerichtsdiener und du ins Gefängnis geworfen werdest.
Matthäus Kapitel 5 Vers 25
Lukas Kapitel 12 Vers 58

Ich bin im Gefängnis gewesen, und ihr seid zu mir gekommen.
Matthäus Kapitel 25 Vers 36

Ich bin krank und im Gefängnis gewesen, und ihr habt mich nicht besucht.
Matthäus Kapitel 25 Vers 43

Aber vor diesem allen werden sie Hand an euch legen und euch verfolgen, und werden euch überantworten den Synagogen und Gefängnissen und euch vor Könige und Statthalter führen um meines Namens willen.
Lukas Kapitel 21 Vers 12

GEFÄSS
Wiederum gleicht das Himmelreich einem Netz, das ins Meer geworfen ist und Fische aller Art fängt. Wenn es aber voll ist, ziehen sie es heraus an das Ufer, setzen sich und lesen die guten in Gefäße zusammen, aber die schlechten werfen sie weg.
Matthäus Kapitel 13 Vers 47 f

Die klugen aber nahmen Öl mit in ihren Gefäßen, samt ihren Lampen.
Matthäus Kapitel 25 Vers 4

GEGEN
Wer nicht mit mir ist, der ist gegen mich; und wer nicht mit mir sammelt, der zerstreut.
Matthäus Kapitel 12 Vers 30
Lukas Kapitel 11 Vers 23

Wer etwas redet gegen den Menschensohn, dem wird es vergeben; aber wer etwas redet gegen den heiligen Geist, dem wird's nicht vergeben, weder in dieser noch in jener Welt.
Matthäus Kapitel 12 Vers 32
Lukas Kapitel 12 Vers 10

Erhebt sich nun der Satan gegen sich selbst und ist mit sich selbst uneins, so kann er nicht bestehen, sondern es ist aus mit ihm.
Markus Kapitel 3 Vers 26

Denn wer nicht gegen uns ist, der ist für uns.
Markus Kapitel 9 Vers 40

Wehrt ihm nicht! Denn wer nicht gegen euch ist, der ist für euch.
Lukas Kapitel 9 Vers 50

Ein Volk wird sich erheben gegen das andere und ein Reich gegen das andere.
Lukas Kapitel 21 Vers 10

GEGNER
Denn wenn du mit deinem Gegner zum Gericht gehst, so bemühe dich auf dem Wege, von ihm loszukommen, damit er nicht etwa dich vor den Rich-

ter ziehe, und der Richter überantworte dich dem Gerichtsdiener, und der Gerichtsdiener werfe dich ins Gefängnis.
Lukas Kapitel 12 Vers 58
Matthäus Kapitel 5 Vers 25

Ich will euch Mund und Weisheit geben, der alle eure Gegner nicht widerstehen noch widersprechen können.
Lukas Kapitel 21 Vers 15

GEHEIM
Denn es ist nichts verborgen, was nicht offenbar werden soll, und ist nichts geheim, was nicht an den Tag kommen soll.
Markus Kapitel 4 Vers 22
Lukas Kapitel 8 Vers 17
Lukas Kapitel 12 Vers 2
Matthäus Kapitel 10 Vers 26

GEHEIMNIS
Euch ist das Geheimnis des Reiches Gottes gegeben; denen aber draußen widerfährt es alles in Gleichnissen.
Markus Kapitel 4 Vers 11

GEHEN
Blinde sehen und Lahme gehen, Aussätzige werden rein und Taube hören, Tote stehen auf, und Armen wird das Evangelium gepredigt.
Matthäus Kapitel 11 Vers 5
Lukas Kapitel 7 Vers 22

Es ist leichter, daß ein Kamel durch ein Nadelöhr gehe, als daß ein Reicher ins Reich Gottes komme.
Matthäus Kapitel 19 Vers 24

Mein Vater, ist's möglich, so gehe dieser Kelch an mir vorüber; doch nicht wie ich will, sondern wie du willst!
Matthäus Kapitel 26 Vers 39

Steht auf, laßt uns gehen! Siehe, er ist da, der mich verrät.
Matthäus Kapitel 26 Vers 46
Markus Kapitel 14 Vers 42

Fürchtet euch nicht! Geht hin und verkündigt es meinen Brüdern, daß sie nach Galiläa gehen: dort werden sie mich sehen.
Matthäus Kapitel 28 Vers 10

So geht es dem, der sich Schätze sammelt und ist nicht reich bei Gott.
Lukas Kapitel 12 Vers 21

Da ging er in sich und sprach: Wie viele Tagelöhner hat mein Vater, die Brot in Fülle haben, und ich verderbe hier im Hunger!
Lukas Kapitel 15 Vers 17

Ich habe euch gesagt, daß ich es bin. Sucht ihr mich, so laßt diese gehen!
Johannes Kapitel 18 Vers 8

Wahrlich, wahrlich, ich sage dir: Als du jünger warst, gürtetest du dich selbst und gingst, wo du hin wolltest; wenn du aber alt wirst, wirst du deine Hände ausstrecken, und ein anderer wird dich gürten und führen, wo du nicht hin willst.
Johannes Kapitel 21 Vers 18

GEIER
Wo das Aas ist, da sammeln sich die Geier.
Matthäus Kapitel 24 Vers 28
Lukas Kapitel 17 Vers 37

GEIST
Macht Kranke gesund, weckt Tote auf, macht Aussätzige rein, treibt böse Geister aus. Umsonst habt ihr's empfangen, umsonst gebt es auch.
Matthäus Kapitel 10 Vers 8

Wenn ich aber die bösen Geister durch Beelzebul austreibe, durch wen treiben eure Söhne sie aus? Darum werden sie eure Richter sein. Wenn ich aber die bösen Geister durch den Geist Gottes austreibe, so ist ja das Reich Gottes zu euch gekommen.
Matthäus Kapitel 12 Vers 27 f
Lukas Kapitel 11 Vers 18 f

Alle Sünde und Lästerung wird den Menschen vergeben; aber die Lästerung gegen den Geist wird nicht vergeben. Und wer etwas redet gegen den Menschensohn, dem wird es vergeben; aber wer etwas redet gegen den heiligen Geist, dem wird's nicht vergeben, weder in dieser noch in jener Welt.
Matthäus Kapitel 12 Vers 31 f
Markus Kapitel 3 Vers 29

Wenn der unreine Geist von einem Menschen ausgefahren ist, so durchstreift er dürre Stätten, sucht Ruhe und findet sie nicht. Dann spricht er: Ich will wieder zurückkehren in mein Haus, aus dem ich fortgegangen bin. Und wenn er kommt, so findet er's leer, gekehrt und geschmückt.

Dann geht er hin und nimmt mit sich sieben andre Geister, die böser sind als er selbst; und wenn sie hineinkommen, wohnen sie darin; und es wird mit diesem Menschen hernach ärger, als es vorher war. So wird's auch diesem bösen Geschlecht ergehen.
Matthäus Kapitel 12 Vers 43-45

Wachet und betet, daß ihr nicht in Anfechtung fallt! Der Geist ist willig; aber das Fleisch ist schwach.
Matthäus Kapitel 26 Vers 41
Markus Kapitel 14 Vers 38

Gehet hin und machet zu Jüngern alle Völker: Taufet sie auf den Namen des Vaters und des Sohnes und des heiligen Geistes.
Matthäus Kapitel 28 Vers 19

Wieso sagen die Schriftgelehrten, der Christus sei Davids Sohn? David selbst hat durch den heiligen Geist gesagt: »Der Herr sprach zu meinem Herrn: Setze dich zu meiner Rechten, bis ich deine Feinde unter deine Füße lege.«
Markus 12 Vers 35 f

Wenn sie euch nun hinführen und überantworten werden, so sorgt euch nicht vorher, was ihr reden sollt; sondern was euch in jener Stunde gegeben wird, das redet. Denn ihr seid's nicht, die da reden, sondern der heilige Geist.
Markus Kapitel 13 Vers 11
Lukas Kapitel 12 Vers 12

Die Zeichen aber, die folgen werden denen, die da glauben, sind diese: in meinem Namen werden sie böse Geister austreiben, in neuen Zungen reden, Schlangen mit den Händen hochheben, und wenn sie etwas Tödliches trinken, wird's ihnen nicht schaden; auf Kranke werden sie die Hände legen, so wird's besser mit ihnen werden.
Markus Kapitel 16 Vers 17 f

Doch darüber freut euch nicht, daß euch die Geister untertan sind. Freut euch aber, daß eure Namen im Himmel geschrieben sind.
Lukas Kapitel 10 Vers 20

Wenn nun ihr, die ihr böse seid, euren Kindern gute Gaben geben könnt, wieviel mehr wird der Vater im Himmel den heiligen Geist geben denen, die ihn bitten!
Lukas Kapitel 11 Vers 13

Wenn ich aber durch Gottes Finger die bösen Geister austreibe, so ist ja das Reich Gottes zu euch gekommen.
Lukas Kapitel 11 Vers 20

Der heilige Geist wird euch in dieser Stunde lehren, was ihr sagen sollt.
Lukas Kapitel 12 Vers 12

Geht hin und sagt diesem Fuchs: Siehe, ich treibe böse Geister aus und mache gesund heute und morgen, und am dritten Tage werde ich vollendet sein.
Lukas Kapitel 13 Vers 32

Und Jesus rief laut: Vater, ich befehle meinen Geist in deine Hände! Und als er das gesagt hatte, verschied er.
Lukas Kapitel 23 Vers 46

Seht meine Hände und meine Füße, ich bin's selber. Faßt mich an und seht; denn ein Geist hat nicht Fleisch und Knochen, wie ihr seht, daß ich sie habe.
Lukas Kapitel 24 Vers 39

Wahrlich, wahrlich, ich sage dir: Es sei denn, daß jemand geboren werde aus Wasser und Geist, so kann er nicht in das Reich Gottes kommen. Was vom Fleisch geboren ist, das ist Fleisch; und was vom Geist geboren ist, das ist Geist. Der Wind bläst, wo er will, und du hörst sein Sausen wohl; aber du weißt nicht, woher er kommt und wohin er fährt. So ist es bei jedem, der aus dem Geist geboren ist.
Johannes Kapitel 3 Vers 5 f und 8

Aber es kommt die Zeit und ist schon jetzt, in der die wahren Anbeter den Vater anbeten werden im Geist und in der Wahrheit; denn auch der Vater will solche Anbeter haben. Gott ist Geist, und die ihn anbeten, die müssen ihn im Geist und in der Wahrheit anbeten.
Johannes Kapitel 4 Vers 23 f

Der Geist ist's, der lebendig macht; das Fleisch ist nichts nütze. Die Worte, die ich zu euch geredet habe, die sind Geist und sind Leben.
Johannes Kapitel 6 Vers 63

Ich habe keinen bösen Geist, sondern ich ehre meinen Vater, aber ihr nehmt mir die Ehre.
Johannes Kapitel 8 Vers 49

Ich will den Vater bitten, und er wird euch einen andern Tröster geben, daß er bei euch sei in Ewigkeit: Den Geist der Wahrheit, den die Welt nicht empfangen kann, denn sie sieht ihn nicht und kennt ihn nicht. Ihr kennt ihn, denn er bleibt bei euch und wird in euch sein.
Johannes Kapitel 14 Vers 16 f

Aber der Tröster, der heilige Geist, den mein Vater senden wird in meinem Namen, der wird euch alles lehren und euch an alles erinnern, was ich euch gesagt habe.
Johannes Kapitel 14 Vers 26

Wenn aber jener, der Geist der Wahrheit, kommen wird, wird er euch in alle Wahrheit leiten. Denn er wird nicht aus sich selber reden; sondern was er hören wird, das wird er reden, und was zukünftig ist, wird er euch verkündigen.
Johannes Kapitel 16 Vers 13
Johannes Kapitel 15 Vers 26

Nehmt hin den heiligen Geist!
Johannes Kapitel 20 Vers 22

Ihr werdet die Kraft des heiligen Geistes empfangen, der auf euch kommen wird, und werdet meine Zeugen sein in Jerusalem und in ganz Judäa und Samarien und bis an das Ende der Erde.
Apostelgeschichte Kapitel 1 Vers 8

GEISTLICH
Selig sind, die da geistlich arm sind; denn ihrer ist das Himmelreich.
Matthäus Kapitel 5 Vers 3

GELD
Ihr sollt nichts mit auf den Weg nehmen, weder Stab noch Tasche noch Brot noch Geld; es soll auch einer nicht zwei Hemden haben.
Lukas Kapitel 9 Vers 3

GELDBEUTEL
Tragt keinen Geldbeutel bei euch, keine Tasche und keine Schuhe, und grüßt niemanden unterwegs.
Lukas Kapitel 10 Vers 4

Verkauft, was ihr habt, und gebt Almosen. Macht euch Geldbeutel, die nicht veralten, einen Schatz, der niemals abnimmt, im Himmel, wo kein Dieb hinkommt und den keine Motten fressen.
Lukas Kapitel 12 Vers 33

Aber nun, wer einen Geldbeutel hat, der nehme ihn, desgleichen auch die Tasche, und wer's nicht hat, verkaufe seinen Mantel und kaufe ein Schwert.
Lukas Kapitel 22 Vers 36

GELIEBT
Da hatte er noch einen, seinen geliebten Sohn; den sandte er als letzten auch zu ihnen und sagte sich: Sie werden sich vor meinem Sohn scheuen. Sie aber, die Weingärtner, sprachen untereinander: Dies ist der Erbe; kommt, laßt uns ihn töten, so wird das Erbe unser sein!
Markus Kapitel 12 Vers 6 f

GELTEN
Ein Prophet gilt nirgends weniger als in seinem Vaterland und in seinem Hause.
Matthäus Kapitel 13 Vers 57

GEMEINDE
Du bist Petrus, und auf diesen Felsen will ich meine Gemeinde bauen, und die Pforten der Hölle sollen sie nicht überwältigen.
Matthäus Kapitel 16 Vers 18

Hört er auf die nicht, so sage es der Gemeinde. Hört er auch auf die Gemeinde nicht, so sei er für dich wie ein Heide und Zöllner.
Matthäus Kapitel 18 Vers 17

GEMÜT
Du sollst den Herrn, deinen Gott, lieben von ganzem Herzen, von ganzer Seele und von ganzem Gemüt.
Matthäus Kapitel 22 Vers 37
Markus Kapitel 12 Vers 30
Markus Kapitel 12 Vers 33
Lukas Kapitel 10 Vers 27

GENUG
Darum sorgt nicht für morgen, denn der morgige Tag wird für das Seine sorgen. Es ist genug, daß jeder Tag seine eigene Plage hat.
Matthäus Kapitel 6 Vers 34

Es ist für den Jünger genug, daß er ist wie sein Meister und der Knecht wie sein Herr. Haben sie den Hausherrn Beelzebul genannt, wieviel mehr werden sie seine Hausgenossen so nennen!
Matthäus Kapitel 10 Vers 25

Da antworteten die klugen und sprachen: Nein, sonst würde es für uns und euch nicht genug sein; geht aber zum Kaufmann und kauft für euch selbst.
Matthäus Kapitel 25 Vers 9

Ach, wollt ihr weiter schlafen und ruhen? Es ist genug; die Stunde ist gekommen. Siehe, der Menschensohn wird überantwortet in die Hände der Sünder.
Markus Kapitel 14 Vers 41

GENÜGE
Ich bin gekommen, damit sie das Leben und volle Genüge haben sollen.
Johannes Kapitel 10 Vers 10

GERECHT
Ich aber sage euch: Liebt eure Feinde und bittet für die, die euch verfolgen, damit ihr Kinder seid eures Vaters im Himmel. Denn er läßt seine Sonne aufgehen über Böse und Gute und läßt regnen über Gerechte und Ungerechte.
Matthäus Kapitel 5 Vers 44 f

Geht aber hin und lernt, was das heißt: Ich habe Wohlgefallen an Barmherzigkeit und nicht am Opfer. Ich bin gekommen, die Sünder zu rufen und nicht die Gerechten.
Matthäus Kapitel 9 Vers 13

Wer einen Gerechten aufnimmt, weil es ein Gerechter ist, der wird den Lohn eines Gerechten empfangen. Und wer einem dieser Geringen auch nur einen Becher kalten Wassers zu trinken gibt, weil es ein Jünger ist, wahrlich ich sage euch: es wird ihm nicht unbelohnt bleiben.
Matthäus Kapitel 10 Vers 41 f

Viele Propheten und Gerechte haben begehrt, zu sehen, was ihr seht, und haben's nicht gesehen, und zu hören, was ihr hört, und haben's nicht gehört.
Matthäus Kapitel 13 Vers 17

Dann werden die Gerechten leuchten wie die Sonne in ihres Vaters Reich.
Matthäus Kapitel 13 Vers 43

Darum: siehe, ich sende zu euch Propheten und Weise und Schriftgelehrte; und von ihnen werdet ihr einige töten und kreuzigen, und einige werdet ihr geißeln in euren Synagogen und werdet sie verfolgen von einer Stadt zur andern, damit über euch komme all das gerechte Blut, das vergossen ist auf Erden, von dem Blut des gerechten Abel an bis auf das Blut

des Secharja, des Sohnes Berechjas, den ihr getötet habt zwischen Tempel und Altar.
Matthäus Kapitel 23 Vers 34 f

Dann werden ihm die Gerechten antworten und sagen: Herr, wann haben wir dich hungrig gesehen und haben dir zu essen gegeben? oder durstig und haben dir zu trinken gegeben? Wann haben wir dich als Fremden gesehen und haben dich aufgenommen? oder nackt und haben dich gekleidet?
Matthäus Kapitel 25 Vers 37 f

Ich bin gekommen, die Sünder zur Buße zu rufen und nicht die Gerechten.
Lukas Kapitel 5 Vers 32

Wenn du ein Mahl machst, so lade Arme, Verkrüppelte, Lahme und Blinde ein, dann wirst du selig sein, denn sie haben nichts, um es dir zu vergelten; es wird dir aber vergolten werden bei der Auferstehung der Gerechten.
Lukas Kapitel 14 Vers 13 f

Ich sage euch: So wird auch Freude im Himmel sein über einen Sünder, der Buße tut, mehr als über neunundneunzig Gerechte, die der Buße nicht bedürfen..
Lukas Kapitel 15 Vers 7

Richtet nicht nach dem, was vor Augen ist, sondern richtet gerecht.
Johannes Kapitel 7 Vers 24

Gerechter Vater, die Welt kennt dich nicht; ich aber kenne dich, und diese haben erkannt, daß du mich gesandt hast.
Johannes Kapitel 17 Vers 25

GERECHTIGKEIT

Laß es jetzt geschehen! Denn so gebührt es uns, alle Gerechtigkeit zu erfüllen.
Matthäus Kapitel 3 Vers 15

Selig sind, die da hungert und dürstet nach der Gerechtigkeit; denn sie sollen satt werden.
Matthäus Kapitel 5 Vers 6

Selig sind, die um der Gerechtigkeit willen verfolgt werden; denn ihrer ist das Himmelreich.
Matthäus Kapitel 5 Vers 10

Wenn eure Gerechtigkeit nicht besser ist als die der Schriftgelehrten und Pharisäer, so werdet ihr nicht in das Himmelreich kommen.
Matthäus Kapitel 5 Vers 20

Trachtet zuerst nach dem Reich Gottes und nach seiner Gerechtigkeit, so wird euch das alles zufallen.
Matthäus Kapitel 6 Vers 33

Es ist gut für euch, daß ich weggehe. Denn wenn ich nicht weggehe, kommt der Tröster nicht zu euch. Wenn ich aber gehe, will ich ihn zu euch senden. Und wenn er kommt, wird er der Welt die Augen auftun über die Sünde und über die Gerechtigkeit und über das Gericht.
Johannes Kapitel 16 Vers 7 f

GERICHT

Ihr habt gehört, daß zu den Alten gesagt ist: »Du sollst nicht töten«; wer aber tötet, der soll des Gerichts schuldig sein. Ich aber sage euch: Wer mit seinem Bruder zürnt, der ist des Gerichts schuldig; wer aber zu seinem Bruder sagt: Du Nichtsnutz!, der ist des Hohen Rates schuldig; wer aber sagt: Du Narr!, der ist des höllischen Feuers schuldig.
Matthäus Kapitel 5 Vers 21 f

Es wird Tyrus und Sidon erträglicher ergehen im Gericht als euch.
Matthäus Kapitel 1o Vers 21
Lukas Kapitel 10 Vers 14

Ich sage euch aber, daß die Menschen Rechenschaft geben müssen am Tage des Gerichts von jedem nichtsnutzigen Wort, das sie geredet haben.
Matthäus Kapitel 12 Vers 36

Die Leute von Ninive werden auftreten beim Jüngsten Gericht mit diesem Geschlecht und werden es verdammen; denn sie taten Buße nach der Predigt des Jona. Und siehe, hier ist mehr als Jona. Die Königin vom Süden wird auftreten beim Jüngsten Gericht mit diesem Geschlecht und wird es verdammen; denn sie kam vom Ende der Erde, um Salomos Weisheit zu hören. Und siehe, hier ist mehr als Salomo.
Matthäus Kapitel 12 Vers 41 f
Lukas Kapitel 11 Vers 31 f

Wenn du mit deinem Gegner zum Gericht gehst, so bemühe dich auf dem Wege, von ihm loszukommen, damit er nicht etwa dich vor den Richter ziehe, und der Richter überantworte dich dem Gerichtsdiener, und der Gerichtsdiener werfe dich ins Gefängnis.
Lukas Kapitel 12 Vers 58

Das ist aber das Gericht, daß das Licht in die Welt gekommen ist, und die Menschen liebten die Finsternis mehr als das Licht, denn ihre Werke waren böse.
Johannes Kapitel 3 Vers 19

Der Vater richtet niemand, sondern hat alles Gericht dem Sohn übergeben.
Johannes Kapitel 5 Vers 22

Wahrlich, wahrlich, ich sage euch: Wer mein Wort hört und glaubt dem, der mich gesandt hat, der hat das ewige Leben und kommt nicht in das Gericht, sondern er ist vom Tode zum Leben hindurchgedrungen.
Johannes Kapitel 5 Vers 24

Ich kann nichts von mir aus tun. Wie ich höre, so richte ich, und mein Gericht ist gerecht; denn ich suche nicht meinen Willen, sondern den Willen dessen, der mich gesandt hat.
Johannes Kapitel 5 Vers 30

Ich bin zum Gericht in diese Welt gekommen, damit, die nicht sehen, sehend werden, und die sehen, blind werden.
Johannes Kapitel 9 Vers 39

Jetzt ergeht das Gericht über diese Welt; nun wird der Fürst dieser Welt ausgestoßen werden.
Johannes Kapitel 12 Vers 31

Es ist gut für euch, daß ich weggehe. Denn wenn ich nicht weggehe, kommt der Tröster nicht zu euch. Wenn ich aber gehe, will ich ihn zu euch senden. Und wenn er kommt, wird er der Welt die Augen auftun über die Sünde und über die Gerechtigkeit und über das Gericht.
Johannes Kapitel 16 Vers 7 f

GERING

Und wer einem dieser Geringen auch nur einen Becher kalten Wassers zu trinken gibt, weil es ein Jünger ist, wahrlich ich sage euch: es wird ihm nicht unbelohnt bleiben.
Matthäus Kapitel 10 Vers 42

Wahrlich, ich sage euch: Was ihr getan habt einem von diesen meinen geringsten Brüdern, das habt ihr mir getan.
Matthäus Kapitel 25 Vers 40

Wahrlich, ich sage euch: Was ihr nicht getan habt einem von diesen Geringsten, das habt ihr mir auch nicht getan.
Matthäus Kapitel 25 Vers 45

Wenn ihr nun auch das Geringste nicht vermögt, warum sorgt ihr euch um das andre?
Lukas Kapitel 12 Vers 26

Wer im Geringsten treu ist, der ist auch im Großen treu; und wer im Geringsten ungerecht ist, der ist auch im Großen ungerecht.
Lukas Kapitel 16 Vers 10

GESCHEHEN
Dein Reich komme. Dein Wille geschehe wie im Himmel so auf Erden.
Matthäus Kapitel 6 Vers 10 f

Geh hin; dir geschehe, wie du geglaubt hast.
Matthäus Kapitel 8 Vers 13

Euch geschehe nach eurem Glauben!
Matthäus Kapitel 9 Vers 29

Frau, dein Glaube ist groß. Dir geschehe, wie du willst!
Matthäus Kapitel 15 Vers 28

Wenn aber dieses anfängt zu geschehen, dann seht auf und erhebt eure Häupter, weil sich eure Erlösung naht.
Lukas Kapitel 21 Vers 28

Vater, willst du, so nimm diesen Kelch von mir; doch nicht mein, sondern dein Wille geschehe!
Lukas Kapitel 22 Vers 42
Matthäus Kapitel 26 Vers 42

Jetzt sage ich's euch, ehe es geschieht, damit ihr, wenn es geschehen ist, glaubt, daß ich es bin.
Johannes 13 Vers 19

GESCHICKT
Wer seine Hand an den Pflug legt und sieht zurück, der ist nicht geschickt für das Reich Gottes.
Lukas Kapitel 9 Vers 62

GESCHLECHT
Mit wem soll ich aber dieses Geschlecht vergleichen? Es gleicht den Kindern, die auf dem Markt sitzen und rufen den andern zu: Wir haben euch aufgespielt, und ihr wolltet nicht tanzen; wir haben Klagelieder gesungen, und ihr wolltet nicht weinen.
Matthäus Kapitel 11 Vers 16 f

Ein böses und abtrünniges Geschlecht fordert ein Zeichen, aber es wird ihm kein Zeichen gegeben werden, es sei denn das Zeichen des Propheten Jona.
Matthäus Kapitel 12 Vers 39
Matthäus Kapitel 16 Vers 4
Markus Kapitel 8 Vers 12
Lukas Kapitel 11 Vers 29

O du ungläubiges und verkehrtes Geschlecht, wie lange soll ich bei euch sein? Wie lange soll ich euch erdulden?
Matthäus Kapitel 17 Vers 17
Markus Kapitel 9 Vers 19

Und dann wird erscheinen das Zeichen des Menschensohns am Himmel. Und dann werden wehklagen alle Geschlechter auf Erden und werden sehen den Menschensohn kommen auf den Wolken des Himmels mit großer Kraft und Herrlichkeit.
Matthäus Kapitel 24 Vers 30

Wer sich aber meiner und meiner Worte schämt unter diesem abtrünnigen und sündigen Geschlecht, dessen wird sich auch der Menschensohn schämen, wenn er kommen wird in der Herrlichkeit seines Vaters mit den heiligen Engeln.
Markus Kapitel 8 Vers 38

Wie der Blitz aufblitzt und leuchtet von einem Ende des Himmels bis zum andern, so wird auch der Menschensohn an seinem Tage sein. Zuvor aber muß er viel leiden und verworfen werden von diesem Geschlecht.
Lukas Kapitel 17 Vers 24 f

GESEGNET

Da wird dann der König sagen zu denen zu seiner Rechten: Kommt her, ihr Gesegneten meines Vaters, ererbt das Reich, das euch bereitet ist von Anbeginn der Welt!
Matthäus Kapitel 25 Vers 34

GESETZ

Ihr sollt nicht meinen, daß ich gekommen bin, das Gesetz oder die Propheten aufzulösen; ich bin nicht gekommen aufzulösen, sondern zu erfüllen. Denn wahrlich, ich sage euch: Bis Himmel und Erde vergehen, wird nicht vergehen der kleinste Buchstabe noch ein Tüpfelchen vom Gesetz, bis es alles geschieht.
Matthäus Kapitel 5 Vers 17 f

Alles nun, was ihr wollt, daß euch die Leute tun sollen, das tut ihnen auch! Das ist das Gesetz und die Propheten.
Matthäus Kapitel 7 Vers 12

Denn alle Propheten und das Gesetz haben geweissagt bis hin zu Johannes; und wenn ihr's annehmen wollt: er ist Elia, der da kommen soll.
Matthäus Kapitel 11 Vers 13 f

Habt ihr nicht gelesen im Gesetz, wie die Priester am Sabbat im Tempel den Sabbat brechen und sind doch ohne Schuld? Ich sage euch aber: Hier ist Größeres als der Tempel.
Matthäus Kapitel 12 Vers 5 f

»Du sollst den Herrn, deinen Gott, lieben von ganzem Herzen, von ganzer Seele und von ganzem Gemüt.« Die ist das höchste und größte Gebot. Das andere aber ist dem gleich: »Du sollst deinen Nächsten lieben wie dich selbst.« In diesen beiden Geboten hängt das ganze Gesetz und die Propheten.
Matthäus Kapitel 22 Vers 37-40

Weh euch, Schriftgelehrte und Pharisäer, ihr Heuchler, die ihr den Zehnten gebt von Minze, Dill und Kümmel und laßt das Wichtigste im Gesetz beiseite, nämlich das Recht, die Barmherzigkeit und den Glauben!
Matthäus Kapitel 23 Vers 23

Das Gesetz und die Propheten reichen bis zu Johannes. Von da an wird das Evangelium vom Reich Gottes gepredigt, und jedermann drängt sich mit Gewalt hinein. Es ist aber leichter, daß Himmel und Erde vergehen, als daß ein Tüpfelchen vom Gesetz fällt.
Lukas Kapitel 16 Vers 16 f

Das sind meine Worte, die ich zu euch gesagt habe, als ich noch bei euch war: Es muß alles erfüllt werden, was von mir geschrieben steht im Gesetz des Mose, in den Propheten und in den Psalmen.
Lukas Kapitel 24 Vers 44

Hat euch nicht Mose das Gesetz gegeben? Und niemand unter euch tut das Gesetz.
Johannes Kapitel 7 Vers 19

GESICHT

Wenn ihr fastet, sollt ihr nicht sauer dreinsehen wie die Heuchler; denn sie verstellen ihr Gesicht, um sich vor den Leuten zu zeigen mit ihrem Fasten.

Wahrlich, ich sage euch: Sie haben ihren Lohn schon gehabt. Wenn du aber fastest, so salbe dein Haupt und wasche dein Gesicht.
Matthäus Kapitel 6 Vers 16 f

GESUND
Ich will kommen und ihn gesund machen.
Matthäus Kapitel 8 Vers 7

Macht Kranke gesund, weckt Tote auf, macht Aussätzige rein, treibt böse Geister aus. Umsonst habt ihr's empfangen, umsonst gebt es auch.
Matthäus Kapitel 10 Vers 8

Meine Tochter, dein Glaube hat dich gesund gemacht; geh hin in Frieden und sei gesund von deiner Plage!
Markus Kapitel 5 Vers 34

Die Gesunden bedürfen des Arztes nicht, sondern die Kranken.
Lukas Kapitel 5 Vers 31

Fürchte dich nicht; glaube nur, so wird sie gesund!
Lukas Kapitel 8 Vers 50

Geht hin und sagt diesem Fuchs: Siehe, ich treibe böse Geister aus und mache gesund heute und morgen, und am dritten Tage werde ich vollendet sein.
Lukas Kapitel 13 Vers 32

Siehe, du bist gesund geworden; sündige hinfort nicht mehr, daß dir nicht etwas Schlimmeres widerfahre.
Johannes Kapitel 5 Vers 14

GETROST
Selig seid ihr, wenn auch die Menschen um meinetwillen schmähen und verfolgen und reden allerlei Übles gegen euch, wenn sie damit lügen. Seid fröhlich und getrost; es wird euch im Himmel reichlich belohnt werden. Denn ebenso haben sie verfolgt die Propheten, die vor euch gewesen sind.
Matthäus Kapitel 5 Vers 12

Sei getrost, mein Sohn, deine Sünden sind dir vergeben.
Matthäus Kapitel 9 Vers 2

Sei getrost, meine Tochter, dein Glaube hat dir geholfen.
Matthäus Kapitel 9 Vers 22

Seid getrost, ich bin's; fürchtet euch nicht!
Matthäus Kapitel 14 Vers 27

Das habe ich mit euch geredet, damit ihr in mir Frieden habt. In der Welt habt ihr Angst; aber seid getrost, ich habe die Welt überwunden.
Johannes Kapitel 16 Vers 33

GEWÄCHS
Ich werde von nun an nicht mehr von diesem Gewächs des Weinstocks trinken bis an den Tag, an dem ich von neuem davon trinken werde mit euch in meines Vaters Reich.
Matthäus Kapitel 26 Vers 29

GEWALT
Aber von den Tagen Johannes des Täufers bis heute leidet das Himmelreich Gewalt, und die Gewalttätigen reißen es an sich.
Matthäus Kapitel 11 Vers 12
Lukas Kapitel 16 Vers 16
Ihr wißt, daß die Herrscher ihre Völker niederhalten und die Mächtigen ihnen Gewalt antun.
Matthäus Kapitel 20 Vers 25
Markus Kapitel 10 Vers 42

Mir ist gegeben alle Gewalt im Himmel und auf Erden.
Matthäus Kapitel 28 Vers 18

Seht, ich habe euch Macht gegeben, zu treten auf Schlangen und Skorpione, und Macht über alle Gewalt des Feindes; und nichts wird euch schaden.
Lukas Kapitel 10 Vers 19

GEWAND
Da ging der König hinein, sich die Gäste anzusehen, und sah da einen Menschen, der hatte kein hochzeitliches Gewand an, und sprach zu ihm: Freund, wie bist du hier hereingekommen und hast doch kein hochzeitliches Gewand an?
Matthäus Kapitel 22 Vers 11 f

Aber der Vater sprach zu seinen Knechten: Bringt schnell das beste Gewand her und zieht es ihm an und gebt ihm einen Ring an seine Hand und Schuhe an seine Füße.
Lukas Kapitel 15 Vers 22

GEWINNEN
Was hülfe es dem Menschen, wenn er die ganze Welt gewönne und nähme doch Schaden an seiner Seele? Oder was kann der Mensch geben, womit er seine Seele auslöse?
Matthäus Kapitel 16 Vers 26

Sündigt aber dein Bruder an dir, so geh hin und weise ihn zurecht zwischen dir und ihm allein. Hört er auf dich, so hast du deinen Bruder gewonnen.
Matthäus Kapitel 18 Vers 15

Wer sein Leben zu erhalten sucht, der wird es verlieren; und wer es verlieren wird, der wird es gewinnen.
Lukas Kapitel 17 Vers 33

Seid standhaft, und ihr werdet euer Leben gewinnen.
Lukas Kapitel 21 Vers 19

GLAUBE
Wahrlich, ich sage euch: Solchen Glauben habe ich in Israel bei keinem gefunden!
Matthäus Kapitel 8 Vers 10

Sei getrost, meine Tochter, dein Glaube hat dir geholfen.
Matthäus Kapitel 9 Vers 22
Matthäus Kapitel 15 Vers 28
Markus Kapitel 5 Vers 34
Lukas Kapitel 7 Vers 50

Euch geschehe nach eurem Glauben!
Matthäus Kapitel 9 Vers 29

Frau, dein Glaube ist groß. Dir geschehe, wie du willst!
Matthäus Kapitel 15 Vers 28

Wenn ihr Glauben habt wie ein Senfkorn, so könnt ihr sagen zu diesem Berge: Heb dich dorthin!, so wird er sich heben; und euch wird nichts unmöglich sein.
Matthäus Kapitel 17 Vers 20

Wenn ihr Glauben habt und nicht zweifelt, so werdet ihr nicht allein Taten wie die mit dem Feigenbaum tun, sondern, wenn ihr zu diesem Berge sagt: Heb dich und wirf dich ins Meer!, so wird's geschehen.
Matthäus Kapitel 21 Vers 21

Weh euch, Schriftgelehrte und Pharisäer, ihr Heuchler, die ihr den Zehnten gebt von Minze, Dill und Kümmel und laßt das Wichtigste im Gesetz beiseite, nämlich das Recht, die Barmherzigkeit und den Glauben! Doch dies sollte man tun und jenes nicht lassen.
Matthäus Kapitel 23 Vers 23

Was seid ihr so furchtsam? Habt ihr noch keinen Glauben?
Markus Kapitel 4 Vers 40

Fürchte dich nicht, glaube nur!
Markus Kapitel 5 Vers 36

Alle Dinge sind möglich dem, der da glaubt.
Markus Kapitel 9 Vers 23

Habt Glauben an Gott! Wahrlich, ich sage euch: Wer zu diesem Berge spräche: Heb dich und wirf dich ins Meer! und zweifelte nicht in seinem Herzen, sondern glaubte, daß geschehen werde, was er sagt, so wird's ihm geschehen.Darum sage ich euch: Alles, was ihr bittet in eurem Gebet, glaubt nur, daß ihr's empfangt, so wird's euch zuteilwerden.
Markus Kapitel 11 Vers 22-24

Wo ist euer Glaube?
Lukas Kapitel 8 Vers 25
Markus Kapitel 4 Vers 4o

Doch wenn der Menschensohn kommen wird, meinst du, er werde Glauben finden auf Erden?
Lukas Kapitel 18 Vers 8

Ich aber habe für dich gebeten, daß dein Glaube nicht aufhöre. Und wenn du dereinst dich bekehrst, so stärke deine Brüder.
Lukas Kapitel 22 Vers 32

GLAUBEN
Wenn dann jemand zu euch sagen wird: Siehe, hier ist der Christus! oder da!, so sollt ihr's nicht glauben.
Matthäus Kapitel 24 Vers 23

Die Zeit ist erfüllt, und das Reich Gottes ist herbeigekommen. Tut Buße und glaubt an das Evangelium!
Markus Kapitel 1 Vers 15

Wer da glaubt und getauft wird, der wird selig werden; wer aber nicht glaubt, der wird verdammt werden. Die Zeichen aber, die folgen werden denen, die da glauben, sind diese: in meinem Namen werden sie böse Geister austreiben, in neuen Zungen reden, Schlangen mit den Händen hochheben, und wenn sie etwas Tödliches trinken, wird's ihnen nicht schaden; auf Kranke werden sie die Hände legen, so wird's besser mit ihnen werden.
Markus Kapitel 16 Vers 16-18

Sage ich's euch, so glaubt ihr's nicht; frage ich aber, so antwortet ihr nicht. Aber nun an wird der Menschensohn sitzen zur Rechten der Kraft Gottes.
Lukas Kapitel 22 Vers 67-69

O ihr Toren, zu trägen Herzens, all dem zu glauben, was die Propheten geredet haben!
Lukas Kapitel 24 Vers 25

Glaubt ihr nicht, wenn ich euch von irdischen Dingen sage, wie werdet ihr glauben, wenn ich euch von himmlischen Dingen sage?
Johannes Kapitel 3 Vers 12

Und wie Mose in der Wüste die Schlange erhöht hat, so muß der Menschensohn erhöht werden, damit alle, die an ihn glauben, das ewige Leben haben. Denn also hat Gott die Welt geliebt, daß er seinen eingeborenen Sohn gab, damit alle, die an ihn glauben, nicht verloren werden, sondern das ewige Leben haben.
Johannes Kapitel 3 Vers 14-16

Glaube mir, Frau, es kommt die Zeit, daß ihr weder auf diesem Berge noch in Jerusalem den Vater anbeten werdet. Aber es kommt die Zeit und ist schon jetzt, in der die wahren Anbeter den Vater anbeten werden im Geist und in der Wahrheit; denn auch der Vater will solche Anbeter haben.
Johannes Kapitel 4 Vers 21 und 23

Wahrlich, wahrlich, ich sage euch: Wer mein Wort hört und glaubt dem, der mich gesandt hat, der hat das ewige Leben und kommt nicht in das Gericht, sondern er ist vom Tode zum Leben hindurchgedrungen.
Johannes Kapitel 5 Vers 24

Ich bin das Brot des Lebens. Wer zu mir kommt, den wird nicht hungern; und wer an mich glaubt, den wird nimmermehr dürsten.
Johannes Kapitel 6 Vers 35

Wer glaubt, der hat das ewige Leben.
Johannes Kapitel 6 Vers 47

Wer an mich glaubt, wie die Schrift sagt, von dessen Leib werden Ströme lebendigen Wassers fließen.
Johannes Kapitel 7 Vers 38

Darum habe ich euch gesagt, daß ihr sterben werdet in euren Sünden; denn wenn ihr nicht glaubt, daß ich es bin, werdet ihr sterben in euren Sünden.
Johannes Kapitel 8 Vers 24

Tue ich nicht die Werke meines Vaters, so glaubt mir nicht; tue ich sie aber, so glaubt doch den Werken, wenn ihr mir nicht glauben wollt, damit ihr erkennt und wißt, daß der Vater in mir ist und ich in ihm.
Johannes Kapitel 10 Vers 37 f

Ich bin die Auferstehung und das Leben. Wer an mich glaubt, der wird leben, auch wenn er stirbt; und wer da lebt und glaubt an mich, der wird nimmermehr sterben.
Johannes Kapitel 11 Vers 25 f

Wenn du glaubst, wirst du die Herrlichkeit Gottes sehen.
Johannes Kapitel 11 Vers 40

Glaubt an das Licht, solange ihr's habt, damit ihr Kinder des Lichtes werdet.
Johannes Kapitel 12 Vers 36

Ich bin in die Welt gekommen als ein Licht, damit, wer an mich glaubt, nicht in der Finsternis bleibe.
Johannes Kapitel 12 Vers 46

Jetzt sage ich's euch, ehe es geschieht, damit ihr, wenn es geschehen ist, glaubt, daß ich es bin.
Johannes Kapitel 13 Vers 19

Euer Herz erschrecke nicht! Glaubt an Gott und glaubt an mich!
Johannes Kapitel 14 Vers 1

Glaubt mir, daß ich im Vater bin und der Vater in mir; wenn nicht, so glaubt mir doch um der Werke willen. Wer an mich glaubt, der wird die Werke auch tun, die ich tue, und er wird noch größere als diese tun; denn ich gehe zum Vater.
Johannes Kapitel 14 Vers 11 f

Die Worte, die du mir gegeben hast, habe ich ihnen gegeben, und sie haben sie angenommen und wahrhaftig erkannt, daß ich von dir ausgegangen bin, und sie glauben, daß du mich gesandt hast.
Johannes Kapitel 17 Vers 8

Ich bitte aber nicht allein für sie, sondern auch für die, die durch ihr Wort an mich glauben werden. Wie du, Vater, in mir bist und ich in dir, so sollen auch sie in uns sein, damit die Welt glaube, daß du mich gesandt hast.
Johannes Kapitel 17 Vers 20 f

Weil du mich gesehen hast, Thomas, darum glaubst du. Selig sind, die nicht sehen und doch glauben!
Johannes Kapitel 20 Vers 29

GLEICHNIS
Darum rede ich zu ihnen in Gleichnissen. Denn mit sehenden Augen sehen sie nicht und mit hörenden Ohren hören sie nicht; und sie verstehen es nicht.
Matthäus Kapitel 13 Vers 13

An dem Feigenbaum lernt ein Gleichnis: wenn seine Zweige jetzt saftig werden und Blätter treiben, so wißt ihr, daß der Sommer nahe ist.
Matthäus Kapitel 24 Vers 32
Markus Kapitel 13 Vers 28

Versteht ihr dies Gleichnis nicht, wie wollt ihr dann die andern alle verstehen?
Markus Kapitel 4 Vers 13

Euch ist's gegeben, die Geheimnisse des Reiches Gottes zu verstehen, den anderen aber in Gleichnissen, damit sie es nicht sehen, auch wenn sie es sehen, und nicht verstehen, auch wenn sie es hören.
Lukas Kapitel 8 Vers 10

GLIED
Wenn dich aber dein rechtes Auge zum Abfall verführt, so reiß es aus und wirf's von dir. Es ist besser für dich, daß eins deiner Glieder verderbe und nicht der ganze Leib in die Hölle geworfen werde. Wenn dich deine rechte Hand zum Abfall verführt, so hau sie ab und wirf sie von dir. Es ist besser für dich, daß eins deiner Glieder verderbe und nicht der ganze Leib in die Hölle fahre.
Matthäus Kapitel 5 Vers 29 f

GNÄDIG
Der Zöllner aber stand ferne, wollte auch die Augen nicht aufheben zum Himmel, sondern schlug an seine Brust und sprach: Gott, sei mir Sünder gnädig!
Lukas Kapitel 18 Vers 13

GOLD
Ihr sollt weder Gold noch Silber noch Kupfer in euren Gürteln haben.
Matthäus Kapitel 10 Vers 9

Weh euch, ihr verblendeten Führer, die ihr sagt: Wenn einer schwört bei dem Tempel, das gilt nicht; wenn aber einer schwört bei dem Gold des

Tempels, der ist gebunden. Ihr Narren und Blinden! Was ist mehr: das Gold oder der Tempel, der das Gold heilig macht?
Matthäus Kapitel 23 Vers 16 f

GÖTTLICH

Geh weg von mir, Satan! Du bist mir ein Ärgernis; denn du meinst nicht, was göttlich, sondern was menschlich ist.
Matthäus Kapitel 16 Vers 23
Markus Kapitel 8 Vers 33

GOTT

Wiederum steht geschrieben: »Du sollst den Herrn, deinen Gott, nicht versuchen.«
Matthäus Kapitel 4 Vers 7
Lukas Kapitel 4 Vers 12

Weg mit dir, Satan! denn es steht geschrieben: »Du sollst anbeten den Herrn, deinen Gott und ihm allein dienen.«
Matthäus Kapitel 4 Vers 10
Lukas Kapitel 4 Vers 8

Selig sind, die reinen Herzens sind; denn sie werden Gott schauen.
Matthäus Kapitel 5 Vers 8

Niemand kann zwei Herren dienen: entweder er wird den einen hassen und den andern lieben, oder er wird an dem einen hängen und den andern verachten. Ihr könnt nicht Gott dienen und dem Mammon.
Matthäus Kapitel 6 Vers 24
Lukas Kapitel 16 Vers 13

Wenn nun Gott das Gras auf dem Feld so kleidet, das doch heute steht und morgen in den Ofen geworfen wird: sollte er das nicht viel mehr für euch tun, ihr Kleingläubigen?
Matthäus Kapitel 6 Vers 30
Lukas Kapitel 12 Vers 28

So sind sie nun nicht mehr zwei, sondern ein Fleisch. Was nun Gott zusammengefügt hat, das soll der Mensch nicht scheiden!
Matthäus Kapitel 19 Vers 6
Markus 10 Vers 9

Bei den Menschen ist's unmöglich; aber bei Gott sind alle Dinge möglich.
Matthäus Kapitel 19 Vers 26
Markus Kapitel 10 Vers 27
Lukas Kapitel 18 Vers 27

So gebt dem Kaiser, was des Kaisers ist, und Gott, was Gottes ist!
Matthäus Kapitel 22 Vers 21
Markus Kapitel 12 Vers 17
Lukas Kapitel 20 Vers 25

Habt ihr denn nicht gelesen von der Auferstehung der Toten, was euch gesagt ist von Gott, der da spricht »Ich bin der Gott Abrahams und der Gott Isaaks und der Gott Jakobs« ? Gott ist nicht ein Gott der Toten, sondern der Lebenden.
Matthäus Kapitel 22 Vers 31 f
Markus Kapitel 12 Vers 26 f
Lukas Kapitel 20 Vers 38

Eli, Eli, lama asabtani? das heißt: Mein Gott, mein Gott, warum hast du mich verlassen?
Matthäus Kapitel 27 Vers 46
Markus Kapitel 15 Vers 34

Was nennst du mich gut? Niemand ist gut als Gott allein.
Markus Kapitel 10 Vers 18
Lukas Kapitel 18 Vers 19

Habt Glauben an Gott!
Markus Kapitel 11 Vers 22

»Du sollst den Herrn, deinen Gott, lieben von ganzem Herzen, von ganzer Seele, von allen Kräften und von ganzem Gemüt und deinen Nächsten wie dich selbst.«
Lukas Kapitel 10 Vers 27
Markus Kapitel 12 Vers 30
Matthäus Kapitel 22 Vers 37

Verkauft man nicht fünf Sperlinge für zwei Groschen? Dennoch ist vor Gott nicht einer von ihnen vergessen.
Lukas Kapitel 12 Vers 6

Aber Gott sprach zu ihm: Du Narr! Diese Nacht wird man deine Seele von dir fordern; und wem wird dann gehören, was du angehäuft hast? So geht es dem, der sich Schätze sammelt und ist nicht reich bei Gott.
Lukas Kapitel 12 Vers 20 f

Seht die Raben an: sie säen nicht, sie ernten auch nicht, sie haben auch keinen Keller und keine Scheune, und Gott ernährt sie doch. Wieviel besser seid ihr als die Vögel!
Lukas Kapitel 12 Vers 24

Ihr seid's, die ihr euch selbst rechtfertigt vor den Menschen; aber Gott kennt eure Herzen; denn was hoch ist bei den Menschen, das ist ein Greuel vor Gott.
Lukas Kapitel 16 Vers 15

Sollte Gott nicht auch Recht schaffen seinen Auserwählten, die zu ihm Tag und Nacht rufen, und sollte er's bei ihnen lange hinziehen?
Lukas Kapitel 18 Vers 7

Denn also hat Gott die Welt geliebt, daß er seinen eingeborenen Sohn gab, damit alle, die an ihn glauben, nicht verloren werden, sondern das ewige Leben haben. Denn Gott hat seinen Sohn nicht in die Welt gesandt, daß er die Welt richte, sondern daß die Welt durch ihn gerettet werde.
Johannes Kapitel 3 Vers 16 f

Denn der, den Gott gesandt hat, redet Gottes Worte; denn Gott gibt den Geist ohne Maß.
Johannes Kapitel 3 Vers 34

Gott ist Geist, und die ihn anbeten, die müssen ihn im Geist und in der Wahrheit anbeten.
Johannes Kapitel 4 Vers 24

Wie könnt ihr glauben, die ihr Ehre voneinander annehmt, und die Ehre, die von dem alleinigen Gott ist, sucht ihr nicht?
Johannes Kapitel 5 Vers 44

Nicht als ob jemand den Vater gesehen hätte außer dem, der von Gott gekommen ist; der hat den Vater gesehen.
Johannes Kapitel 6 Vers 46

Meine Lehre ist nicht von mir, sondern von dem, der mich gesandt hat. Wenn jemand dessen Willen tun will, wird er innewerden, ob diese Lehre von Gott ist oder ob ich von mir selbst aus rede.
Johannes Kapitel 7 Vers 16 f

Wäre Gott euer Vater, so liebtet ihr mich; denn ich bin von Gott ausgegangen und komme von ihm; denn ich bin nicht von selbst gekommen, sondern er hat mich gesandt.
Johannes Kapitel 8 Vers 42

Wer von Gott ist, der hört Gottes Worte; ihr hört darum nicht, weil ihr nicht von Gott seid.
Johannes Kapitel 8 Vers 47

Wenn ich mich selber ehre, so ist meine Ehre nichts. Es ist aber mein Vater, der mich ehrt, von dem ihr sagt: Er ist unser Gott.
Johannes Kapitel 8 Vers 54

Jetzt ist der Menschensohn verherrlicht, und Gott ist verherrlicht in ihm. Ist Gott verherrlicht in ihm, so wird Gott ihn auch verherrlichen in sich und wird ihn bald verherrlichen.
Johannes Kapitel 13 Vers 31 f

Euer Herz erschrecke nicht! Glaubt an Gott und glaubt an mich!
Johannes Kapitel 14 Vers 1

Sie werden euch aus der Synagoge ausstoßen. Es kommt aber die Zeit, daß, wer euch tötet, meinen wird, er tue Gott einen Dienst damit.
Johannes Kapitel 16 Vers 2

Denn er selbst, der Vater, hat euch lieb, weil ihr mich liebt und glaubt, daß ich von Gott ausgegangen bin.
Johannes Kapitel 16 Vers 27

Rühre mich nicht an! denn ich bin noch nicht aufgefahren zum Vater. Geh aber hin zu meinen Brüdern und sage ihnen: Ich fahre auf zu meinem Vater und zu eurem Vater, zu meinem Gott und zu eurem Gott.
Johannes Kapitel 20 Vers 17

GOTTES KINDER

Selig sind die Friedfertigen, denn sie werden Gottes Kinder heißen.
Matthäus Kapitel 5 Vers 9

GRAB

Weh euch, Schriftgelehrte und Pharisäer, ihr Heuchler, die ihr seid wie die übertünchten Gräber, die von außen hübsch aussehen, aber innen sind sie voller Totengebeine und lauter Unrat!
Matthäus Kapitel 23 Vers 27

Weh euch, Schriftgelehrte und Pharisäer, ihr Heuchler, die ihr den Propheten Grabmäler baut und die Gräber der Gerechten schmückt.
Matthäus Kapitel 23 Vers 29

Weh euch! Denn ihr seid wie die verdeckten Gräber, über die die Leute laufen, und wissen es nicht.
Lukas Kapitel 11 Vers 44

Es kommt die Stunde, in der alle, die in den Gräbern sind, seine Stimme hören werden, und werden hervorgehen, die Gutes getan haben, zur Auf-

erstehung des Lebens, die aber Böses getan haben, zur Auferstehung des Gerichts.
Johannes Kapitel 5 Vers 28 f

GRAS
Wenn nun Gott das Gras auf dem Feld so kleidet, das doch heute steht und morgen in den Ofen geworfen wird: sollte er das nicht viel mehr für euch tun, ihr Kleingläubigen?
Matthäus Kapitel 6 Vers 30
Lukas Kapitel 12 Vers 28

GREUEL
Ihr seid's, die ihr euch selbst rechtfertigt vor den Menschen; aber Gott kennt eure Herzen; denn was hoch ist bei den Menschen, das ist ein Greuel vor Gott.
Lukas Kapitel 16 Vers 15

GROSCHEN
Verkauft man nicht fünf Sperlinge für zwei Groschen? Dennoch ist vor Gott nicht einer von ihnen vergessen.
Lukas Kapitel 12 Vers 6

Oder welche Frau, die zehn Silbergroschen hat und einen davon verliert, zündet nicht ein Licht an und kehrt das Haus und sucht mit Fleiß, bis sie ihn findet?
Lukas Kapitel 15 Vers 8

GROSS
Wer nun eines von diesen kleinsten Geboten auflöst und lehrt die Leute so, der wird der Kleinste heißen im Himmelreich; wer es aber tut und lehrt, der wird groß heißen im Himmelreich.
Matthäus Kapitel 5 Vers 19

Die Ernte ist groß, aber wenige sind der Arbeiter.
Matthäus Kapitel 9 Vers 37

Wahrlich, ich sage euch: Unter allen, die von einer Frau geboren sind, ist keiner aufgetreten, der größer ist als Johannes der Täufer; der aber der Kleinste ist im Himmelreich, ist größer als er.
Matthäus Kapitel 11 Vers 11

Hier ist Größeres als der Tempel.
Matthäus Kapitel 12 Vers 6

Frau, dein Glaube ist groß. Dir geschehe, wie du willst!
Matthäus Kapitel 15 Vers 28

Wer nun sich selbst erniedrigt und wird wie dies Kind, der ist der Größte im Himmelreich.
Matthäus Kapitel 18 Vers 4

So soll es nicht sein unter euch; sondern wer unter euch groß sein will, der sei euer Diener.
Matthäus Kapitel 20 Vers 26

Der größte unter euch soll euer Diener sein.
Matthäus Kapitel 23 Vers 11

Das höchste Gebot ist das: »Höre, Israel, der Herr, unser Gott, ist der Herr allein, und du sollst den Herrn, deinen Gott, lieben von ganzem Herzen, von ganzer Seele, von ganzem Gemüt und von allen deinen Kräften.« Das andre ist dies: »Du sollst deinen Nächsten lieben wie dich selbst.« Es ist kein anderes Gebot größer als diese.
Markus Kapitel 12 Vers 29-31

Freut euch an jenem Tage und springt vor Freude; denn siehe, euer Lohn ist groß im Himmel.
Lukas Kapitel 6 Vers 23
Lukas Kapitel 9 Vers 48

Wer im Geringsten treu ist, der ist auch im Großen treu; und wer im Geringsten ungerecht ist, der ist auch im Großen ungerecht.
Lukas Kapitel 16 Vers 10

Der Größte unter euch soll sein wie der Jüngste, und der Vornehmste wie ein Diener.
Lukas Kapitel 22 Vers 26

Du glaubst, weil ich dir gesagt habe, daß ich dich gesehen habe unter dem Feigenbaum. Du wirst noch Größeres als das sehen.
Johannes Kapitel 1 Vers 50

Mein Vater, der mir sie gegeben hat, ist größer als alles, und niemand kann sie aus des Vaters Hand reißen
Johannes Kapitel 10 Vers 29

Wahrlich, wahrlich, ich sage euch: Der Knecht ist nicht größer als sein Herr und der Apostel nicht größer als der, der ihn gesandt hat.
Johannes Kapitel 13 Vers 16

Ihr habt gehört, daß ich euch gesagt habe: Ich gehe hin und komme wieder zu euch. Hättet ihr mich lieb, so würdet ihr euch freuen, daß ich zum Vater gehe; denn der Vater ist größer als ich.
Johannes Kapitel 14 Vers 28

Niemand hat größere Liebe als die, daß er sein Leben läßt für seine Freunde.
Johannes Kapitel 15 Vers 13

GRUBE
Die Füchse haben Gruben, und die Vögel unter dem Himmel haben Nester; aber der Menschensohn hat nichts, wo er sein Haupt hinlege.
Matthäus Kapitel 8 Vers 2o
Lukas Kapitel 9 Vers 58

Wer ist unter euch, der sein einziges Schaf, wenn es ihm am Sabbat in eine Grube fällt, nicht ergreift und ihm heraushilft?
Matthäus Kapitel 12 Vers 11

Merkt ihr nicht, daß alles, was zum Mund hineingeht, das geht in den Bauch und wird danach in die Grube ausgeleert?
Matthäus Kapitel 15 Vers 17

Kann auch ein Blinder einem Blinden den Weg weisen? Werden sie nicht alle beide in die Grube fallen?
Lukas Kapitel 6 Vers 39
Matthäus Kapitel 15 Vers 14

GRUND
Wer aber hört und nicht tut, der gleicht einem Menschen, der ein Haus baute auf die Erde, ohne Grund zu legen; und der Strom riß an ihm und es fiel gleich zusammen, und sein Einsturz war groß.
Lukas Kapitel 6 Vers 49

Aber es muß das Wort erfüllt werden, das in ihrem Gesetz geschrieben steht: »Sie hassen mich ohne Grund.«
Johannes Kapitel 15 Vers 25

Vater, ich will, daß, wo ich bin, auch die bei mir seien, die du mir gegeben hast, damit sie meine Herrlichkeit sehen, die du mir gegeben hast; denn du hast mich geliebt, ehe der Grund der Welt gelegt war.
Johannes Kapitel 17 Vers 24

GRÜSSEN
Wenn ihr aber in ein Haus geht, so grüßt es.
Matthäus Kapitel 10 Vers 12

Sie sitzen gern obenan bei Tisch und in den Synagogen und haben's gern, daß sie auf dem Markt gegrüßt und von den Leuten Rabbi genannt werden.
Matthäus Kapitel 23 Vers 6 f

GÜRTEN

Wahrlich, wahrlich, ich sage dir: Als du jünger warst, gürtetest du dich selbst und gingst, wo du hin wolltest; wenn du aber alt wirst, wirst du deine Hände ausstrecken, und ein anderer wird dich gürten und führen, wo du nicht hin willst.
Johannes Kapitel 21 Vers 18

GUT

Es ist schon die Axt den Bäumen an die Wurzel gelegt. Darum: jeder Baum, der nicht gute Frucht bringt, wird abgehauen und ins Feuer geworfen.
Matthäus Kapitel 3 Vers 10

So laßt euer Licht leuchten vor den Leuten, damit sie eure guten Werke sehen und euren Vater im Himmel preisen.
Matthäus Kapitel 5 Vers 16

Ich aber sage euch: Liebt eure Feinde und bittet für die, die euch verfolgen, damit ihr Kinder seid eures Vaters im Himmel. Denn er läßt seine Sonne aufgehen über Böse und Gute und läßt regnen über Gerechte und Ungerechte.
Matthäus Kapitel 5 Vers 44 f

Wenn nun ihr, die ihr doch böse seid, dennoch euren Kindern gute Gaben geben könnt, wieviel mehr wird euer Vater im Himmel Gutes geben denen, die ihn bitten!
Matthäus Kapitel 7 Vers 11

So bringt jeder gute Baum gute Früchte; aber ein fauler Baum bringt schlechte Früchte.
Matthäus Kapitel 7 Vers 17

Wieviel mehr ist nun ein Mensch als ein Schaf! Darum darf man am Sabbat Gutes tun.
Matthäus Kapitel 12 Vers 12

Ihr Schlangenbrut, wie könnt ihr Gutes reden, die ihr böse seid? Wes das Herz voll ist, des geht der Mund über. Ein guter Mensch bringt Gutes hervor aus dem guten Schatz seines Herzens; und ein böser Mensch bringt Böses hervor aus seinem bösen Schatz.
Matthäus Kapitel 12 Vers 34 f
Lukas Kapitel 6 Vers 45

Einiges fiel auf gutes Land und trug Frucht, einiges hundertfach, einiges sechzigfach, einiges dreißigfach.
Matthäus Kapitel 13 Vers 8

Was fragst du mich nach dem, was gut ist? Gut ist nur Einer. Willst du aber zum Leben eingehen, so halte die Gebote.
Matthäus Kapitel 19 Vers 17

Und die Knechte gingen auf die Straßen hinaus und brachten zusammen, wen sie fanden, Böse und Gute; und die Tische wurden alle voll.
Matthäus Kapitel 22 Vers 10

Was nennst du mich gut? Niemand ist gut als Gott allein.
Markus Kapitel 10 Vers 18
Lukas Kapitel 18 Vers 19

Denn ihr habt allezeit Arme bei euch, und wenn ihr wollt, könnt ihr ihnen Gutes tun; mich aber habt ihr nicht allezeit.
Markus Kapitel 14 Vers 7

Vielmehr liebt eure Feinde; tut Gutes und leiht, wo ihr nichts dafür zu bekommen hofft. So wird euer Lohn groß sein, und ihr werdet Kinder des Allerhöchsten sein; denn er ist gütig gegen die Undankbaren und Bösen.
Lukas Kapitel 6 Vers 35

Das aber auf dem guten Land sind die, die das Wort hören und behalten in einem feinen, guten Herzen und bringen Frucht in Geduld.
Lukas Kapitel 8 Vers 15

Eins aber ist not. Maria hat das gute Teil erwählt; das soll nicht von ihr genommen werden.
Lukas Kapitel 10 Vers 42

Liebe Seele, du hast einen großen Vorrat für viele Jahre; habe nun Ruhe, iß, trink und habe guten Mut!
Lukas Kapitel 12 Vers 19

Das Salz ist etwas Gutes; wenn aber das Salz nicht mehr salzt, womit soll man würzen?
Lukas Kapitel 14 Vers 34

Du solltest aber fröhlich und guten Mutes sein; denn dieser dein Bruder war tot und ist wieder lebendig geworden, er war verloren und ist wiedergefunden.
Lukas Kapitel 15 Vers 32

Es kommt die Stunde, in der alle, die in den Gräbern sind, seine Stimme hören werden, und werden hervorgehen, die Gutes getan haben, zur Auferstehung des Lebens, die aber Böses getan haben, zur Auferstehung des Gerichts.
Johannes Kapitel 5 Vers 28 f

Ich bin der gute Hirte. Der gute Hirte läßt sein Leben für die Schafe.
Johannes Kapitel 10 Vers 11

Es ist gut für euch, daß ich weggehe. Denn wenn ich nicht weggehe, kommt der Tröster nicht zu euch. Wenn ich aber gehe, will ich ihn zu euch senden.
Johannes Kapitel 16 Vers 7

GÜTER

Wahrlich, ich sage euch: Er wird ihn über alle seine Güter setzen.
Matthäus Kapitel 24 Vers 47
Lukas Kapitel 12 Vers 44

Seht zu und hütet euch vor aller Habgier; denn niemand lebt davon, daß er viele Güter hat.
Lukas Kapitel 12 Vers 15

Wenn ihr nun mit dem ungerechten Mammon nicht treu seid, wer wird euch das wahre Gut anvertrauen? Und wenn ihr mit dem fremden Gut nicht treu seid, wer wird euch geben, was euer ist?
Lukas Kapitel 16 Vers 11 f

GÜTIG

Oder habe ich nicht Macht zu tun, was ich will, mit dem, was mein ist? Siehst du scheel drein, weil ich so gütig bin?
Matthäus Kapitel 20 Vers 15

Vielmehr liebt eure Feinde; tut Gutes und leiht, wo ihr nichts dafür zu bekommen hofft. So wird euer Lohn groß sein, und ihr werdet Kinder des Allerhöchsten sein; denn er ist gütig gegen die Undankbaren und Bösen.
Lukas Kapitel 6 Vers 35

H

HAAR
Auch sollst du nicht bei deinem Haupt schwören; denn du vermagst nicht ein einziges Haar weiß oder schwarz zu machen.
Matthäus Kapitel 5 Vers 36

Aber auch die Haare auf eurem Haupt sind alle gezählt. Darum fürchtet euch nicht; ihr seid besser als viele Sperlinge.
Lukas Kapitel 12 Vers 7
Matthäus Kapitel 10 Vers 30

Und kein Haar von eurem Haupt soll verloren gehen.
Lukas Kapitel 21 Vers 18

HABE
Denn sie haben alle etwas von ihrem Überfluß eingelegt; diese aber hat von ihrer Armut ihre ganze Habe eingelegt, alles, was sie zum Leben hatte.
Markus Kapitel 12 Vers 44

HABEN
Die Füchse haben Gruben, und die Vögel unter dem Himmel haben Nester; aber der Menschensohn hat nichts, wo er sein Haupt hinlege.
Matthäus Kapitel 8 Vers 20

Wer da hat, dem wird gegeben, daß er die Fülle habe; wer aber nicht hat, dem wird auch das genommen, was er hat.
Matthäus Kapitel 13 Vers 12

Willst du vollkommen sein, so geh hin, verkaufe, was du hast, und gib's den Armen, so wirst du einen Schatz im Himmel haben; und komm und folge mir nach!
Matthäus Kapitel 19 Vers 21

Arme habt ihr allezeit bei euch, mich aber habt ihr nicht allezeit.
Matthäus Kapitel 26 Vers 11

Glaubt an das Licht, solange ihr's habt, damit ihr Kinder des Lichtes werdet.
Johannes Kapitel 12 Vers 36

Ich werde nicht mehr viel mit euch reden, denn es kommt der Fürst dieser Welt. Er hat keine Macht über mich; aber die Welt soll erkennen, daß ich

den Vater liebe und tue, wie mir der Vater geboten hat. Steht auf und laßt uns von hier weggehen.
Johannes Kapitel 14 Vers 30 f

Alles, was der Vater hat, das ist mein. Darum habe ich gesagt: Er wird's von dem Meinen nehmen und euch verkündigen.
Johannes Kapitel 16 Vers 15

HABGIER

Denn von innen, aus dem Herzen der Menschen, kommen heraus böse Gedanken, Unzucht, Diebstahl, Mord, Ehebruch, Habgier, Bosheit, Arglist, Ausschweifung, Mißgunst, Lästerung, Hochmut, Unvernunft.
Markus Kapitel 7 Vers 21 f

Seht zu und hütet euch vor aller Habgier; denn niemand lebt davon, daß er viele Güter hat.
Lukas Kapitel 12 Vers 15

HAHN/HAHNENSCHREI

Wahrlich, ich sage dir: In dieser Nacht, ehe der Hahn kräht, wirst du mich dreimal verleugnen.
Matthäus Kapitel 26 Vers 34
Markus Kapitel 14 Vers 30
Lukas Kapitel 22 Vers 34
Johannes Kapitel 13 Vers 38

So wacht nun; denn ihr wißt nicht, wann der Herr des Hauses kommt, ob am Abend oder zu Mitternacht oder um den Hahnenschrei oder am Morgen.
Markus Kapitel 13 Vers 35

HALS

Wer aber einen dieser Kleinen, die an mich glauben, zum Abfall verführt, für den wäre es besser, daß ein Mühlstein an seinen Hals gehängt und er ersäuft würde im Meer, wo es am tiefsten ist.
Matthäus Kapitel 18 Vers 6
Markus Kapitel 9 Vers 42.
Lukas Kapitel 17 Vers 2

Und er machte sich auf und kam zu seinem Vater. Als er aber noch weit entfernt war, sah ihn sein Vater, und es jammerte ihn; er lief und fiel ihm um den Hals und küßte ihn.
Lukas Kapitel 15 Vers 20

HALTEN

Alles nun, was sie euch sagen, das tut und haltet; aber nach ihren Werken sollt ihr nicht handeln; denn sie sagen's zwar, tun's aber nicht.
Matthäus Kapitel 23 Vers 3

Darum gehet hin und machet zu Jüngern alle Völker: Taufet sie auf den Namen des Vaters und des Sohnes und des heiligen Geistes und lehret sie halten alles, was ich euch befohlen habe. Und siehe, ich bin bei euch alle Tage bis an der Welt Ende.
Matthäus Kapitel 28 Vers 19 f

Wahrlich, wahrlich, ich sage euch: Wer mein Wort hält, der wird den Tod nicht sehen in Ewigkeit.
Johannes Kapitel 8 Vers 51

Liebt ihr mich, so werdet ihr meine Gebote halten.
Johannes Kapitel 14 Vers 15

Wer mich liebt, der wird mein Wort halten; und mein Vater wird ihn lieben, und wir werden zu ihm kommen und Wohnung bei ihm nehmen.
Johannes Kapitel 14 Vers 23

HAND

Wenn dich deine rechte Hand zum Abfall verführt, so hau sie ab und wirf sie von dir. Es ist besser für dich, daß eins deiner Glieder verderbe und nicht der ganze Leib in die Hölle fahre.
Matthäus Kapitel 5 Vers 30
Matthäus Kapitel 18 Vers 8
Markus Kapitel 9 Vers 43

Wenn du aber Almosen gibst, so laß deine linke Hand nicht wissen, was die rechte tut.
Matthäus Kapitel 6 Vers 3

Der die Hand mit mir in die Schüssel taucht, der wird mich verraten.
Matthäus Kapitel 26 Vers 23

Der Menschensohn wird überantwortet werden in die Hände der Menschen, und sie werden ihn töten; und wenn er getötet ist, so wird er nach drei Tagen auferstehen.
Markus Kapitel 9 Vers 31
Lukas Kapitel 9 Vers 44
Lukas Kapitel 24 Vers 7

Ach, wollt ihr weiter schlafen und ruhen? Es ist genug; die Stunde ist gekommen. Siehe, der Menschensohn wird überantwortet in die Hände der Sünder.
Markus Kapitel 14 Vers 41

Wer seine Hand an den Pflug legt und sieht zurück, der ist nicht geschickt für das Reich Gottes.
Lukas Kapitel 9 Vers 62

Aber vor diesem allen werden sie Hand an euch legen und euch verfolgen, und werden euch überantworten den Synagogen und Gefängnissen und euch vor Könige und Statthalter führen um meines Namens willen.
Lukas Kapitel 21 Vers 12

Doch siehe, die Hand meines Verräters ist mit mir am Tisch.
Lukas Kapitel 22 Vers 21

Ich bin täglich bei euch im Tempel gewesen, und ihr habt nicht Hand an mich gelegt. Aber dies ist eure Stunde und die Macht der Finsternis.
Lukas Kapitel 22 Vers 53

Vater, ich befehle meinen Geist in deine Hände!
Lukas Kapitel 23 Vers 46

Seht meine Hände und meine Füße, ich bin's selber. Faßt mich an und seht; denn ein Geist hat nicht Fleisch und Knochen, wie ihr seht, daß ich sie habe.
Lukas Kapitel 24 Vers 39

Der Vater hat den Sohn lieb und hat ihm alles in seine Hand gegeben.
Johannes Kapitel 3 Vers 35

Ich gebe ihnen das ewige Leben, und sie werden nimmermehr umkommen, und niemand wird sie aus meiner Hand reißen. Mein Vater, der mir sie gegeben hat, ist größer als alles, und niemand kann sie aus des Vaters Hand reißen.
Johannes Kapitel 10 Vers 28 f

Reiche deinen Finger her und sieh meine Hände und reiche deine Hand her und lege sie in meine Seite, und sei nicht ungläubig, sondern gläubig!
Johannes Kapitel 20 Vers 27

Wahrlich, wahrlich, ich sage dir: Als du jünger warst, gürtetest du dich selbst und gingst, wo du hin wolltest; wenn du aber alt wirst, wirst du dei-

ne Hände ausstrecken, und ein anderer wird dich gürten und führen, wo du nicht hin willst.
Johannes Kapitel 21 Vers 18

HASSEN

Niemand kann zwei Herren dienen: entweder er wird den einen hassen und den andern lieben, oder er wird an dem einen hängen und den andern verachten. Ihr könnt nicht Gott dienen und dem Mammon.
Matthäus Kapitel 6 Vers 24
Lukas Kapitel 16 Vers 13

Selig seid ihr, wenn euch die Menschen hassen und euch ausstoßen und schmähen und verwerfen euren Namen als böse um des Menschensohnes willen.
Lukas Kapitel 6 Vers 22

Aber ich sage euch, die ihr zuhört: Liebt eure Feinde; tut wohl denen, die euch hassen.
Lukas Kapitel 6 Vers 27
Matthäus Kapitel 5 Vers 44

Wer Böses tut, der haßt das Licht und kommt nicht zu dem Licht, damit seine Werke nicht aufgedeckt werden.
Johannes Kapitel 3 Vers 20

Die Welt kann euch nicht hassen. Mich aber haßt sie, denn ich bezeuge von ihr, daß ihre Werke böse sind.
Johannes Kapitel 7 Vers 7

Wer sein Leben lieb hat, der wird's verlieren; und wer sein Leben auf dieser Welt haßt, der wird's erhalten zum ewigen Leben.
Johannes Kapitel 12 Vers 25

Wenn euch die Welt haßt, so wißt, daß sie mich vor euch gehaßt hat.
Johannes Kapitel 15 Vers 18

Hätte ich nicht die Werke getan unter ihnen, die kein anderer getan hat, so hätten sie keine Sünde. Nun aber haben sie es gesehen, und doch hassen sie mich und meinen Vater. Aber es muß das Wort erfüllt werden, das in ihrem Gesetz geschrieben steht: »Sie hassen mich ohne Grund.«
Johannes Kapitel 15 Vers 24 f

Ich habe ihnen dein Wort gegeben, und die Welt hat sie gehaßt; denn sie sind nicht von der Welt, wie auch ich nicht von der Welt bin.
Johannes Kapitel 17 Vers 14

HAUPT

Auch sollst du nicht bei deinem Haupt schwören; denn du vermagst nicht ein einziges Haar weiß oder schwarz zu machen.
Matthäus Kapitel 5 Vers 36

Wenn du aber fastest, so salbe dein Haupt und wasche dein Gesicht.
Matthäus Kapitel 6 Vers 17

Die Füchse haben Gruben, und die Vögel unter dem Himmel haben Nester; aber der Menschensohn hat nichts, wo er sein Haupt hinlege.
Matthäus Kapitel 8 Vers 20
Lukas Kapitel 9 Vers 58

Nun aber sind auch eure Haare auf dem Haupt alle gezählt.
Matthäus Kapitel 10 Vers 30
Lukas Kapitel 12 Vers 7

Wenn aber dieses anfängt zu geschehen, dann seht auf und erhebt eure Häupter, weil sich eure Erlösung naht.
Lukas Kapitel 21 Vers 28

HAUS

Darum, wer diese meine Rede hört und tut sie, der gleicht einem klugen Mann, der sein Haus auf Fels baute.
Matthäus Kapitel 7 Vers 24

Wer diese meine Rede hört und tut sie nicht, der gleicht einem törichten Mann, der sein Haus auf Sand baute.
Matthäus Kapitel 7 Vers 26

Wenn ihr aber in ein Haus geht, so grüßt es; und wenn es das Haus wert ist, wird euer Friede auf sie kommen. Ist es aber nicht wert, so wird sich euer Friede wieder zu euch wenden.
Matthäus Kapitel 10 Vers 12 f

Oder wie kann jemand in das Haus eines Starken eindringen und ihm seinen Hausrat rauben, wenn er nicht zuvor den Starken fesselt? Erst dann kann er sein Haus berauben.
Matthäus Kapitel 12 Vers 29
Markus Kapitel 3 Vers 27

Wenn der unreine Geist von einem Menschen ausgefahren ist, so durchstreift er dürre Stätten, sucht Ruhe und findet sie nicht. Dann spricht er: Ich will wieder zurückkehren in mein Haus, aus dem ich fortgegangen bin. Und wenn er kommt, so findet er's leer, gekehrt und geschmückt.
Matthäus Kapitel 12 Vers 43 f

Ein Prophet gilt nirgends weniger als in seinem Vaterland und in seinem Hause.
Matthäus Kapitel 13 Vers 57

Und wer Häuser oder Brüder oder Schwestern oder Vater oder Mutter oder Kinder oder Äcker verläßt um meines Namens willen, der wird's hundertfach empfangen und das ewige Leben ererben.
Matthäus Kapitel 19 Vers 29

Es steht geschrieben: »Mein Haus soll ein Bethaus heißen«; ihr aber macht eine Räuberhöhle daraus.
Matthäus Kapitel 21 Vers 13
Markus Kapitel 11 Vers 17
Lukas Kapitel 19 Vers 46

Weh euch, Schriftgelehrte und Pharisäer, ihr Heuchler, die ihr die Häuser der Witwen freßt und zum Schein lange Gebete verrichtet! Darum werdet ihr ein um so härteres Urteil empfangen.
Matthäus Kapitel 23 Vers 14
Markus Kapitel 12 Vers 40

Wenn ein Hausvater wüßte, zu welcher Stunde in der Nacht der Dieb kommt, so würde er ja wachen und nicht in sein Haus einbrechen lassen.
Matthäus Kapitel 24 Vers 43

Wenn ihr in ein Haus kommt, sprecht zuerst: Friede sei diesem Hause!
Lukas Kapitel 10 Vers 5

Denn von nun an werden fünf in einem Hause uneins sein, drei gegen zwei und zwei gegen drei.
Lukas Kapitel 12 Vers 52

Und der Herr sprach zu dem Knecht: Geh hinaus auf die Landstraßen und an die Zäune und nötige sie hereinzukommen, daß mein Haus voll werde. Denn ich sage euch, daß keiner der Männer, die eingeladen waren, mein Abendmahl schmecken wird.
Lukas Kapitel 14 Vers 23 f

Oder welche Frau, die zehn Silbergroschen hat und einen davon verliert, zündet nicht ein Licht an und kehrt das Haus und sucht mit Fleiß, bis sie ihn findet?
Lukas Kapitel 15 Vers 8

Dieser ging gerechtfertigt hinab in sein Haus, nicht jener. Denn wer sich selbst erhöht, der wird erniedrigt werden; und wer sich selbst erniedrigt, der wird erhöht werden.
Lukas Kapitel 18 Vers 14

Heute ist diesem Hause Heil widerfahren, denn auch er ist Abrahams Sohn.
Lukas Kapitel 19 Vers 9

Tragt das weg und macht nicht meines Vaters Haus zum Kaufhaus!
Johannes Kapitel 2 Vers 15 f

Der Knecht bleibt nicht ewig im Haus; der Sohn bleibt ewig.
Johannes Kapitel 8 Vers 35

In meines Vaters Hause sind viele Wohnungen. Wenn's nicht so wäre, hätte ich dann zu euch gesagt: Ich gehe hin, euch die Stätte zu bereiten?
Johannes Kapitel 14 Vers 2

HAUSHERR
Das sollt ihr aber wissen: Wenn ein Hausherr wüßte, zu welcher Stunde der Dieb kommt, so ließe er nicht in sein Haus einbrechen.
Lukas Kapitel 12 Vers 39

Wenn der Hausherr aufgestanden ist und die Tür verschlossen hat, und ihr anfangt, draußen zu stehen und an die Tür zu klopfen und zu sagen: Herr, tu uns auf!, dann wird er antworten und zu euch sagen: Ich kenne euch nicht; wo seid ihr her?
Lukas Kapitel 13 Vers 25

HAUS ISRAEL
Geht nicht den Weg zu den Heiden und zieht in keine Stadt der Samariter, sondern geht hin zu den verlorenen Schafen aus dem Hause Israel.
Matthäus Kapitel 10 Vers 5 f

HECKEN
Jeder Baum wird an seiner eigenen Frucht erkannt. Man pflückt ja nicht Feigen von den Dornen, auch liest man nicht Trauben von den Hecken.
Lukas Kapitel 6 Vers 44

HEIDE

Und wenn ihr nur zu euren Brüdern freundlich seid, was tut ihr Besonderes? Tun nicht dasselbe auch die Heiden?
Matthäus Kapitel 5 Vers 47

Und wenn ihr betet, sollt ihr nicht viel plappern wie die Heiden; denn sie meinen, sie werden erhört, wenn sie viele Worte machen.
Matthäus Kapitel 6 Vers 7

Hört er auf die nicht, so sage es der Gemeinde. Hört er auch auf die Gemeinde nicht, so sei er für dich wie ein Heide und Zöllner.
Matthäus Kapitel 18 Vers 17

Siehe, wir ziehen hinauf nach Jerusalem, und der Menschensohn wird den Hohenpriestern und Schriftgelehrten überantwortet werden; und sie werden ihn zum Tode verurteilen und werden ihn den Heiden überantworten, damit sie ihn verspotten und geißeln und kreuzigen; und am dritten Tage wird er auferstehen.
Matthäus 20 Vers 18 f

Sie werden fallen durch die Schärfe des Schwertes und gefangen weggeführt unter alle Völker, und Jerusalem wird zertreten werden von den Heiden, bis die Zeiten der Heiden erfüllt sind.
Lukas Kapitel 21 Vers 24

HEIL

Heute ist diesem Hause Heil widerfahren, denn auch er ist Abrahams Sohn.
Lukas Kapitel 19 Vers 9

Ihr wißt nicht, was ihr anbetet; wir wissen aber, was wir anbeten; denn das Heil kommt von den Juden.
Johannes Kapitel 4 Vers 22

HEILIG

Ihr sollt das Heilige nicht den Hunden geben, und eure Perlen sollt ihr nicht vor die Säue werfen, damit die sie nicht zertreten mit ihren Füßen und sich umwenden und euch zerreißen.
Matthäus Kapitel 7 Vers 6

Ihr Narren und Blinden! Was ist mehr: das Gold oder der Tempel, der das Gold heilig macht?
Matthäus Kapitel 23 Vers 17

Ihr Blinden! Was ist mehr: das Opfer oder der Altar, der das Opfer heilig macht?
Matthäus Kapitel 23 Vers 19

HEIMSUCHEN

Denn es wird eine Zeit über dich kommen, da werden deine Feinde um dich einen Wall aufwerfen, dich belagern und von allen Seiten bedrängen, und werden dich dem Erdboden gleichmachen samt deinen Kindern in dir und keinen Stein auf dem andern lassen in dir, weil du die Zeit nicht erkannt hast, in der du heimgesucht worden bist.
Lukas Kapitel 19 Vers 43 f

HEIRATEN

Denn in der Auferstehung werden sie weder heiraten noch sich heiraten lassen, sondern sie sind wie Engel im Himmel.
Matthäus Kapitel 22 Vers 30
Markus Kapitel 12 Vers 25
Lukas Kapitel 20 Vers 35

Denn wie sie waren in den Tagen vor der Sintflut – sie aßen, sie tranken, sie heirateten und ließen sich heiraten bis an den Tag, an dem Noah in die Arche hineinging; und sie beachteten es nicht, bis die Sintflut kam und raffte sie alle dahin –, so wird es auch sein beim Kommen des Menschensohns.
Matthäus Kapitel 24 Vers 38 f

Wer sich scheidet von seiner Frau und heiratet eine andere, der bricht ihr gegenüber die Ehe; und wenn sich eine Frau scheidet von ihrem Mann und heiratet einen andern, bricht sie ihre Ehe.
Markus Kapitel 10 Vers 11 f

Wer sich scheidet von seiner Frau und heiratet eine andere, der bricht die Ehe; und wer die von ihrem Mann Geschiedene heiratet, der bricht auch die Ehe.
Lukas Kapitel 16 Vers 18
Matthäus Kapitel 5 Vers 32

Die Kinder dieser Welt heiraten und lassen sich heiraten; welche aber gewürdigt werden, jene Welt zu erlangen und die Auferstehung von den Toten, die werden weder heiraten noch sich heiraten lassen.
Lukas Kapitel 20 Vers 34 f

HELFEN

Jetzt ist meine Seele betrübt. Und was soll ich sagen? Vater, hilf mir aus dieser Stunde? Doch darum bin ich in diese Stunde gekommen.
Johannes Kapitel 12 Vers 27

HENNE
Jerusalem, Jerusalem, die du tötest die Propheten und steinigst, die zu dir gesandt sind! Wie oft habe ich deine Kinder versammeln wollen, wie eine Henne ihre Küken versammelt unter ihre Flügel; und ihr habt nicht gewollt!
Lukas Kapitel 13 Vers 34 Jesu
Matthäus Kapitel 23 Vers 37

HERABFAHREN
Wahrlich, wahrlich, ich sage euch: Ihr werdet den Himmel offen sehen und die Engel Gottes hinauf- und herabfahren über dem Menschensohn.
Johannes Kapitel 1 Vers 51

HERABKOMMEN
Und niemand ist gen Himmel aufgefahren außer dem, der vom Himmel herabgekommen ist, nämlich der Menschensohn.
Johannes Kapitel 3 Vers 13

HERAUSKOMMEN
Wahrlich, ich sage dir: Du wirst nicht von dort herauskommen, bis du auch den letzten Pfennig bezahlt hast.
Matthäus Kapitel 5 Vers 26

Was aber aus dem Mund herauskommt, das kommt aus dem Herzen, und das macht den Menschen unrein. Denn aus dem Herzen kommen böse Gedanken, Mord, Ehebruch, Unzucht, Diebstahl, falsches Zeugnis, Lästerung.
Matthäus Kapitel 15 Vers 18

HERBEIKOMMEN
Tut Buße, denn das Himmelreich ist nahe herbeigekommen!
Matthäus Kapitel 3 Vers 2

HERBERGE
Ein Samariter aber, der auf der Reise war, kam dahin; und als er ihn sah, jammerte er ihn; und er ging zu ihm, goß Öl und Wein auf seine Wunden und verband sie ihm, hob ihn auf sein Tier und brachte ihn in eine Herberge und pflegte ihn.
Lukas Kapitel 10 Vers 34

HERDE
Fürchte dich nicht, du kleine Herde! Denn es hat eurem Vater wohlgefallen, euch das Reich zu geben.
Lukas Kapitel 12 Vers 32

Und ich habe noch andere Schafe, die sind nicht aus diesem Stall; auch sie muß ich herführen, und sie werden meine Stimme hören, und es wird eine Herde und ein Hirte werden.
Johannes Kapitel 10 Vers 16

HERKOMMMEN
Kommt her zu mir, alle, die ihr mühselig und beladen seid; ich will euch erquicken.
Matthäus Kapitel 11 Vers 28

Da wird dann der König sagen zu denen zu seiner Rechten: Kommt her, ihr Gesegneten meines Vaters, ererbt das Reich, das euch bereitet ist von Anbeginn der Welt!
Matthäus Kapitel 25 Vers 34

HERR
Niemand kann zwei Herren dienen: entweder er wird den einen hassen und den andern lieben, oder er wird an dem einen hängen und den andern verachten. Ihr könnt nicht Gott dienen und dem Mammon.
Matthäus Kapitel 6 Vers 24
Lukas Kapitel 16 Vers 13

Es werden nicht alle, die zu mir sagen: Herr, Herr!, in das Himmelreich kommen, sondern die den Willen tun meines Vaters im Himmel.
Matthäus Kapitel 7 Vers 21

Darum bittet den Herrn der Ernte, daß er Arbeiter in seine Ernte sende.
Matthäus Kapitel 9 Vers 38

Es ist für den Jünger genug, daß er ist wie sein Meister und der Knecht wie sein Herr. Haben sie den Hausherrn Beelzebul genannt, wieviel mehr werden sie seine Hausgenossen so nennen!
Matthäus Kapitel 10 Vers 25

Ich preise dich, Vater, Herr des Himmels und der Erde, weil du dies den Weisen und Klugen verborgen hast und hast es den Unmündigen offenbart.
Matthäus Kapitel 11 Vers 25

Der Menschensohn ist ein Herr über den Sabbat.
Matthäus Kapitel 12 Vers 8
Markus Kapitel 2 Vers 28
Lukas Kapitel 6 Vers 5

Wie kann ihn dann David durch den Geist Herr nennen, wenn er sagt: »Der Herr sprach zu meinem Herrn: Setze dich zu meiner Rechten, bis ich deine Feinde unter deine Füße lege« ? Wenn nun David ihn Herr nennt, wie ist er dann sein Sohn?
Matthäus Kapitel 22 Vers 41-46
Markus Kapitel 12 Vers 36

Darum wachet; denn ihr wißt nicht, an welchem Tag euer Herr kommt.
Matthäus Kapitel 24 Vers 42

Darum wachet! Denn ihr wißt weder Tag noch Stunde. Denn es ist wie mit einem Menschen, der außer Landes ging: er rief seine Knechte und vertraute ihnen sein Vermögen an; dem einen gab er fünf Zentner Silber, dem andern zwei, dem dritten einen, jedem nach seiner Tüchtigkeit, und zog fort. Sogleich ging der hin, der fünf Zentner empfangen hatte, und handelte mit ihnen und gewann weitere fünf dazu. Ebenso gewann der, der zwei Zentner empfangen hatte, zwei weitere dazu. Der aber einen empfangen hatte, ging hin, grub ein Loch in die Erde und verbarg das Geld seines Herrn. Nach langer Zeit kam der Herr dieser Knechte und forderte Rechenschaft von ihnen. Da trat herzu, der fünf Zentner empfangen hatte, und legte weitere fünf Zentner dazu und sprach: Herr, du hast mir fünf Zentner anvertraut; siehe da, ich habe damit weitere fünf Zentner gewonnen. Da sprach sein Herr zu ihm: Recht so, du tüchtiger und treuer Knecht, du bist über wenigem treu gewesen, ich will dich über viel setzen; geh hinein zu deines Herrn Freude! Da trat auch herzu, der zwei Zentner empfangen hatte, und sprach: Herr, du hast mir zwei Zentner anvertraut; siehe da, ich habe damit zwei weitere gewonnen. Sein Herr sprach zu ihm: Recht so, du tüchtiger und treuer Knecht, du bist über wenigem treu gewesen, ich will dich über viel setzen; geh hinein zu deines Herrn Freude! Da trat auch herzu, der einen Zentner empfangen hatte, und sprach: Herr, ich wußte, daß du ein harter Mann bist: du erntest, wo du nicht gesät hast, und sammelst ein, wo du nicht ausgestreut hast; und ich fürchtete mich, ging hin und verbarg deinen Zentner in der Erde. Siehe, da hast du das Deine. Sein Herr aber antwortete und sprach zu ihm: Du böser und fauler Knecht! Wußtest du, daß ich ernte, wo ich nicht gesät habe, und einsammle, wo ich nicht ausgestreut habe? Dann hättest du mein Geld zu den Wechslern bringen sollen, und wenn ich gekommen wäre, hätte ich das Meine wiederbekommen mit Zinsen. Darum nehmt ihm den Zentner ab und gebt ihn dem, der zehn Zentner hat. Denn wer da hat, dem wird gegeben werden, und er wird die Fülle haben; wer aber nicht hat, dem wird auch, was er hat, genommen werden.Und den unnützen Knecht werft in die Finsternis hinaus; da wird sein Heulen und Zähneklappern.
Matthäus Kapitel 25 Vers 13-30

Was wird nun der Herr des Weinbergs tun? Er wird kommen und die Weingärtner umbringen und den Weinberg andern geben.
Markus Kapitel 12 Vers 9

Das höchste Gebot ist das: »Höre, Israel, der Herr, unser Gott, ist der Herr allein, und du sollst deinen Herrn, deinen Gott, lieben von ganzem Herzen, von ganzer Seele, von ganzem Gemüt und von allen deinen Kräften.«
Markus Kapitel 12 Vers 29 f

So wacht nun; denn ihr wißt nicht, wann der Herr des Hauses kommt, ob am Abend oder zu Mitternacht oder um den Hahnenschrei oder am Morgen.
Markus Kapitel 13 Vers 35

Was nennt ihr mich aber Herr, Herr, und tut nicht, was ich euch sage?
Lukas Kapitel 6 Vers 46

Ich preise dich, Vater, Herr des Himmels und der Erde, weil du dies den Weisen und Klugen verborgen hast und hast es den Unmündigen offenbart. Ja, Vater, so hat es dir wohlgefallen.
Lukas Kapitel 10 Vers 21

Laßt eure Lenden umgürtet sein und eure Lichter brennen und seid gleich den Menschen, die auf ihren Herrn warten, wann er aufbrechen wird von der Hochzeit, damit, wenn er kommt und anklopft, sie ihm sogleich auftun. Selig sind die Knechte, die der Herr, wenn er kommt, wachend findet. Wahrlich, ich sage euch: Er wird sich schürzen und wird sie zu Tisch bitten und kommen und ihnen dienen.
Lukas Kapitel 12 Vers 35-37
Matthäus Kapitel 24 Vers 46
Lukas Kapitel 12 Vers 43

Wenn aber jener Knecht in seinem Herzen sagt: Mein Herr kommt noch lange nicht, und fängt an, die Knechte und Mägde zu schlagen, auch zu essen und zu trinken und sich vollzusaufen, dann wird der Herr dieses Knechtes kommen an einem Tage, an dem er's nicht erwartet, und zu einer Stunde, die er nicht kennt, und wird ihn in Stücke hauen lassen und wird ihm sein Teil geben bei den Ungläubigen.
Lukas Kapitel 12 Vers 45 f

Wenn der Hausherr aufgestanden ist und die Tür verschlossen hat, und ihr anfangt, draußen zu stehen und an die Tür zu klopfen und zu sagen: Herr, tu uns auf!, dann wird er antworten und zu euch sagen: Ich kenne euch nicht; wo seid ihr her?
Lukas Kapitel 13 Vers 25

Ihr nennt mich Meister und Herr und sagt es mit Recht, denn ich bin's auch. Wenn nun ich, euer Herr und Meister, euch die Füße gewaschen habe, so sollt auch ihr euch untereinander die Füße waschen.
Johannes Kapitel 13 Vers 13 f

Wahrlich, wahrlich, ich sage euch: Der Knecht ist nicht größer als sein Herr und der Apostel nicht größer als der, der ihn gesandt hat.
Johannes Kapitel 13 Vers 16
Johannes Kapitel 15 Vers 20

Ich sage hinfort nicht, daß ihr Knechte seid; denn ein Knecht weiß nicht, was sein Herr tut. Euch aber habe ich gesagt, daß ihr Freunde seid; denn alles, was ich von meinem Vater gehört habe, habe ich euch kundgetan.
Johannes Kapitel 15 Vers 15

Gedenkt an das Wort, das ich euch gesagt habe: Der Knecht ist nicht größer als sein Herr. Haben sie mich verfolgt, so werden sie euch auch verfolgen; haben sie mein Wort gehalten, so werden sie eures auch halten.
Johannes Kapitel 15 Vers 20

HERRLICHKEIT
Habe ich dir nicht gesagt: Wenn du glaubst, wirst du die Herrlichkeit Gottes sehen?
Johannes Kapitel 11 Vers 40

HERRSCHER
Ihr wißt, die als Herrscher gelten, halten ihre Völker nieder, und ihre Mächtigen tun ihnen Gewalt an.
Markus Kapitel 10 Vers 42
Matthäus Kapitel 20 Vers 25

HERZ
Selig sind, die reinen Herzens sind; denn sie werden Gott schauen.
Matthäus Kapitel 5 Vers 8

Ich aber sage euch: Wer eine Frau ansieht, sie zu begehren, der hat schon mit ihr die Ehe gebrochen in seinem Herzen.
Matthäus Kapitel 5 Vers 28

Denn wo dein Schatz ist, da ist auch dein Herz.
Matthäus Kapitel 6 Vers 21
Lukas Kapitel 12 Vers 34

Warum denkt ihr so Böses in euren Herzen?
Matthäus Kapitel 9 Vers 4

Nehmt auf euch mein Joch und lernt von mir; denn ich bin sanftmütig und von Herzen demütig; so werdet ihr Ruhe finden für eure Seelen.
Matthäus Kapitel 11 Vers 29

»Denn das Herz dieses Volkes ist verstockt: ihre Ohren hören schwer, und ihre Augen sind geschlossen, damit sie nicht etwa mit den Augen sehen und mit den Ohren hören und mit dem Herzen verstehen und sich bekehren, und ich ihnen helfe.«
Matthäus Kapitel 13 Vers 15
Johannes Kapitel 12 Vers 40

Wenn jemand das Wort von dem Reich hört und nicht versteht, so kommt der Böse und reißt hinweg, was in sein Herz gesät ist; das ist der, bei dem auf den Weg gesät ist.
Matthäus Kapitel 13 Vers 19

»Dies Volk ehrt mich mit seinen Lippen, aber ihr Herz ist fern von mir.«
Matthäus Kapitel 15 Vers 8
Markus Kapitel 7 Vers 6

Was aber aus dem Mund herauskommt, das kommt aus dem Herzen, und das macht den Menschen unrein. Denn aus dem Herzen kommen böse Gedanken, Mord, Ehebruch, Unzucht, Diebstahl, falsches Zeugnis, Lästerung.
Matthäus Kapitel 15 Vers 18 f
Markus Kapitel 7 Vers 21

So wird auch mein himmlischer Vater an euch tun, wenn ihr einander nicht von Herzen vergebt, ein jeder seinem Bruder.
Matthäus Kapitel 18 Vers 35

»Du sollst den Herrn, deinen Gott, lieben von ganzem Herzen, von ganzer Seele und von ganzem Gemüt.«
Matthäus Kapitel 22 Vers 37
Markus Kapitel 12 Vers 30
Lukas Kapitel 10 Vers 27

Wer zu diesem Berge spräche: Heb dich und wirf dich ins Meer! und zweifelte nicht in seinem Herzen, sondern glaubte, daß geschehen werde, was er sagt, so wird's ihm geschehen.
Markus Kapitel 11 Vers 23

Ein guter Mensch bringt Gutes hervor aus dem guten Schatz seines Herzens; und ein böser bringt Böses hervor aus dem bösen. Denn wes das Herz voll ist, des geht der Mund über.
Lukas Kapitel 6 Vers 45
Matthäus Kapitel 12 Vers 34

Die aber auf dem Weg, das sind die, die es hören; danach kommt der Teufel und nimmt das Wort aus ihrem Herzen, damit sie nicht glauben und selig werden. Das aber auf dem guten Land sind die, die das Wort hören und behalten in einem feinen, guten Herzen und bringen Frucht in Geduld.
Lukas Kapitel 8 Vers 12 und 15

Ihr seid's, die ihr euch selbst rechtfertigt vor den Menschen; aber Gott kennt eure Herzen; denn was hoch ist bei den Menschen, das ist ein Greuel vor Gott.
Lukas Kapitel 16 Vers 15

So nehmt nun zu Herzen, daß ihr euch nicht vorher sorgt, wie ihr euch verantworten sollt.
Lukas Kapitel 21 Vers 14

Hütet euch aber, daß eure Herzen nicht beschwert werden mit Fressen und Saufen und mit täglichen Sorgen und dieser Tag nicht plötzlich über euch komme wie ein Fallstrick.
Lukas Kapitel 21 Vers 34

O ihr Toren, zu trägen Herzens, all dem zu glauben, was die Propheten geredet haben! Mußte nicht Christus dies erleiden und in seine Herrlichkeit eingehen?
Lukas Kapitel 24 Vers 25 f

Was seid ihr so erschrocken, und warum kommen solche Gedanken in euer Herz? Seht meine Hände und meine Füße, ich bin's selber. Faßt mich an und seht; denn ein Geist hat nicht Fleisch und Knochen, wie ihr seht, daß ich sie habe.
Lukas Kapitel 24 Vers 38 f

Euer Herz erschrecke nicht! Glaubt an Gott und glaubt an mich!
Johannes Kapitel 14 Vers 1

Den Frieden lasse ich euch, meinen Frieden gebe ich euch. Nicht gebe ich euch, wie die Welt gibt. Euer Herz erschrecke nicht und fürchte sich nicht.
Johannes Kapitel 14 Vers 27

Und auch ihr habt nun Traurigkeit; aber ich will euch wiedersehen, und euer Herz soll sich freuen, und eure Freude soll niemand von euch nehmen.
Johannes Kapitel 16 Vers 22

HERZLICH
Mich hat herzlich verlangt, dies Passalamm mit euch zu essen, ehe ich leide.
Lukas Kapitel 22 Vers 15

HEUCHLER
Wenn du nun Almosen gibst, sollst du es nicht vor dir ausposaunen lassen, wie es die Heuchler tun in den Synagogen und auf den Gassen, damit sie von den Leuten gepriesen werden. Wahrlich, ich sage euch: Sie haben ihren Lohn schon gehabt.
Matthäus Kapitel 6 Vers 2

Und wenn ihr betet, sollt ihr nicht sein wie die Heuchler, die gern in den Synagogen und an den Straßenecken stehen und beten, damit sie von den Leuten gesehen werden. Wahrlich, ich sage euch: Sie haben ihren Lohn schon gehabt.
Matthäus Kapitel 6 Vers 5

Wenn ihr fastet, sollt ihr nicht sauer dreinsehen wie die Heuchler; denn sie verstellen ihr Gesicht, um sich vor den Leuten zu zeigen mit ihrem Fasten. Wahrlich, ich sage euch: Sie haben ihren Lohn schon gehabt.
Matthäus Kapitel 6 Vers 16

Ihr Heuchler, was versucht ihr mich?
Matthäus Kapitel 22 Vers 18

Weh euch, Schriftgelehrte und Pharisäer, ihr Heuchler, die ihr das Himmelreich zuschließt vor den Menschen! Ihr geht nicht hinein, und die hinein wollen, laßt ihr nicht hineingehen.
Matthäus Kapitel 23 Vers 13

Weh euch, Schriftgelehrte und Pharisäer, ihr Heuchler, die ihr Land und Meer durchzieht, damit ihr einen Judengenossen gewinnt; und wenn er's geworden ist, macht ihr aus ihm ein Kind der Hölle, doppelt so schlimm wie ihr.
Matthäus Kapitel 23 Vers 15

Weh euch, Schriftgelehrte und Pharisäer, ihr Heuchler, die ihr den Zehnten gebt von Minze, Dill und Kümmel und laßt das Wichtigste im Gesetz beiseite, nämlich das Recht, die Barmherzigkeit und den Glauben!
Matthäus Kapitel 23 Vers 23

Weh euch, Schriftgelehrte und Pharisäer, ihr Heuchler, die ihr die Becher und Schüsseln außen reinigt, innen aber sind sie voller Raub und Gier!
Matthäus Kapitel 23 Vers 25

Weh euch, Schriftgelehrte und Pharisäer, ihr Heuchler, die ihr seid wie die übertünchten Gräber, die von außen hübsch aussehen, aber innen sind sie voller Totengebeine und lauter Unrat!
Matthäus Kapitel 23 Vers 27

Weh euch, Schriftgelehrte und Pharisäer, ihr Heuchler, die ihr den Propheten Grabmäler baut und die Gräber der Gerechten schmückt und sprecht: Hätten wir zu Zeiten unserer Väter gelebt, so wären wir nicht mit ihnen schuldig geworden am Blut der Propheten!
Matthäus Kapitel 23 Vers 29 f

Wie kannst du sagen zu deinem Bruder: Halt still, Bruder, ich will den Splitter aus deinem Auge ziehen, und du siehst selbst nicht den Balken in deinem Auge? Du Heuchler, zieh zuerst den Balken aus deinem Auge und sieh dann zu, daß du den Splitter aus deines Bruders Auge ziehst!
Lukas Kapitel 6 Vers 42
Matthäus Kapitel 7 Vers 5

Ihr Heuchler! Über das Aussehen der Erde und des Himmels könnt ihr urteilen; warum aber könnt ihr über diese Zeit nicht urteilen?
Lukas Kapitel 12 Vers 56

HEULEN
Und den unnützen Knecht werft in die Finsternis hinaus; da wird sein Heulen und Zähneklappern.
Matthäus Kapitel 25 Vers 30
Matthäus Kapitel 22 Vers 13

Da wird Heulen und Zähneklappern sein, wenn ihr sehen werdet Abraham, Isaak und Jakob und alle Propheten im Reich Gottes, euch aber hinausgestoßen.
Lukas Kapitel 13 Vers 28

HEUTE
Unser tägliches Brot gib uns heute.
Matthäus Kapitel 6 Vers 11

Aber von den Tagen Johannes des Täufers bis heute leidet das Himmelreich Gewalt, und die Gewalttätigen reißen es an sich.
Matthäus Kapitel 11 Vers 12

Wahrlich, ich sage dir: Heute, in dieser Nacht, ehe der Hahn zweimal kräht, wirst du mich dreimal verleugnen.
Markus Kapitel 14 Vers 30

Heute ist dieses Wort der Schrift erfüllt vor euren Ohren.
Lukas Kapitel 4 Vers 21

Heute ist diesem Hause Heil widerfahren, denn auch er ist Abrahams Sohn.
Lukas Kapitel 19 Vers 9

Wahrlich, ich sage dir: Heute wirst du mit mir im Paradies sein.
Lukas Kapitel 23 Vers 43

HIMMEL

Seid fröhlich und getrost; es wird euch im Himmel reichlich belohnt werden.
Matthäus Kapitel 5 Vers 12

So laßt euer Licht leuchten vor den Leuten, damit sie eure guten Werke sehen und euren Vater im Himmel preisen.
Matthäus Kapitel 5 Vers 16

Denn wahrlich, ich sage euch: Bis Himmel und Erde vergehen, wird nicht vergehen der kleinste Buchstabe noch ein Tüpfelchen vom Gesetz, bis es alles geschieht.
Matthäus Kapitel 5 Vers 18
Lukas Kapitel 16 Vers 17

Ich aber sage euch, daß ihr überhaupt nicht schwören sollt, weder bei dem Himmel, denn er ist Gottes Thron; noch bei der Erde, denn sie ist der Schemel seiner Füße; noch bei Jerusalem, denn sie ist die Stadt des großen Königs.
Matthäus Kapitel 5 Vers 34 f

Ich aber sage euch: Liebt eure Feinde und bittet für die, die euch verfolgen, damit ihr Kinder seid eures Vaters im Himmel. Denn er läßt seine Sonne aufgehen über Böse und Gute und läßt regnen über Gerechte und Ungerechte.
Matthäus Kapitel 5 Vers 44 f

Darum sollt ihr vollkommen sein, wie euer Vater im Himmel vollkommen ist.
Matthäus Kapitel 5 Vers 48

Habt acht auf eure Frömmigkeit, daß ihr die nicht übt vor den Leuten, um von ihnen gesehen zu werden; ihr habt sonst keinen Lohn bei eurem Vater im Himmel.
Matthäus Kapitel 6 Vers 1

Darum sollt ihr so beten: Unser Vater im Himmel! Dein Name werde geheiligt. Dein Reich komme. Dein Wille geschehe wie im Himmel so auf Erden.
Matthäus Kapitel 6 Vers 9 f

Seht die Vögel unter dem Himmel an: sie säen nicht, sie ernten nicht, sie sammeln nicht in die Scheunen; und euer himmlischer Vater ernährt sie doch. Seid ihr denn nicht viel mehr als sie?
Matthäus Kapitel 6 Vers 26

Wenn nun ihr, die ihr doch böse seid, dennoch euren Kindern gute Gaben geben könnt, wieviel mehr wird euer Vater im Himmel Gutes geben denen, die ihn bitten!
Matthäus Kapitel 7 Vers 11

Es werden nicht alle, die zu mir sagen: Herr, Herr!, in das Himmelreich kommen, sondern die den Willen tun meines Vaters im Himmel.
Matthäus Kapitel 7 Vers 21

Die Füchse haben Gruben, und die Vögel unter dem Himmel haben Nester; aber der Menschensohn hat nichts, wo er sein Haupt hinlege.
Matthäus Kapitel 8 Vers 20
Lukas Kapitel 9 Vers 58

Des Abends sprecht ihr: Es wird ein schöner Tag werden, denn der Himmel ist rot. Und des Morgens sprecht ihr: Es wird heute ein Unwetter kommen, denn der Himmel ist rot und trübe. Über das Aussehen des Himmels könnt ihr urteilen; könnt ihr dann nicht auch über die Zeichen der Zeit urteilen?
Matthäus Kapitel 16 Vers 2 f

Selig bist du, Simon, Jonas Sohn; denn Fleisch und Blut haben dir das nicht offenbart, sondern mein Vater im Himmel. Und ich sage dir auch: Du bist Petrus, und auf diesen Felsen will ich meine Gemeinde bauen, und die Pforten der Hölle sollen sie nicht überwaltigen. Ich will dir die Schlüssel des Himmelreichs geben: alles, was du auf Erden binden wirst, soll auch im Himmel gebunden sein, und alles, was du auf Erden lösen wirst, soll auch im Himmel gelöst sein.
Matthäus Kapitel 16 Vers 17-19 f

Seht zu, daß ihr nicht einen von diesen Kleinen verachtet. Denn ich sage euch: Ihre Engel im Himmel sehen allezeit das Angesicht meines Vaters im Himmel.
Matthäus Kapitel 18 Vers 10

Wahrlich, ich sage euch: Was ihr auf Erden binden werdet, soll auch im Himmel gebunden sein, und was ihr auf Erden lösen werdet, soll auch im Himmel gelöst sein.
Matthäus Kapitel 18 Vers 18

Willst du vollkommen sein, so geh hin, verkaufe, was du hast, und gib's den Armen, so wirst du einen Schatz im Himmel haben; und komm und folge mir nach!
Matthäus Kapitel 19 Vers 21
Markus Kapitel 10 Vers 21
Lukas Kapitel 18 Vers 22

Und ihr sollt niemanden unter euch Vater nennen auf Erden; denn einer ist euer Vater, der im Himmel ist.
Matthäus Kapitel 23 Vers 9

Und wer schwört bei dem Himmel, der schwört bei dem Thron Gottes und bei dem, der darauf sitzt.
Matthäus Kapitel 23 Vers 22

Sogleich aber nach der Bedrängnis jener Zeit wird die Sonne sich verfinstern und der Mond seinen Schein verlieren, und die Sterne werden vom Himmel fallen, und die Kräfte der Himmel werden ins Wanken kommen. Und dann wird erscheinen das Zeichen des Menschensohns am Himmel. Und dann werden wehklagen alle Geschlechter auf Erden und werden sehen den Menschensohn kommen auf den Wolken des Himmels mit großer Kraft und Herrlichkeit.
Matthäus Kapitel 24 Vers 29 f

Himmel und Erde werden vergehen; aber meine Worte werden nicht vergehen. Von dem Tage aber und von der Stunde weiß niemand, auch die Engel im Himmel nicht, auch der Sohn nicht, sondern allein der Vater.
Matthäus Kapitel 24 Vers 35 f
Markus Kapitel 13 Vers 31 f
Lukas Kapitel 21 Vers 33

Mir ist gegeben alle Gewalt im Himmel und auf Erden.
Matthäus Kapitel 28 Vers 18

Wenn sie von den Toten auferstehen werden, so werden sie weder heiraten noch sich heiraten lassen, sondern sie sind wie die Engel im Himmel.
Markus Kapitel 12 Vers 25
Matthäus Kapitel 20 Vers 30

Ich sah den Satan vom Himmel fallen wie einen Blitz.
Lukas Kapitel 1o Vers 18

Doch darüber freut euch nicht, daß euch die Geister untertan sind. Freut euch aber, daß eure Namen im Himmel geschrieben sind.
Lukas Kapitel 10 Vers 20

Verkauft, was ihr habt, und gebt Almosen. Macht euch Geldbeutel, die nicht veralten, einen Schatz, der niemals abnimmt, im Himmel, wo kein Dieb hinkommt und den keine Motten fressen.
Lukas Kapitel 12 Vers 33
Matthäus Kapitel 6 Vers 20

So wird auch Freude im Himmel sein über einen Sünder, der Buße tut, mehr als über neunundneunzig Gerechte, die der Buße nicht bedürfen.
Lukas Kapitel 15 Vers 7

Der Zöllner aber stand ferne, wollte auch die Augen nicht aufheben zum Himmel, sondern schlug an seine Brust und sprach: Gott, sei mir Sünder gnädig!
Lukas Kapitel 18 Vers 13

Denn wie der Blitz aufblitzt und leuchtet von einem Ende des Himmels bis zum andern, so wird der Menschensohn an seine Tage sein.
Lukas Kapitel 17 Vers 24

Wahrlich, wahrlich, ich sage euch: Ihr werdet den Himmel offen sehen und die Engel Gottes hinauf- und herabfahren über dem Menschensohn.
Johannes Kapitel 1 Vers 51

Und niemand ist gen Himmel aufgefahren außer dem, der vom Himmel herabgekommen ist, nämlich der Menschensohn.
Johannes Kapitel 3 Vers 13

Der von oben her kommt, ist über allen. Wer von der Erde ist, der ist von der Erde und redet von der Erde. Der vom Himmel kommt, der ist über allen.
Johannes Kapitel 3 Vers 31

Nicht Mose hat euch das Brot vom Himmel gegeben, sondern mein Vater gibt euch das wahre Brot vom Himmel. Denn Gottes Brot ist das, das vom Himmel kommt und gibt der Welt das Leben.
Johannes Kapitel 6 Vers 32

Denn ich bin vom Himmel gekommen, nicht damit ich meinen Willen tue, sondern den Willen dessen, der mich gesandt hat.
Johannes Kapitel 6 Vers 38

Dies ist das Brot, das vom Himmel kommt, damit, wer davon ißt, nicht sterbe. Ich bin das lebendige Brot, das vom Himmel gekommen ist. Wer von diesem Brot ißt, der wird leben in Ewigkeit. Und dieses Brot ist mein Fleisch, das ich geben werde für das Leben der Welt.
Johannes Kapitel 6 Vers 50 f

HIMMELREICH

Tut Buße, denn das Himmelreich ist nahe herbeigekommen!
Matthäus Kapitel 3 Vers 2
Matthäus Kapitel 4 Vers 17

Selig sind, die da geistlich arm sind; denn ihrer ist das Himmelreich.
Matthäus Kapitel 5 Vers 3

Selig sind, die um der Gerechtigkeit willen verfolgt werden; denn ihrer ist das Himmelreich.
Matthäus Kapitel 5 Vers 10

Wer nun eines von diesen kleinsten Geboten auflöst und lehrt die Leute so, der wird der Kleinste heißen im Himmelreich; wer es aber tut und lehrt, der wird groß heißen im Himmelreich. Denn ich sage euch: Wenn eure Gerechtigkeit nicht besser ist als die der Schriftgelehrten und Pharisäer, so werdet ihr nicht in das Himmelreich kommen.
Matthäus Kapitel 5 Vers 19 f

Es werden nicht alle, die zu mir sagen: Herr, Herr!, in das Himmelreich kommen, sondern die den Willen tun meines Vaters im Himmel.
Matthäus Kapitel 7 Vers 21

Wahrlich, ich sage euch: Unter allen, die von einer Frau geboren sind, ist keiner aufgetreten, der größer ist als Johannes der Täufer; der aber der Kleinste ist im Himmelreich, ist größer als er. Aber von den Tagen Johannes des Täufers bis heute leidet das Himmelreich Gewalt, und die Gewalttätigen reißen es an sich.
Matthäus Kapitel 11 Vers 11 f

Das Himmelreich gleicht einem Menschen, der guten Samen auf seinen Acker säte. Als aber die Leute schliefen, kam sein Feind und säte Unkraut zwischen den Weizen und ging davon. Als nun die Saat wuchs und Frucht brachte, da fand sich auch das Unkraut. Da traten die Knechte zu dem Hausvater und sprachen: Herr, hast du nicht guten Samen auf deinen Acker gesät? Woher hat er denn das Unkraut? Er sprach zu ihnen: Das hat ein Feind getan. Da sprachen die Knechte: Willst du denn, daß wir hingehen und es ausjäten? Er sprach: Nein! damit ihr nicht zugleich den Weizen mit ausrauft, wenn ihr das Unkraut ausjätet. Laßt beides miteinander wachsen bis zur Ernte; und um die Erntezeit will ich zu den Schnittern sagen: Sammelt zuerst das Unkraut und bindet es in Bündel, damit man es verbrenne; aber den Weizen sammelt mir in meine Scheune.
Matthäus Kapitel 13 Vers 24-30

Das Himmelreich gleicht einem Senfkorn, das ein Mensch nahm und auf seinen Acker säte, das ist das kleinste unter allen Samenkörnern; wenn es aber gewachsen ist, so ist es größer als alle Kräuter und wird ein Baum, so daß die Vögel unter dem Himmel kommen und wohnen in seinen Zweigen.
Matthäus Kapitel 13 Vers 31 f

Das Himmelreich gleicht einem Sauerteig, den eine Frau nahm und unter einen halben Zentner Mehl mengte, bis es ganz durchsäuert war.
Matthäus Kapitel 13 Vers 33

Das Himmelreich gleicht einem Schatz, verborgen im Acker, den ein Mensch fand und verbarg; und in seiner Freude ging er hin und verkaufte alles, was er hatte, und kaufte den Acker.
Matthäus Kapitel 13 Vers 44

Wiederum gleicht das Himmelreich einem Kaufmann, der gute Perlen suchte, und als er eine kostbare Perle fand, ging er hin und verkaufte alles, was er hatte, und kaufte sie.
Matthäus Kapitel 13 Vers 45 f

Wiederum gleicht das Himmelreich einem Netz, das ins Meer geworfen ist und Fische aller Art fängt. Wenn es aber voll ist, ziehen sie es heraus an das Ufer, setzen sich und lesen die guten in Gefäße zusammen, aber die schlechten werfen sie weg. So wird es auch am Ende der Welt gehen: die Engel werden ausgehen und die Bösen von den Gerechten scheiden.
Matthäus Kapitel 13 Vers 47-49

Wahrlich, ich sage euch: Wenn ihr nicht umkehrt und werdet wie die Kinder, so werdet ihr nicht ins Himmelreich kommen. Wer nun sich selbst erniedrigt und wird wie dies Kind, der ist der Größte im Himmelreich.
Matthäus Kapitel 18 Vers 3 f

Darum gleicht das Himmelreich einem König, der mit seinen Knechten abrechnen wollte.
Matthäus Kapitel 18 Vers 23

Lasset die Kinder und wehret ihnen nicht, zu mir zu kommen; denn solchen gehört das Himmelreich.
Matthäus Kapitel 19 Vers 14

Wahrlich, ich sage euch: Ein Reicher wird schwer ins Himmelreich kommen.
Matthäus Kapitel 19 Vers 23

Denn das Himmelreich gleicht einem Hausherrn, der früh am Morgen ausging, um Arbeiter für seinen Weinberg einzustellen.
Matthäus Kapitel 20 Vers 1

Das Himmelreich gleicht einem König, der seinem Sohn die Hochzeit ausrichtete.
Matthäus Kapitel 22 Vers 2

Weh euch, Schriftgelehrte und Pharisäer, ihr Heuchler, die ihr das Himmelreich zuschließt vor den Menschen! Ihr geht nicht hinein, und die hinein wollen, laßt ihr nicht hineingehen.
Matthäus Kapitel 23 Vers 13

Dann wird das Himmelreich gleichen zehn Jungfrauen, die ihre Lampen nahmen und gingen hinaus, dem Bräutigam entgegen.
Matthäus Kapitel 25 Vers 1

HIMMLISCH

Wer nun mich bekennt vor den Menschen, den will ich auch bekennen vor meinem himmlischen Vater.
Matthäus Kapitel 10 Vers 32

Glaubt ihr nicht, wenn ich euch von irdischen Dingen sage, wie werdet ihr glauben, wenn ich euch von himmlischen Dingen sage?
Johannes Kapitel 3 Vers 12

HINDURCHDRINGEN

Wahrlich, wahrlich, ich sage euch: Wer mein Wort hört und glaubt dem, der mich gesandt hat, der hat das ewige Leben und kommt nicht in das Gericht, sondern er ist vom Tode zum Leben hindurchgedrungen.
Johannes Kapitel 5 Vers 24

HINGEHEN
Laß dort vor dem Altar deine Gabe und geh zuerst hin und versöhne dich mit deinem Bruder und dann komm und opfere deine Gabe.
Matthäus Kapitel 5 Vers 24

Geht hin zu den verlorenen Schafen aus dem Hause Israel.
Matthäus Kapitel 10 Vers 6

Das Himmelreich gleicht einem Schatz, verborgen im Acker, den ein Mensch fand und verbarg; und in seiner Freude ging er hin und verkaufte alles, was er hatte, und kaufte den Acker.
Matthäus Kapitel 13 Vers 44

Darum gehet hin und machet zu Jüngern alle Völker: Taufet sie auf den Namen des Vaters und des Sohnes und des heiligen Geistes
Matthäus Kapitel 28 Vers 19

Meine Tochter, dein Glaube hat dich gesund gemacht; geh hin in Frieden und sei gesund von deiner Plage!
Markus Kapitel 5 Vers 34

Geh hin, dein Glaube hat dir geholfen.
Markus Kapitel 10 Vers 52

Der Menschensohn geht zwar hin, wie von ihm geschrieben steht; weh aber dem Menschen, durch den der Menschensohn verraten wird! Es wäre für diesen Menschen besser, wenn er nie geboren wäre.
Markus Kapitel 14 Vers 21

Was aber unter die Dornen fiel, sind die, die es hören und gehen hin und ersticken unter den Sorgen, dem Reichtum und den Freuden des Lebens und bringen keine Frucht.
Lukas Kapitel 8 Vers 14

Laß die Toten ihre Toten begraben; du aber geh hin und verkündige das Reich Gottes!
Lukas Kapitel 9 Vers 60

So geh hin und tu desgleichen!
Lukas Kapitel 10 Vers 37

Geh hin, dein Sohn lebt! Der Mensch glaubte dem Wort, das Jesus zu ihm sagte, und ging hin.
Johannes Kapitel 4 Vers 50

Steh auf, nimm dein Bett und geh hin!
Johannes Kapitel 5 Vers 8

Ich bin noch eine kleine Zeit bei euch, und dann gehe ich hin zu dem, der mich gesandt hat.
Johannes Kapitel 7 Vers 33

Ich gehe hinweg, und ihr werdet mich suchen und in eurer Sünde sterben. Wo ich hingehe, da könnt ihr nicht hinkommen.
Johannes Kapitel 8 Vers 21

Es ist das Licht noch eine kleine Zeit bei euch. Wandelt, solange ihr das Licht habt, damit euch die Finsternis nicht überfalle. Wer in der Finsternis wandelt, der weiß nicht, wo er hingeht.
Johannes Kapitel 12 Vers 35

Wo ich hingehe, kannst du mir diesmal nicht folgen; aber du wirst mir später folgen.
Johannes Kapitel 13 Vers 36

In meines Vaters Hause sind viele Wohnungen. Wenn's nicht so wäre, hätte ich dann zu euch gesagt: Ich gehe hin, euch die Stätte zu bereiten?
Johannes Kapitel 14 Vers 2

Nicht ihr habt mich erwählt, sondern ich habe euch erwählt und bestimmt, daß ihr hingeht und Frucht bringt und eure Frucht bleibt, damit, wenn ihr den Vater bittet in meinem Namen, er's euch gebe.
Johannes Kapitel 15 Vers 16

HIRT

Alle Völker werden vor ihm versammelt werden. Und er wird sie voneinander scheiden, wie ein Hirt die Schafe von den Böcken scheidet.
Matthäus Kapitel 25 Vers 32

Ich bin der gute Hirte. Der gute Hirte läßt sein Leben für die Schafe. Der Mietling aber, der nicht Hirte ist, dem die Schafe nicht gehören, sieht den Wolf kommen und verläßt die Schafe und flieht – und der Wolf stürzt sich auf die Schafe und zerstreut sie.
Johannes Kapitel 10 Vers 11 f

Ich bin der gute Hirte und kenne die Meinen, und die Meinen kennen mich.Und ich habe noch andere Schafe, die sind nicht aus diesem Stall; auch sie muß ich herführen, und sie werden meine Stimme hören, und es wird eine Herde und ein Hirte werden.
Johannes Kapitel 10 Vers 14 und 16

HOCHZEIT

Das Himmelreich gleicht einem König, der seinem Sohn die Hochzeit ausrichtete. Und er sandte seine Knechte aus, die Gäste zur Hochzeit zu laden; doch sie wollten nicht kommen. Abermals sandte er andere Knechte aus und sprach: Sagt den Gästen: Siehe, meine Mahlzeit habe ich bereitet, meine Ochsen und mein Mastvieh ist geschlachtet, und alles ist bereit; kommt zur Hochzeit! Aber sie verachteten das und gingen weg, einer auf seinen Acker, der andere an sein Geschäft. Einige aber ergriffen seine Knechte, verhöhnten und töteten sie. Da wurde der König zornig und schickte seine Heere aus und brachte diese Mörder um und zündete ihre Stadt an. Dann sprach er zu seinen Knechten: Die Hochzeit ist zwar bereit, aber die Gäste waren's nicht wert. Darum geht hinaus auf die Straßen und ladet zur Hochzeit ein, wen ihr findet. Und die Knechte gingen auf die Straßen hinaus und brachten zusammen, wen sie fanden, Böse und Gute; und die Tische wurden alle voll. Da ging der König hinein, sich die Gäste anzusehen, und sah da einen Menschen, der hatte kein hochzeitliches Gewand an, und sprach zu ihm: Freund, wie bist du hier hereingekommen und hast doch kein hochzeitliches Gewand an? Er aber verstummte. Da sprach der König zu seinen Dienern: Bindet ihm die Hände und Füße und werft ihn in die Finsternis hinaus! Da wird Heulen und Zähneklappern sein. Denn viele sind berufen, aber wenige sind auserwählt.
Matthäus Kapitel 22 Vers 2-14

Seid gleich den Menschen, die auf ihren Herrn warten, wann er aufbrechen wird von der Hochzeit, damit, wenn er kommt und anklopft, sie ihm sogleich auftun.
Lukas Kapitel 12 Vers 36

Wenn du von jemandem zur Hochzeit geladen bist, so setze dich nicht obenan; denn es könnte einer eingeladen sein, der vornehmer ist als du, und dann kommt der, der dich und ihn eingeladen hat, und sagt zu dir: Weiche diesem!, und du mußt dann beschämt untenan sitzen.
Lukas Kapitel 14 Vers 8 f

HOCHZEITLICH

Da ging der König hinein, sich die Gäste anzusehen, und sah da einen Menschen, der hatte kein hochzeitliches Gewand an, und sprach zu ihm: Freund, wie bist du hier hereingekommen und hast doch kein hochzeitliches Gewand an?
Matthäus Kapitel 22 Vers 11 f

HOCHZEITSGÄSTE

Wie können die Hochzeitsgäste Leid tragen, solange der Bräutigam bei ihnen ist? Es wird aber die Zeit kommen, daß der Bräutigam von ihnen genommen wird; dann werden sie fasten.
Matthäus Kapitel 9 Vers 15

HOFFEN

Vielmehr liebt eure Feinde; tut Gutes und leiht, wo ihr nichts dafür zu bekommen hofft. So wird euer Lohn groß sein, und ihr werdet Kinder des Allerhöchsten sein; denn er ist gütig gegen die Undankbaren und Bösen.
Lukas Kapitel 6 Vers 35

HÖHE

Siehe, ich will auf euch herabsenden, was mein Vater verheißen hat. Ihr aber sollt in der Stadt bleiben, bis ihr ausgerüstet werdet mit Kraft aus der Höhe.
Lukas Kapitel 24 Vers 49

HÖLLE

Wenn dich aber dein rechtes Auge zum Abfall verführt, so reiß es aus und wirf's von dir. Es ist besser für dich, daß eins deiner Glieder verderbe und nicht der ganze Leib in die Hölle geworfen werde. Wenn dich deine rechte Hand zum Abfall verführt, so hau sie ab und wirf sie von dir. Es ist besser für dich, daß eins deiner Glieder verderbe und nicht der ganze Leib in die Hölle fahre.
Matthäus Kapitel 5 Vers 29 f
Markus Kapitel 9 Vers 43 f

Und fürchtet euch nicht vor denen, die den Leib töten, doch die Seele nicht töten können; fürchtet euch aber viel mehr vor dem, der Leib und Seele verderben kann in der Hölle.
Matthäus Kapitel 10 Vers 28

Und du, Kapernaum, wirst du bis zum Himmel erhoben werden? Du wirst bis in die Hölle hinuntergestoßen werden. Denn wenn in Sodom die Taten geschehen wären, die in dir geschehen sind, es stünde noch heutigen Tages.
Matthäus Kapitel 11 Vers 23

Du bist Petrus, und auf diesen Felsen will ich meine Gemeinde bauen, und die Pforten der Hölle sollen sie nicht überwältigen.
Matthäus Kapitel 16 Vers 18

Weh euch, Schriftgelehrte und Pharisäer, ihr Heuchler, die ihr Land und Meer durchzieht, damit ihr einen Judengenossen gewinnt; und wenn er's geworden ist, macht ihr aus ihm ein Kind der Hölle, doppelt so schlimm wie ihr.
Matthäus Kapitel 23 Vers 15

Ich will euch aber zeigen, vor wem ihr euch fürchten sollt: Fürchtet euch vor dem, der, nachdem er getötet hat, auch Macht hat, in die Hölle zu werfen. Ja, ich sage euch, vor dem fürchtet euch.
Lukas Kapitel 12 Vers 5

HÖLLISCH
Wer mit seinem Bruder zürnt, der ist des Gerichts schuldig; wer aber zu seinem Bruder sagt: Du Nichtsnutz!, der ist des Hohen Rats schuldig; wer aber sagt: Du Narr!, der ist des höllischen Feuers schuldig.
Matthäus Kapitel 5 Vers 22

Wenn dich dein Auge zum Abfall verführt, reiß es aus und wirf's von dir. Es ist besser für dich, daß du einäugig zum Leben eingehst, als daß du zwei Augen hast und wirst in das höllische Feuer geworfen.
Matthäus Kapitel 18 Vers 9

HOLZ
Denn wenn man das tut am grünen Holz, was wird am dürren werden?
Lukas Kapitel 23 Vers 31

HÖREN
Wer diese meine Rede hört und tut sie, der gleicht einem klugen Mann, der sein Haus auf Fels baute.
Matthäus Kapitel 7 Vers 24

Geht hin und sagt Johannes wieder, was ihr hört und seht: Blinde sehen und Lahme gehen, Aussätzige werden rein und Taube hören, Tote stehen auf, und Armen wird das Evangelium gepredigt;
Matthäus Kapitel 11 Vers 4 f
Lukas Kapitel 7 Vers 22

Darum rede ich zu ihnen in Gleichnissen. Denn mit sehenden Augen sehen sie nicht und mit hörenden Ohren hören sie nicht; und sie verstehen es nicht. Und an ihnen wird die Weissagung Jesajas erfüllt, die da sagt »Mit den Ohren werdet ihr hören und werdet es nicht verstehen; und mit sehenden Augen werdet ihr sehen und werdet es nicht erkennen. Denn das Herz dieses Volkes ist verstockt: ihre Ohren hören schwer, und ihre Augen sind geschlossen, damit sie nicht etwa mit den Augen sehen und mit den Ohren hören und mit dem Herzen verstehen und sich bekehren und ich ihnen helfe.« Aber selig sind eure Augen, daß sie sehen, und eure Ohren, daß sie hören.Wahrlich, ich sage euch: Viele Propheten und Gerechte haben begehrt, zu sehen, was ihr seht, und haben's nicht gesehen, und zu hören, was ihr hört, und haben's nicht gehört.
Matthäus Kapitel 13 Vers 13-17

Diese aber sind's, bei denen auf gutes Land gesät ist: die hören das Wort und nehmen's an und bringen Frucht, einige dreißigfach und einige sechzigfach und einige hundertfach.
Markus Kapitel 4 Vers 20

Wer Ohren hat zu hören, der höre!
Markus Kapitel 4 Vers 9 und 23

Habt Augen und seht nicht, und habt Ohren und hört nicht?
Markus Kapitel 8 Vers 18

Das Gleichnis aber bedeutet dies: Der Same ist das Wort Gottes. Die aber auf dem Weg, das sind die, die es hören; danach kommt der Teufel und nimmt das Wort aus ihrem Herzen, damit sie nicht glauben und selig werden. Die aber auf dem Fels sind die: wenn sie es hören, nehmen sie das Wort mit Freuden an. Doch sie haben keine Wurzel; eine Zeitlang glauben sie, und zu der Zeit der Anfechtung fallen sie ab. Was aber unter die Dornen fiel, sind die, die es hören und gehen hin und ersticken unter den Sorgen, dem Reichtum und den Freuden des Lebens und bringen keine Frucht. Das aber auf dem guten Land sind die, die das Wort hören und behalten in einem feinen, guten Herzen und bringen Frucht in Geduld.
Lukas Kapitel 8 Vers 11 -15

Meine Mutter und meine Brüder sind diese, die Gottes Wort hören und tun.
Lukas Kapitel 8 Vers 21

Wer euch hört, der hört mich; und wer euch verachtet, der verachtet mich; wer aber mich verachtet, der verachtet den, der mich gesandt hat.
Lukas Kapitel 10 Vers 16

Ja, selig sind, die das Wort Gottes hören und bewahren.
Lukas Kapitel 11 Vers 28

Darum, was ihr in der Finsternis sagt, das wird man im Licht hören; und was ihr ins Ohr flüstert in der Kammer, das wird man auf den Dächern predigen.
Lukas Kapitel 12 Vers 3

Hört, was der ungerechte Richter sagt! Sollte Gott nicht auch Recht schaffen seinen Auserwählten, die zu ihm Tag und Nacht rufen, und sollte er's bei ihnen lange hinziehen? Ich sage euch: Er wird ihnen Recht schaffen in Kürze. Doch wenn der Menschensohn kommen wird, meinst du, er werde Glauben finden auf Erden?
Lukas Kapitel 18 Vers 6-8

Der von oben her kommt, ist über allen. Wer von der Erde ist, der ist von der Erde und redet von der Erde. Der vom Himmel kommt, der ist über allen und bezeugt, was er gesehen und gehört hat; und sein Zeugnis nimmt niemand an.
Johannes Kapitel 3 Vers 31 f

Wahrlich, wahrlich, ich sage euch: Wer mein Wort hört und glaubt dem, der mich gesandt hat, der hat das ewige Leben und kommt nicht in das Gericht, sondern er ist vom Tode zum Leben hindurchgedrungen. Wahrlich, wahrlich, ich sage euch: Es kommt die Stunde und ist schon jetzt, daß die Toten hören werden die Stimme des Sohnes Gottes, und die sie hören werden, die werden leben.
Johannes Kapitel 5 Vers 24 f

Es kommt die Stunde, in der alle, die in den Gräbern sind, seine Stimme hören werden.
Johannes Kapitel 5 Vers 28

Warum versteht ihr denn meine Sprache nicht? Weil ihr mein Wort nicht hören könnt!
Johannes Kapitel 8 Vers 43

Wer von Gott ist, der hört Gottes Worte; ihr hört darum nicht, weil ihr nicht von Gott seid.
Johannes Kapitel 8 Vers 47

Der aber zur Tür hereingeht, der ist der Hirte der Schafe. Dem macht der Türhüter auf, und die Schafe hören seine Stimme; und er ruft seine Schafe mit Namen und führt sie hinaus.
Johannes Kapitel 10 Vers 2 f

Und ich habe noch andere Schafe, die sind nicht aus diesem Stall; auch sie muß ich herführen, und sie werden meine Stimme hören, und es wird eine Herde und ein Hirte werden.
Johannes Kapitel 10 Vers 16

Meine Schafe hören meine Stimme, und ich kenne sie, und sie folgen mir.
Johannes Kapitel 10 Vers 27

Ich weiß , daß du mich allezeit hörst; aber um des Volkes willen, das umhersteht, sage ich's, damit sie glauben, daß du mich gesandt hast.
Johannes Kapitel 11 Vers 42

Wenn aber jener, der Geist der Wahrheit, kommen wird, wird er euch in alle Wahrheit leiten. Denn er wird nicht aus sich selber reden; sondern was

er hören wird, das wird er reden, und was zukünftig ist, wird er euch verkündigen.
Johannes Kapitel 16 Vers 13

Du sagst es, ich bin ein König. Ich bin dazu geboren und in die Welt gekommen, daß ich die Wahrheit bezeugen soll. Wer aus der Wahrheit ist, der hört meine Stimme.
Johannes Kapitel 18 Vers 37

HUND
Ihr sollt das Heilige nicht den Hunden geben, und eure Perlen sollt ihr nicht vor die Säue werfen, damit die sie nicht zertreten mit ihren Füßen und sich umwenden und euch zerreißen.
Matthäus Kapitel 7 Vers 6

Es ist nicht recht, daß man den Kindern ihr Brot nehme und werfe es vor die Hunde.
Matthäus Kapitel 15 Vers 26
Markus Kapitel 7 Vers 27

Es war aber ein Armer mit Namen Lazarus, der lag vor seiner Tür voll von Geschwüren und begehrte, sich zu sättigen mit dem, was von des Reichen Tisch fiel; dazu kamen auch die Hunde und leckten seine Geschwüre.
Lukas Kapitel 16 Vers 20 f

HUNDERT
Was meint ihr? Wenn ein Mensch hundert Schafe hätte und eins unter ihnen sich verirrte: läßt er nicht die neunundneunzig auf den Bergen, geht hin und sucht das verirrte?
Matthäus Kapitel 18 Vers 12

HUNDERTFACH
Einiges fiel auf gutes Land und trug Frucht, einiges hundertfach, einiges sechzigfach, einiges dreißigfach.
Matthäus Kapitel 13 Vers 8

Und wer Häuser oder Brüder oder Schwestern oder Vater oder Mutter oder Kinder oder Äcker verläßt um meines Namens willen, der wird's hundertfach empfangen und das ewige Leben ererben.
Matthäus Kapitel 19 Vers 29

HUNGER
Da ging er in sich und sprach: Wie viele Tagelöhner hat mein Vater, die Brot in Fülle haben, und ich verderbe hier im Hunger!
Lukas Kapitel 15 Vers 17

HUNGERN

Selig sind, die da hungert und dürstet nach der Gerechtigkeit; denn sie sollen satt werden.
Matthäus Kapitel 5 Vers 6

Selig seid ihr, die ihr jetzt hungert; denn ihr sollt satt werden.
Lukas Kapitel 6 Vers 1

Weh euch, die ihr jetzt satt seid! Denn ihr werdet hungern.
Lukas Kapitel 6 Vers 25

Ich bin das Brot des Lebens. Wer zu mir kommt, den wird nicht hungern; und wer an mich glaubt, den wird nimmermehr dürsten.
Johannes Kapitel 6 Vers 35

HUNGERSNOT

Denn es wird sich ein Volk gegen das andere erheben und ein Königreich gegen das andere; und es werden Hungersnöte sein und Erdbeben hier und dort.
Matthäus Kapitel 24 Vers 7

Als er nun all das Seine verbraucht hatte, kam eine große Hungersnot über jenes Land, und er fing an zu darben.
Lukas Kapitel 15 Vers 14

HUNGRIG

Das Volk jammert mich; denn sie harren nun schon drei Tage bei mir aus und haben nichts zu essen; und ich will sie nicht hungrig gehen lassen, damit sie nicht verschmachten auf dem Wege.
Matthäus Kapitel 15 Vers 32

Denn ich bin hungrig gewesen, und ihr habt mir zu essen gegeben. Ich bin durstig gewesen, und ihr habt mir zu trinken gegeben. Ich bin ein Fremder gewesen, und ihr habt mich aufgenommen.
Matthäus Kapitel 25 Vers 35

Ich bin hungrig gewesen, und ihr habt mir nicht zu essen gegeben. Ich bin durstig gewesen, und ihr habt mir nicht zu trinken gegeben.
Matthäus Kapitel 25 Vers 42

HUREN

Wahrlich, ich sage euch: Die Zöllner und Huren kommen eher ins Reich Gottes als ihr.
Matthäus Kapitel 21 Vers 31

HÜTEN

Hütet euch aber vor den Menschen; denn sie werden euch den Gerichten überantworten und werden euch geißeln in ihren Synagogen.
Matthäus Kapitel 10 Vers 17

Seht zu und hütet euch vor dem Sauerteig der Pharisäer und Sadduzäer!
Matthäus Kapitel 16 Vers 6

Seht zu und hütet euch vor aller Habgier; denn niemand lebt davon, daß er viele Güter hat.
Lukas Kapitel 12 Vers 15

Hütet euch vor den Schriftgelehrten, die es lieben, in langen Gewändern einherzugehen, und lassen sich gern grüßen auf dem Markt und sitzen gern obenan in den Synagogen und bei Tisch; sie fressen die Häuser der Witwen und verrichten zum Schein lange Gebete. Die werden ein um so härteres Urteil empfangen.
Lukas Kapitel 20 Vers 46 f

Hütet euch aber, daß eure Herzen nicht beschwert werden mit Fressen und Saufen und mit täglichen Sorgen und dieser Tag nicht plötzlich über euch komme wie ein Fallstrick; denn er wird über alle kommen, die auf der ganzen Erde wohnen.
Lukas Kapitel 21 Vers 34 f

HÜTTE

Macht euch Freunde mit dem ungerechten Mammon, damit, wenn er zu Ende geht, sie euch aufnehmen in die ewigen Hütten.
Lukas Kapitel 16 Vers 9

I

ICH (JESUS)

Ihr sollt nicht meinen, daß ich gekommen bin, das Gesetz oder die Propheten aufzulösen; ich bin nicht gekommen aufzulösen, sondern zu erfüllen.
Matthäus Kapitel 5 Vers 17

Ich aber sage euch: Wer mit seinem Bruder zürnt, der ist des Gerichts schuldig; wer aber zu seinem Bruder sagt: Du Nichtsnutz!, der ist des Hohen Rats schuldig; wer aber sagt: Du Narr!, der ist des höllischen Feuers schuldig.
Matthäus Kapitel 5 Vers 22

Ich aber sage euch: Wer eine Frau ansieht, sie zu begehren, der hat schon mit ihr die Ehe gebrochen in seinem Herzen.
Matthäus Kapitel 5 Vers 28

Ich aber sage euch: Wer sich von seiner Frau scheidet, es sei denn wegen Ehebruchs, der macht, daß sie die Ehe bricht; und wer eine Geschiedene heiratet, der bricht die Ehe.
Matthäus Kapitel 5 Vers 32

Ich aber sage euch, daß ihr überhaupt nicht schwören sollt, weder bei dem Himmel, denn er ist Gottes Thron; noch bei der Erde, denn sie ist der Schemel seiner Füße; noch bei Jerusalem, denn sie ist die Stadt des großen Königs. – Eure Rede aber sei: Ja, ja; nein,nein. Was darüber ist, das ist vom Übel.
Matthäus Kapitel 5 Vers 34,35 und 37

Ich aber sage euch, daß ihr nicht widerstreben sollt dem Übel, sondern: wenn dich jemand auf deine rechte Backe schlägt, dem biete die andere auch dar.
Matthäus Kapitel 5 Vers 39

Ich aber sage euch: Liebt eure Feinde und bitte für die, die euch verfolgen, damit ihr Kinder seid eures Vaters im Himmel.
Matthäus Kapitel 5 Vers 43f

Es werden nicht alle, die zu mir sagen: Herr, Herr!, in das Himmelreich kommen, sondern die den Willen tun meines Vaters im Himmel. Es werden viele zu mir sagen an jenem Tage: Herr, Herr, haben wir nicht in deinem Namen geweissagt? Haben wir nicht in deinem Namen böse Geister

ausgetrieben? Haben wir nicht in deinem Namen viele Wunder getan? Dann werde ich ihnen bekennen: Ich habe euch noch nie gekannt; weicht von mir, ihr Übeltäter!
Matthäus Kapitel 7 Vers 21-23

Folge du mir, und laß die Toten ihre Toten begraben!
Matthäus Kapitel 8 Vers 22

Geht aber hin und lernt, was das heißt: Ich habe Wohlgefallen an Barmherzigkeit und nicht am Opfer. Ich bin gekommen, die Sünder zu rufen und nicht die Gerechten.
Matthäus Kapitel 9 Vers 13

Wer nun mich bekennt vor den Menschen, den will ich auch bekennen vor meinem himmlischen Vater. Wer mich aber verleugnet vor den Menschen, den will ich auch verleugnen vor meinem himmlischen Vater.
Matthäus Kapitel 10 Vers 32 f

Ihr sollt nicht meinen, daß ich gekommen bin, Frieden zu bringen auf die Erde. Ich bin nicht gekommen, Frieden zu bringen, sondern das Schwert. Denn ich bin gekommen, den Menschen zu entzweien mit seinem Vater und die Tochter mit ihrer Mutter und die Schwiegertochter mit ihrer Schwiegermutter.
Matthäus Kapitel 10 Vers 34 f
Lukas Kapitel 12 Vers 51 f

Wer euch aufnimmt, der nimmt mich auf; und wer mich aufnimmt, der nimmt den auf, der mich gesandt hat.
Matthäus Kapitel 10 Vers 40

Ich preise dich, Vater, Herr des Himmels und der Erde, weil du dies den Weisen und Klugen verborgen hast und hast es den Unmündigen offenbart. Alles ist mir übergeben von meinem Vater; und niemand kennt den Sohn als nur der Vater; und niemand kennt den Vater als nur der Sohn und wem es der Sohn offenbaren will.
Matthäus Kapitel 11 Vers 25 und 27

Kommt her zu mir, alle, die ihr mühselig und beladen seid; ich will euch erquicken. Nehmt auf euch mein Joch und lernt von mir; denn ich bin sanftmütig und von Herzen demütig; so werdet ihr Ruhe finden für eure Seelen. Denn mein Joch ist sanft, und meine Last ist leicht.
Matthäus Kapitel 11 Vers 28-30

Seid getrost, ich bin's; fürchtet euch nicht!
Matthäus Kapitel 14 Vers 27

Wer sagt denn ihr, daß ich sei?
Matthäus Kapitel 16 Vers 15

Geh weg von mir, Satan! Du bist mir ein Ärgernis; denn du meinst nicht, was göttlich, sondern was menschlich ist.
Matthäus Kapitel 16 Vers 23

Will mir jemand nachfolgen, der verleugne sich selbst und nehme sein Kreuz auf sich und folge mir.
Matthäus Kapitel 16 Vers 24
Markus Kapitel 8 Vers 34

Wo zwei oder drei versammelt sind in meinem Namen, da bin ich mitten unter ihnen.
Matthäus Kapitel 18 Vers 20

Lasset die Kinder und wehret ihnen nicht, zu mir zu kommen; denn solchen gehört das Himmelreich.
Matthäus Kapitel 19 Vers 14

Wahrlich, ich sage euch: Ihr, die ihr mir nachgefolgt seid, werdet bei der Wiedergeburt, wenn der Menschensohn sitzen wird auf dem Thron seiner Herrlichkeit, auch sitzen auf zwölf Thronen und richten die zwölf Stämme Israels.
Matthäus Kapitel 19 Vers 28

Jerusalem, Jerusalem, die du tötest die Propheten und steinigst, die zu dir gesandt sind! Wie oft habe ich deine Kinder versammeln wollen, wie eine Henne ihre Küken versammelt unter ihre Flügel; und ihr habt nicht gewollt!
Matthäus Kapitel 23 Vers 37

Himmel und Erde werden vergehen; aber meine Worte werden nicht vergehen.
Matthäus Kapitel 24 Vers 35

Denn ich bin hungrig gewesen, und ihr habt mir zu essen gegeben. Ich bin durstig gewesen, und ihr habt mir zu trinken gegeben. Ich bin ein Fremder gewesen, und ihr habt mich aufgenommen. Ich bin nackt gewesen, und ihr habt mich gekleidet. Ich bin krank gewesen, und ihr habt mich besucht. Ich bin im Gefängnis gewesen, und ihr seid zu mir gekommen.
Matthäus Kapitel 25 Vers 35 f

Wahrlich, ich sage euch: Was ihr getan habt einem von diesen meinen geringsten Brüdern, das habt ihr mir getan.
Matthäus Kapitel 25 Vers 40

Dann wird er auch sagen zu denen zur Linken: Geht weg von mir, ihr Verfluchten, in das ewige Feuer, das bereitet ist dem Teufel und seinen Engeln! Denn ich bin hungrig gewesen, und ihr habt mir nicht zu essen gegeben. Ich bin durstig gewesen, und ihr habt mir nicht zu trinken gegeben. Ich bin ein Fremder gewesen, und ihr habt mich nicht aufgenommen. Ich bin nackt gewesen, und ihr habt mich nicht gekleidet. Ich bin krank und im Gefängnis gewesen, und ihr habt mich nicht besucht. Dann wird er ihnen antworten und sagen: Wahrlich, ich sage euch: Was ihr nicht getan habt einem von diesen Geringsten, das habt ihr mir auch nicht getan.
Matthäus Kapitel 25 Vers 41-43 und 45

Was betrübt ihr die Frau? Sie hat ein gutes Werk an mir getan. Denn Arme habt ihr allezeit bei euch, mich aber habt ihr nicht allezeit.
Matthäus Kapitel 26 Vers 10 f

Nehmet, esset; das ist mein Leib. Trinket alle daraus; das ist mein Blut des Bundes, das vergossen wird für viele zur Vergebung der Sünden. Ich sage euch: Ich werde von nun an nicht mehr von diesem Gewächs des Weinstocks trinken bis an den Tag, an dem ich von neuem davon trinken werde mit euch in meines Vaters Reich.
Matthäus Kapitel 26 Vers 26-29

In dieser Nacht werdet ihr alle Ärgernis nehmen an mir. Denn es steht geschrieben: »Ich werde den Hirten schlagen, und die Schafe der Herde werden sich zerstreuen.« Wenn ich aber auferstanden bin, will ich vor euch hingehen nach Galiläa.
Matthäus Kapitel 26 Vers 31 f

Wahrlich, ich sage dir: In dieser Nacht, ehe der Hahn kräht, wirst du mich dreimal verleugnen.
Matthäus Kapitel 26 Vers 34

Meine Seele ist betrübt bis an den Tod; bleibt hier und wacht mit mir! Mein Vater, ist's möglich, so gehe dieser Kelch an mir vorüber; doch nicht wie ich will, sondern wie du willst!
Matthäus Kapitel 26 Vers 38 f

Könnt ihr denn nicht eine Stunde mit mir wachen?
Matthäus Kapitel 26 Vers 40

Steht auf, laßt uns gehen! Siehe, er ist da, der mich verrät.
Matthäus Kapitel 26 Vers 46

Oder meinst du, ich könnte meinen Vater nicht bitten, daß er mir sogleich mehr als zwölf Legionen Engel schickte?
Matthäus 26 Vers 53

Ihr seid ausgezogen wie gegen einen Räuber mit Schwertern und mit Stangen, mich zu fangen. Habe ich doch täglich im Tempel gesessen und gelehrt, und ihr habt mich nicht ergriffen.
Matthäus Kapitel 26 Vers 55

Eli, Eli, lama asabtani? das heißt: Mein Gott, mein Gott, warum hast du mich verlassen?
Matthäus Kapitel 27 Vers 46
Markus Kapitel 15 Vers 34

Fürchtet euch nicht! Geht hin und verkündigt es meinen Brüdern, daß sie nach Galiläa gehen: dort werden sie mich sehen.
Matthäus Kapitel 28 Vers 10

Mir ist gegeben alle Gewalt im Himmel und auf Erden. Darum gehet hin und machet zu Jüngern alle Völker: Taufet sie auf den Namen des Vaters und des Sohnes und des heiligen Geistes und lehret sie halten alles, was ich euch befohlen habe. Und siehe, ich bin bei euch alle Tage bis an der Welt Ende.
Matthäus Kapitel 28 Vers 18-20

Folgt mir nach; ich will euch zu Menschenfischern machen!
Markus Kapitel 1 Vers 17

Laßt uns anderswohin gehen, in die nächsten Städte, daß ich auch dort predige; denn dazu bin ich gekommen.
Markus Kapitel 1 Vers 38
Lukas Kapitel 4 Vers 43

Ich will's tun; sei rein!
Markus Kapitel 1 Vers 41

Ich sage dir, steh auf, nimm dein Bett und geh heim!
Markus Kapitel 2 Vers 11

Die Starken bedürfen keines Arztes, sondern die Kranken. Ich bin gekommen, die Sünder zu rufen und nicht die Gerechten.
Markus Kapitel 2 Vers 17

Wer ist meine Mutter und meine Brüder? – Siehe, das ist meine Mutter und das sind meine Brüder! Denn wer Gottes Willen tut, der ist mein Bruder und meine Schwester und meine Mutter.
Markus Kapitel 3 Vers 33-35

Wer hat meine Kleider berührt?
Markus Kapitel 5 Vers 30

Talita kum! – das heißt übersetzt: Mädchen, ich sage dir, steh auf!
Markus Kapitel 5 Vers 41

Mich jammert das Volk, denn sie haben nun drei Tage bei mir ausgeharrt und haben nichts zu essen.
Markus Kapitel 8 Vers 2

Ihr wißt nicht, was ihr bittet. Könnt ihr den Kelch trinken, den ich trinke, oder euch taufen lassen mit der Taufe, mit der ich getauft werde? – Ihr werdet zwar den Kelch trinken, den ich trinke, und getauft werden mit der Taufe, mit der ich getauft werde; zu sitzen aber zu meiner Rechten oder zu meiner Linken, das steht mir nicht zu, euch zu geben, sondern das wird denen zuteil, für die es bestimmt ist.
Markus Kapitel 10 Vers 38-40
Laßt sie in Frieden! Was betrübt ihr sie? Sie hat ein gutes Werk an mir getan. Denn ihr habt allezeit Arme bei euch, und wenn ihr wollt, könnt ihr ihnen Gutes tun; mich aber habt ihr nicht allezeit. Sie hat getan, was sie konnte; sie hat meinen Leib im voraus gesalbt für mein Begräbnis.
Markus Kapitel 14 Vers 6-8

Wenn ich aber auferstanden bin, will ich vor euch hingehen nach Galiläa.
Markus Kapitel 14 Vers 28

Ihr seid ausgezogen wie gegen einen Räuber mit Schwertern und mit Stangen, mich zu fangen. Ich bin täglich bei euch im Tempel gewesen und habe gelehrt, und ihr habt mich nicht ergriffen. Aber so muß die Schrift erfüllt werden.
Markus Kapitel 14 Vers 48 f

Ich bin's; und ihr werdet sehen den Menschensohn sitzen zur Rechten der Kraft und kommen mit den Wolken des Himmels.
Markus Kapitel 14 Vers 62
Lukas Kapitel 22 Vers 70

Warum habt ihr mich gesucht? Wißt ihr nicht, daß ich sein muß in dem, was meines Vaters ist?
Lukas Kapitel 2 Vers 49

»Der Geist des Herrn ist auf mir, weil er mich gesalbt hat, zu verkündigen das Evangelium den Armen; er hat mich gesandt, zu predigen den Gefangenen, daß sie frei sein sollen, und den Blinden, daß sie sehen sollen, und den Zerschlagenen, daß sie frei und ledig sein sollen, zu verkündigen das Gnadenjahr des Herrn.«
Lukas Kapitel 4 Vers 18 f

Ich bin gekommen, die Sünder zur Buße zu rufen und nicht die Gerechten.
Lukas Kapitel 5 Vers 32

Solchen Glauben habe ich in Israel nicht gefunden.
Lukas Kapitel 7 Vers 9

Jüngling, ich sage dir, steh auf!
Lukas Kapitel 7 Vers 14

Selig ist, wer sich nicht ärgert an mir.
Lukas Kapitel 7 Vers 23

Siehst du diese Frau? Ich bin in dein Haus gekommen; du hast mir kein Wasser für meine Füße gegeben; diese aber hat meine Füße mit Tränen benetzt und mit ihren Haaren getrocknet. Du hast mir keinen Kuß gegeben; diese aber hat, seit ich hereingekommen bin, nicht abgelassen, meine Füße zu küssen. Du hast mein Haupt nicht mit Öl gesalbt; sie aber hat meine Füße mit Salböl gesalbt. Deshalb sage ich dir: Ihre vielen Sünden sind vergeben, denn sie hat viel Liebe gezeigt; wem aber wenig vergeben wird, der liebt wenig.
Lukas Kapitel 7 Vers 44-47

Es hat mich jemand berührt; denn ich habe gespürt, daß eine Kraft von mir ausgegangen ist.
Lukas Kapitel 8 Vers 46

Wer sagen die Leute, daß ich sei?
Lukas Kapitel 9 Vers 18

Wer dieses Kind aufnimmt in meinem Namen, der nimmt mich auf; und wer mich aufnimmt, der nimmt den auf, der mich gesandt hat. Denn wer der Kleinste ist unter euch allen, der ist groß .
Lukas Kapitel 9 Vers 48

Wer euch hört, der hört mich; und wer euch verachtet, der verachtet mich; wer aber mich verachtet, der verachtet den, der mich gesandt hat.
Lukas Kapitel 10 Vers 16

Ich sah den Satan vom Himmel fallen wie einen Blitz.
Lukas Kapitel 10 Vers 18

Wenn aber ich die bösen Geister durch Beelzebul austreibe, durch wen treiben eure Söhne sie aus? Darum werden sie eure Richter sein. Wenn ich aber durch Gottes Finger die bösen Geister austreibe, so ist ja das Reich Gottes zu euch gekommen.
Lukas Kapitel 11 Vers 19 f

Wer mich bekennt vor den Menschen, den wird auch der Menschensohn bekennen vor den Engeln Gottes. Wer mich aber verleugnet vor den Menschen, der wird verleugnet werden vor den Engeln Gottes.
Lukas Kapitel 12 Vers 8 f

Ich bin gekommen, ein Feuer anzuzünden auf Erden; was wollte ich lieber, als daß es schon brennte!
Lukas Kapitel 12 Vers 49

Lasset die Kinder zu mir kommen und wehret ihnen nicht, denn solchen gehört das Reich Gottes.
Lukas Kapitel 18 Vers 16

Was nennst du mich gut? Niemand ist gut als Gott allein.
Lukas Kapitel 18 Vers 19

Zachäus, steig eilend herunter; denn ich muß heute in deinem Haus einkehren.
Lukas Kapitel 19 Vers 5

Ich sage euch: Wenn diese schweigen werden, so werden die Steine schreien.
Lukas Kapitel 19 Vers 40

So sage ich euch auch nicht, aus welcher Vollmacht ich das tue.
Lukas Kapitel 20 Vers 8

Himmel und Erde werden vergehen; aber meine Worte vergehen nicht.
Lukas Kapitel 21 Vers 33

Mich hat herzlich verlangt, dies Passalamm mit euch zu essen, ehe ich leide. Denn ich sage euch, daß ich es nicht mehr essen werde, bis es erfüllt wird im Reich Gottes.
Lukas Kapitel 22 Vers 15 f

Ich aber habe für dich gebeten, daß dein Glaube nicht aufhöre. Und wenn du dereinst dich bekehrst, so stärke deine Brüder.
Lukas Kapitel 22 Vers 32

Ihr Töchter von Jerusalem, weint nicht über mich, sondern weint über euch selbst und über eure Kinder.
Lukas Kapitel 23 Vers 28

Wahrlich, ich sage dir: Heute wirst du mit mir im Paradies sein.
Lukas Kapitel 23 Vers 43

Vater, ich befehle meinen Geist in deine Hände!
Lukas Kapitel 23 Vers 46

Was seid ihr so erschrocken, und warum kommen solche Gedanken in euer Herz? Seht meine Hände und meine Füße, ich bin's selber. Faßt mich an und seht; denn ein Geist hat nicht Fleisch und Knochen, wie ihr seht, daß ich sie habe.
Lukas Kapitel 24 Vers 38 f:

Bevor Philippus dich rief, als du unter dem Feigenbaum warst, sah ich dich.
Johannes Kapitel 1 Vers 48

Wahrlich, wahrlich, ich sage euch: Ihr werdet den Himmel offen sehen und die Engel Gottes hinauf- und herabfahren über dem Menschensohn.
Johannes Kapitel 1 Vers 51

Glaubt ihr nicht, wenn ich euch von irdischen Dinge sage, wie werdet ihr glauben, wenn ich euch von himmlischen Dinge sage?
Johannes Kapitel 3 Vers 12

Ich bin's, der mit dir redet.
Johannes Kapitel 4 Vers 26

Meine Speise ist die, daß ich tue den Willen dessen, der mich gesandt hat, und vollende sein Werk.
Johannes Kapitel 4 Vers 34

Mein Vater wirkt bis auf diesen Tag, und ich wirke auch.
Johannes Kapitel 5 Vers 17

Ich kann nichts von mir aus tun. Wie ich höre, so richte ich, und mein Gericht ist gerecht; denn ich suche nicht meinen Willen, sondern den Willen dessen, der mich gesandt hat.
Johannes Kapitel 5 Vers 30

Ich nehme nicht Ehre von Menschen; aber ich kenne euch, daß ihr nicht Gottes Liebe in euch habt. Ich bin gekommen in meines Vaters Namen, und ihr nehmt mich nicht an. Wenn ein anderer kommen wird in seinem eigenen Namen, den werdet ihr annehmen.
Johannes Kapitel 5 Vers 41 f

Ihr sollt nicht meinen, daß ich euch vor dem Vater verklagen werde.
Johannes Kapitel 5 Vers 45

Ich bin das Brot des Lebens. Wer zu mir kommt, den wird nicht hungern; und wer an mich glaubt, den wird nimmermehr dürsten.
Johannes Kapitel 6 Vers 35

Alles, was mir mein Vater gibt, das kommt zu mir; und wer zu mir kommt, den werde ich nicht hinausstoßen. Denn ich bin vom Himmel gekommen, nicht damit ich meinen Willen tue, sondern den Willen dessen, der mich gesandt hat. Das ist aber der Wille dessen, der mich gesandt hat, daß ich nichts verliere von allem, was er mir gegeben hat, sondern daß ich's auferwecke am Jüngsten Tage. Denn das ist der Wille meines Vaters, daß, wer den Sohn sieht und glaubt an ihn, das ewige Leben habe; und ich werde ihn auferwecken am Jüngsten Tage.
Johannes Kapitel 6 Vers 37-40

Ich bin das Brot des Lebens. Ich bin das lebendige Brot, das vom Himmel gekommen ist. Wer von diesem Brot ißt, der wird leben in Ewigkeit. Und dieses Brot ist mein Fleisch, das ich geben werde für das Leben der Welt.
Johannes Kapitel 6 Vers 48 und 51

Meine Lehre ist nicht von mir, sondern von dem, der mich gesandt hat. Wenn jemand dessen Willen tun will, wird er innewerden, ob diese Lehre von Gott ist oder ob ich von mir selbst aus rede.
Johannes Kapitel 7 Vers 16 f

Ihr werdet mich suchen und nicht finden; und wo ich bin, könnt ihr nicht hinkommen.
Johannes Kapitel 7 Vers 34
Johannes Kapitel 8 Vers 21

Ich bin das Licht der Welt. Wer mir nachfolgt, der wird nicht wandeln in der Finsternis, sondern wird das Licht des Lebens haben.
Johannes Kapitel 8 Vers 12

Ihr richtet nach dem Fleisch, ich richte niemand. Wenn ich aber richte, so ist mein Richten gerecht; denn ich bin's nicht allein, sondern ich und der Vater, der mich gesandt hat.
Johannes Kapitel 8 Vers 15 f

Ich rede, was ich von meinem Vater gesehen habe; und ihr tut, was ihr von eurem Vater gehört habt.
Johannes Kapitel 8 Vers 38

Wenn ich mich selber ehre, so ist meine Ehre nichts. Es ist aber mein Vater, der mich ehrt, von dem ihr sagt: Er ist unser Gott; und ihr kennt ihn nicht; ich aber kenne ihn. Und wenn ich sagen wollte: Ich kenne ihn nicht, so würde ich ein Lügner, wie ihr seid. Aber ich kenne ihn und halte sein Wort. Abraham, euer Vater, wurde froh, daß er meinen Tag sehen sollte, und er sah ihn und freute sich. – Wahrlich, wahrlich, ich sage euch: Ehe Abraham wurde, bin ich.
Johannes Kapitel 8 Vers 54-58

Ich bin zum Gericht in diese Welt gekommen, damit, die nicht sehen, sehend werden, und die sehen, blind werden.
Johannes Kapitel 9 Vers 39

Ich bin die Tür; wenn jemand durch mich hineingeht, wird er selig werden und wird ein- und ausgehen und Weide finden.
Johannes Kapitel 10 Vers 9

Ich bin gekommen, damit sie das Leben und volle Genüge haben.
Johannes Kapitel 10 Vers 10

Ich bin der gute Hirte. Der gute Hirte läßt sein Leben für die Schafe. Ich bin der gute Hirte und kenne die Meinen, und die Meinen kennen mich, wie mich mein Vater kennt, und ich kenne den Vater. Und ich lasse mein Leben für die Schafe.
Johannes Kapitel 10 Vers 11 und 14 f

Ich habe noch andere Schafe, die sind nicht aus diesem Stall; auch sie muß ich herführen, und sie werden meine Stimme hören, und es wird eine Herde und ein Hirte sein. Darum liebt mich mein Vater, weil ich mein Leben lasse, daß ich's wieder nehme. Niemand nimmt es von mir, sondern ich selber lasse es. Ich habe Macht, es zu lassen, und habe Macht, es wiederzunehmen. Dies Gebot habe ich empfangen von meinem Vater.
Johannes Kapitel 10 Vers 16-18

Ich und der Vater sind eins.
Johannes Kapitel 10 Vers 30

Ich bin die Auferstehung und das Leben. Wer an mich glaubt, der wird leben, auch wenn er stirbt; und wer da lebt und glaubt an mich, der wird nimmermehr sterben.
Johannes Kapitel 11 Vers 25 f

Und ich, wenn ich erhöht werde von der Erde, so will ich alle zu mir ziehen.
Johannes Kapitel 12 Vers 32

Ich bin in die Welt gekommen als ein Licht, damit, wer an mich glaubt, nicht in der Finsternis bleibe.
Johannes Kapitel 12 Vers 46

Wer meine Worte hört und bewahrt sie nicht, den werde ich nicht richten; denn ich bin nicht gekommen, daß ich die Welt richte, sondern daß ich die Welt rette. Wer mich verachtet und nimmt meine Worte nicht an, der hat schon seinen Richter: das Wort, das ich geredet habe, das wird ihn richten am Jüngsten Tage. Denn ich habe nicht aus mir selbst geredet, sondern der Vater, der mich gesandt hat, der hat mir ein Gebot gegeben, was ich tun und reden soll. Und ich weiß: Sein Gebot ist das ewige Leben. Darum: Was ich rede, das rede ich so, wie es mir der Vater gesagt hat.
Johannes Kapitel 12 Vers 47-50

Ihr nennt mich Meister und Herr und sagt es mit Recht, denn ich bin's auch. Wenn nun ich, euer Herr und Meister, euch die Füße gewaschen habe, so sollt auch ihr euch untereinander die Füße waschen. Ein Beispiel habe ich euch gegeben, damit ihr tut, wie ich euch getan habe.
Johannes Kapitel 13 Vers 13-15

Wer jemanden aufnimmt, den ich senden werde, der nimmt mich auf; wer aber mich aufnimmt, der nimmt den auf, der mich gesandt hat.
Johannes Kapitel 13 Vers 20

Ein neues Gebot gebe ich euch, daß ihr euch untereinander liebt, wie ich euch geliebt habe, damit auch ihr einander lieb habt. Daran wird jedermann erkennen, daß ihr meine Jünger seid, wenn ihr Liebe untereinander habt.
Johannes Kapitel 13 Vers 34 f
Johannes Kapitel 15 Vers 12

Ich bin der Weg und die Wahrheit und das Leben; niemand kommt zum Vater denn durch mich.
Johannes Kapitel 14 Vers 6

Ich lebe, und ihr sollt auch leben.
Johannes Kapitel 14 Vers 19

Den Frieden lasse ich euch, meinen Frieden gebe ich euch. Nicht gebe ich euch, wie die Welt gibt. Euer Herz erschrecke nicht und fürchte sich nicht.
Johannes Kapitel 14 Vers 27

Ich bin der wahre Weinstock und mein Vater der Weingärtner. Eine jede Rebe an mir, die keine Frucht bringt, wird er wegnehmen; und eine jede, die Frucht bringt, wird er reinigen, daß sie mehr Frucht bringe. Ihr seid schon rein um des Wortes willen, das ich zu euch geredet habe. Bleibt in mir und ich in euch. Wie die Rebe keine Frucht bringen kann aus sich selbst, wenn sie nicht am Weinstock bleibt, so auch ihr nicht, wenn ihr nicht in mir bleibt. Ich bin der Weinstock, ihr seid die Reben. Wer in mir bleibt und ich in ihm, der bringt viel Frucht; denn ohne mich könnt ihr nichts tun. Wer nicht in mir bleibt, der wird weggeworfen wie eine Rebe und verdorrt, und man sammelt sie und wirft sie ins Feuer, und sie müssen brennen. Wenn ihr in mir bleibt und meine Worte in euch bleiben, werdet ihr bitten, was ihr wollt, und es wird euch widerfahren. Darin wird mein Vater verherrlicht, daß ihr viel Frucht bringt und werdet meine Jünger.
Johannes Kapitel 15 Vers 1-8

Wie mich mein Vater liebt, so liebe ich euch auch. Bleibt in meiner Liebe! Wenn ihr meine Gebote haltet, so bleibt ihr in meiner Liebe, wie ich meines Vaters Gebote halte und bleibe in seiner Liebe. Das sage ich euch, damit meine Freude in euch bleibe und eure Freude vollkommen werde. Das ist mein Gebot, daß ihr euch untereinander liebt, wie ich euch liebe. Niemand hat größere Liebe als die, daß er sein Leben läßt für seine Freunde. Ihr seid meine Freunde, wenn ihr tut, was ich euch gebiete. Ich sage hinfort nicht, daß ihr Knechte seid; denn ein Knecht weiß nicht, was sein Herr tut. Euch aber habe ich gesagt, daß ihr Freunde seid; denn alles, was ich von meinem Vater gehört habe, habe ich euch kundgetan. Nicht ihr habt mich erwählt, sondern ich habe euch erwählt und bestimmt, daß ihr hingeht und Frucht bringt und eure Frucht bleibt, damit, wenn ihr den Vater bittet in meinem Namen, er's euch gebe. Das gebiete ich euch, daß ihr euch untereinander liebt.
Johannes Kapitel 15 Vers 9-17

Wenn euch die Welt haßt, so wißt, daß sie mich vor euch gehaßt hat. Wäret ihr von der Welt, so hätte die Welt das Ihre lieb. Weil ihr aber nicht von der Welt seid, sondern ich euch aus der Welt erwählt habe, darum haßt euch die Welt. Gedenkt an das Wort, das ich euch gesagt habe: Der Knecht ist nicht größer als sein Herr. Haben sie mich verfolgt, so werden sie euch

auch verfolgen; haben sie mein Wort gehalten, so werden sie eures auch halten. Aber das alles werden sie euch tun um meines Namens willen; denn sie kennen den nicht, der mich gesandt hat. Wenn ich nicht gekommen wäre und hätte es ihnen gesagt, so hätten sie keine Sünde; nun aber können sie nichts vorwenden, um ihre Sünde zu entschuldigen. Wer mich haßt, der haßt auch meinen Vater. Hätte ich nicht die Werke getan unter ihnen, die kein anderer getan hat, so hätten sie keine Sünde. Nun aber haben sie es gesehen, und doch hassen sie mich und meinen Vater. Aber es muß das Wort erfüllt werden, das in ihrem Gesetz geschrieben steht: »Sie hassen mich ohne Grund.« Wenn aber der Tröster kommen wird, den ich euch senden werde vom Vater, der Geist der Wahrheit, der vom Vater ausgeht, der wird Zeugnis geben von mir. Und auch ihr seid meine Zeugen, denn ihr seid von Anfang an bei mir gewesen.
Johannes Kapitel 15 Vers 18-27

Das habe ich zu euch geredet, damit ihr nicht abfallt. Sie werden euch aus der Synagoge ausstoßen. Es kommt aber die Zeit, daß, wer euch tötet, meinen wird, er tue Gott einen Dienst damit. Und das werden sie darum tun, weil sie weder meinen Vater noch mich erkennen. Aber dies habe ich zu euch geredet, damit, wenn ihre Stunde kommen wird, ihr daran denkt, daß ich's euch gesagt habe. Zu Anfang aber habe ich es euch nicht gesagt, denn ich war bei euch. Jetzt aber gehe ich hin zu dem, der mich gesandt hat; und niemand von euch fragt mich: Wo gehst du hin? Doch weil ich das zu euch geredet habe, ist euer Herz voll Trauer. Aber ich sage euch die Wahrheit: Es ist gut für euch, daß ich weggehe. Denn wenn ich nicht weggehe, kommt der Tröster nicht zu euch. Wenn ich aber gehe, will ich ihn zu euch senden. Und wenn er kommt, wird er der Welt die Augen auftun über die Sünde und über die Gerechtigkeit und über das Gericht; über die Sünde: daß sie nicht an mich glauben; über die Gerechtigkeit: daß ich zum Vater gehe und ihr mich hinfort nicht seht; über das Gericht: daß der Fürst dieser Welt gerichtet ist. Ich habe euch noch viel zu sagen; aber ihr könnt es jetzt nicht ertragen. Wenn aber jener, der Geist der Wahrheit, kommen wird, wird er euch in alle Wahrheit leiten. Denn er wird nicht aus sich selber reden; sondern was er hören wird, das wird er reden, und was zukünftig ist, wird er euch verkündigen. Er wird mich verherrlichen; denn von dem Meinen wird er's nehmen und euch verkündigen. Alles, was der Vater hat, das ist mein. Darum habe ich gesagt: Er wird's von dem Meinen nehmen und euch verkündigen.
Johannes Kapitel 16 Vers 1-15

Noch eine kleine Weile, dann werdet ihr mich nicht mehr sehen; und abermals eine kleine Weile, dann werdet ihr mich sehen. – Danach fragt ihr euch untereinander, daß ich gesagt habe: Noch eine kleine Weile, dann werdet ihr mich nicht sehen; und abermals eine kleine Weile, dann werdet ihr mich sehen? Wahrlich, wahrlich, ich sage euch: Ihr werdet weinen und

klagen, aber die Welt wird sich freuen; ihr werdet traurig sein, doch eure Traurigkeit soll in Freude verwandelt werden.
Johannes 16 Vers 16 und 19 f

Ihr habt nun Traurigkeit; aber ich will euch wiedersehen, und euer Herz soll sich freuen, und eure Freude soll niemand von euch nehmen. An dem Tag werdet ihr mich nichts fragen. Wahrlich, wahrlich, ich sage euch: Wenn ihr den Vater um etwas bitten werdet in meinem Namen, wird er's euch geben. Bisher habt ihr um nichts gebeten in meinem Namen. Bittet, so werdet ihr nehmen, daß eure Freude vollkommen sei. Das habe ich euch in Bildern gesagt. Es kommt die Zeit, daß ich nicht mehr in Bildern mit euch reden werde, sondern euch frei heraus verkündigen von meinem Vater. An jenem Tage werdet ihr bitten in meinem Namen. Und ich sage euch nicht, daß ich den Vater für euch bitten will; denn er selbst, der Vater, hat euch lieb, weil ihr mich liebt und glaubt, daß ich von Gott ausgegangen bin. Ich bin vom Vater ausgegangen und in die Welt gekommen; ich verlasse die Welt wieder und gehe zum Vater.
Johannes Kapitel 16 Vers 22-28

In der Welt habt ihr Angst; aber seid getrost, ich habe die Welt überwunden.
Johannes Kapitel 16 Vers 33

Ich habe dich verherrlicht auf Erden und das Werk vollendet, das du mir gegeben hast, damit ich es tue. Und nun, Vater, verherrliche du mich bei dir mit der Herrlichkeit, die ich bei dir hatte, ehe die Welt war. Ich habe deinen Namen den Menschen offenbart, die du mir aus der Welt gegeben hast. Sie waren dein, und du hast sie mir gegeben, und sie haben dein Wort bewahrt. Nun wissen sie, daß alles, was du mir gegeben hast, von dir kommt. Denn die Worte, die du mir gegeben hast, habe ich ihnen gegeben, und sie haben sie angenommen und wahrhaftig erkannt, daß ich von dir ausgegangen bin, und sie glauben, daß du mich gesandt hast. Ich bitte für sie und bitte nicht für die Welt, sondern für die, die du mir gegeben hast; denn sie sind dein. Und alles, was mein ist, das ist dein, und was dein ist, das ist mein; und ich bin in ihnen verherrlicht. Ich bin nicht mehr in der Welt; sie aber sind in der Welt, und ich komme zu dir. Heiliger Vater, erhalte sie in deinem Namen, den du mir gegeben hast, daß sie eins seien wie wir. Solange ich bei ihnen war, erhielt ich sie in deinem Namen, den du mir gegeben hast, und ich habe sie bewahrt, und keiner von ihnen ist verloren außer dem Sohn des Verderbens, damit die Schrift erfüllt werde. Nun aber komme ich zu dir und rede dies in der Welt, damit meine Freude in ihnen vollkommen sei. Ich habe ihnen dein Wort gegeben, und die Welt hat sie gehaßt; denn sie sind nicht von der Welt, wie auch ich nicht von der Welt bin. Ich bitte dich nicht, daß du sie aus der Welt nimmst, sondern daß du sie bewahrst vor dem Bösen. Sie sind nicht von der Welt, wie

auch ich nicht von der Welt bin. Heilige sie in der Wahrheit; dein Wort ist die Wahrheit. Wie du mich gesandt hast in die Welt, so sende ich sie auch in die Welt. Ich heilige mich selbst für sie, damit auch sie geheiligt seien in der Wahrheit. Ich bitte aber nicht allein für sie, sondern auch für die, die durch ihr Wort an mich glauben werden, damit sie alle eins seien. Wie du, Vater, in mir bist und ich in dir, so sollen auch sie in uns sein, damit die Welt glaube, daß du mich gesandt hast. Und ich habe ihnen die Herrlichkeit gegeben, die du mir gegeben hast, damit sie eins seien, wie wir eins sind, ich in ihnen und du in mir, damit sie vollkommen eins seien und die Welt erkenne, daß du mich gesandt hast und sie liebst, wie du mich liebst. Vater, ich will, daß, wo ich bin, auch die bei mir seien, die du mir gegeben hast, damit sie meine Herrlichkeit sehen, die du mir gegeben hast; denn du hast mich geliebt, ehe der Grund der Welt gelegt war. Gerechter Vater, die Welt kennt dich nicht; ich aber kenne dich, und diese haben erkannt, daß du mich gesandt hast. Und ich habe ihnen deinen Namen kundgetan und werde ihn kundtun, damit die Liebe, mit der du mich liebst, in ihnen sei und ich in ihnen.
Johannes Kapitel 17 Vers 4-26

Ich habe euch gesagt, daß ich es bin. Sucht ihr mich, so laßt diese gehen!
Johannes Kapitel 18 Vers 8

Steck dein Schwert in die Scheide! Soll ich den Kelch nicht trinken, den mir mein Vater gegeben hat?
Johannes Kapitel 18 Vers 11

Ich bin ein König. Ich bin dazu geboren und in die Welt gekommen, daß ich die Wahrheit bezeugen soll. Wer aus der Wahrheit ist, der hört meine Stimme.
Johannes Kapitel 18 Vers 37

Mich dürstet.
Johannes Kapitel 19 Vers 28

Friede sei mit euch! Wie mich der Vater gesandt hat, so sende ich euch. Nehmt hin den heiligen Geist!
Johannes Kapitel 20 Vers 21 f

IRDISCH
Glaubt ihr nicht, wenn ich euch von irdischen Dingen sage, wie werdet ihr glauben, wenn ich euch von himmlischen Dingen sage?
Johannes Kapitel 3 Vers 12

IRREN
Ihr irrt, weil ihr weder die Schrift kennt noch die Kraft Gottes.
Matthäus Kapitel 22 Vers 29
Markus Kapitel 12 Vers 24

ISRAEL
Wahrlich, ich sage euch: Solchen Glauben habe ich in Israel bei keinem gefunden!
Matthäus Kapitel 8 Vers 10
Lukas Kapitel 7 Vers 9

Geht hin zu den verlorenen Schafen aus dem Hause Israel.
Matthäus Kapitel 10 Vers 6

Ich bin nur gesandt zu den verlorenen Schafen des Hauses Israel.
Matthäus Kapitel 15 Vers 24

Wahrlich, ich sage euch: Ihr, die ihr mir nachgefolgt seid, werdet bei der Wiedergeburt, wenn der Menschensohn sitzen wird auf dem Thron seiner Herrlichkeit, auch sitzen auf zwölf Thronen und richten die zwölf Stämme Israels.
Matthäus Kapitel 19 Vers 28

Das höchste Gebot ist das: »Höre, Israel, der Herr, unser Gott, ist der Herr allein, und du sollst den Herrn, deinen Gott, lieben von ganzem Herzen, von ganzer Seele, von ganzem Gemüt und von allen deinen Kräften.«
Markus Kapitel 12 Vers 29 f

Bist du Israels Lehrer und weißt das nicht?
Johannes Kapitel 3 Vers 10

ISRAELIT
Siehe, ein rechter Israelit, in dem kein Falsch ist.
Johannes Kapitel 1 Vers 47

J

JAHR
Und sage zu meiner Seele: Liebe Seele, du hast einen großen Vorrat für viele Jahre; habe nun Ruhe, iß, trink und habe guten Mut!
Lukas Kapitel 12 Vers 19

Herr, laß ihn noch dies Jahr, bis ich um ihn grabe und ihn dünge.
Lukas Kapitel 13 Vers 8

Siehe, so viele Jahre diene ich dir und habe dein Gebot noch nie übertreten, und du hast mir nie einen Bock gegeben, daß ich mit meinen Freunden fröhlich gewesen wäre.
Lukas Kapitel 15 Vers 29

JAMMERN
Das Volk jammert mich; denn sie harren nun schon drei Tage bei mir aus und haben nichts zu essen; und ich will sie nicht hungrig gehen lassen, damit sie nicht verschmachten auf dem Wege.
Matthäus Kapitel 15 Vers 32

Und er machte sich auf und kam zu seinem Vater. Als er aber noch weit entfernt war, sah ihn sein Vater, und es jammerte ihn; er lief und fiel ihm um den Hals und küßte ihn.
Lukas Kapitel 15 Vers 20

JEDERMANN
Ihr werdet gehaßt werden von jedermann um meines Namens willen. Wer aber bis an das Ende beharrt, der wird selig werden.
Matthäus Kapitel 10 Vers 22
Markus Kapitel 13 Vers 13
Lukas Kapitel 21 Vers 17

Weh euch, wenn euch jedermann wohlredet! Denn das gleiche haben ihre Väter den falschen Propheten getan.
Lukas Kapitel 6 Vers 26

Daran wird jedermann erkennen, daß ihr meine Jünger seid, wenn ihr Liebe untereinander habt.
Johannes Kapitel 13 Vers 35

JERUSALEM
Ich aber sage euch, daß ihr überhaupt nicht schwören sollt, weder bei dem Himmel, denn er ist Gottes Thron; noch bei der Erde, denn sie ist der

Schemel seiner Füße; noch bei Jerusalem, denn sie ist die Stadt des großen Königs.
Matthäus Kapitel 5 Vers 34 f

Siehe, wir ziehen hinauf nach Jerusalem, und der Menschensohn wird den Hohenpriestern und Schriftgelehrten überantwortet werden; und sie werden ihn zum Tode verurteilen und werden ihn den Heiden überantworten, damit sie ihn verspotten und geißeln und kreuzigen; und am dritten Tage wird er auferstehen.
Matthäus Kapitel 20 Vers 18 f
Markus Kapitel 10 Vers 33

Jerusalem, Jerusalem, die du tötest die Propheten und steinigst, die zu dir gesandt sind! Wie oft habe ich deine Kinder versammeln wollen, wie eine Henne ihre Küken versammelt unter ihre Flügel; und ihr habt nicht gewollt!
Matthäus Kapitel 23 Vers 37
Lukas Kapitel 13 Vers 34

Doch muß ich heute und morgen und am folgenden Tage noch wandern; denn es geht nicht an, daß ein Prophet umkomme außerhalb von Jerusalem.
Lukas Kapitel 13 Vers 33

Wenn ihr aber sehen werdet, daß Jerusalem von einem Heer belagert wird, dann erkennt, daß seine Verwüstung nahe herbeigekommen ist.
Lukas Kapitel 21 Vers 20

Jerusalem wird zertreten werden von den Heiden, bis die Zeiten der Heiden erfüllt sind.
Lukas Kapitel 21 Vers 24

Ihr Töchter von Jerusalem, weint nicht über mich, sondern weint über euch selbst und über eure Kinder.
Lukas Kapitel 23 Vers 28

So steht's geschrieben, daß Christus leiden wird und auferstehen von den Toten am dritten Tage; und daß gepredigt wird in seinem Namen Buße zur Vergebung der Sünden unter allen Völkern. Fangt an in Jerusalem, und seid dafür Zeugen.
Lukas Kapitel 24 Vers 45-48

Glaube mir, Frau, es kommt die Zeit, daß ihr weder auf diesem Berge noch in Jerusalem den Vater anbeten werdet.
Johannes Kapitel 4 Vers 21

JESUS

Das ist aber das ewige Leben, daß sie dich, der du allein wahrer Gott bist, und den du gesandt hast, Jesus Christus, erkennen.
Johannes Kapitel 17 Vers 3

JETZT

Ihr werdet mich von jetzt an nicht sehen, bis ihr sprecht: Gelobt sei, der da kommt im Namen des Herrn!
Matthäus Kapitel 23 Vers 39

Aber es kommt die Zeit und ist schon jetzt, in der die wahren Anbeter den Vater anbeten werden im Geist und in der Wahrheit; denn auch der Vater will solche Anbeter haben.
Johannes Kapitel 4 Vers 23

Jetzt ergeht das Gericht über diese Welt; nun wird der Fürst dieser Welt ausgestoßen werden.
Johannes Kapitel 12 Vers 31

Was ich tue, das verstehst du jetzt nicht; du wirst es aber hernach erfahren.
Johannes Kapitel 13 Vers 7

Ich habe euch noch viel zu sagen; aber ihr könnt es jetzt nicht ertragen.
Johannes Kapitel 16 Vers 12

JOCH

Nehmt auf euch mein Joch und lernt von mir; denn ich bin sanftmütig und von Herzen demütig; so werdet ihr Ruhe finden für eure Seelen. Denn mein Joch ist sanft, und meine Last ist leicht.
Matthäus Kapitel 11 Vers 29 f

JOHANNES (DER TÄUFER)

Wahrlich, ich sage euch: Unter allen, die von einer Frau geboren sind, ist keiner aufgetreten, der größer ist als Johannes der Täufer; der aber der Kleinste ist im Himmelreich, ist größer als er. Aber von den Tagen Johannes des Täufers bis heute leidet das Himmelreich Gewalt, und die Gewalttätigen reißen es an sich. Denn alle Propheten und das Gesetz haben geweissagt bis hin zu Johannes; und wenn ihr's annehmen wollt: er ist Elia, der da kommen soll.
Matthäus Kapitel 11 Vers 11-14

Mit wem soll ich aber dieses Geschlecht vergleichen? Es gleicht den Kindern, die auf dem Markt sitzen und rufen den andern zu: Wir haben euch aufgespielt, und ihr wolltet nicht tanzen; wir haben Klagelieder gesungen, und ihr wolltet nicht weinen. Johannes ist gekommen, aß nicht und trank

nicht; so sagen sie: Er ist besessen. Der Menschensohn ist gekommen, ißt und trinkt; so sagen sie: Siehe, was ist dieser Mensch für ein Fresser und Weinsäufer, ein Freund der Zöllner und Sünder! Und doch ist die Weisheit gerechtfertigt worden aus ihren Werken.
Matthäus Kapitel 11 Vers 16-19

Ich will euch auch eine Sache fragen; wenn ihr mir die sagt, will ich euch auch sagen, aus welcher Vollmacht ich das tue. Woher war die Taufe des Johannes? War sie vom Himmel oder von den Menschen?
Matthäus Kapitel 21 Vers 24

Ihr habt zu Johannes geschickt, und er hat die Wahrheit bezeugt. Ich aber nehme nicht Zeugnis von einem Menschen; sondern ich sage das, damit ihr selig werdet. Er war ein brennendes und scheinendes Licht; ihr aber wolltet eine kleine Weile fröhlich sein in seinem Licht. Ich aber habe ein größeres Zeugnis als das des Johannes; denn die Werke, die mir der Vater gegeben hat, damit ich sie vollende, eben diese Werke, die ich tue, bezeugen von mir, daß mich der Vater gesandt hat.
Johannes Kapitel 5 Vers 33-36

JONA
Ein böses und abtrünniges Geschlecht fordert ein Zeichen, aber es wird ihm kein Zeichen gegeben werden, es sei denn das Zeichen des Propheten Jona. Denn wie Jona drei Tage und drei Nächte im Bauch des Fisches war, so wird der Menschensohn drei Tage und drei Nächte im Schoß der Erde sein. Die Leute von Ninive werden auftreten beim Jüngsten Gericht mit diesem Geschlecht und werden es verdammen; denn sie taten Buße nach der Predigt des Jona. Und siehe, hier ist mehr als Jona.
Matthäus Kapitel 12 Vers 39-41
Matthäus Kapitel 16 Vers 4
Lukas Kapitel 11 Vers 29-32

JUDAS
Judas, verrätst du den Menschensohn mit einem Kuß?
Lukas Kapitel 7 Vers 34

JUDEN
Ihr wißt nicht, was ihr anbetet; wir wissen aber, was wir anbeten; denn das Heil kommt von den Juden.
Johannes Kapitel 4 Vers 22

Liebe Kinder, ich bin noch eine kleine Weile bei euch. Ihr werdet mich suchen. Und wie ich zu den Juden sagte, sage ich jetzt auch zu euch: Wo ich hingehe, da könnt ihr nicht hinkommen.
Johannes Kapitel 13 Vers 33

Ich habe frei und offen vor aller Welt geredet. Ich habe allezeit gelehrt in der Synagoge und im Tempel, wo alle Juden zusammenkommen, und habe nichts im Verborgenen geredet.
Johannes Kapitel 18 Vers 20

Mein Reich ist nicht von dieser Welt. Wäre mein Reich von dieser Welt, meine Diener würden darum kämpfen, daß ich den Juden nicht überantwortet würde; nun aber ist mein Reich nicht von dieser Welt.
Johannes Kapitel 18 Vers 36

JUNG

Ihr aber nicht so! Sondern der Größte unter euch soll sein wie der Jüngste, und der Vornehmste wie ein Diener.
Lukas Kapitel 22 Vers 26

Wahrlich, wahrlich, ich sage dir: Als du jünger warst, gürtetest du dich selbst und gingst, wo du hin wolltest; wenn du aber alt wirst, wirst du deine Hände ausstrecken, und ein anderer wird dich gürten und führen, wo du nicht hin willst.
Johannes Kapitel 21 Vers 18

JÜNGER

Der Jünger steht nicht über dem Meister und der Knecht nicht über seinem Herrn. Es ist für den Jünger genug, daß er ist wie sein Meister und der Knecht wie sein Herr.
Matthäus 10 Vers 24 f

Und wer einem dieser Geringen auch nur einen Becher kalten Wassers zu trinken gibt, weil es ein Jünger ist, wahrlich, ich sage euch: es wird ihm nicht unbelohnt bleiben.
Matthäus Kapitel 10 Vers 42

Darum gleicht jeder Schriftgelehrte, der ein Jünger des Himmelreichs geworden ist, einem Hausvater, der aus seinem Schatz Neues und Altes hervorholt.
Matthäus Kapitel 13 Vers 52

Gehet hin und machet zu Jüngern alle Völker: Taufet sie auf den Namen des Vaters und des Sohnes und des heiligen Geistes und lehret sie halten alles, was ich euch befohlen habe. Und siehe, ich bin bei euch alle Tage bis an der Welt Ende.
Matthäus Kapitel 28 Vers 19 f

Der Jünger steht nicht über dem Meister; wenn er vollkommen ist, so ist er wie sein Meister.
Lukas Kapitel 6 Vers 40

Wer nicht sein Kreuz trägt und mir nachfolgt, der kann nicht mein Jünger sein.
Lukas Kapitel 14 Vers 27

So auch jeder unter euch, der sich nicht lossagt von allem, was er hat, der kann nicht mein Jünger sein.
Lukas Kapitel 14 Vers 33

Wenn ihr bleiben werdet an meinem Wort, so seid ihr wahrhaftig meine Jünger. Und werdet die Wahrheit erkennen, und die Wahrheit wird euch frei machen.
Johannes Kapitel 8 Vers 31 f

Ein neues Gebot gebe ich euch, daß ihr euch untereinander liebt, wie ich euch geliebt habe, damit auch ihr einander lieb habt. Daran wird jedermann erkennen, daß ihr meine Jünger seid, wenn ihr Liebe untereinander habt.
Johannes Kapitel 13 Vers 34 f

Darin wird mein Vater verherrlicht, daß ihr viel Frucht bringt und werdet meine Jünger.
Johannes Kapitel 15 Vers 8

JUNGFRAU
Dann wird das Himmelreich gleichen zehn Jungfrauen, die ihre Lampen nahmen und gingen hinaus, dem Bräutigam entgegen.Aber fünf von ihnen waren töricht, und fünf waren klug. Die törichten nahmen ihre Lampen, aber sie nahmen kein Öl mit. Die klugen aber nahmen Öl mit in ihren Gefäßen, samt ihren Lampen. Als nun der Bräutigam lange ausblieb, wurden sie alle schläfrig und schliefen ein. Um Mitternacht aber erhob sich lautes Rufen: Siehe, der Bräutigam kommt! Geht hinaus, ihm entgegen! Da standen diese Jungfrauen alle auf und machten ihre Lampen fertig. Die törichten aber sprachen zu den klugen: Gebt uns von eurem Öl, denn unsre Lampen verlöschen. Da antworteten die klugen und sprachen: Nein, sonst würde es für uns und euch nicht genug sein; geht aber zum Kaufmann und kauft für euch selbst. Und als sie hingingen zu kaufen, kam der Bräutigam; und die bereit waren, gingen mit ihm hinein zur Hochzeit, und die Tür wurde verschlossen. Später kamen auch die andern Jungfrauen und sprachen: Herr, Herr, tu uns auf! Er antwortete aber und sprach: Wahrlich, ich sage euch: Ich kenne euch nicht. Darum wachet! Denn ihr wißt weder Tag noch Stunde.
Matthäus Kapitel 25 Vers 1-13

JÜNGLING
Jüngling, ich sage dir, steh auf!
Lukas Kapitel 7 Vers 14

JÜNGSTER TAG
Das ist aber der Wille dessen, der mich gesandt hat, daß ich nichts verliere von allem, was er mir gegeben hat, sondern daß ich's auferwecke am Jüngsten Tage.
Johannes Kapitel 6 Vers 39

Das ist der Wille meines Vaters, daß, wer den Sohn sieht und glaubt an ihn, das ewige Leben habe; und ich werde ihn auferwecken am Jüngsten Tage.
Johannes Kapitel 6 Vers 40

Es kann niemand zu mir kommen, es sei denn, ihn ziehe der Vater, der mich gesandt hat, und ich werde ihn auferwecken am Jüngsten Tage.
Johannes Kapitel 6 Vers 44

Wer mein Fleisch ißt und mein Blut trinkt, der hat das ewige Leben, und ich werde ihn am Jüngsten Tage auferwecken.
Johannes Kapitel 6 Vers 54

Wer mich verachtet und nimmt meine Worte nicht an, der hat schon seinen Richter: Das Wort, das ich geredet habe, das wird ihn richten am Jüngsten Tage.
Johannes Kapitel 12 Vers 48

K

KAISER
Gebt dem Kaiser, was des Kaisers ist, und Gott, was Gottes ist!
Matthäus Kapitel 22 Vers 21
Markus Kapitel 12 Vers 17
Lukas Kapitel 20 Vers 25

KALB
Bringt das gemästete Kalb und schlachtet's; laßt uns essen und fröhlich sein!
Lukas Kapitel 15 Vers 23

KAMEL
Es ist leichter, daß ein Kamel durch ein Nadelöhr gehe, als daß ein Reicher ins Reich Gottes komme.
Matthäus Kapitel 19 Vers 24
Markus Kapitel 10 Vers 25
Lukas Kapitel 18 Vers 25

Ihr verblendeten Führer, die ihr Mücken aussiebt, aber Kamele verschluckt!
Matthäus Kapitel 23 Vers 24

KAMMER
Was ihr in der Finsternis sagt, das wird man im Licht hören; und was ihr ins Ohr flüstert in der Kammer, das wird man auf den Dächern predigen.
Lukas Kapitel 12 Vers 3

KÄMMERLEIN
Wenn du aber betest, so geh in dein Kämmerlein und schließ die Tür zu und bete zu deinem Vater, der im Verborgenen ist; und dein Vater, der in das Verborgene sieht, wird dir's vergelten.
Matthäus Kapitel 6 Vers 6

KÄMPFEN
Mein Reich ist nicht von dieser Welt. Wäre mein Reich von dieser Welt, meine Diener würden darum kämpfen, daß ich den Juden nicht überantwortet würde; nun aber ist mein Reich nicht von dieser Welt.
Johannes Kapitel 18 Vers 36

KAUFEN
Kauft man nicht zwei Sperlinge für einen Groschen? Dennoch fällt keiner von ihnen auf die Erde ohne euren Vater.
Matthäus Kapitel 10 Vers 29

Das Himmelreich gleicht einem Schatz, verborgen im Acker, den ein Mensch fand und verbarg; und in seiner Freude ging er hin und verkaufte alles, was er hatte, und kaufte den Acker.
Matthäus Kapitel 13 Vers 44

Da antworteten die klugen und sprachen: Nein, sonst würde es für uns und euch nicht genug sein; geht aber zum Kaufmann und kauft für euch selbst.
Matthäus Kapitel 25 Vers 9

Und sie fingen an alle nacheinander, sich zu entschuldigen. Der erste sprach zu ihm: Ich habe einen Acker gekauft und muß hinausgehen und ihn besehen; ich bitte dich, entschuldige mich.
Lukas Kapitel 14 Vers 18

Ebenso, wie es geschah zu den Zeiten Lots: Sie aßen, sie tranken, sie kauften, sie verkauften, sie pflanzten, sie bauten; an dem Tage aber, als Lot aus Sodom ging, da regnete es Feuer und Schwefel vom Himmel und brachte sie alle um. Auf diese Weise wird's auch gehen an dem Tage, wenn der Menschensohn wird offenbar werden.
Lukas Kapitel 17 Vers 28-3o

Aber nun, wer einen Geldbeutel hat, der nehme ihn, desgleichen auch die Tasche, und wer's nicht hat, verkaufe seinen Mantel und kaufe ein Schwert.
Lukas Kapitel 22 Vers 36

Wo kaufen wir Brot, damit diese zu essen haben?
Johannes Kapitel 6 Vers 5

KAUFHAUS
Tragt das weg und macht nicht meines Vaters Haus zum Kaufhaus!
Johannes Kapitel 2 Vers 16

KAUFMANN
Wiederum gleicht das Himmelreich einem Kaufmann, der gute Perlen suchte, und als er eine kostbare Perle fand, ging er hin und verkaufte alles, was er hatte, und kaufte sie.
Matthäus Kapitel 13 Vers 45 f

KEHREN

Wenn der unreine Geist von einem Menschen ausgefahren ist, so durchstreift er dürre Stätten, sucht Ruhe und findet sie nicht. Dann spricht er: Ich will wieder zurückkehren in mein Haus, aus dem ich fortgegangen bin. Und wenn er kommt, so findet er's leer, gekehrt und geschmückt.
Matthäus Kapitel 12 Vers 43 f

Oder welche Frau, die zehn Silbergroschen hat und einen davon verliert, zündet nicht ein Licht an und kehrt das Haus und sucht mit Fleiß, bis sie ihn findet?
Lukas Kapitel 15 Vers 8

KELCH

Könnt ihr den Kelch trinken, den ich trinken werde?
Matthäus Kapitel 20 Vers 22
Markus Kapitel 10 Vers 38

Meinen Kelch werdet ihr zwar trinken, aber das Sitzen zu meiner Rechten und Linken zu geben, steht mir nicht zu. Das wird denen zuteil, für die es bestimmt ist von meinem Vater.
Matthäus Kapitel 20 Vers 23
Markus Kapitel 10 Vers 39 f

Mein Vater, ist's möglich, so gehe dieser Kelch an mir vorüber; doch nicht wie ich will, sondern wie du willst!
Matthäus Kapitel 26 Vers 39
Markus Kapitel 14 Vers 36
Lukas Kapitel 22 Vers 42

Dieser Kelch ist der neue Bund in meinem Blut, das für euch vergossen wird!
Lukas Kapitel 22 Vers 20

Steck dein Schwert in die Scheide! Soll ich den Kelch nicht trinken, den mir mein Vater gegeben hat?
Johannes Kapitel 18 Vers 11

KENNEN

Alles ist mir übergeben von meinem Vater; und niemand kennt den Sohn als nur der Vater; und niemand kennt den Vater als nur der Sohn und wem es der Sohn offenbaren will.
Matthäus Kapitel 11 Vers 27

Ihr irrt, weil ihr weder die Schrift kennt noch die Kraft Gottes.
Matthäus Kapitel 22 Vers 29
Markus Kapitel 12 Vers 24

Wahrlich, ich sage euch: Ich kenne euch nicht.
Matthäus Kapitel 25 Vers 12
Lukas Kapitel 13 Vers 25

Der Knecht aber, der den Willen seines Herrn kennt, hat aber nichts vorbereitet noch nach seinem Willen getan, der wird viel Schläge erleiden müssen.
Lukas Kapitel 12 Vers 47

Ihr seid's, die ihr euch selbst rechtfertigt vor den Menschen; aber Gott kennt eure Herzen; denn was hoch ist bei den Menschen, das ist ein Greuel vor Gott.
Lukas Kapitel 16 Vers 15

Ihr kennt mich und wißt, woher ich bin. Aber nicht von mir selbst aus bin ich gekommen, sondern es ist ein Wahrhaftiger, der mich gesandt hat, den ihr nicht kennt. Ich aber kenne ihn; denn ich bin von ihm, und er hat mich gesandt.
Johannes Kapitel 7 Vers 28 f

Ihr kennt weder mich noch meinen Vater; wenn ihr mich kenntet, so kenntet ihr auch meinen Vater.
Johannes Kapitel 8 Vers 19

Und ihr kennt ihn nicht; ich aber kenne ihn. Und wenn ich sagen wollte: Ich kenne ihn nicht, so würde ich ein Lügner, wie ihr seid. Aber ich kenne ihn und halte sein Wort.
Johannes Kapitel 8 Vers 55

Und wenn er alle seine Schafe hinausgelassen hat, geht er vor ihnen her, und die Schafe folgen ihm nach; denn sie kennen seine Stimme. Einem Fremden aber folgen sie nicht nach, sondern fliehen vor ihm; denn sie kennen die Stimme der Fremden nicht.
Johannes Kapitel 10 Vers 4 f

Ich bin der gute Hirte und kenne die Meinen, und die Meinen kennen mich, wie mich mein Vater kennt, und ich kenne den Vater. Und ich lasse mein Leben für die Schafe.
Johannes Kapitel 10 Vers 14 f

Meine Schafe hören meine Stimme, und ich kenne sie, und sie folgen mir.
Johannes Kapitel 10 Vers 27

Ich bin der Weg und die Wahrheit und das Leben; niemand kommt zum Vater denn durch mich. Wenn ihr mich erkannt habt, so werdet ihr auch

meinen Vater erkennen. Und von nun an kennt ihr ihn und habt ihn gesehen.
Johannes Kapitel 14 Vers 6 f

Ich will den Vater bitten, und er wird euch einen andern Tröster geben, daß er bei euch sei in Ewigkeit: den Geist der Wahrheit, den die Welt nicht empfangen kann, denn sie sieht ihn nicht und kennt ihn nicht. Ihr kennt ihn, denn er bleibt bei euch und wird in euch sein.
Johannes Kapitel 14 Vers 16 f

Gerechter Vater, die Welt kennt dich nicht; ich aber kenne dich, und diese haben erkannt, daß du mich gesandt hast.
Johannes Kapitel 17 Vers 25

KIND

Selig sind die Friedfertigen; denn sie werden Gottes Kinder heißen.
Matthäus Kapitel 5 Vers 9

Ich aber sage euch: Liebt eure Feinde und bittet für die, die euch verfolgen, damit ihr Kinder seid eures Vaters im Himmel. Denn er läßt seine Sonne aufgehen über Böse und Gute und läßt regnen über Gerechte und Ungerechte.
Matthäus Kapitel 5 Vers 44 f
Lukas Kapitel 6 Vers 35

Wenn nun ihr, die ihr doch böse seid, dennoch euren Kindern gute Gaben geben könnt, wieviel mehr wird euer Vater im Himmel Gutes geben denen, die ihn bitten!
Matthäus Kapitel 7 Vers 11

Aber die Kinder des Reichs werden hinausgestoßen in die Finsternis; da wird sein Heulen und Zähneklappern.
Matthäus Kapitel 8 Vers 12

Es wird aber ein Bruder den andern dem Tod preisgeben und der Vater den Sohn, und die Kinder werden sich empören gegen ihre Eltern und werden sie töten helfen.
Matthäus Kapitel 10 Vers 21
Markus Kapitel 13 Vers 12

Der Acker ist die Welt. Der gute Same sind die Kinder des Reichs. Das Unkraut sind die Kinder des Bösen.
Matthäus Kapitel 13 Vers 38

Wer nun sich selbst erniedrigt und wird wie dies Kind, der ist der Größte im Himmelreich.
Matthäus Kapitel 18 Vers 4

Und wer ein solches Kind aufnimmt in meinem Namen, der nimmt mich auf.
Matthäus Kapitel 18 Vers 5

Und wer Häuser oder Brüder oder Schwestern oder Vater oder Mutter oder Kinder oder Äcker verläßt um meines Namens willen, der wird's hundertfach empfangen und das ewige Leben ererben.
Matthäus Kapitel 19 Vers 29
Markus Kapitel 10 Vers 29 f
Lukas Kapitel 18 Vers 29 f

Weh euch, Schriftgelehrte und Pharisäer, ihr Heuchler, die ihr Land und Meer durchzieht, damit ihr einen Judengenossen gewinnt; und wenn er's geworden ist, macht ihr aus ihm ein Kind der Hölle, doppelt so schlimm wie ihr.
Matthäus Kapitel 23 Vers 15

Jerusalem, Jerusalem, die du tötest die Propheten und steinigst, die zu dir gesandt sind! Wie oft habe ich deine Kinder versammeln wollen, wie eine Henne ihre Küken versammelt unter ihre Flügel; und ihr habt nicht gewollt!
Matthäus Kapitel 23 Vers 37
Lukas Kapitel 13 Vers 34

Laß zuvor die Kinder satt werden; es ist nicht recht, daß man den Kindern das Brot wegnehme und werfe es vor die Hunde.
Markus Kapitel 7 Vers 27
Matthäus Kapitel 15 Vers 26

Wer ein solches Kind in meinem Namen aufnimmt, der nimmt mich auf; und wer mich aufnimmt, der nimmt nicht mich auf, sondern den, der mich gesandt hat.
Markus Kapitel 9 Vers 37
Matthäus Kapitel 18 Vers 5
Lukas Kapitel 9 Vers 48

Laßt die Kinder zu mir kommen und wehret ihnen nicht; denn solchen gehört das Reich Gottes.
Markus Kapitel 10 Vers 14
Matthäus Kapitel 19 Vers 14
Lukas Kapitel 18 Vers 16

Wißt ihr nicht, welches Geistes Kinder ihr seid? Der Menschensohn ist nicht gekommen, das Leben der Menschen zu vernichten, sondern zu erhalten.
Lukas Kapitel 9 Vers 55

Und wenn dort ein Kind des Friedens ist, so wird euer Friede auf ihm ruhen; wenn aber nicht, so wird sich euer Friede wieder zu euch wenden.
Lukas Kapitel 10 Vers 6

Und der Herr lobte den ungetreuen Verwalter, weil er klug gehandelt hatte; denn die Kinder dieser Welt sind unter ihresgleichen klüger als die Kinder des Lichts.
Lukas Kapitel 16 Vers 8

Wahrlich, ich sage euch: Wer nicht das Reich Gottes annimmt wie ein Kind, der wird nicht hineinkommen.
Lukas Kapitel 18 Vers 17
Markus Kapitel 10 Vers 15

Die Kinder dieser Welt heiraten und lassen sich heiraten. Welche aber gewürdigt werden, jene Welt zu erlangen und die Auferstehung von den Toten, die werden weder heiraten noch sich heiraten lassen. Denn sie können hinfort auch nicht sterben; denn sie sind den Engeln gleich und Gottes Kinder, weil sie Kinder der Auferstehung sind.
Lukas Kapitel 20 Vers 34 f

Ihr Töchter von Jerusalem, weint nicht über mich, sondern weint über euch selbst und über eure Kinder.
Lukas Kapitel 23 Vers 28

Glaubt an das Licht, solange ihr's habt, damit ihr Kinder des Lichtes werdet.
Johannes Kapitel 12 Vers 36

Liebe Kinder, ich bin noch eine kleine Weile bei euch. Ihr werdet mich suchen. Und wie ich zu den Juden sagte, sage ich jetzt auch zu euch: Wo ich hingehe, da könnt ihr nicht hinkommen.
Johannes Kapitel 13 Vers 33

Eine Frau, wenn sie gebiert, so hat sie Schmerzen, denn ihre Stunde ist gekommen. Wenn sie aber das Kind geboren hat, denkt sie nicht mehr an die Angst um der Freude willen, daß ein Mensch zur Welt gekommen ist.
Johannes Kapitel 16 Vers 21

Kinder, habt ihr nichts zu essen?
Johannes Kapitel 21 Vers 5

KLAGELIED
Wir haben euch aufgespielt, und ihr wolltet nicht tanzen; wir haben Klagelieder gesungen, und ihr wolltet nicht weinen.
Matthäus Kapitel 11 Vers 17

KLAGEN
Weh euch, die ihr jetzt lacht! Denn ihr werdet weinen und klagen.
Lukas Kapitel 6 Vers 25

Wahrlich, wahrlich, ich sage euch: Ihr werdet weinen und klagen, aber die Welt wird sich freuen; ihr werdet traurig sein, doch eure Traurigkeit soll in Freude verwandelt werden.
Johannes Kapitel 16 Vers 20

KLEID/KLEIDUNG
Niemand flickt ein altes Kleid mit einem Lappen von neuem Tuch; denn der Lappen reißt doch wieder vom Kleid ab, und der Riß wird ärger.
Matthäus Kapitel 9 Vers 16
Markus Kapitel 2 Vers 21
Lukas Kapitel 5 Vers 36

Darum sage ich euch: Sorgt nicht um euer Leben, was ihr essen und trinken werdet; auch nicht um euren Leib, was ihr anziehen werdet. Ist nicht das Leben mehr als die Nahrung und der Leib mehr als die Kleidung?
Matthäus Kapitel 6 Vers 25

Und warum sorgt ihr euch um die Kleidung? Schaut die Lilien auf dem Feld an, wie sie wachsen: sie arbeiten nicht, auch spinnen sie nicht. Ich sage euch daß auch Salomo in all seiner Herrlichkeit nicht gekleidet gewesen ist wie eine von ihnen.
Matthäus Kapitel 6 Vers 28 f

Was seid ihr hinausgegangen zu sehen? Wolltet ihr einen Menschen sehen in weichen Kleidern? Seht, die herrliche Kleider tragen und üppig leben, die sind an den königlichen Höfen.
Lukas Kapitel 7 Vers 25
Matthäus Kapitel 11 Vers 8

Denn das Leben ist mehr als die Nahrung und der Leib mehr als die Kleidung.
Lukas Kapitel 12 Vers 23

KLEIDEN
Und warum sorgt ihr euch um die Kleidung? Schaut die Lilien auf dem Feld an, wie sie wachsen: sie arbeiten nicht, auch spinnen sie nicht. Ich sa-

ge euch daß auch Salomo in all seiner Herrlichkeit nicht gekleidet gewesen ist wie eine von ihnen.
Matthäus Kapitel 6 Vers 28 f

Darum sollt ihr nicht sorgen und sagen: Was werden wir essen? Was werden wir trinken? Womit werden wir uns kleiden? Nach all dem trachten die Heiden. Denn euer himmlischer Vater weiß, daß ihr all dessen bedürft.
Matthäus Kapitel 6 Vers 31 f

Ich bin nackt gewesen, und ihr habt mich gekleidet. Ich bin krank gewesen, und ihr habt mich besucht. Ich bin im Gefängnis gewesen, und ihr seid zu mir gekommen.
Matthäus Kapitel 25 Vers 36

Wenn nun Gott das Gras, das heute auf dem Feld steht und morgen in den Ofen geworfen wird, so kleidet, wieviel mehr wird er euch kleiden, ihr Kleingläubigen!
Lukas Kapitel 12 Vers 28

Es war aber ein reicher Mann, der kleidete sich in Purpur und kostbares Leinen und lebte alle Tage herrlich und in Freuden.
Lukas Kapitel 16 Vers 19

KLEIN
Wahrlich, ich sage euch: Unter allen, die von einer Frau geboren sind, ist keiner aufgetreten, der größer ist als Johannes der Täufer; der aber der Kleinste ist im Himmelreich, ist größer als er.
Matthäus Kapitel 11 Vers 11

Das Himmelreich gleicht einem Senfkorn, das ein Mensch nahm und auf seinen Acker säte; das ist das kleinste unter allen Samenkörnern; wenn es aber gewachsen ist, so ist es größer als alle Kräuter und wird ein Baum, so daß die Vögel unter dem Himmel kommen und wohnen in seinen Zweigen.
Matthäus Kapitel 13 Vers 31 f

Wer aber einen dieser Kleinen, die an mich glauben, zum Abfall verführt, für den wäre es besser, daß ein Mühlstein an seinen Hals gehängt und er ersäuft würde im Meer, wo es am tiefsten ist.
Matthäus Kapitel 18 Vers 6

Seht zu, daß ihr nicht einen von diesen Kleinen verachtet. Denn ich sage euch: Ihre Engel im Himmel sehen allezeit das Angesicht meines Vaters im Himmel.
Matthäus Kapitel 18 Vers 10

Fürchte dich nicht, du kleine Herde! Denn es hat eurem Vater wohlgefallen, euch das Reich zu geben.
Lukas Kapitel 12 Vers 32

Liebe Kinder, ich bin noch eine kleine Weile bei euch. Ihr werdet mich suchen. Und wie ich zu den Juden sagte, sage ich jetzt auch zu euch: Wo ich hingehe, da könnt ihr nicht hinkommen.
Johannes Kapitel 13 Vers 33

Es ist noch eine kleine Zeit, dann wird mich die Welt nicht mehr sehen. Ihr aber sollt mich sehen, denn ich lebe, und ihr sollt auch leben.
Johannes Kapitel 14 Vers 19

KLEINGLÄUBIG

Wenn nun Gott das Gras auf dem Feld so kleidet, das doch heute steht und morgen in den Ofen geworfen wird: sollte er das nicht viel mehr für euch tun, ihr Kleingläubigen?
Matthäus Kapitel 6 Vers 30

Du Kleingläubiger, warum hast du gezweifelt?
Matthäus Kapitel 14 Vers 31

Ihr Kleingläubigen, was bekümmert ihr euch doch, daß ihr kein Brot habt?
Matthäus Kapitel 16 Vers 8

KLUG

Darum, wer diese meine Rede hört und tut sie, der gleicht einem klugen Mann, der sein Haus auf Fels baute.
Matthäus Kapitel 7 Vers 24

Siehe, ich sende euch wie Schafe mitten unter die Wölfe. Darum seid klug wie die Schlangen und ohne Falsch wie die Tauben.
Matthäus Kapitel 10 Vers 16

Wer ist nun der treue und kluge Knecht, den der Herr über seine Leute gesetzt hat, damit er ihnen zur rechten Zeit zu essen gebe? Selig ist der Knecht, den sein Herr, wenn er kommt, das tun sieht. Wahrlich, ich sage euch: Er wird ihn über alle seine Güter setzen.
Matthäus Kapitel 24 Vers 45-47

Aber fünf von ihnen waren töricht, und fünf waren klug.
Matthäus Kapitel 25 Vers 2

Ich preise dich, Vater, Herr des Himmels und der Erde, weil du dies den Weisen und Klugen verborgen hast und hast es den Unmündigen offenbart. Ja, Vater, so hat es dir wohlgefallen.
Lukas Kapitel 10 Vers 21
Matthäus Kapitel 11 Vers 25

Und der Herr lobte den ungetreuen Verwalter, weil er klug gehandelt hatte; denn die Kinder dieser Welt sind unter ihresgleichen klüger als die Kinder des Lichts.
Lukas Kapitel 16 Vers 8

KNECHT

Der Jünger steht nicht über dem Meister und der Knecht nicht über seinem Herrn.
Matthäus Kapitel 10 Vers 24

Es ist für den Jünger genug, daß er ist wie sein Meister und der Knecht wie sein Herr. Haben sie den Hausherrn Beelzebul genannt, wieviel mehr werden sie seine Hausgenossen so nennen!
Matthäus Kapitel 10 Vers 25

Darum gleicht das Himmelreich einem König, der mit seinen Knechten abrechnen wollte. Und als er anfing abzurechnen, wurde einer vor ihn gebracht, der war ihm zehntausend Zentner Silber schuldig. Da er's nun nicht bezahlen konnte, befahl der Herr, ihn und seine Frau und seine Kinder und alles, was er hatte, zu verkaufen und damit zu bezahlen. Da fiel ihm der Knecht zu Füßen und flehte ihn an und sprach: Hab Geduld mit mir; ich will dir's alles bezahlen. Da hatte der Herr Erbarmen mit diesem Knecht und ließ ihn frei, und die Schuld erließ er ihm auch. Da ging dieser Knecht hinaus und traf einen seiner Mitknechte, der war ihm hundert Silbergroschen schuldig; und er packte und würgte ihn und sprach: Bezahle, was du mir schuldig bist! Da fiel sein Mitknecht nieder und bat ihn und sprach: Hab Geduld mit mir; ich will dir's bezahlen. Er wollte aber nicht, sondern ging hin und warf ihn ins Gefängnis, bis er bezahlt hätte, was er schuldig war. Als aber seine Mitknechte das sahen, wurden sie sehr betrübt und kamen und brachten bei ihrem Herrn alles vor, was sich begeben hatte. Da forderte ihn sein Herr vor sich und sprach zu ihm: Du böser Knecht! Deine ganze Schuld habe ich dir erlassen, weil du mich gebeten hast; hättest du dich da nicht auch erbarmen sollen über deinen Mitknecht, wie ich mich über dich erbarmt habe? Und sein Herr wurde zornig und überantwortete ihn den Peinigern, bis er alles bezahlt hätte, was er ihm schuldig war. So wird auch mein himmlischer Vater an euch tun, wenn ihr einander nicht von Herzen vergebt, ein jeder seinem Bruder.
Matthäus Kapitel 18 Vers 23-35

Wer unter euch der Erste sein will, der sei euer Knecht.
Matthäus Kapitel 20 Vers 27
Markus Kapitel 10 Vers 44

Recht so, du tüchtiger und treuer Knecht, du bist über wenigem treu gewesen, ich will dich über viel setzen; geh hinein zu deines Herrn Freude!
Matthäus Kapitel 25 Vers 21
Lukas Kapitel 19 Vers 17

Du böser und fauler Knecht! Wußtest du, daß ich ernte, wo ich nicht gesät habe, und einsammle, wo ich nicht ausgestreut habe? Dann hättest du mein Geld zu den Wechslern bringen sollen, und wenn ich gekommen wäre, hätte ich das Meine wiederbekommen mit Zinsen.
Matthäus Kapitel 25 Vers 26 f
Lukas Kapitel 19 Vers 22 f

Und den unnützen Knecht werft in die Finsternis hinaus; da wird sein Heulen und Zähneklappern.
Matthäus Kapitel 25 Vers 30

Der Knecht aber, der den Willen seines Herrn kennt, hat aber nichts vorbereitet noch nach seinem Willen getan, der wird viel Schläge erleiden müssen.
Lukas Kapitel 12 Vers 47

Kein Knecht kann zwei Herren dienen; entweder er wird den einen hassen und den andern lieben, oder er wird an dem einen hängen und den andern verachten. Ihr könnt nicht Gott dienen und dem Mammon.
Lukas Kapitel 16 Vers 13

Wahrlich, wahrlich, ich sage euch: Wer Sünde tut, der ist der Sünde Knecht.
Johannes Kapitel 8 Vers 34

Der Knecht bleibt nicht ewig im Haus; der Sohn bleibt ewig.
Johannes Kapitel 8 Vers 35

Der Knecht ist nicht größer als sein Herr und der Apostel nicht größer als der, der ihn gesandt hat.
Johannes Kapitel 13 Vers 16

Ich sage hinfort nicht, daß ihr Knechte seid; denn ein Knecht weiß nicht, was sein Herr tut. Euch aber habe ich gesagt, daß ihr Freunde seid; denn alles, was ich von meinem Vater gehört habe, habe ich euch kundgetan.
Johannes Kapitel 15 Vers 15

KNOCHEN

Seht meine Hände und meine Füße, ich bin's selber. Faßt mich an und seht; denn ein Geist hat nicht Fleisch und Knochen, wie ihr seht, daß ich sie habe.
Lukas Kapitel 24 Vers 39

KOMMEN

Ihr sollt nicht meinen, daß ich gekommen bin, das Gesetz oder die Propheten aufzulösen; ich bin nicht gekommen aufzulösen, sondern zu erfüllen.
Matthäus Kapitel 5 Vers 17

Dein Reich komme. Dein Wille geschehe wie im Himmel so auf Erden.
Matthäus Kapitel 6 Vers 10
Lukas Kapitel 11 Vers 2

Aber ich sage euch: Viele werden kommen von Osten und von Westen und mit Abraham und Isaak und Jakob im Himmelreich zu Tisch sitzen; aber die Kinder des Reichs werden hinausgestoßen in die Finsternis.
Matthäus Kapitel 8 Vers 11 f

Geht aber hin und lernt, was das heißt: Ich habe Wohlgefallen an Barmherzigkeit und nicht am Opfer. Ich bin gekommen, die Sünder zu rufen und nicht die Gerechten.
Matthäus Kapitel 9 Vers 13

Ihr sollt nicht meinen, daß ich gekommen bin, Frieden zu bringen auf die Erde. Ich bin nicht gekommen, Frieden zu bringen, sondern das Schwert.
Matthäus Kapitel 10 Vers 34

Kommt her zu mir, alle, die ihr mühselig und beladen seid; ich will euch erquicken.
Matthäus Kapitel 11 Vers 28

Wenn ich aber die bösen Geister durch den Geist Gottes austreibe, so ist ja das Reich Gottes zu euch gekommen.
Matthäus Kapitel 12 Vers 28

Denn aus dem Herzen kommen böse Gedanken, Mord, Ehebruch, Unzucht, Diebstahl, falsches Zeugnis, Lästerung.
Matthäus Kapitel 15 Vers 19

Denn es wird geschehen, daß der Menschensohn kommt in der Herrlichkeit seines Vaters mit seinen Engeln, und dann wird er einem jeden vergelten nach seinem Tun.
Matthäus Kapitel 16 Vers 27

Der Menschensohn ist gekommen, selig zu machen, was verloren ist.
Matthäus Kapitel 18 Vers 11

Wahrlich, ich sage euch: Ein Reicher wird schwer ins Himmelreich kommen.
Matthäus Kapitel 19 Vers 23

So wie der Menschensohn nicht gekommen ist, daß er sich dienen lasse, sondern daß er diene und gebe sein Leben zu einer Erlösung für viele.
Matthäus Kapitel 20 Vers 28

Wahrlich, ich sage euch: Die Zöllner und Huren kommen eher ins Reich Gottes als ihr.
Matthäus Kapitel 21 Vers 31

Darum wachet; denn ihr wißt nicht, an welchem Tag euer Herr kommt.
Matthäus Kapitel 24 Vers 42

Laßt uns anderswohin gehen, in die nächsten Städte, daß ich auch dort predige; denn dazu bin ich gekommen.
Markus Kapitel 1 Vers 38

Wahrlich, ich sage euch: Es stehen einige hier, die werden den Tod nicht schmecken, bis sie sehen das Reich Gottes kommen mit Kraft.
Markus Kapitel 9 Vers 1

Laßt die Kinder zu mir kommen und wehret ihnen nicht; denn solchen gehört das Reich Gottes.
Markus Kapitel 10 Vers 14

Ach, wollt ihr weiter schlafen und ruhen? Es ist genug; die Stunde ist gekommen. Siehe, der Menschensohn wird überantwortet in die Hände der Sünder.
Markus Kapitel 14 Vers 41

Wer zu mir kommt und hört meine Rede und tut sie – ich will euch zeigen, wem er gleicht. Er gleicht einem Menschen, der ein Haus baute und grub tief und legte den Grund auf Fels. Als aber eine Wasserflut kam, da riß der Strom an dem Haus und konnte es nicht bewegen; denn es war gut gebaut.
Lukas Kapitel 6 Vers 47 f

Denn es ist nichts verborgen, was nicht offenbar werden soll, auch nichts geheim, was nicht bekannt werden und an den Tag kommen soll.
Lukas Kapitel 8 Vers 17

Der Menschensohn ist nicht gekommen, das Leben der Menschen zu vernichten, sondern zu erhalten.
Lukas Kapitel 9 Vers 56

Ich bin gekommen, ein Feuer anzuzünden auf Erden; was wollte ich lieber, als daß es schon brennte!
Lukas Kapitel 12 Vers 49

Es war ein Mensch, der machte ein großes Abendmahl und lud viele dazu ein. Und er sandte seinen Knecht aus zur Stunde des Abendmahls, den Geladenen zu sagen: Kommt, denn es ist alles bereit!
Lukas Kapitel 14 Vers 16 f

Das Reich Gottes kommt nicht so, daß man's beobachten kann; man wird auch nicht sagen: Siehe, hier ist es! oder: Da ist es! Denn siehe, das Reich Gottes ist mitten unter euch.
Lukas Kapitel 17 Vers 20 f

Denn es wird eine Zeit über dich kommen, da werden deine Feinde um dich einen Wall aufwerfen, dich belagern und von allen Seiten bedrängen.
Lukas Kapitel 19 Vers 43

Und die Menschen werden vergehen vor Furcht und in Erwartung der Dinge, die kommen sollen über die ganze Erde; denn die Kräfte der Himmel werden ins Wanken kommen.
Lukas Kapitel 21 Vers 26

Was geht's dich an, Frau, was ich tue? Meine Stunde ist noch nicht gekommen.
Johannes Kapitel 2 Vers 4

Ihr wißt nicht, was ihr anbetet; wir wissen aber, was wir anbeten; denn das Heil kommt von den Juden.
Johannes Kapitel 4 Vers 22

Wahrlich, wahrlich, ich sage euch: Wer mein Wort hört und glaubt dem, der mich gesandt hat, der hat das ewige Leben und kommt nicht in das Gericht, sondern er ist vom Tode zum Leben hindurchgedrungen.
Johannes Kapitel 5 Vers 24

Ich bin das Brot des Lebens. Wer zu mir kommt, den wird nicht hungern; und wer an mich glaubt, den wird nimmermehr dürsten.
Johannes Kapitel 6 Vers 35

Wen da dürstet, der komme zu mir und trinke!
Johannes Kapitel 7 Vers 37

Ich bin zum Gericht in diese Welt gekommen, damit, die nicht sehen, sehend werden, und die sehen, blind werden.
Johannes Kapitel 9 Vers 39

Ein Dieb kommt nur, um zu stehlen, zu schlachten und umzubringen. Ich bin gekommen, damit sie das Leben und volle Genüge haben sollen.
Johannes Kapitel 10 Vers 10

Und wer meine Worte hört und bewahrt sie nicht, den werde ich nicht richten; denn ich bin nicht gekommen, daß ich die Welt richte, sondern daß ich die Welt rette.
Johannes Kapitel 12 Vers 47

Ich bin der Weg und die Wahrheit und das Leben; niemand kommt zum Vater denn durch mich.
Johannes Kapitel 14 Vers 6

Wenn aber der Tröster kommen wird, den ich euch senden werde vom Vater, der Geist der Wahrheit, der vom Vater ausgeht, der wird Zeugnis geben von mir.
Johannes Kapitel 15 Vers 26

Ich bin nicht mehr in der Welt; sie aber sind in der Welt, und ich komme zu dir. Heiliger Vater, erhalte sie in deinem Namen, den du mir gegeben hast, daß sie eins seien wie wir.
Johannes Kapitel 17 Vers 11

Du sagst es, ich bin ein König. Ich bin dazu geboren und in die Welt gekommen, daß ich die Wahrheit bezeugen soll. Wer aus der Wahrheit ist, der hört meine Stimme.
Johannes Kapitel 18 Vers 37

Wenn ich will, daß er bleibt, bis ich komme, was geht es dich an? Folge du mir nach!
Johannes Kapitel 21 Vers 22

KÖNIG

Oder was seid ihr hinausgegangen zu sehen? Wolltet ihr einen Menschen in weichen Kleidern sehen? Siehe, die weiche Kleider tragen, sind in den Häusern der Könige.
Matthäus Kapitel 11 Vers 8

Darum gleicht das Himmelreich einem König, der mit seinen Knechten abrechnen wollte.
Matthäus Kapitel 18 Vers 23

Das Himmelreich gleicht einem König, der seinem Sohn die Hochzeit ausrichtete. Und er sandte seine Knechte aus, die Gäste zur Hochzeit zu laden; doch sie wollten nicht kommen. Abermals sandte er andere Knechte aus und sprach: Sagt den Gästen: Siehe, meine Mahlzeit habe ich bereitet, meine Ochsen und mein Mastvieh ist geschlachtet, und alles ist bereit; kommt zur Hochzeit! Aber sie verachteten das und gingen weg, einer auf seinen Acker, der andere an sein Geschäft. Einige aber ergriffen seine Knechte, verhöhnten und töteten sie. Da wurde der König zornig und schickte seine Heere aus und brachte diese Mörder um und zündete ihre Stadt an. Dann sprach er zu seinen Knechten: Die Hochzeit ist zwar bereit, aber die Gäste waren's nicht wert. Darum geht hinaus auf die Straßen und ladet zur Hochzeit ein, wen ihr findet. Und die Knechte gingen auf die Straßen hinaus und brachten zusammen, wen sie fanden, Böse und Gute; und die Tische wurden alle voll. Da ging der König hinein, sich die Gäste anzusehen, und sah da einen Menschen, der hatte kein hochzeitliches Gewand an, und sprach zu ihm: Freund, wie bist du hier hereingekommen und hast doch kein hochzeitliches Gewand an? Er aber verstummte. Da sprach der König zu seinen Dienern: Bindet ihm die Hände und Füße und werft ihn in die Finsternis hinaus! Da wird Heulen und Zähneklappern sein.
Matthäus Kapitel 22 Vers 2-13

Ihr aber seht euch vor! Denn sie werden euch den Gerichten überantworten, und in den Synagogen werdet ihr gegeißelt werden, und vor Statthalter und Könige werdet ihr geführt werden um meinetwillen, ihnen zum Zeugnis.
Markus Kapitel 13 Vers 9
Matthäus Kapitel 10 Vers 18
Lukas Kapitel 21 Vers 12

Viele Propheten und Könige wollten sehen, was ihr seht, und haben's nicht gesehen, und hören, was ihr hört, und haben's nicht gehört.
Lukas Kapitel 10 Vers 24

Welcher König will sich auf einen Krieg einlassen gegen einen andern König und setzt sich nicht zuvor hin und hält Rat, ob er mit Zehntausend dem begegnen kann, der über ihn kommt mit Zwanzigtausend?
Lukas Kapitel 14 Vers 31

Die Könige herrschen über ihre Völker, und ihre Machthaber lassen sich Wohltäter nennen. Ihr aber nicht so! Sondern der Größte unter euch soll sein wie der Jüngste, und der Vornehmste wie ein Diener.
Lukas Kapitel 22 Vers 25 f

Ich bin ein König. Ich bin dazu geboren und in die Welt gekommen, daß ich die Wahrheit bezeugen soll. Wer aus der Wahrheit ist, der hört meine Stimme.
Johannes Kapitel 18 Vers 37

KÖNIGIN
Die Königin vom Süden wird auftreten beim Jüngsten Gericht mit diesem Geschlecht und wird es verdammen; denn sie kam vom Ende der Erde, um Salomos Weisheit zu hören. Und siehe, hier ist mehr als Salomo.
Matthäus Kapitel 12 Vers 42

KÖNIGREICH
Denn es wird sich ein Volk gegen das andere erheben und ein Königreich gegen das andere; und es werden Hungersnöte sein und Erdbeben hier und dort.
Matthäus Kapitel 24 Vers 7
Markus Kapitel 13 Vers 8

KÖNNEN
Niemand kann zwei Herren dienen: entweder er wird den einen hassen und den andern lieben, oder er wird an dem einen hängen und den andern verachten. Ihr könnt nicht Gott dienen und dem Mammon.
Matthäus Kapitel 6 Vers 24

Ein guter Baum kann nicht schlechte Früchte bringen, und ein fauler Baum kann nicht gute Früchte bringen.
Matthäus Kapitel 7 Vers 18

Glaubt ihr, daß ich das tun kann? – Euch geschehe nach eurem Glauben!
Matthäus Kapitel 9 Vers 28 f

Ihr wißt nicht, was ihr bittet. Könnt ihr den Kelch trinken, den ich trinken werde?
Matthäus Kapitel 20 Vers 22

Sie hat getan, was sie konnte; sie hat meinen Leib im voraus gesalbt für mein Begräbnis.
Markus Kapitel 14 Vers 8

Wenn jemand zu mir kommt und haßt nicht seinen Vater, Mutter, Frau, Kinder, Brüder, Schwestern und dazu sich selbst, der kann nicht mein Jünger sein.
Lukas Kapitel 14 Vers 26

Ich bin der Weinstock, ihr seid die Reben. Wer in mir bleibt und ich in ihm, der bringt viel Frucht; denn ohne mich könnt ihr nichts tun.
Johannes Kapitel 15 Vers 5

KOSTBAR
Wiederum gleicht das Himmelreich einem Kaufmann, der gute Perlen suchte, und als er eine kostbare Perle fand, ging er hin und verkaufte alles, was er hatte, und kaufte sie.
Matthäus Kapitel 13 Vers 45 f

Es war aber ein reicher Mann, der kleidete sich in Purpur und kostbares Leinen und lebte alle Tage herrlich und in Freuden.
Lukas Kapitel 16 Vers 19

KRAFT
Dein ist das Reich und die Kraft und die Herrlichkeit in Ewigkeit. Amen.
Matthäus Kapitel 6 Vers 13

Ihr irrt, weil ihr weder die Schrift kennt noch die Kraft Gottes.
Matthäus Kapitel 22 Vers 29
Markus Kapitel 12 Vers 24

Sogleich aber nach der Bedrängnis jener Zeit wird die Sonne sich verfinstern und der Mond seinen Schein verlieren, und die Sterne werden vom Himmel fallen, und die Kräfte der Himmel werden ins Wanken kommen. Und dann wird erscheinen das Zeichen des Menschensohns am Himmel. Und dann werden wehklagen alle Geschlechter auf Erden und werden sehen den Menschensohn kommen auf den Wolken des Himmels mit großer Kraft und Herrlichkeit.
Matthäus Kapitel 24 Vers 29 f
Lukas Kapitel 21 Vers 27

Von nun an werdet ihr sehen den Menschensohn sitzen zur Rechten der Kraft und kommen auf den Wolken des Himmels.
Matthäus Kapitel 26 Vers 64
Markus Kapitel 13 Vers 26
Markus Kapitel 14 Vers 62
Lukas Kapitel 22 Vers 69

Wahrlich, ich sage euch: Es stehen einige hier, die werden den Tod nicht schmecken, bis sie sehen das Reich Gottes kommen mit Kraft.
Markus Kapitel 9 Vers 1

»Du sollst den Herrn, deinen Gott, lieben von ganzem Herzen, von ganzer Seele, von ganzem Gemüt und von allen deinen Kräften.«
Markus Kapitel 12 Vers 30

Es hat mich jemand berührt; denn ich habe gespürt, daß eine Kraft von mir ausgegangen ist.
Lukas Kapitel 8 Vers 46
Markus Kapitel 5 Vers 30

Und siehe, ich will auf euch herabsenden, was mein Vater verheißen hat. Ihr aber sollt in der Stadt bleiben, bis ihr ausgerüstet werdet mit Kraft aus der Höhe.
Lukas Kapitel 24 Vers 49

KRÄHEN
Wahrlich, ich sage dir: Heute, in dieser Nacht, ehe der Hahn zweimal kräht, wirst du mich dreimal verleugnen.
Markus Kapitel 14 Vers 30
Matthäus Kapitel 26 Vers 34

KRANK, KRANKE
Macht Kranke gesund, weckt Tote auf, macht Aussätzige rein, treibt böse Geister aus. Umsonst habt ihr's empfangen, umsonst gebt es auch.
Matthäus Kapitel 10 Vers 8

Ich bin nackt gewesen, und ihr habt mich gekleidet. Ich bin krank gewesen, und ihr habt mich besucht. Ich bin im Gefängnis gewesen, und ihr seid zu mir gekommen.
Matthäus Kapitel 25 Vers 36

Die Zeichen aber, die folgen werdem denen, die da glauben, sind diese: in meinem Namen werden sie böse Geister austreiben, in neuen Zungen reden, Schlangen mit den Händen hochheben, und wenn sie etwas Tödliches trinken, wird's ihnen nicht schaden; auf Kranke werden sie die Hände legen, so wird's besser mit ihnen werden.
Markus Kapitel 16 Vers 18

Die Gesunden bedürfen des Arztes nicht, sondern die Kranken.
Lukas Kapitel 5 Vers 31
Matthäus Kapitel 9 Vers 12
Markus Kapitel 2 Vers 17

Heilt die Kranken, die dort sind, und sagt ihnen: Das Reich Gottes ist nahe zu euch gekommen.
Lukas Kapitel 10 Vers 9

KRANKHEIT
Diese Krankheit ist nicht zum Tode, sondern zur Verherrlichung Gottes, damit der Sohn Gottes dadurch verherrlicht werde.
Johannes Kapitel 11 Vers 4

KREATUR
Gehet hin in alle Welt und predigt das Evangelium aller Kreatur.
Markus Kapitel 16 Vers 15

KREUZ
Und wer nicht sein Kreuz auf sich nimmt und folgt mir nach, der ist meiner nicht wert.
Matthäus Kapitel 10 Vers 38
Lukas Kapitel 14 Vers 27

Wer mir folgen will, der verleugne sich selbst und nehme sein Kreuz auf sich täglich und folge mir nach.
Lukas Kapitel 9 Vers 23
Matthäus Kapitel 16 Vers 24
Markus Kapitel 8 Vers 34

KREUZIGEN
Siehe, wir ziehen hinauf nach Jerusalem, und der Menschensohn wird den Hohenpriestern und Schriftgelehrten überantwortet werden; und sie werden ihn zum Tode verurteilen und werden ihn den Heiden überantworten, damit sie ihn verspotten und geißeln und kreuzigen; und am dritten Tage wird er auferstehen.
Matthäus Kapitel 20 Vers 18 f

Ich sende zu euch Propheten und Weise und Schriftgelehrte; und von ihnen werdet ihr einige töten und kreuzigen, und einige werdet ihr geißeln in euren Synagogen und werdet sie verfolgen von einer Stadt zur andern.
Matthäus Kapitel 23 Vers 34

KRIEG
Ihr werdet hören von Kriegen und Kriegsgeschrei; seht zu und erschreckt nicht. Denn das muß so geschehen; aber es ist noch nicht das Ende da.
Matthäus Kapitel 24 Vers 6
Markus Kapitel 13 Vers 7

Oder welcher König will sich auf einen Krieg einlassen gegen einen andern König und setzt sich nicht zuvor hin und hält Rat, ob er mit Zehntausend dem begegnen kann, der über ihn kommt mit Zwanzigtausend?
Lukas Kapitel 14 Vers 31

KRIPPE
Ihr Heuchler! Bindet nicht jeder von euch am Sabbat seinen Ochsen oder seinen Esel von der Krippe los und führt ihn zur Tränke?
Lukas Kapitel 13 Vers 15

KÜKEN
Jerusalem, Jerusalem, die du tötest die Propheten und steinigst, die zu dir gesandt sind! Wie oft habe ich deine Kinder versammeln wollen, wie eine Henne ihre Küken versammelt unter ihre Flügel; und ihr habt nicht gewollt!
Matthäus Kapitel 23 Vers 37
Lukas Kapitel 13 Vers 34

KÜMMEL
Weh euch, Schriftgelehrte und Pharisäer, ihr Heuchler, die ihr den Zehnten gebt von Minze, Dill und Kümmel und laßt das Wichtigste im Gesetz beiseite, nämlich das Recht, die Barmherzigkeit und den Glauben! Doch dies sollte man tun und jenes nicht lassen.
Matthäus Kapitel 23 Vers 23

KUNDTUN
Und ich habe ihnen deinen Namen kundgetan und werde ihn kundtun, damit die Liebe, mit der du mich liebst, in ihnen sei und ich in ihnen.
Johannes Kapitel 17 Vers 26

KUPFER
Ihr sollt weder Gold noch Silber noch Kupfer in euren Gürteln haben, auch keine Reisetasche, auch nicht zwei Hemden, keine Schuhe, auch keinen Stecken. Denn ein Arbeiter ist seiner Speise wert.
Matthäus Kapitel 10 Vers 9 f

KUSS
Du hast mir keinen Kuß gegeben; diese aber hat, seit ich hereingekommen bin, nicht abgelassen, meine Füße zu küssen.
Lukas Kapitel 7 Vers 45

Judas, verrätst du den Menschensohn mit einem Kuß?
Lukas Kapitel 22 Vers 48

L

LACHEN
Selig seid ihr, die ihr jetzt weint; denn ihr werdet lachen.
Lukas Kapitel 6 Vers 21

Weh euch, die ihr jetzt lacht! Denn ihr werdet weinen und klagen.
Lukas Kapitel 6 Vers 25

LAHME
Geht und verkündet Johannes, was ihr gesehen und gehört habt: Blinde sehen, Lahme gehen, Aussätzige werden rein, Taube hören, Tote stehen auf, Armen wird das Evangelium gepredigt.
Lukas Kapitel 7 Vers 22
Matthäus Kapitel 11 Vers 5

Wenn du ein Mahl machst, so lade Arme, Verkrüppelte, Lahme und Blinde ein, dann wirst du selig sein, denn sie haben nichts, um es dir zu vergelten; es wird dir aber vergolten werden bei der Auferstehung der Gerechten.
Lukas Kapitel 14 Vers 13 f

LAMM
Geht hin; siehe, ich sende euch wie Lämmer mitten unter die Wölfe.
Lukas Kapitel 10 Vers 3

Simon, Sohn des Johannes, hast du mich lieber, als mich diese haben? – Weide meine Lämmer!
Johannes Kapitel 21 Vers 15

LAMPE
Dann wird das Himmelreich gleichen zehn Jungfrauen, die ihre Lampen nahmen und gingen hinaus, dem Bräutigam entgegen. Aber fünf von ihnen waren töricht, und fünf waren klug. Die törichten nahmen ihre Lampen, aber sie nahmen kein Öl mit. Die klugen aber nahmen Öl mit in ihren Gefäßen, samt ihren Lampen. Als nun der Bräutigam lange ausblieb, wurden sie alle schläfrig und schliefen ein. Um Mitternacht aber erhob sich lautes Rufen: Siehe, der Bräutigam kommt! Geht hinaus, ihm entgegen! Da standen diese Jungfrauen alle auf und machten ihre Lampen fertig. Die törichten aber sprachen zu den klugen: Gebt uns von eurem Öl, denn uns-

re Lampen verlöschen. Da antworteten die klugen und sprachen: Nein, sonst würde es für uns und euch nicht genug sein; geht aber zum Kaufmann und kauft für euch selbst.
Matthäus Kapitel 25 Vers 1-9

LAND

Einiges fiel auf felsigen Boden, wo es nicht viel Erde hatte, und ging bald auf, weil es keine tiefe Erde hatte. Einiges fiel auf gutes Land und trug Frucht, einiges hundertfach, einiges sechzigfach, einiges dreißigfach.
Matthäus Kapitel 13 Vers 3 und 8
Markus Kapitel 4 Vers 8
Lukas Kapitel 8 Vers 8

Bei dem aber auf gutes Land gesät ist, das ist, der das Wort hört und versteht und dann auch Frucht bringt; und der eine trägt hundertfach, der andere sechzigfach, der dritte dreißigfach.
Matthäus Kapitel 13 Vers 23
Markus Kapitel 4 Vers 20
Lukas Kapitel 8 Vers 15

Weh euch, Schriftgelehrte und Pharisäer, ihr Heuchler, die ihr Land und Meer durchzieht, damit ihr einen Judengenossen gewinnt; und wenn er's geworden ist, macht ihr aus ihm ein Kind der Hölle, doppelt so schlimm wie ihr.
Matthäus Kapitel 23 Vers 15

Mit dem Reich Gottes ist es so, wie wenn ein Mensch Samen aufs Land wirft und schläft und aufsteht, Nacht und Tag; und der Same geht auf und wächst – er weiß nicht, wie.
Markus Kapitel 4 Vers 26 f

Als dann, wer in Judäa ist, der fliehe ins Gebirge, und wer in der Stadt ist, gehe hinaus, und wer auf dem Lande ist, komme nicht herein.
Lukas Kapitel 21 Vers 21

LÄNGE

Wer ist unter euch, der seines Lebens Länge eine Spanne zusetzen könnte, wie sehr er sich auch darum sorgt?
Matthäus Kapitel 6 Vers 27

LAPPEN

Niemand flickt ein altes Kleid mit einem Lappen von neuem Tuch; denn der Lappen reißt doch wieder vom Kleid ab, und der Riß wird ärger.
Matthäus Kapitel 9 Vers 16
Markus Kapitel 2 Vers 21
Lukas Kapitel 5 Vers 36

LASSEN

Laß es jetzt geschehen! Denn so gebührt es uns, alle Gerechtigkeit zu erfüllen.
Matthäus Kapitel 3 Vers 15

Laßt sie, sie sind blinde Blindenführer! Wenn aber ein Blinder den andern führt, so fallen sie beide in die Grube.
Matthäus Kapitel 15 Vers 14

Was meint ihr? Wenn ein Mensch hundert Schafe hätte und eins unter ihnen sich verirrte: läßt er nicht die neunundneunzig auf den Bergen, geht hin und sucht das verirrte?
Matthäus Kapitel 18 Vers 12

Er aber antwortete und sprach zu ihm: Herr, laß ihn noch dies Jahr, bis ich um ihn grabe und ihn dünge.
Lukas Kapitel 13 Vers 8

Denn es wird eine Zeit über dich kommen, da werden deine Feinde um dich einen Wall aufwerfen, dich belagern und von allen Seiten bedrängen, und werden dich dem Erdboden gleichmachen samt deinen Kindern in dir und keinen Stein auf dem andern lassen in dir, weil du die Zeit nicht erkannt hast, in der du heimgesucht worden bist.
Lukas Kapitel 19 Vers 43 f

Und der mich gesandt hat, ist mit mir. Er läßt mich nicht allein; denn ich tue allezeit, was ihm gefällt.
Johannes Kapitel 8 Vers 29

Ich bin der gute Hirte. Der gute Hirte läßt sein Leben für die Schafe.
Johannes Kapitel 10 Vers 11

Den Frieden lasse ich euch, meinen Frieden gebe ich euch. Nicht gebe ich euch, wie die Welt gibt. Euer Herz erschrecke nicht und fürchte sich nicht.
Johannes Kapitel 14 Vers 27

LAST

Nehmt auf euch mein Joch und lernt von mir; denn ich bin sanftmütig und von Herzen demütig; so werdet ihr Ruhe finden für eure Seelen. Denn mein Joch ist sanft, und meine Last ist leicht.
Matthäus Kapitel 11 Vers 29 f

Weh auch euch Schriftgelehrten! Denn ihr beladet die Menschen mit unerträglichen Lasten, und ihr selbst rührt sie nicht mit einem Finger an.
Lukas Kapitel 11 Vers 46

LÄSTERN
Und wer ein Wort gegen den Menschensohn sagt, dem soll es vergeben werden; wer aber den heiligen Geist lästert, dem soll es nicht vergeben werden.
Lukas Kapitel 12 Vers 10
Markus Kapitel 3 Vers 29

LÄSTERUNG
Darum sage ich euch: Alle Sünde und Lästerung wird den Menschen vergeben; aber die Lästerung gegen den Geist wird nicht vergeben.
Matthäus Kapitel 12 Vers 31

Aus dem Herzen kommen böse Gedanken, Mord, Ehebruch, Unzucht, Diebstahl, falsches Zeugnis, Lästerung.
Matthäus Kapitel 15 Vers 19
Markus Kapitel 7 Vers 22 f

LAZARUS
Es war aber ein reicher Mann, der kleidete sich in Purpur und kostbares Leinen und lebte alle Tage herrlich und in Freuden. Es war aber ein Armer mit Namen Lazarus, der lag vor seiner Tür voll von Geschwüren und begehrte, sich zu sättigen mit dem, was von des Reichen Tisch fiel; dazu kamen auch die Hunde und leckten seine Geschwüre. Es begab sich aber, daß der Arme starb, und er wurde von den Engeln getragen in Abrahams Schoß. Der Reiche aber starb auch und wurde begraben. Als er nun in der Hölle war, hob er seine Augen auf in seiner Qual und sah Abraham von ferne und Lazarus in seinem Schoß. Und er rief: Vater Abraham, erbarme dich meiner und sende Lazarus, damit er die Spitze seines Fingers ins Wasser tauche und mir die Zunge kühle; denn ich leide Pein in diesen Flammen. Abraham aber sprach: Gedenke, Sohn, daß du dein Gutes empfangen hast in deinem Leben, Lazarus dagegen hat Böses empfangen; nun wird er hier getröstet, und du wirst gepeinigt.
Lukas Kapitel 16 Vers 19-25

Lazarus, unser Freund, schläft, aber ich gehe hin, ihn aufzuwecken. – Lazarus, komm heraus!
Johannes Kapitel 11 Vers 11 und 43

LEBEN
Es steht geschrieben: »Der Mensch lebt nicht vom Brot allein, sondern von einem jeden Wort, das aus dem Mund Gottes geht.«
Matthäus Kapitel 4 Vers 4

Du hast recht geantwortet; tu das, so wirst du leben.
Lukas Kapitel 10 Vers 28

Seht zu und hütet euch vor aller Habgier; denn niemand lebt davon, daß er viele Güter hat.
Lukas Kapitel 12 Vers 15

Gott aber ist nicht ein Gott der Toten, sondern der Lebenden; denn ihm leben sie alle.
Lukas Kapitel 20 Vers 38

Geh hin, dein Sohn lebt!.
Johannes Kapitel 4 Vers 50

Wahrlich, wahrlich, ich sage euch: Es kommt die Stunde und ist schon jetzt, daß die Toten hören werden die Stimme des Sohnes Gottes, und die sie hören werden, die werden leben.
Johannes Kapitel 5 Vers 25

Ich bin das lebendige Brot, das vom Himmel gekommen ist. Wer von diesem Brot ißt, der wird leben in Ewigkeit. Und dieses Brot ist mein Fleisch, das ich geben werde für das Leben der Welt.
Johannes Kapitel 6 Vers 51

Ich bin die Auferstehung und das Leben. Wer an mich glaubt, der wird leben, auch wenn er stirbt.
Johannes Kapitel 11 Vers 25

Es ist noch eine kleine Zeit, dann wird mich die Welt nicht mehr sehen. Ihr aber sollt mich sehen, denn ich lebe, und ihr sollt auch leben.
Johannes Kapitel 14 Vers 19

LEBEN, DAS
Sorgt nicht um euer Leben, was ihr essen und trinken werdet; auch nicht um euren Leib, was ihr anziehen werdet. Ist nicht das Leben mehr als die Nahrung und der Leib mehr als die Kleidung?
Matthäus Kapitel 6 Vers 25
Lukas Kapitel 12 Vers 22 f

Wie eng ist die Pforte und wie schmal der Weg, der zum Leben führt, und wenige sind's, die ihn finden!
Matthäus Kapitel 7 Vers 14

Denn wer sein Leben erhalten will, der wird's verlieren; wer aber sein Leben verliert um meinetwillen, der wird's finden.
Matthäus Kapitel 16 Vers 25
Matthäus Kapitel 10 Vers 39
Markus Kapitel 8 Vers 35
Lukas Kapitel 9 Vers 24
Lukas Kapitel 17 Vers 33

Wenn aber deine Hand oder dein Fuß dich zum Abfall verführt, so hau sie ab und wirf sie von dir. Es ist besser für dich, daß du lahm oder verkrüppelt zum Leben eingehst, als daß du zwei Hände oder zwei Füße hast und wirst in das ewige Feuer geworfen. Und wenn dich dein Auge zum Abfall verführt, reiß es aus und wirf's von dir. Es ist besser für dich, daß du einäugig zum Leben eingehst, als daß du zwei Augen hast und wirst in das höllische Feuer geworfen.
Matthäus Kapitel 18 Vers 8 f
Markus Kapitel 9 Vers 43 f

Willst du aber zum Leben eingehen, so halte die Gebote.
Matthäus Kapitel 19 Vers 17

Wer unter euch der Erste sein will, der sei euer Knecht, so wie der Menschensohn nicht gekommen ist, daß er sich dienen lasse, sondern daß er diene und gebe sein Leben zu einer Erlösung für viele.
Matthäus Kapitel 20 Vers 27 f
Markus Kapitel 10 Vers 45

Soll man am Sabbat Gutes tun oder Böses tun, Leben erhalten oder töten?
Markus Kapitel 3 Vers 4

Was aber unter die Dornen fiel, sind die, die es hören und gehen hin und ersticken unter den Sorgen, dem Reichtum und den Freuden des Lebens und bringen keine Frucht.
Lukas Kapitel 8 Vers 14

Der Menschensohn ist nicht gekommen, das Leben der Menschen zu vernichten, sondern zu erhalten.
Lukas Kapitel 9 Vers 56

Gott aber ist nicht ein Gott der Toten, sondern der Lebenden; denn ihm leben sie alle.
Lukas Kapitel 20 Vers 38
Matthäus Kapitel 22 Vers 32
Markus Kapitel 12 Vers 27

Seid standhaft, und ihr werdet euer Leben gewinnen.
Lukas Kapitel 21 Vers 19

Denn wie der Vater das Leben hat in sich selber, so hat er auch dem Sohn gegeben, das Leben zu haben in sich selber.
Johannes Kapitel 5 Vers 26

Denn Gottes Brot ist das, das vom Himmel kommt und gibt der Welt das Leben. Ich bin das Brot des Lebens. Wer zu mir kommt, den wird nicht hungern; und wer an mich glaubt, den wird nimmermehr dürsten.
Johannes Kapitel 6 Vers 33 und 35

Ich bin das lebendige Brot, das vom Himmel gekommen ist. Wer von diesem Brot ißt, der wird leben in Ewigkeit. Und dieses Brot ist mein Fleisch, das ich geben werde für das Leben der Welt.
Johannes Kapitel 6 Vers 51

Wahrlich, wahrlich, ich sage euch: Wenn ihr nicht das Fleisch des Menschensohns eßt und sein Blut trinkt, so habt ihr kein Leben in euch.
Johannes Kapitel 6 Vers 53

Wie mich der lebendige Vater gesandt hat und ich lebe um des Vaters willen, so wird auch, wer mich ißt, leben um meinetwillen.
Johannes Kapitel 6 Vers 57

Der Geist ist's, der lebendig macht; das Fleisch ist nichts nütze. Die Worte, die ich zu euch geredet habe, die sind Geist und sind Leben.
Johannes Kapitel 6 Vers 63

Ich bin das Licht der Welt. Wer mir nachfolgt, der wird nicht wandeln in der Finsternis, sondern wird das Licht des Lebens haben.
Johannes Kapitel 8 Vers 12

Ein Dieb kommt nur, um zu stehlen, zu schlachten und umzubringen. Ich bin gekommen, damit sie das Leben und volle Genüge haben sollen.
Johannes Kapitel 10 Vers 10

Ich bin der gute Hirte. Der gute Hirte läßt sein Leben für die Schafe.
Johannes Kapitel 10 Vers 11

Wie mich mein Vater kennt, und ich kenne den Vater. Und ich lasse mein Leben für die Schafe.
Johannes Kapitel 10 Vers 15

Ich bin die Auferstehung und das Leben. Wer an mich glaubt, der wird leben, auch wenn er stirbt.
Johannes Kapitel 11 Vers 25

Wer sein Leben lieb hat, der wird's verlieren; und wer sein Leben auf dieser Welt haßt, der wird's erhalten zum ewigen Leben.
Johannes Kapitel 12 Vers 25

Ich bin der Weg und die Wahrheit und das Leben; niemand kommt zum Vater denn durch mich.
Johannes Kapitel 14 Vers 6

Niemand hat größere Liebe als die, daß er sein Leben läßt für seine Freunde.
Johannes Kapitel 15 Vers 13

LEBEN, EWIGES

Und wer Häuser oder Brüder oder Schwestern oder Vater oder Mutter oder Kinder oder Äcker verläßt um meines Namens willen, der wird's hundertfach empfangen und das ewige Leben ererben.
Matthäus Kapitel 19 Vers 29

Und sie werden hingehen: diese zur ewigen Strafe, aber die Gerechten in das ewige Leben.
Matthäus Kapitel 25 Vers 46

Denn also hat Gott die Welt geliebt, daß er seinen eingeborenen Sohn gab, damit alle, die an ihn glauben, nicht verloren werden, sondern das ewige Leben haben.
Johannes Kapitel 3 Vers 16

Wer aber von dem Wasser trinken wird, das ich ihm gebe, den wird in Ewigkeit nicht dürsten, sondern das Wasser, das ich ihm geben werde, das wird in ihm eine Quelle des Wassers werden, das in das ewige Leben quillt.
Johannes Kapitel 4 Vers 14

Wer erntet, empfängt schon seinen Lohn und sammelt Frucht zum ewigen Leben, damit sich miteinander freuen, der da sät und der da erntet.
Johannes Kapitel 4 Vers 36

Wahrlich, wahrlich, ich sage euch: Wer mein Wort hört und glaubt dem, der mich gesandt hat, der hat das ewige Leben und kommt nicht in das Gericht, sondern er ist vom Tode zum Leben hindurchgedrungen.
Johannes Kapitel 5 Vers 24

Ihr sucht in der Schrift, denn ihr meint, ihr habt das ewige Leben darin; und sie ist's, die von mir zeugt.
Johannes Kapitel 5 Vers 39

Schafft euch Speise, die nicht vergänglich ist, sondern die bleibt zum ewigen Leben. Die wird euch der Menschensohn geben; denn auf dem ist das Siegel Gottes des Vaters.
Johannes Kapitel 6 Vers 27

Denn das ist der Wille meines Vaters, daß, wer den Sohn sieht und glaubt an ihn, das ewige Leben habe; und ich werde ihn auferwecken am Jüngsten Tage.
Johannes Kapitel 6 Vers 40

Wahrlich, wahrlich, ich sage euch: Wer glaubt, der hat das ewige Leben.
Johannes Kapitel 6 Vers 47

Wer mein Fleisch ißt und mein Blut trinkt, der hat das ewige Leben, und ich werde ihn am Jüngsten Tage auferwecken.
Johannes Kapitel 6 Vers 53 f

Dies ist das Brot, das vom Himmel gekommen ist. Es ist nicht wie bei den Vätern, die gegessen haben und gestorben sind. Wer dies Brot ißt, der wird leben in Ewigkeit.
Johannes Kapitel 6 Vers 58

Meine Schafe hören meine Stimme, und ich kenne sie, und sie folgen mir; und ich gebe ihnen das ewige Leben, und sie werden nimmermehr umkommen, und niemand wird sie aus meiner Hand reißen.
Johannes Kapitel 10 Vers 27 f

Wer sein Leben lieb hat, der wird's verlieren; und wer sein Leben auf dieser Welt haßt, der wird's erhalten zum ewigen Leben.
Johannes Kapitel 12 Vers 25

Und ich weiß: sein Gebot ist das ewige Leben. Darum: was ich rede, das rede ich so, wie es mir der Vater gesagt hat.
Johannes Kapitel 12 Vers 50

Das ist aber das ewige Leben, daß sie dich, der du allein wahrer Gott bist, und den du gesandt hast, Jesus Christus, erkennen.
Johannes Kapitel 17 Vers 3

LEBENDIG

Denn dieser mein Sohn war tot und ist wieder lebendig geworden; er war verloren und ist gefunden worden.
Lukas Kapitel 15 Vers 24

Wenn du erkenntest die Gabe Gottes und wer der ist, der zu dir sagt: Gib mir zu trinken!, du bätest ihn, und der gäbe dir lebendiges Wasser.
Johannes Kapitel 4 Vers 10

Denn wie der Vater die Toten auferweckt und macht sie lebendig, so macht auch der Sohn lebendig, welche er will.
Johannes Kapitel 5 Vers 21

Der Geist ist's, der lebendig macht; das Fleisch ist nichts nütze. Die Worte, die ich zu euch geredet habe, die sind Geist und sind Leben.
Johannes Kapitel 6 Vers 63

LEHRE/LEHREN

Ihr Heuchler, wie fein hat Jesaja von euch geweissagt und gesprochen: »Dies Volk ehrt mich mit seinen Lippen, aber ihr Herz ist fern von mir; vergeblich dienen sie mir, weil sie lehren solche Lehren, die nichts als Menschengebote sind.«
Matthäus Kapitel 15 Vers 7-9
Markus Kapitel 7 Vers 7

Denn Johannes kam zu euch und lehrte euch den rechten Weg, und ihr glaubtet ihm nicht; aber die Zöllner und Huren glaubten ihm. Und obwohl ihr's saht, tatet ihr dennoch nicht Buße, so daß ihr ihm dann auch geglaubt hättet.
Matthäus Kapitel 21 Vers 32

Ihr seid ausgezogen wie gegen einen Räuber mit Schwertern und mit Stangen, mich zu fangen. Habe ich doch täglich im Tempel gesessen und gelehrt, und ihr habt mich nicht ergriffen.
Matthäus Kapitel 26 Vers 55

Lehret sie halten alles, was ich euch befohlen habe. Und siehe, ich bin bei euch alle Tage bis an der Welt Ende.
Matthäus Kapitel 28 Vers 20

Wenn sie euch aber führen werden in die Synagogen und vor die Macht haber und die Obrigkeit, so sorgt nicht, wie oder womit ihr euch verantworten oder was ihr sagen sollt; denn der heilige Geist wird euch in dieser Stunde lehren, was ihr sagen sollt.
Lukas Kapitel 12 Vers 11 f

Es steht geschrieben in den Propheten: »Sie werden alle von Gott gelehrt sein.« Wer es vom Vater hört und lernt, der kommt zu mir.
Johannes Kapitel 6 Vers 45

Meine Lehre ist nicht von mir, sondern von dem, der mich gesandt hat. Wenn jemand dessen Willen tun will, wird er innewerden, ob diese Lehre von Gott ist oder ob ich von mir selbst aus rede.
Johannes Kapitel 7 Vers 16 f

Aber der Tröster, der heilige Geist, den mein Vater senden wird in meinem Namen, der wird euch alles lehren und euch an alles erinnern, was ich euch gesagt habe.
Johannes Kapitel 14 Vers 26

LEHRER
Und ihr sollt euch nicht Lehrer nennen lassen; denn einer ist euer Lehrer: Christus.
Matthäus Kapitel 23 Vers 10

LEIB
Wenn dich aber dein rechtes Auge zum Abfall verführt, so reiß es aus und wirf's von dir. Es ist besser für dich, daß eins deiner Glieder verderbe und nicht der ganze Leib in die Hölle geworfen werde. Wenn dich deine rechte Hand zum Abfall verführt, so hau sie ab und wirf sie von dir. Es ist besser für dich, daß eins deiner Glieder verderbe und nicht der ganze Leib in die Hölle fahre.
Matthäus Kapitel 5 Vers 29 f

Das Auge ist das Licht des Leibes. Wenn dein Auge lauter ist, so wird dein ganzer Leib licht sein. Wenn aber dein Auge böse ist, so wird dein ganzer Leib finster sein. Wenn nun das Licht, das in dir ist, Finsternis ist, wie groß wird dann die Finsternis sein!
Matthäus Kapitel 6 Vers 22 f
Lukas Kapitel 11 Vers 34 f

Sorgt nicht um euer Leben, was ihr essen und trinken werdet; auch nicht um euren Leib, was ihr anziehen werdet. Ist nicht das Leben mehr als die Nahrung und der Leib mehr als die Kleidung?
Matthäus Kapitel 6 Vers 25
Lukas Kapitel 12 Vers 22 f

Und fürchtet euch nicht vor denen, die den Leib töten, doch die Seele nicht töten können; fürchtet euch aber viel mehr vor dem, der Leib und Seele verderben kann in der Hölle.
Matthäus Kapitel 10 Vers 28
Lukas Kapitel 12 Vers 4

Was betrübt ihr die Frau? Sie hat ein gutes Werk an mir getan. Daß sie das Öl auf meinen Leib gegossen hat, das hat sie für mein Begräbnis getan.
Matthäus Kapitel 26 Vers 10 und 12
Markus Kapitel 14 Vers 8

Das ist mein Leib, der für euch gegeben wird; das tut zu meinem Gedächtnis.
Lukas Kapitel 22 Vers 19
Matthäus Kapitel 26 Vers 26
Markus Kapitel 14 Vers 22

Denn siehe, es wird die Zeit kommen, in der man sagen wird: Selig sind die Unfruchtbaren und die Leiber, die nicht geboren haben, und die Brüste, die nicht genährt haben!
Lukas Kapitel 23 Vers 29

Wer an mich glaubt, wie die Schrift sagt, von dessen Leib werden Ströme lebendigen Wassers fließen.
Johannes Kapitel 7 Vers 38

LEICHT

Was ist denn leichter, zu sagen: Dir sind deine Sünden vergeben, oder zu sagen: Steh auf und geh umher?
Matthäus Kapitel 9 Vers 5

Denn mein Joch ist sanft, und meine Last ist leicht.
Matthäus Kapitel 11 Vers 30

Weiter sage ich euch: Es ist leichter, daß ein Kamel durch ein Nadelöhr gehe, als daß ein Reicher ins Reich Gottes komme.
Matthäus Kapitel 19 Vers 24

LEID

Selig sind, die da Leid tragen; denn sie sollen getröstet werden.
Matthäus Kapitel 5 Vers 4

Wie können die Hochzeitsgäste Leid tragen, solange der Bräutigam bei ihnen ist? Es wird aber die Zeit kommen, daß der Bräutigam von ihnen genommen wird; dann werden sie fasten.
Matthäus Kapitel 9 Vers 15

LEIDEN
Aber von den Tagen Johannes des Täufers bis heute leidet das Himmelreich Gewalt, und die Gewalttätigen reißen es an sich.
Matthäus Kapitel 11 Vers 12

Elia ist schon gekommen, aber sie haben ihn nicht erkannt, sondern haben mit ihm getan, was sie wollten. So wird auch der Menschensohn durch sie leiden müssen.
Matthäus Kapitel 17 Vers 12
Markus Kapitel 9 Vers 12

Der Menschensohn muß viel leiden und verworfen werden von den Ältesten und Hohenpriestern und Schriftgelehrten und getötet werden und nach drei Tagen auferstehen.
Markus Kapitel 8 Vers 31
Lukas Kapitel 9 Vers 22

LEIHEN
Wenn ihr denen leiht, von denen ihr etwas zu bekommen hofft, welchen Dank habt ihr davon? Auch die Sünder leihen den Sündern, damit sie das Gleiche bekommen.
Lukas Kapitel 6 Vers 34

LEINEN
Es war aber ein reicher Mann, der kleidete sich in Purpur und kostbares Leinen und lebte alle Tage herrlich und in Freuden.
Lukas Kapitel 16 Vers 19

LENDEN
Laßt eure Lenden umgürtet sein und eure Lichter brennen.
Lukas Kapitel 12 Vers 35

LERNEN
Geht aber hin und lernt, was das heißt: Ich habe Wohlgefallen an Barmherzigkeit und nicht am Opfer. Ich bin gekommen, die Sünder zu rufen und nicht die Gerechten.
Matthäus Kapitel 9 Vers 13

Nehmt auf euch mein Joch und lernt von mir; denn ich bin sanftmütig und von Herzen demütig; so werdet ihr Ruhe finden für eure Seelen.
Matthäus Kapitel 11 Vers 29

An dem Feigenbaum lernt ein Gleichnis: wenn seine Zweige jetzt saftig werden und Blätter treiben, so wißt ihr, daß der Sommer nahe ist.
Matthäus Kapitel 24 Vers 32
Markus Kapitel 13 Vers 28

Es steht geschrieben in den Propheten: »Sie werden alle von Gott gelehrt sein.« Wer es vom Vater hört und lernt, der kommt zu mir.
Johannes Kapitel 6 Vers 45

LESEN

An ihren Früchten sollt ihr sie erkennen. Kann man denn Trauben lesen von den Dornen oder Feigen von den Disteln?
Matthäus Kapitel 7 Vers 16

Habt ihr nicht gelesen, was David tat, als ihn und die bei ihm waren hungerte? wie er in das Gotteshaus ging und aß die Schaubrote, die doch weder er noch die bei ihm waren, essen durften, sondern allein die Priester? Oder habt ihr nicht gelesen im Gesetz, wie die Priester am Sabbat im Tempel den Sabbat brechen und sind doch ohne Schuld? Ich sage euch aber: Hier ist Größeres als der Tempel.
Matthäus Kapitel 12 Vers 3-6

LETZTE/LETZTER

Vertrage dich mit deinem Gegner sogleich, solange du noch mit ihm auf dem Weg bist, damit dich der Gegner nicht dem Richter überantworte und der Richter dem Gerichtsdiener und du ins Gefängnis geworfen werdest.Wahrlich, ich sage dir: Du wirst nicht von dort herauskommen, bis du auch den letzten Pfennig bezahlt hast.
Matthäus Kapitel 5 Vers 25 f

Aber viele, die die Ersten sind, werden die Letzten und die Letzten werden die Ersten sein.
Matthäus Kapitel 19 Vers 30

Nimm, was dein ist, und geh! Ich will aber diesem letzten dasselbe geben wie dir.
Matthäus Kapitel 20 Vers 14

Wenn jemand will der Erste sein, der soll der Letzte sein von allen und aller Diener.
Markus Kapitel 9 Vers 35

Da hatte er noch einen, seinen geliebten Sohn; den sandte er als letzten auch zu ihnen und sagte sich: Sie werden sich vor meinem Sohn scheuen.
Markus Kapitel 12 Vers 6

Und siehe, es sind Letzte, die werden die Ersten sein, und sind Erste, die werden die Letzten sein.
Lukas Kapitel 13 Vers 30
Matthäus Kapitel 20 Vers 16
Markus Kapitel 10 Vers 31

LEUCHTEN
So laßt euer Licht leuchten vor den Leuten, damit sie eure guten Werke sehen und euren Vater im Himmel preisen.
Matthäus Kapitel 5 Vers 16

Dann werden die Gerechten leuchten wie die Sonne in ihres Vaters Reich.
Matthäus Kapitel 13 Vers 43

Denn wie der Blitz ausgeht vom Osten und leuchtet bis zum Westen, so wird auch das Kommen des Menschensohns sein.
Matthäus Kapitel 24 Vers 27
Lukas Kapitel 17 Vers 24

LEUCHTER
Niemand aber zündet ein Licht an und bedeckt es mit einem Gefäß oder setzt es unter eine Bank; sondern er setzt es auf einen Leuchter, damit, wer hineingeht, das Licht sehe.
Lukas Kapitel 8 Vers 16
Lukas Kapitel 11 Vers 33
Matthäus Kapitel 5 Vers 15
Markus Kapitel 4 Vers 21

LEUTE
So laßt euer Licht leuchten vor den Leuten, damit sie eure guten Werke sehen und euren Vater im Himmel preisen.
Matthäus Kapitel 5 Vers 16

Wer nun eines von diesen kleinsten Geboten auflöst und lehrt die Leute so, der wird der Kleinste heißen im Himmelreich; wer es aber tut und lehrt, der wird groß heißen im Himmelreich.
Matthäus Kapitel 5 Vers 19

Wenn ihr fastet, sollt ihr nicht sauer dreinsehen wie die Heuchler; denn sie verstellen ihr Gesicht, um sich vor den Leuten zu zeigen mit ihrem Fasten. Wahrlich, ich sage euch: Sie haben ihren Lohn schon gehabt.
Matthäus Kapitel 6 Vers 16

Alles nun, was ihr wollt, daß euch die Leute tun sollen, das tut ihnen auch!
Matthäus Kapitel 7 Vers 12
Lukas Kapitel 6 Vers 31

Als aber die Leute schliefen, kam sein Feind und säte Unkraut zwischen den Weizen und ging davon.
Matthäus Kapitel 13 Vers 25

Wer sagen die Leute, daß ich sei?
Lukas Kapitel 9 Vers 18

Der Pharisäer stand für sich und betete so: Ich danke dir, Gott, daß ich nicht bin wie die andern Leute, Räuber, Betrüger, Ehebrecher oder auch wie dieser Zöllner.
Lukas Kapitel 18 Vers 11

LICHT

Ihr seid das Licht der Welt. Es kann die Stadt, die auf einem Berge liegt, nicht verborgen sein.
Matthäus Kapitel 5 Vers 14

Man zündet auch nicht ein Licht an und setzt es unter einen Scheffel, sondern auf einen Leuchter; so leuchtet es allen, die im Hause sind. So laßt euer Licht leuchten vor den Leuten, damit sie eure guten Werke sehen und euren Vater im Himmel preisen.
Matthäus Kapitel 5 Vers 15 f
Markus Kapitel 4 Vers 21
Lukas Kapitel 8 Vers 16
Lukas Kapitel 11 Vers 33

Das Auge ist das Licht des Leibes. Wenn dein Auge lauter ist, so wird dein ganzer Leib licht sein. Wenn aber dein Auge böse ist, so wird dein ganzer Leib finster sein. Wenn nun das Licht, das in dir ist, Finsternis ist, wie groß wird dann die Finsternis sein!
Matthäus Kapitel 6 Vers 22 f
Lukas Kapitel 11 Vers 34 f

Was ich euch sage in der Finsternis, das redet im Licht; und was euch gesagt wird in das Ohr, das predigt auf den Dächern.
Matthäus Kapitel 10 Vers 27
Lukas Kapitel 12 Vers 3

Laßt eure Lenden umgürtet sein und eure Lichter brennen.
Lukas Kapitel 12 Vers 35

Oder welche Frau, die zehn Silbergroschen hat und einen davon verliert, zündet nicht ein Licht an und kehrt das Haus und sucht mit Fleiß, bis sie ihn findet?
Lukas Kapitel 15 Vers 8

Und der Herr lobte den ungetreuen Verwalter, weil er klug gehandelt hatte; denn die Kinder dieser Welt sind unter ihresgleichen klüger als die Kinder des Lichts.
Lukas Kapitel 16 Vers 8

Das ist aber das Gericht, daß das Licht in die Welt gekommen ist, und die Menschen liebten die Finsternis mehr als das Licht, denn ihre Werke waren böse. Wer Böses tut, der haßt das Licht und kommt nicht zu dem Licht, damit seine Werke nicht aufgedeckt werden. Wer aber die Wahrheit tut, der kommt zu dem Licht, damit offenbar wird, daß seine Werke in Gott getan sind.
Johannes Kapitel 3 Vers 19-21

Er war ein brennendes und scheinendes Licht; ihr aber wolltet eine kleine Weile fröhlich sein in seinem Licht.
Johannes Kapitel 5 Vers 35

Ich bin das Licht der Welt. Wer mir nachfolgt, der wird nicht wandeln in der Finsternis, sondern wird das Licht des Lebens haben.
Johannes Kapitel 8 Vers 12

Solange ich in der Welt bin, bin ich das Licht der Welt.
Johannes Kapitel 9 Vers 5

Hat nicht der Tag zwölf Stunden? Wer bei Tag umhergeht, der stößt sich nicht; denn er sieht das Licht dieser Welt. Wer aber bei Nacht umhergeht, der stößt sich; denn es ist kein Licht in ihm.
Johannes Kapitel 11 Vers 9 f

Es ist das Licht noch eine kleine Zeit bei euch. Wandelt, solange ihr das Licht habt, damit euch die Finsternis nicht überfalle. Wer in der Finsternis wandelt, der weiß nicht, wo er hingeht. Glaubt an das Licht, solange ihr's habt, damit ihr Kinder des Lichtes werdet.
Johannes Kapitel 12 Vers 35 f

Ich bin in die Welt gekommen als ein Licht, damit, wer an mich glaubt, nicht in der Finsternis bleibe.
Johannes Kapitel 12 Vers 46

LIEB
Liebe Seele, du hast einen großen Vorrat für viele Jahre; habe nun Ruhe, iß, trink und habe guten Mut!
Lukas Kapitel 12 Vers 19

Liebe Kinder, ich bin noch eine kleine Weile bei euch. Ihr werdet mich suchen. Und wie ich zu den Juden sagte, sage ich jetzt auch zu euch: Wo ich hingehe, da könnt ihr nicht hinkommen.
Johannes Kapitel 13 Vers 33

LIEBE
Und weil die Ungerechtigkeit überhand nehmen wird, wird die Liebe in vielen erkalten.
Matthäus Kapitel 24 Vers 12

Ihre vielen Sünden sind vergeben, denn sie hat viel Liebe gezeigt; wem aber wenig vergeben wird, der liebt wenig.
Lukas Kapitel 7 Vers 47

Aber weh euch Pharisäern! Denn ihr gebt den Zehnten von Minze und Raute und allerlei Gemüse, aber am Recht und an der Liebe Gottes geht ihr vorbei.
Lukas Kapitel 11 Vers 42

Aber ich kenne euch, daß ihr nicht Gottes Liebe in euch habt.
Johannes Kapitel 5 Vers 42

Daran wird jedermann erkennen, daß ihr meine Jünger seid, wenn ihr Liebe untereinander habt.
Johannes Kapitel 13 Vers 35

Wie mich mein Vater liebt, so liebe ich euch auch. Bleibt in meiner Liebe! Wenn ihr meine Gebote haltet, so bleibt ihr in meiner Liebe, wie ich meines Vaters Gebote halte und bleibe in seiner Liebe.
Johannes Kapitel 15 Vers 9 f

Niemand hat größere Liebe als die, daß er sein Leben läßt für seine Freunde.
Johannes Kapitel 15 Vers 13

Gerechter Vater, ich habe ihnen deinen Namen kundgetan und werde ihn kundtun, damit die Liebe, mit der du mich liebst, in ihnen sei und ich in ihnen.
Johannes Kapitel 17 Vers 26

LIEBEN
Niemand kann zwei Herren dienen: entweder er wird den einen hassen und den andern lieben, oder er wird an dem einen hängen und den andern verachten. Ihr könnt nicht Gott dienen und dem Mammon.
Matthäus Kapitel 6 Vers 24
Lukas Kapitel 16 Vers 13

Du sollst deinen Nächsten lieben wie dich selbst.«
Matthäus Kapitel 19 Vers 19
Matthäus Kapitel 22 Vers 39
Markus Kapitel 12 Vers 31

Du sollst den Herrn, deinen Gott, lieben von ganzem Herzen, von ganzer Seele und von ganzem Gemüt.«
Matthäus Kapitel 22 Vers 37
Markus Kapitel 12 Vers 30
Lukas Kapitel 10 Vers 27

Und wenn ihr die liebt, die euch lieben, welchen Dank habt ihr davon? Denn auch die Sünder lieben ihre Freunde.
Lukas Kapitel 6 Vers 32
Matthäus Kapitel 5 Vers 46

Liebt eure Feinde; tut wohl denen, die euch hassen.
Lukas Kapitel 6 Vers 27

Liebt eure Feinde; tut Gutes und leiht, wo ihr nichts dafür zu bekommen hofft. So wird euer Lohn groß sein, und ihr werdet Kinder des Allerhöchsten sein; denn er ist gütig gegen die Undankbaren und Bösen.
Lukas Kapitel 6 Vers 35

Ihre vielen Sünden sind vergeben, denn sie hat viel Liebe gezeigt; wem aber wenig vergeben wird, der liebt wenig.
Lukas Kapitel 7 Vers 47

Denn also hat Gott die Welt geliebt, daß er seinen eingeborenen Sohn gab, damit alle, die an ihn glauben, nicht verloren werden, sondern das ewige Leben haben.
Johannes Kapitel 3 Vers 16

Wäre Gott euer Vater, so liebtet ihr mich; denn ich bin von Gott ausgegangen und komme von ihm; denn ich bin nicht von selbst gekommen, sondern er hat mich gesandt.
Johannes Kapitel 8 Vers 42

Wer meine Gebote hat und hält sie, der ist's, der mich liebt. Wer mich aber liebt, der wird von meinem Vater geliebt werden, und ich werde ihn lieben und mich ihm offenbaren.
Johannes Kapitel 14 Vers 21

Wer mich liebt, der wird mein Wort halten; und mein Vater wird ihn lieben, und wir werden zu ihm kommen und Wohnung bei ihm nehmen.
Johannes Kapitel 14 Vers 23

Aber die Welt soll erkennen, daß ich den Vater liebe und tue, wie mir der Vater geboten hat.
Johannes Kapitel 14 Vers 31

Wie mich mein Vater liebt, so liebe ich euch auch. Bleibt in meiner Liebe!
Johannes Kapitel 15 Vers 9

Das ist mein Gebot, daß ihr euch untereinander liebt, wie ich euch liebe.
Johannes Kapitel 15 Vers 12

Das gebiete ich euch, daß ihr euch untereinander liebt.
Johannes Kapitel 15 Vers 17

Er selbst, der Vater, hat euch lieb, weil ihr mich liebt und glaubt, daß ich von Gott ausgegangen bin.
Johannes Kapitel 16 Vers 27

Vater, ich will, daß, wo ich bin, auch die bei mir seien, die du mir gegeben hast, damit sie meine Herrlichkeit sehen, die du mir gegeben hast; denn du hast mich geliebt, ehe der Grund der Welt gelegt war.
Johannes Kapitel 17 Vers 24

LILIEN

Seht die Lilien an, wie sie wachsen: sie spinnen nicht, sie weben nicht. Ich sage euch aber, daß auch Salomo in aller seiner Herrlichkeit nicht gekleidet gewesen ist wie eine von ihnen.
Lukas Kapitel 12 Vers 27
Matthäus Kapitel 6 Vers 28

LINKE

Wenn du aber Almosen gibst, so laß deine linke Hand nicht wissen, was die rechte tut.
Matthäus Kapitel 6 Vers 3

Dann wird er auch sagen zu denen zur Linken: Geht weg von mir, ihr Verfluchten, in das ewige Feuer, das bereitet ist dem Teufel und seinen Engeln!
Matthäus Kapitel 25 Vers 41

LOB

Habt ihr nie gelesen: »Aus dem Munde der Unmündigen und Säuglinge hast du dir Lob bereitet«?
Matthäus Kapitel 21 Vers 16

LOBEN

Ihr werdet mich von jetzt an nicht sehen, bis ihr sprecht: Gelobt sei, der da kommt im Namen des Herrn!
Matthäus Kapitel 23 Vers 39

Und der Herr lobte den ungetreuen Verwalter, weil er klug gehandelt hatte; denn die Kinder dieser Welt sind unter ihresgleichen klüger als die Kinder des Lichts.
Lukas Kapitel 16 Vers 8

LOHN

Denn wenn ihr liebt, die euch lieben, was werdet ihr für Lohn haben? Tun nicht dasselbe auch die Zöllner?
Matthäus Kapitel 5 Vers 46

Habt acht auf eure Frömmigkeit, daß ihr die nicht übt vor den Leuten, um von ihnen gesehen zu werden; ihr habt sonst keinen Lohn bei eurem Vater im Himmel.
Matthäus Kapitel 6 Vers 1

Wenn du nun Almosen gibst, sollst du es nicht vor dir ausposaunen lassen, wie es die Heuchler tun in den Synagogen und auf den Gassen, damit sie von den Leuten gepriesen werden. Wahrlich, ich sage euch: Sie haben ihren Lohn schon gehabt.
Matthäus Kapitel 6 Vers 2

Und wenn ihr betet, sollt ihr nicht sein wie die Heuchler, die gern in den Synagogen und an den Straßenecken stehen und beten, damit sie von den Leuten gesehen werden. Wahrlich, ich sage euch: Sie haben ihren Lohn schon gehabt.
Matthäus Kapitel 6 Vers 5

Wenn ihr fastet, sollt ihr nicht sauer dreinsehen wie die Heuchler; denn sie verstellen ihr Gesicht, um sich vor den Leuten zu zeigen mit ihrem Fasten. Wahrlich, ich sage euch: Sie haben ihren Lohn schon gehabt.
Matthäus Kapitel 6 Vers 16

Wer einen Propheten aufnimmt, weil es ein Prophet ist, der wird den Lohn eines Propheten empfangen. Wer einen Gerechten aufnimmt, weil es ein Gerechter ist, der wird den Lohn eines Gerechten empfangen.
Matthäus Kapitel 10 Vers 41

Als es nun Abend wurde, sprach der Herr des Weinbergs zu seinem Verwalter: Ruf die Arbeiter und gib ihnen den Lohn und fang an bei den letzten bis zu den ersten.
Matthäus Kapitel 20 Vers 8

Selig seid ihr, wenn euch die Menschen hassen und euch ausstoßen und schmähen und verwerfen euren Namen als böse um des Menschensohnes willen. Freut euch an jenem Tage und springt vor Freude; denn siehe, euer Lohn ist groß im Himmel.
Lukas Kapitel 6 Vers 22 f

Liebt eure Feinde; tut Gutes und leiht, wo ihr nichts dafür zu bekommen hofft. So wird euer Lohn groß sein, und ihr werdet Kinder des Allerhöchsten sein; denn er ist gütig gegen die Undankbaren und Bösen.
Lukas Kapitel 6 Vers 35

Ein Arbeiter ist seines Lohnes wert.
Lukas Kapitel 10 Vers 7

Wer erntet, empfängt schon seinen Lohn und sammelt Frucht zum ewigen Leben, damit sich miteinander freuen, der da sät und der da erntet.
Johannes Kapitel 4 Vers 36

LOSBINDEN
Geht hin in das Dorf, das vor euch liegt, und gleich werdet ihr eine Eselin angebunden finden und ein Füllen bei ihr; bindet sie los und führt sie zu mir!
Matthäus Kapitel 21 Vers 2

Da antwortete ihm der Herr und sprach: Ihr Heuchler! Bindet nicht jeder von euch am Sabbat seinen Ochsen oder seinen Esel von der Krippe los und führt ihn zur Tränke?
Lukas Kapitel 13 Vers 15

LÖSEGELD
Denn auch der Menschensohn ist nicht gekommen, daß er sich dienen lasse, sondern daß er diene und sein Leben gebe als Lösegeld für viele.
Markus Kapitel 10 Vers 45

LÖSEN
Wahrlich, ich sage euch: Was ihr auf Erden binden werdet, soll auch im Himmel gebunden sein, und was ihr auf Erden lösen werdet, soll auch im Himmel gelöst sein.
Matthäus Kapitel 18 Vers 18
Matthäus Kapitel 16 Vers 19

Sollte dann nicht diese, die doch Abrahams Tochter ist, die der Satan schon achtzehn Jahre gebunden hatte, am Sabbat von dieser Fessel gelöst werden?
Lukas Kapitel 13 Vers 16

Löst die Binden und laßt ihn gehen!
Johannes Kapitel 11 Vers 44

LOSSAGEN
So auch jeder unter euch, der sich nicht lossagt von allem, was er hat, der kann nicht mein Jünger sein.
Lukas Kapitel 14 Vers 33

LÜGE
Ihr habt den Teufel zum Vater, und nach eures Vaters Gelüste wollt ihr tun. Der ist ein Mörder von Anfang an und steht nicht in der Wahrheit; denn die Wahrheit ist nicht in ihm. Wenn er Lügen redet, so spricht er aus dem Eigenen; denn er ist ein Lügner und der Vater der Lüge.
Johannes 8 Kapitel 44

LÜGEN

Selig seid ihr, wenn euch die Menschen um meinetwillen schmähen und verfolgen und reden allerlei Übles gegen euch, wenn sie damit lügen.
Matthäus Kapitel 5 Vers 11

M

MACHEN

Wer sich von seiner Frau scheidet, es sei denn wegen Ehebruchs, der macht, daß sie die Ehe bricht; und wer eine Geschiedene heiratet, der bricht die Ehe.
Matthäus Kapitel 5 Vers 32

Ich bin hinfort nicht mehr wert, daß ich dein Sohn heiße; mache mich zu einem deiner Tagelöhner!
Lukas Kapitel 15 Vers 19

Macht euch Freunde mit dem ungerechten Mammon, damit, wenn er zu Ende geht, sie euch aufnehmen in die ewigen Hütten.
Lukas Kapitel 16 Vers 9

Tragt das weg und macht nicht meines Vaters Haus zum Kaufhaus!
Johannes Kapitel 2 Vers 16

MACHT

Seht, ich habe euch Macht gegeben, zu treten auf Schlangen und Skorpione, und Macht über alle Gewalt des Feindes; und nichts wird euch schaden.
Lukas Kapitel 10 Vers 19

Ich will euch aber zeigen, vor wem ihr euch fürchten sollt: Fürchtet euch vor dem, der, nachdem er getötet hat, auch Macht hat, in die Hölle zu werfen. Ja, ich sage euch, vor dem fürchtet euch.
Lukas Kapitel 12 Vers 5

Recht so, du tüchtiger Knecht; weil du im Geringsten treu gewesen bist, sollst du Macht haben über zehn Städte.
Lukas Kapitel 19 Vers 17

Ich bin täglich bei euch im Tempel gewesen, und ihr habt nicht Hand an mich gelegt. Aber dies ist eure Stunde und die Macht der Finsternis.
Lukas Kapitel 22 Vers 53

Darum liebt mich mein Vater, weil ich mein Leben lasse, daß ich's wiedernehme. Niemand nimmt es von mir, sondern ich selber lasse es. Ich ha-

be Macht, es zu lassen, und habe Macht, es wiederzunehmen. Dies Gebot habe ich empfangen von meinem Vater.
Johannes Kapitel 10 Vers 17 f

Ich werde nicht mehr viel mit euch reden, denn es kommt der Fürst dieser Welt. Er hat keine Macht über mich.
Johannes Kapitel 14 Vers 30

Vater, die Stunde ist da: verherrliche deinen Sohn, damit der Sohn dich verherrliche; Denn du hast ihm Macht gegeben über alle Menschen, damit er das ewige Leben gebe allen, die du ihm gegeben hast.
Johannes Kapitel 17 Vers 1 f

Du hättest keine Macht über mich, wenn es dir nicht von oben her gegeben wäre. Darum: der mich dir überantwortet hat, der hat größere Sünde.
Johannes Kapitel 19 Vers 11

MÄCHTIG

Ihr wißt, daß die Herrscher ihre Völker niederhalten und die Mächtigen ihnen Gewalt antun. So soll es nicht sein unter euch; sondern wer unter euch groß sein will, der sei euer Diener.
Matthäus Kapitel 20 Vers 25 f
Markus Kapitel 10 Vers 42

MÄDCHEN

Talita kum! – das heißt übersetzt: Mädchen, ich sage dir, steh auf!
Markus Kapitel 5 Vers 41

MAHL/MAHLZEIT

Sagt den Gästen: Siehe, meine Mahlzeit habe ich bereitet, meine Ochsen und mein Mastvieh ist geschlachtet, und alles ist bereit; kommt zur Hochzeit! Aber sie verachteten das und gingen weg, einer auf seinen Acker, der andere an sein Geschäft.
Matthäus Kapitel 22 Vers 4 f

Wenn du ein Mahl machst, so lade Arme, Verkrüppelte, Lahme und Blinde ein, dann wirst du selig sein, denn sie haben nichts, um es dir zu vergelten; es wird dir aber vergolten werden bei der Auferstehung der Gerechten.
Lukas Kapitel 14 Vers 13 f

Kommt und haltet das Mahl!
Johannes Kapitel 21 Vers 12

MAHLEN
Zwei Frauen werden mahlen mit der Mühle; die eine wird angenommen, die andere wird preisgegeben.
Matthäus Kapitel 24 Vers 41

MAMMON
Ihr könnt nicht Gott dienen und dem Mammon.
Matthäus Kapitel 6 Vers 24
Lukas Kapitel 16 Vers 13

Und ich sage euch: Macht euch Freunde mit dem ungerechten Mammon, damit, wenn er zu Ende geht, sie euch aufnehmen in die ewigen Hütten.
Lukas Kapitel 16 Vers 9

Wenn ihr nun mit dem ungerechten Mammon nicht treu seid, wer wird euch das wahre Gut anvertrauen?
Lukas Kapitel 16 Vers 11

MANGEL
Als ich euch ausgesandt habe ohne Geldbeutel, ohne Tasche und ohne Schuhe, habt ihr da je Mangel gehabt?
Lukas Kapitel 22 Vers 35

MANN
Darum, wer diese meine Rede hört und tut sie, der gleicht einem klugen Mann, der sein Haus auf Fels baute.
Matthäus Kapitel 7 Vers 24

Und wer diese meine Rede hört und tut sie nicht, der gleicht einem törichten Mann, der sein Haus auf Sand baute.
Matthäus Kapitel 7 Vers 26

Habt ihr nicht gelesen: Der im Anfang den Menschen geschaffen hat, schuf sie als Mann und Frau. Darum wird ein Mann Vater und Mutter verlassen und an seiner Frau hängen, und die zwei werden ein Fleisch sein?
Matthäus Kapitel 19 Vers 4 f
Markus Kapitel 10 Vers 7

Wenn sich eine Frau scheidet von ihrem Mann und heiratet einen andern, bricht sie ihre Ehe.
Markus Kapitel 10 Vers 12

Wer sich scheidet von seiner Frau und heiratet eine andere, der bricht die Ehe; und wer die von ihrem Mann Geschiedene heiratet, der bricht auch die Ehe.
Lukas Kapitel 16 Vers 18

Es war aber ein reicher Mann, der kleidete sich in Purpur und kostbares Leinen und lebte alle Tage herrlich und in Freuden. Es war aber ein Armer mit Namen Lazarus, der lag vor seiner Tür voll von Geschwüren und begehrte, sich zu sättigen mit dem, was von des Reichen Tisch fiel; dazu kamen auch die Hunde und leckten seine Geschwüre.
Lukas Kapitel 16 Vers 19-21

Fünf Männer hast du gehabt, und der, den du jetzt hast, ist nicht dein Mann; das hast du recht gesagt.
Johannes Kapitel 4 Vers 18

MANTEL
Wer dir den Mantel nimmt, dem verweigere auch den Rock nicht.
Lukas Kapitel 6 Vers 29
Matthäus Kapitel 5 Vers 40

Aber nun, wer einen Geldbeutel hat, der nehme ihn, desgleichen auch die Tasche, und wer's nicht hat, verkaufe seinen Mantel und kaufe ein Schwert.
Lukas Kapitel 22 Vers 36

MARIA
Eins aber ist not. Maria hat das gute Teil erwählt; das soll nicht von ihr genommen werden.
Lukas Kapitel 10 Vers 42

Maria! – Rühre mich nicht an! denn ich bin noch nicht aufgefahren zum Vater. Geh aber hin zu meinen Brüdern und sage ihnen: Ich fahre auf zu meinem Vater und zu eurem Vater, zu meinem Gott und zu eurem Gott.
Johannes Kapitel 20 Vers 15-17

MARKT
Mit wem soll ich aber dieses Geschlecht vergleichen? Es gleicht den Kindern, die auf dem Markt sitzen und rufen den andern zu: Wir haben euch aufgespielt, und ihr wolltet nicht tanzen; wir haben Klagelieder gesungen, und ihr wolltet nicht weinen.
Matthäus Kapitel 11 Vers 16 f
Lukas Kapitel 7 Vers 32

Seht euch vor vor den Schriftgelehrten, die gern in langen Gewändern gehen und lassen sich auf dem Markt grüßen.
Markus Kapitel 12 Vers 38
Lukas Kapitel 20 Vers 46

MARTA

Marta, Marta, du hast viel Sorge und Mühe. Eins aber ist not. Maria hat das gute Teil erwählt; das soll nicht von ihr genommen werden.
Lukas Kapitel 10 Vers 41 f

MASS

Nach welchem Recht ihr richtet, werdet ihr gerichtet werden; und mit welchem Maß ihr meßt, wird euch zugemessen werden.
Matthäus Kapitel 7 Vers 2

Wohlan, macht auch ihr das Maß eurer Väter voll!
Matthäus Kapitel 23 Vers 32

Seht zu, was ihr hört! Mit welchem Maß ihr meßt, wird man euch wieder messen, und man wird euch noch dazugeben. Denn wer da hat, dem wird gegeben; und wer nicht hat, dem wird man auch das nehmen, was er hat.
Markus Kapitel 4 Vers 24 f

Gebt, so wird euch gegeben. Ein volles, gedrücktes, gerütteltes und überfließendes Maß wird man in euren Schoß geben; denn eben mit dem Maß, mit dem ihr meßt, wird man euch wieder messen.
Lukas Kapitel 6 Vers 38

MAULBEERBAUM

Wenn ihr Glauben hättet so groß wie ein Senfkorn, dann könntet ihr zu diesem Maulbeerbaum sagen: Reiß dich aus und versetze dich ins Meer!, und er würde euch gehorchen.
Lukas Kapitel 17 Vers 6

MEER

Wiederum gleicht das Himmelreich einem Netz, das ins Meer geworfen ist und Fische aller Art fängt.
Matthäus Kapitel 13 Vers 47

Wer aber einen dieser Kleinen, die an mich glauben, zum Abfall verführt, für den wäre es besser, daß ein Mühlstein an seinen Hals gehängt und er ersäuft würde im Meer, wo es am tiefsten ist.
Matthäus Kapitel 18 Vers 6
Markus Kapitel 9 Vers 42
Lukas Kapitel 17 Vers 2

Wahrlich, ich sage euch: Wenn ihr Glauben habt und nicht zweifelt, so werdet ihr nicht allein Taten wie die mit dem Feigenbaum tun, sondern, wenn ihr zu diesem Berge sagt: Heb dich und wirf dich ins Meer!, so wird's geschehen.
Matthäus Kapitel 21 Vers 21
Markus Kapitel 11 Vers 23

Weh euch, Schriftgelehrte und Pharisäer, ihr Heuchler, die ihr Land und Meer durchzieht, damit ihr einen Judengenossen gewinnt; und wenn er's geworden ist, macht ihr aus ihm ein Kind der Hölle, doppelt so schlimm wie ihr.
Matthäus Kapitel 23 Vers 15

Wenn ihr Glauben hättet so groß wie ein Senfkorn, dann könntet ihr zu diesem Maulbeerbaum sagen: Reiß dich aus und versetze dich ins Meer!, und er würde euch gehorchen.
Lukas Kapitel 17 Vers 6

Und es werden Zeichen geschehen an Sonne und Mond und Sternen, und auf Erden wird den Völkern bange sein, und sie werden verzagen vor dem Brausen und Wogen des Meeres.
Lukas Kapitel 21 Vers 25

MEHL

Das Himmelreich gleicht einem Sauerteig, den eine Frau nahm und unter einen halben Zentner Mehl mengte, bis es ganz durchsäuert war.
Matthäus Kapitel 13 Vers 33
Lukas Kapitel 13 Vers 21

MEHR

Sorgt nicht um euer Leben, was ihr essen und trinken werdet; auch nicht um euren Leib, was ihr anziehen werdet. Ist nicht das Leben mehr als die Nahrung und der Leib mehr als die Kleidung?
Matthäus Kapitel 6 Vers 25

Wer Vater oder Mutter mehr liebt als mich, der ist meiner nicht wert; und wer Sohn oder Tochter mehr liebt als mich, der ist meiner nicht wert.
Matthäus Kapitel 10 Vers 37

Die Leute von Ninive werden auftreten beim Jüngsten Gericht mit diesem Geschlecht und werden es verdammen; denn sie taten Buße nach der Predigt des Jona. Und siehe, hier ist mehr als Jona. Die Königin vom Süden wird auftreten beim Jüngsten Gericht mit diesem Geschlecht und wird es verdammen; denn sie kam vom Ende der Erde, um Salomos Weisheit zu hören. Und siehe, hier ist mehr als Salomo.
Matthäus Kapitel 12 Vers 41 f

Wahrlich, ich sage euch: Diese arme Witwe hat mehr in den Gotteskasten gelegt als alle, die etwas eingelegt haben.
Markus Kapitel 12 Vers 43

Das ist aber das Gericht, daß das Licht in die Welt gekommen ist, und die Menschen liebten die Finsternis mehr als das Licht, denn ihre Werke waren böse.
Johannes Kapitel 3 Vers 19

MEILE
Und wenn dich jemand nötigt, eine Meile mitzugehen, so geh mit ihm zwei.
Matthäus Kapitel 5 Vers 41

MEIN
Oder habe ich nicht Macht zu tun, was ich will, mit dem, was mein ist? Siehst du scheel drein, weil ich so gütig bin?
Matthäus Kapitel 20 Vers 15

Mein Sohn, du bist allezeit bei mir, und alles, was mein ist, das ist dein.
Lukas Kapitel 15 Vers 31

Was geht's dich an, Frau, was ich tue? Meine Stunde ist noch nicht gekommen.
Johannes Kapitel 2 Vers 4

Meine Lehre ist nicht von mir, sondern von dem, der mich gesandt hat.
Johannes Kapitel 7 Vers 16

Ich bin der gute Hirte und kenne die Meinen, und die Meinen kennen mich,
Johannes Kapitel 10 Vers 14

Wer aber mich nicht liebt, der hält meine Worte nicht. Und das Wort, das ihr hört, ist nicht mein Wort, sondern das des Vaters, der mich gesandt hat.
Johannes Kapitel 14 Vers 24

Er wird mich verherrlichen; denn von dem Meinen wird er's nehmen und euch verkündigen.
Johannes Kapitel 16 Vers 14

Und alles, was mein ist, das ist dein, und was dein ist, das ist mein; und ich bin in ihnen verherrlicht.
Johannes Kapitel 17 Vers 10

Mein Reich ist nicht von dieser Welt. Wäre mein Reich von dieser Welt, meine Diener würden darum kämpfen, daß ich den Juden nicht überantwortet würde; nun aber ist mein Reich nicht von dieser Welt.
Johannes Kapitel 18 Vers 36

MEINEN
Ihr sollt nicht meinen, daß ich gekommen bin, das Gesetz oder die Propheten aufzulösen; ich bin nicht gekommen aufzulösen, sondern zu erfüllen.
Matthäus Kapitel 5 Vers 17

Geh weg von mir, Satan! Du bist mir ein Ärgernis; denn du meinst nicht, was göttlich, sondern was menschlich ist.
Matthäus Kapitel 16 Vers 23

Darum seid auch ihr bereit! Denn der Menschensohn kommt zu einer Stunde, da ihr's nicht meint.
Matthäus Kapitel 24 Vers 44

Wer von diesen dreien, meinst du, ist der Nächste gewesen dem, der unter die Räuber gefallen war?
Lukas Kapitel 10 Vers 36

Sie werden euch aus der Synagoge ausstoßen. Es kommt aber die Zeit, daß, wer euch tötet, meinen wird, er tue Gott einen Dienst damit.
Johannes Kapitel 16 Vers 2

MEINETWILLEN
Selig seid ihr, wenn euch die Menschen um meinetwillen schmähen und verfolgen und reden allerlei Übles gegen euch, wenn sie damit lügen.
Matthäus Kapitel 5 Vers 11

Wer sein Leben findet, der wird's verlieren; und wer sein Leben verliert um meinetwillen, der wird's finden.
Matthäus Kapitel 10 Vers 39

Wahrlich, ich sage euch: Es ist niemand, der Haus oder Brüder oder Schwestern oder Mutter oder Vater oder Kinder oder Äcker verläßt um meinetwillen und um des Evangeliums willen, der nicht hundertfach empfange: jetzt in dieser Zeit Häuser und Brüder und Schwestern und Mütter und Kinder und Äcker mitten unter Verfolgungen – und in der zukünftigen Welt das ewige Leben.
Markus Kapitel 10 Vers 29 f

Wie mich der lebendige Vater gesandt hat und ich lebe um des Vaters willen, so wird auch, wer mich ißt, leben um meinetwillen.
Johannes Kapitel 6 Vers 57

Diese Stimme ist nicht um meinetwillen geschehen, sondern um euretwillen.
Johannes Kapitel 12 Vers 30

MEISTER
Der Jünger steht nicht über dem Meister und der Knecht nicht über seinem Herrn.
Matthäus Kapitel 10 Vers 24

Es ist für den Jünger genug, daß er ist wie sein Meister und der Knecht wie sein Herr. Haben sie den Hausherrn Beelzebul genannt, wieviel mehr werden sie seine Hausgenossen so nennen!
Matthäus Kapitel 10 Vers 25

Aber ihr sollt euch nicht Rabbi nennen lassen; denn einer ist euer Meister; ihr aber seid alle Brüder.
Matthäus Kapitel 23 Vers 8

Geht hin in die Stadt zu einem und sprecht zu ihm: Der Meister läßt dir sagen: Meine Zeit ist nahe; ich will bei dir das Passa feiern mit meinen Jüngern.
Matthäus Kapitel 26 Vers 18

Der Jünger steht nicht über dem Meister; wenn er vollkommen ist, so ist er wie sein Meister.
Lukas Kapitel 6 Vers 40

Ihr nennt mich Meister und Herr und sagt es mit Recht, denn ich bin's auch. Wenn nun ich, euer Herr und Meister, euch die Füße gewaschen habe, so sollt auch ihr euch untereinander die Füße waschen.
Johannes Kapitel 13 Vers 13f

MENSCH
Es steht geschrieben: »Der Mensch lebt nicht vom Brot allein, sondern von einem jeden Wort, das aus dem Mund Gottes geht.«
Matthäus Kapitel 4 Vers 4
Lukas Kapitel 4 Vers 4

Selig seid ihr, wenn euch die Menschen um meinetwillen schmähen und verfolgen und reden allerlei Übles gegen euch, wenn sie damit lügen.
Matthäus Kapitel 5 Vers 11
Lukas Kapitel 6 Vers 22

Denn wenn ihr den Menschen ihre Verfehlungen vergebt, so wird euch euer himmlischer Vater auch vergeben. Wenn ihr aber den Menschen nicht vergebt, so wird euch euer Vater eure Verfehlungen auch nicht vergeben.
Matthäus Kapitel 6 Vers 14 f

Wer ist unter euch Menschen, der seinem Sohn, wenn er ihn bittet um Brot, einen Stein biete?
Matthäus Kapitel 7 Vers 9

Hütet euch aber vor den Menschen; denn sie werden euch den Gerichten überantworten und werden euch geißeln in ihren Synagogen.
Matthäus Kapitel 10 Vers 17

Wer nun mich bekennt vor den Menschen, den will ich auch bekennen vor meinem himmlischen Vater. Wer mich aber verleugnet vor den Menschen, den will ich auch verleugnen vor meinem himmlischen Vater.
Matthäus Kapitel 10 Vers 32 f

Ich bin gekommen, den Menschen zu entzweien mit seinem Vater und die Tochter mit ihrer Mutter und die Schwiegertochter mit ihrer Schwiegermutter. Und des Menschen Feinde werden seine eigenen Hausgenossen sein.
Matthäus Kapitel 10 Vers 35 f

Oder was seid ihr hinausgegangen zu sehen? Wolltet ihr einen Menschen in weichen Kleidern sehen? Siehe, die weiche Kleider tragen, sind in den Häusern der Könige.
Matthäus Kapitel 11 Vers 8
Lukas Kapitel 7 Vers 25

Der Menschensohn ist gekommen, ißt und trinkt; so sagen sie: Siehe, was ist dieser Mensch für ein Fresser und Weinsäufer, ein Freund der Zöllner und Sünder! Und doch ist die Weisheit gerechtfertigt worden aus ihren Werken.
Matthäus Kapitel 11 Vers 19
Lukas Kapitel 7 Vers 34

Wieviel mehr ist nun ein Mensch als ein Schaf! Darum darf man am Sabbat Gutes tun.
Matthäus Kapitel 12 Vers 12

Darum sage ich euch: Alle Sünde und Lästerung wird den Menschen vergeben; aber die Lästerung gegen den Geist wird nicht vergeben.
Matthäus Kapitel 12 Vers 31

Ich sage euch aber, daß die Menschen Rechenschaft geben müssen am Tage des Gerichts von jedem nichtsnutzigen Wort, das sie geredet haben.
Matthäus Kapitel 12 Vers 36

Wenn der unreine Geist von einem Menschen ausgefahren ist, so durchstreift er dürre Stätten, sucht Ruhe und findet sie nicht. Dann spricht er: Ich will wieder zurückkehren in mein Haus, aus dem ich fortgegangen bin. Und wenn er kommt, so findet er's leer, gekehrt und geschmückt. Dann geht er hin und nimmt mit sich sieben andre Geister, die böser sind als er selbst; und wenn sie hineinkommen, wohnen sie darin; und es wird mit diesem Menschen hernach ärger, als es vorher war. So wird's auch diesem bösen Geschlecht ergehen.
Matthäus Kapitel 12 Vers 43-45

Was zum Mund hineingeht, das macht den Menschen nicht unrein; sondern was aus dem Mund herauskommt, das macht den Menschen unrein.
Matthäus Kapitel 15 Vers 11
Markus Kapitel 7 Vers 15

Was aber aus dem Mund herauskommt, das kommt aus dem Herzen, und das macht den Menschen unrein.
Matthäus Kapitel 15 Vers 18
Markus Kapitel 7 Vers 20

Was hülfe es dem Menschen, wenn er die ganze Welt gewönne und nähme doch Schaden an seiner Seele? Oder was kann der Mensch geben, womit er seine Seele auslöse?
Matthäus Kapitel 16 Vers 26
Lukas Kapitel 9 Vers 25
Markus Kapitel 8 Vers 36

Was meint ihr? Wenn ein Mensch hundert Schafe hätte und eins unter ihnen sich verirrte: läßt er nicht die neunundneunzig auf den Bergen, geht hin und sucht das verirrte?
Matthäus Kapitel 18 Vers 12
Lukas Kapitel 15 Vers 4

Was nun Gott zusammengefügt hat, das soll der Mensch nicht scheiden!
Matthäus Kapitel 19 Vers 6
Markus Kapitel 10 Vers 9

Denn einige sind von Geburt an zur Ehe unfähig; andere sind von Menschen zur Ehe unfähig gemacht; und wieder andere haben sich selbst zur Ehe unfähig gemacht um des Himmelreichs willen. Wer es fassen kann, der fasse es!
Matthäus Kapitel 19 Vers 12

Bei den Menschen ist's unmöglich; aber bei Gott sind alle Dinge möglich.
Matthäus Kapitel 19 Vers 26
Markus Kapitel 10 Vers 27
Lukas Kapitel 18 Vers 27

Weh euch, Schriftgelehrte und Pharisäer, ihr Heuchler, die ihr das Himmelreich zuschließt vor den Menschen! Ihr geht nicht hinein, und die hinein wollen, laßt ihr nicht hineingehen.
Matthäus Kapitel 23 Vers 13

Der Menschensohn geht zwar dahin, wie von ihm geschrieben steht; doch weh dem Menschen, durch den der Menschensohn verraten wird! Es wäre für diesen Menschen besser, wenn er nie geboren wäre.
Matthäus Kapitel 26 Vers 24
Markus Kapitel 14 Vers 21
Lukas Kapitel 22 Vers 22

Der Sabbat ist um des Menschen willen gemacht und nicht der Mensch um des Sabbats willen.
Markus Kapitel 2 Vers 27

Ihr verlaßt Gottes Gebot und haltet der Menschen Satzungen.
Markus Kapitel 7 Vers 8

Seid ihr denn auch so unverständig? Merkt ihr nicht, daß alles, was von außen in den Menschen hineingeht, ihn nicht unrein machen kann?
Markus Kapitel 7 Vers 18

Was aus dem Menschen herauskommt, das macht den Menschen unrein; denn von innen, aus dem Herzen der Menschen, kommen heraus böse Gedanken, Unzucht, Diebstahl, Mord.
Markus Kapitel 7 Vers 20 f

Der Menschensohn wird überantwortet werden in die Hände der Menschen, und sie werden ihn töten; und wenn er getötet ist, so wird er nach drei Tagen auferstehen.
Markus Kapitel 9 Vers 31
Lukas Kapitel 9 Vers 44

Fürchte dich nicht! Von nun an wirst du Menschen fangen.
Lukas Kapitel 5 Vers 10

Mensch, deine Sünden sind dir vergeben.
Lukas Kapitel 5 Vers 20

Ein guter Mensch bringt Gutes hervor aus dem guten Schatz seines Herzens; und ein Böser bringt Böses hervor aus dem bösen. Denn wes das Herz voll ist, des geht der Mund über.
Lukas Kapitel 6 Vers 45
Matthäus Kapitel 12 Vers 35

Weh auch euch Schriftgelehrten! Denn ihr beladet die Menschen mit unerträglichen Lasten, und ihr selbst rührt sie nicht mit dem Finger an.
Lukas Kapitel 11 Vers 46

Wer mich bekennt vor den Menschen, den wird auch der Menschensohn bekennen vor den Engeln Gottes. Wer mich aber verleugnet vor den Menschen, der wird verleugnet werden vor den Engeln Gottes.
Lukas Kapitel 12 Vers 8 f

Seid gleich den Menschen, die auf ihren Herrn warten, wann er aufbrechen wird von der Hochzeit, damit, wenn er kommt und anklopft, sie ihm sogleich auftun.
Lukas Kapitel 12 Vers 36

Ihr seid's, die ihr euch selbst rechtfertigt vor den Menschen; aber Gott kennt eure Herzen; denn was hoch ist bei den Menschen, das ist ein Greuel vor Gott.
Lukas Kapitel 16 Vers 15

Das ist aber das Gericht, daß das Licht in die Welt gekommen ist, und die Menschen liebten die Finsternis mehr als das Licht, denn ihre Werke waren böse.
Johannes Kapitel 3 Vers 19

Ihr habt zu Johannes geschickt, und er hat die Wahrheit bezeugt. Ich aber nehme nicht Zeugnis von einem Menschen; sondern ich sage das, damit ihr selig werdet.
Johannes Kapitel 5 Vers 33 f

Nun aber sucht ihr mich zu töten, einen Menschen, der euch die Wahrheit gesagt hat, wie ich sie von Gott gehört habe. Das hat Abraham nicht getan.
Johannes Kapitel 8 Vers 40

Eine Frau, wenn sie gebiert, so hat sie Schmerzen, denn ihre Stunde ist gekommen. Wenn sie aber das Kind geboren hat, denkt sie nicht mehr an die Angst um der Freude willen, daß ein Mensch zur Welt gekommen ist.
Johannes Kapitel 16 Vers 21

Vater, die Stunde ist da: verherrliche deinen Sohn, damit der Sohn dich verherrliche; denn du hast ihm Macht gegeben über alle Menschen, damit er das ewige Leben gebe allen, die du ihm gegeben hast.
Johannes Kapitel 17 Vers 1 f

Ich habe deinen Namen den Menschen offenbart, die du mir aus der Welt gegeben hast. Sie waren dein, und du hast sie mir gegeben, und sie haben dein Wort bewahrt.
Johannes Kapitel 17 Vers 6

MENSCHENFISCHER
Folgt mir nach; ich will euch zu Menschenfischern machen!
Matthäus Kapitel 4 Vers 19
Markus Kapitel 1 Vers 17

MENSCHENSOHN
Die Füchse haben Gruben, und die Vögel unter dem Himmel haben Nester; aber der Menschensohn hat nichts, wo er sein Haupt hinlege.
Matthäus Kapitel 8 Vers 20
Lukas Kapitel 9 Vers 58

Damit ihr aber wißt, daß der Menschensohn Vollmacht hat, auf Erden die Sünden zu vergeben: Steh auf, hebe dein Bett auf und geh heim!
Matthäus Kapitel 9 Vers 6
Lukas Kapitel 5 Vers 24

Wenn sie euch aber in einer Stadt verfolgen, so flieht in eine andere. Wahrlich, ich sage euch: Ihr werdet mit den Städten Israels nicht zu Ende kommen, bis der Menschensohn kommt.
Matthäus Kapitel 10 Vers 23

Der Menschensohn ist gekommen, ißt und trinkt; so sagen sie: Siehe, was ist dieser Mensch für ein Fresser und Weinsäufer, ein Freund der Zöllner und Sünder! Und doch ist die Weisheit gerechtfertigt worden aus ihren Werken.
Matthäus Kapitel 11 Vers 19
Lukas Kapitel 7 Vers 34

Der Menschensohn ist ein Herr über den Sabbat.
Matthäus Kapitel 12 Vers 8
Markus Kapitel 2 Vers 28
Lukas Kapitel 6 Vers 5

Und wer etwas redet gegen den Menschensohn, dem wird es vergeben; aber wer etwas redet gegen den heiligen Geist, dem wird's nicht vergeben, weder in dieser noch in jener Welt.
Matthäus Kapitel 12 Vers 32
Lukas Kapitel 12 Vers 10

Denn wie Jona drei Tage und drei Nächte im Bauch des Fisches war, so wird der Menschensohn drei Tage und drei Nächte im Schoß der Erde sein.
Matthäus Kapitel 12 Vers 40

Der Menschensohn ist's, der den guten Samen sät.
Matthäus Kapitel 13 Vers 37

Der Menschensohn wird seine Engel senden, und sie werden sammeln aus seinem Reich alles, was zum Abfall verführt, und die da Unrecht tun.
Matthäus Kapitel 13 Vers 41

Wer sagen die Leute, daß der Menschensohn sei?
Matthäus Kapitel 16 Vers 13

Denn es wird geschehen, daß der Menschensohn kommt in der Herrlichkeit seines Vaters mit seinen Engeln, und dann wird er einem jeden vergelten nach seinem Tun.
Matthäus Kapitel 16 Vers 27
Matthäus Kapitel 25 Vers 31

Wahrlich, ich sage euch: Es stehen einige hier, die werden den Tod nicht schmecken, bis sie den Menschensohn kommen sehen in seinem Reich.
Matthäus Kapitel 16 Vers 28

Elia soll freilich kommen und alles zurechtbringen. Doch ich sage euch: Elia ist schon gekommen, aber sie haben ihn nicht erkannt, sondern haben mit ihm getan, was sie wollten. So wird auch der Menschensohn durch sie leiden müssen.
Matthäus Kapitel 17 Vers 11 f

Wahrlich, ich sage euch: Ihr, die ihr mir nachgefolgt seid, werdet bei der Wiedergeburt, wenn der Menschensohn sitzen wird auf dem Thron seiner Herrlichkeit, auch sitzen auf zwölf Thronen und richten die zwölf Stämme Israels.
Matthäus Kapitel 19 Vers 28

Siehe, wir ziehen hinauf nach Jerusalem, und der Menschensohn wird den Hohenpriestern und Schriftgelehrten überantwortet werden; und sie werden ihn zum Tode verurteilen.
Matthäus Kapitel 20 Vers 18

Wer unter euch der Erste sein will, der sei euer Knecht, so wie der Menschensohn nicht gekommen ist, daß er sich dienen lasse, sondern daß er diene und gebe sein Leben zu einer Erlösung für viele.
Matthäus Kapitel 20 Vers 27 f
Markus Kapitel 10 Vers 45

Und dann wird erscheinen das Zeichen des Menschensohns am Himmel. Und dann werden wehklagen alle Geschlechter auf Erden und werden sehen den Menschensohn kommen auf den Wolken des Himmels mit großer Kraft und Herrlichkeit. Und er wird seine Engel senden mit hellen Posaunen, und sie werden seine Auserwählten sammeln von den vier Winden, von einem Ende des Himmels bis zum andern.
Matthäus Kapitel 24 Vers 30 f

Darum seid auch ihr bereit! Denn der Menschensohn kommt zu einer Stunde, da ihr's nicht meint.
Matthäus Kapitel 24 Vers 44
Lukas Kapitel 12 Vers 40

Wenn aber der Menschensohn kommen wird in seiner Herrlichkeit, und alle Engel mit ihm, dann wird er sitzen auf dem Thron seiner Herrlichkeit, und alle Völker werden vor ihm versammelt werden. Und er wird sie voneinander scheiden, wie ein Hirt die Schafe von den Böcken scheidet, und wird die Schafe zu seiner Rechten stellen und die Böcke zur Linken. Da wird dann der König sagen zu denen zu seiner Rechten: Kommt her, ihr Gesegneten meines Vaters, ererbt das Reich, das euch bereitet ist von Anbeginn der Welt! Denn ich bin hungrig gewesen, und ihr habt mir zu essen gegeben. Ich bin durstig gewesen, und ihr habt mir zu trinken gegeben. Ich bin ein Fremder gewesen, und ihr habt mich aufgenommen. Ich bin nackt gewesen, und ihr habt mich gekleidet. Ich bin krank gewesen, und ihr habt mich besucht. Ich bin im Gefängnis gewesen, und ihr seid zu mir gekommen. Dann werden ihm die Gerechten antworten und sagen: Herr, wann haben wir dich hungrig gesehen und haben dir zu essen gegeben? oder durstig und haben dir zu trinken gegeben? Wann haben wir dich als Fremden gesehen und haben dich aufgenommen? oder nackt und haben dich gekleidet? Wann haben wir dich krank oder im Gefängnis gesehen und sind zu dir gekommen? Und der König wird antworten und zu ihnen sagen: Wahrlich, ich sage euch: Was ihr getan habt einem von diesen meinen geringsten Brüdern, das habt ihr mir getan. Dann wird er auch sagen zu denen zur Linken: Geht weg von mir, ihr Verfluchten, in das ewige Feuer, das bereitet ist dem Teufel und seinen Engeln! Denn ich bin hungrig gewesen, und ihr habt mir nicht zu essen gegeben. Ich bin durstig gewesen, und ihr habt mir nicht zu trinken gegeben. Ich bin ein Fremder gewesen, und ihr habt mich nicht aufgenommen. Ich bin nackt gewesen, und ihr habt mich nicht gekleidet. Ich bin krank und im Gefängnis gewe-

sen, und ihr habt mich nicht besucht. Dann werden sie ihm auch antworten und sagen: Herr, wann haben wir dich hungrig oder durstig gesehen oder als Fremden oder nackt oder krank oder im Gefängnis und haben dir nicht gedient? Dann wird er ihnen antworten und sagen: Wahrlich, ich sage euch: Was ihr nicht getan habt einem von diesen Geringsten, das habt ihr mir auch nicht getan. Und sie werden hingehen: diese zur ewigen Strafe, aber die Gerechten in das ewige Leben.
Matthäus Kapitel 25 Vers 31-46

Der Menschensohn geht zwar dahin, wie von ihm geschrieben steht; doch weh dem Menschen, durch den der Menschensohn verraten wird! Es wäre für diesen Menschen besser, wenn er nie geboren wäre.
Matthäus Kapitel 26 Vers 24
Markus Kapitel 14 Vers 21
Lukas Kapitel 22 Vers 22

Von nun an werdet ihr sehen den Menschensohn sitzen zur Rechten der Kraft und kommen auf den Wolken des Himmels.
Matthäus Kapitel 26 Vers 64
Markus Kapitel 14 Vers 62

Der Menschensohn muß viel leiden und verworfen werden von den Ältesten und Hohenpriestern und Schriftgelehrten und getötet werden und nach drei Tagen auferstehen.
Markus Kapitel 8 Vers 31
Markus Kapitel 9 Vers 31
Lukas Kapitel 9 Vers 22

Wer sich aber meiner und meiner Worte schämt unter diesem abtrünnigen und sündigen Geschlecht, dessen wird sich auch der Menschensohn schämen, wenn er kommen wird in der Herrlichkeit seines Vaters mit den heiligen Engeln.
Markus Kapitel 8 Vers 38
Lukas Kapitel 9 Vers 26

Selig seid ihr, wenn euch die Menschen hassen und euch ausstoßen und schmähen und verwerfen euren Namen als böse um des Menschensohnes willen.
Lukas Kapitel 6 Vers 22

Wer mich bekennt vor den Menschen, den wird auch der Menschensohn bekennen vor den Engeln Gottes.
Lukas Kapitel 12 Vers 8

Es wird die Zeit kommen, in der ihr begehren werdet, zu sehen einen der Tage des Menschensohns, und werdet ihn nicht sehen. Und sie werden zu euch sagen: Siehe, da! oder: Siehe, hier! Geht nicht hin und lauft ihnen nicht nach! Denn wie der Blitz aufblitzt und leuchtet von einem Ende des Himmels bis zum andern, so wird der Menschensohn an seinem Tage sein.
Lukas Kapitel 17 Vers 22-24

Seht, wir gehen hinauf nach Jerusalem, und es wird alles vollendet werden, was geschrieben ist durch die Propheten von dem Menschensohn.
Lukas Kapitel 18 Vers 31

Der Menschensohn ist gekommen, zu suchen und selig zu machen, was verloren ist.
Lukas Kapitel 19 Vers 10

So seid allezeit wach und betet, daß ihr stark werdet, zu entfliehen diesem allen, was geschehen soll, und zu stehen vor dem Menschensohn.
Lukas Kapitel 21 Vers 36

Judas, verrätst du den Menschensohn mit einem Kuß?
Lukas Kapitel 22 Vers 48

Wahrlich, wahrlich, ich sage euch: Ihr werdet den Himmel offen sehen und die Engel Gottes hinauf- und herabfahren über dem Menschensohn.
Johannes Kapitel 1 Vers 51

Niemand ist gen Himmel aufgefahren außer dem, der vom Himmel herabgekommen ist, nämlich der Menschensohn. Und wie Mose in der Wüste die Schlange erhöht hat, so muß der Menschensohn erhöht werden, damit alle, die an ihn glauben, das ewige Leben haben.
Johannes Kapitel 3 Vers 13-15

Wie der Vater das Leben hat in sich selber, so hat er auch dem Sohn gegeben, das Leben zu haben in sich selber; und er hat ihm Vollmacht gegeben, das Gericht zu halten, weil er der Menschensohn ist.
Johannes Kapitel 5 Vers 26 f

Schafft euch Speise, die nicht vergänglich ist, sondern die bleibt zum ewigen Leben. Die wird euch der Menschensohn geben; denn auf dem ist das Siegel Gottes des Vaters.
Johannes Kapitel 6 Vers 27

Wenn ihr den Menschensohn erhöhen werdet, dann werdet ihr erkennen, daß ich es bin und nichts von mir selber tue, sondern, wie mich der Vater gelehrt hat, so rede ich.
Johannes Kapitel 8 Vers 28

Glaubst du an den Menschensohn? Du hast ihn gesehen, und der mit dir redet, der ist's.
Johannes Kapitel 9 Vers 35 und 37

Die Zeit ist gekommen, daß der Menschensohn verherrlicht werde.
Johannes Kapitel 12 Vers 23

Jetzt ist der Menschensohn verherrlicht, und Gott ist verherrlicht in ihm. Ist Gott verherrlicht in ihm, so wird Gott ihn auch verherrlichen in sich und wird ihn bald verherrlichen.
Johannes Kapitel 13 Vers 31 f

MENSCHLICH
Geh weg von mir, Satan! Du bist mir ein Ärgernis; denn du meinst nicht, was göttlich, sondern was menschlich ist.
Matthäus Kapitel 16 Vers 23
Markus Kapitel 8 Vers 33

MISSHANDELN
Denn er wird überantwortet werden den Heiden, und er wird verspottet und mißhandelt und angespien werden.
Lukas Kapitel 18 Vers 32

MITKNECHT
Hättest du dich da nicht auch erbarmen sollen über deinen Mitknecht, wie ich mich über dich erbarmt habe?
Matthäus Kapitel 18 Vers 33

MITTEN
Siehe, ich sende euch wie Schafe mitten unter die Wölfe. Darum seid klug wie die Schlangen und ohne Falsch wie die Tauben.
Matthäus Kapitel 10 Vers 16

Denn wo zwei oder drei versammelt sind in meinem Namen, da bin ich mitten unter ihnen.
Matthäus Kapitel 18 Vers 20

Man wird auch nicht sagen: Siehe, hier ist es! oder: Da ist es! Denn siehe, das Reich Gottes ist mitten unter euch.
Lukas Kapitel 17 Vers 21

MITTERNACHT

Um Mitternacht aber erhob sich lautes Rufen: Siehe, der Bräutigam kommt! Geht hinaus, ihm entgegen!
Matthäus Kapitel 25 Vers 6

Wenn jemand unter euch einen Freund hat und ginge zu ihm um Mitternacht und spräche zu ihm: Lieber Freund, leih mir drei Brote; denn mein Freund ist zu mir gekommen auf der Reise, und ich habe nichts, was ich ihm vorsetzen kann, und der drinnen würde antworten und sprechen: Mach mir keine Unruhe! Die Tür ist schon geschlossen, und meine Kinder und ich liegen schon zu Bett; ich kann nicht aufstehen und dir etwas geben. Ich sage euch: Und wenn er schon nicht aufsteht und ihm etwas gibt, weil er sein Freund ist, dann wird er doch wegen seines unverschämten Drängens aufstehen und ihm geben, soviel er bedarf.
Lukas Kapitel 11 Vers 5-8

MÖGLICH

Bei den Menschen ist's unmöglich; aber bei Gott sind alle Dinge möglich.
Matthäus Kapitel 19 Vers 26
Markus Kapitel 10 Vers 27
Lukas Kapitel 18 Vers 27

Mein Vater, ist's möglich, so gehe dieser Kelch an mir vorüber; doch nicht wie ich will, sondern wie du willst!
Matthäus Kapitel 26 Vers 39 und 42
Markus Kapitel 14 Vers 35
Markus Kapitel 14 Vers 36

Alle Dinge sind möglich dem, der da glaubt.
Markus Kapitel 9 Vers 23

MOND

Sogleich aber nach der Bedrängnis jener Zeit wird die Sonne sich verfinstern und der Mond seinen Schein verlieren, und die Sterne werden vom Himmel fallen, und die Kräfte der Himmel werden ins Wanken kommen.
Matthäus Kapitel 24 Vers 29
Markus Kapitel 13 Vers 24
Lukas Kapitel 21 Vers 25

MORD/MÖRDER

Aus dem Herzen kommen böse Gedanken, Mord, Ehebruch, Unzucht, Diebstahl, falsches Zeugnis, Lästerung.
Matthäus Kapitel 15 Vers 19
Markus Kapitel 7 Vers 21

Ihr habt den Teufel zum Vater, und nach eures Vaters Gelüste wollt ihr tun. Der ist ein Mörder von Anfang an und steht nicht in der Wahrheit; denn die Wahrheit ist nicht in ihm. Wenn er Lügen redet, so spricht er aus dem Eigenen; denn er ist ein Lügner und der Vater der Lüge.
Johannes Kapitel 8 Vers 44

MORGEN

Darum sorgt nicht für morgen, denn der morgige Tag wird für das Seine sorgen. Es ist genug, daß jeder Tag seine eigene Plage hat.
Matthäus Kapitel 6 Vers 34

So wacht nun; denn ihr wißt nicht, wann der Herr des Hauses kommt, ob am Abend oder zu Mitternacht oder um den Hahnenschrei oder am Morgen.
Markus Kapitel 13 Vers 35

Geht hin und sagt diesem Fuchs: Siehe, ich treibe böse Geister aus und mache gesund heute und morgen, und am dritten Tage werde ich vollendet sein.
Lukas Kapitel 13 Vers 32

MOSE

Auf dem Stuhl des Mose sitzen die Schriftgelehrten und Pharisäer. Alles nun, was sie euch sagen, das tut und haltet; aber nach ihren Werken sollt ihr nicht handeln; denn sie sagen's zwar, tun's aber nicht.
Matthäus Kapitel 23 Vers 2 f

Abraham sprach: Sie haben Mose und die Propheten; die sollen sie hören.
Lukas Kapitel 16 Vers 29

Wie Mose in der Wüste die Schlange erhöht hat, so muß der Menschensohn erhöht werden.
Johannes Kapitel 3 Vers 14

Ihr sollt nicht meinen, daß ich euch vor dem Vater verklagen werde; es ist einer, der euch verklagt: Mose, auf den ihr hofft.
Johannes Kapitel 5 Vers 45

Wahrlich, wahrlich, ich sage euch: Nicht Mose hat euch das Brot vom Himmel gegeben, sondern mein Vater gibt euch das wahre Brot vom Himmel.
Johannes Kapitel 6 Vers 32

MOTTEN

Ihr sollt euch nicht Schätze sammeln auf Erden, wo sie die Motten und der Rost fressen und wo die Diebe einbrechen und stehlen. Sammelt euch aber Schätze im Himmel, wo sie weder Motten noch Rost fressen.
Matthäus Kapitel 6 Vers 19 f

Verkauft, was ihr habt, und gebt Almosen. Macht euch Geldbeutel, die nicht veralten, einen Schatz, der niemals abnimmt, im Himmel, wo kein Dieb hinkommt und den keine Motten fressen.
Lukas Kapitel 12 Vers 33

MÜCKE
Ihr verblendeten Führer, die ihr Mücken aussiebt, aber Kamele verschluckt!
Matthäus Kapitel 23 Vers 24

MÜHE
Marta, Marta, du hast viel Sorge und Mühe. Eins aber ist not. Maria hat das gute Teil erwählt; das soll nicht von ihr genommen werden.
Lukas Kapitel 10 Vers 41 f

Will ich doch dieser Witwe, weil sie mir soviel Mühe macht, Recht schaffen, damit sie nicht zuletzt komme und mir ins Gesicht schlage.
Lukas Kapitel 18 Vers 5

MÜHLSTEIN
Wer aber einen dieser Kleinen, die an mich glauben, zum Abfall verführt, für den wäre es besser, daß ein Mühlstein an seinen Hals gehängt und er ersäuft würde im Meer, wo es am tiefsten ist.
Matthäus Kapitel 18 Vers 6
Markus Kapitel 9 Vers 42
Lukas Kapitel 17 Vers 2

MÜHSELIG
Kommt her zu mir, alle, die ihr mühselig und beladen seid; ich will euch erquicken.
Matthäus Kapitel 11 Vers 28

MUND
Es steht geschrieben: »Der Mensch lebt nicht vom Brot allein, sondern von einem jeden Wort, das aus dem Mund Gottes geht.«
Matthäus Kapitel 4 Vers 4

Wes das Herz voll ist, des geht der Mund über.
Matthäus Kapitel 12 Vers 34
Lukas Kapitel 6 Vers 45

Was zum Mund hineingeht, das macht den Menschen nicht unrein; sondern was aus dem Mund herauskommt, das macht den Menschen unrein.
Matthäus Kapitel 15 Vers 11

Merkt ihr nicht, daß alles, was zum Mund hineingeht, das geht in den Bauch und wird danach in die Grube ausgeleert? Was aber aus dem Mund herauskommt, das kommt aus dem Herzen, und das macht den Menschen unrein.
Matthäus Kapitel 15 Vers 17 f

Sündigt aber dein Bruder an dir, so geh hin und weise ihn zurecht zwischen dir und ihm allein. Hört er auf dich, so hast du deinen Bruder gewonnen. Hört er nicht auf dich, so nimm noch einen oder zwei zu dir, damit jede Sache durch den Mund von zwei oder drei Zeugen bestätigt werde.
Matthäus Kapitel 18 Vers 15 f

Denn ich will euch Mund und Weisheit geben, der alle eure Gegner nicht widerstehen noch widersprechen können.
Lukas Kapitel 21 Vers 15

MÜSSEN

Elia ist schon gekommen, aber sie haben ihn nicht erkannt, sondern haben mit ihm getan, was sie wollten. So wird auch der Menschensohn durch sie leiden müssen.
Matthäus Kapitel 17 Vers 12

Warum habt ihr mich gesucht? Wißt ihr nicht, daß ich sein muß in dem, was meines Vaters ist?
Lukas Kapitel 2 Vers 49

Es muß das an mir vollendet werden, was geschrieben steht: »Er ist zu den Übeltätern gerechnet worden.« Denn was von mir geschrieben ist, das wird vollendet.
Lukas Kapitel 22 Vers 37

Das sage ich nicht von euch allen; ich weiß, welche ich erwählt habe. Aber es muß die Schrift erfüllt werden: »Der mein Brot ißt, tritt mich mit Füßen.«
Johannes Kapitel 13 Vers 18

MUT

Du solltest aber fröhlich und guten Mutes sein; denn dieser dein Bruder war tot und ist wieder lebendig geworden, er war verloren und ist wiedergefunden.
Lukas Kapitel 15 Vers 32

MUTTER

Ich bin gekommen, den Menschen zu entzweien mit seinem Vater und die Tochter mit ihrer Mutter und die Schwiegertochter mit ihrer Schwiegermutter.
Matthäus Kapitel 10 Vers 35

Wer Vater oder Mutter mehr liebt als mich, der ist meiner nicht wert; und wer Sohn oder Tochter mehr liebt als mich, der ist meiner nicht wert.
Matthäus Kapitel 10 Vers 37

Wer den Willen tut meines Vaters im Himmel, der ist mir Bruder und Schwester und Mutter.
Matthäus Kapitel 12 Vers 50
Markus Kapitel 3 Vers 35

»Darum wird ein Mann Vater und Mutter verlassen und an seiner Frau hängen, und die zwei werden ein Fleisch sein.«
Matthäus Kapitel 19 Vers 5
Markus Kapitel 10 Vers 7 f

Und wer Häuser oder Brüder oder Schwestern oder Vater oder Mutter oder Kinder oder Äcker verläßt um meines Namens willen, der wird's hundertfach empfangen und das ewige Leben ererben.
Matthäus Kapitel 19 Vers 29
Markus Kapitel 10 Vers 29 f

Mose hat gesagt: »Du sollst deinen Vater und deine Mutter ehren« , und: »Wer Vater oder Mutter flucht, der soll des Todes sterben.« Ihr aber lehrt: »Wenn einer zu Vater oder Mutter sagt: Korban – das heißt: Opfergabe soll sein, was dir von mir zusteht« , so laßt ihr ihn nichts mehr tun für seinen Vater oder seine Mutter.
Markus Kapitel 7 Vers 10 f

Meine Mutter und meine Brüder sind diese, die Gottes Wort hören und tun.
Lukas Kapitel 8 Vers 21

Wenn jemand zu mir kommt und haßt nicht seinen Vater, Mutter, Frau, Kinder, Brüder, Schwestern und dazu sich selbst, der kann nicht mein Jünger sein.
Lukas Kapitel 14 Vers 26

Du kennst die Gebote: »Du sollst nicht ehebrechen; du sollst nicht töten; du sollst nicht stehlen; du sollst nicht falsch Zeugnis reden; du sollst deinen Vater und deine Mutter ehren!«
Lukas Kapitel 18 Vers 20
Markus Kapitel 10 Vers 19

Siehe, das ist deine Mutter!
Johannes Kapitel 19 Vers 26

N

NACHBAR/NACHBARIN

Wenn du ein Mittags- oder Abendmahl machst, so lade weder deine Freunde noch deine Brüder noch deine Verwandten noch reiche Nachbarn ein, damit sie dich nicht etwa wieder einladen und dir vergolten wird.
Lukas Kapitel 14 Vers 12

Und wenn er heimkommt, ruft er seine Freunde und Nachbarn und spricht zu ihnen: Freut euch mit mir; denn ich habe mein Schaf gefunden, das verloren war.
Lukas Kapitel 15 Vers 6

Und wenn sie ihn gefunden hat, ruft sie ihre Freundinnen und Nachbarinnen und spricht: Freut euch mit mir; denn ich habe meinen Silbergroschen gefunden, den ich verloren hatte.
Lukas Kapitel 15 Vers 9

NACHFOLGEN

Folgt mir nach; ich will euch zu Menschenfischern machen!
Matthäus Kapitel 4 Vers 19
Markus Kapitel 2 Vers 14

Willst du vollkommen sein, so geh hin, verkaufe, was du hast, und gib's den Armen, so wirst du einen Schatz im Himmel haben; und komm und folge mir nach!
Matthäus Kapitel 19 Vers 21

Wer mir nachfolgen will, der verleugne sich selbst und nehme sein Kreuz auf sich und folge mir nach.
Markus Kapitel 8 Vers 34
Matthäus Kapitel 16 Vers 24
Lukas Kapitel 9 Vers 23

Ich bin das Licht der Welt. Wer mir nachfolgt, der wird nicht wandeln in der Finsternis, sondern wird das Licht des Lebens haben.
Johannes Kapitel 8 Vers 12

Und wenn er alle seine Schafe hinausgelassen hat, geht er vor ihnen her, und die Schafe folgen ihm nach; denn sie kennen seine Stimme.
Johannes Kapitel 10 Vers 4

Wer mir dienen will, der folge mir nach; und wo ich bin, da soll mein Diener auch sein. Und wer mir dienen wird, den wird mein Vater ehren.
Johannes Kapitel 12 Vers 26

Wenn ich will, daß er bleibt, bis ich komme, was geht es dich an? Folge du mir nach!
Johannes Kapitel 21 Vers 22

NACHLAUFEN
Und sie werden zu euch sagen: Siehe, da! oder: Siehe, hier! Geht nicht hin und lauft ihnen nicht nach!
Lukas Kapitel 17 Vers 23

NACHT
Denn wie Jona drei Tage und drei Nächte im Bauch des Fisches war, so wird der Menschensohn drei Tage und drei Nächte im Schoß der Erde sein.
Matthäus Kapitel 12 Vers 40

Das sollt ihr aber wissen: Wenn ein Hausvater wüßte, zu welcher Stunde in der Nacht der Dieb kommt, so würde er ja wachen und nicht in sein Haus einbrechen lassen.
Matthäus Kapitel 24 Vers 43

In dieser Nacht werdet ihr alle Ärgernis nehmen an mir. Denn es steht geschrieben: »Ich werde den Hirten schlagen, und die Schafe der Herde werden sich zerstreuen.´
Matthäus Kapitel 26 Vers 31

Wahrlich, ich sage dir: In dieser Nacht, ehe der Hahn kräht, wirst du mich dreimal verleugnen.
Matthäus Kapitel 26 Vers 34
Markus Kapitel 14 Vers 30

Aber Gott sprach zu ihm: Du Narr! Diese Nacht wird man deine Seele von dir fordern; und wem wird dann gehören, was du angehäuft hast?
Lukas Kapitel 12 Vers 20

Ich sage euch: In jener Nacht werden zwei auf einem Bett liegen; der eine wird angenommen, der andere wird preisgegeben werden.
Lukas Kapitel 17 Vers 34

Sollte Gott nicht auch Recht schaffen seinen Auserwählten, die zu ihm Tag und Nacht rufen, und sollte er's bei ihnen lange hinziehen?
Lukas Kapitel 18 Vers 7

Wir müssen die Werke dessen wirken, der mich gesandt hat, solange es Tag ist; es kommt die Nacht, da niemand wirken kann.
Johannes Kapitel 9 Vers 4

Hat nicht der Tag zwölf Stunden? Wer bei Tag umhergeht, der stößt sich nicht; denn er sieht das Licht dieser Welt. Wer aber bei Nacht umhergeht, der stößt sich; denn es ist kein Licht in ihm.
Johannes Kapitel 11 Vers 9 f

NACKT
Ich bin nackt gewesen, und ihr habt mich gekleidet. Ich bin krank gewesen, und ihr habt mich besucht. Ich bin im Gefängnis gewesen, und ihr seid zu mir gekommen. Dann werden ihm die Gerechten antworten und sagen: Herr, wann haben wir dich hungrig gesehen und haben dir zu essen gegeben? oder durstig und haben dir zu trinken gegeben? Wann haben wir dich als Fremden gesehen und haben dich aufgenommen? oder nackt und haben dich gekleidet? Wann haben wir dich krank oder im Gefängnis gesehen und sind zu dir gekommen? Und der König wird antworten und zu ihnen sagen: Wahrlich, ich sage euch: Was ihr getan habt einem von diesen meinen geringsten Brüdern, das habt ihr mir getan.
Matthäus Kapitel 25 Vers 36-40

Ich bin ein Fremder gewesen, und ihr habt mich nicht aufgenommen. Ich bin nackt gewesen, und ihr habt mich nicht gekleidet. Ich bin krank und im Gefängnis gewesen, und ihr habt mich nicht besucht. Dann werden sie ihm auch antworten und sagen: Herr, wann haben wir dich hungrig oder durstig gesehen oder als Fremden oder nackt oder krank oder im Gefängnis und haben dir nicht gedient?
Matthäus Kapitel 25 Vers 43 f

NADELÖHR
Es ist leichter, daß ein Kamel durch ein Nadelöhr gehe, als daß ein Reicher ins Reich Gottes komme.
Matthäus Kapitel 19 Vers 24
Markus Kapitel 10 Vers 25
Lukas Kapitel 18 Vers 25

NÄCHSTER
Ihr habt gehört, daß gesagt ist: »Du sollst deinen Nächsten lieben und deinen Feind hassen.« Ich aber sage euch: Liebt eure Feinde und bittet für die, die euch verfolgen, damit ihr Kinder seid eures Vaters im Himmel.
Matthäus Kapitel 5 Vers 43-45

»Du sollst den Herrn, deinen Gott, lieben von ganzem Herzen, von ganzer Seele und von ganzem Gemüt.« Dies ist das höchste und größte Gebot.

Das andere aber ist dem gleich: »Du sollst deinen Nächsten lieben wie dich selbst.«
Matthäus Kapitel 22 Vers 37-39
Matthäus Kapitel 19 Vers 19
Markus Kapitel 12 Vers 30 f

Wer von diesen dreien, meinst du, ist der Nächste gewesen dem, der unter die Räuber gefallen war?
Lukas Kapitel 10 Vers 36

NAHE
Tut Buße, denn das Himmelreich ist nahe herbeigekommen!
Matthäus Kapitel 3 Vers 2
Matthäus Kapitel 4 Vers 17
Lukas Kapitel 10 Vers 11

An dem Feigenbaum lernt ein Gleichnis: wenn seine Zweige jetzt saftig werden und Blätter treiben, so wißt ihr, daß der Sommer nahe ist. Ebenso auch: wenn ihr das alles seht, so wißt, daß er nahe vor der Tür ist.
Matthäus Kapitel 24 Vers 32 f

NAHEN
Wenn aber dieses anfängt zu geschehen, dann seht auf und erhebt eure Häupter, weil sich eure Erlösung naht.
Lukas Kapitel 21 Vers 28

NÄHREN
Denn siehe, es wird die Zeit kommen, in der man sagen wird: Selig sind die Unfruchtbaren und die Leiber, die nicht geboren haben, und die Brüste, die nicht genährt haben!
Lukas Kapitel 23 Vers 29

NAHRUNG
Darum sage ich euch: Sorgt nicht um euer Leben, was ihr essen und trinken werdet; auch nicht um euren Leib, was ihr anziehen werdet. Ist nicht das Leben mehr als die Nahrung und der Leib mehr als die Kleidung?
Matthäus Kapitel 6 Vers 25
Lukas Kapitel 12 Vers 22 f

NAME
Es werden viele zu mir sagen an jenem Tage: Herr, Herr, haben wir nicht in deinem Namen geweissagt? Haben wir nicht in deinem Namen böse Geister ausgetrieben? Haben wir nicht in deinem Namen viele Wunder ge-

tan? Dann werde ich ihnen bekennen: Ich habe euch noch nie gekannt; weicht von mir, ihr Übeltäter!
Matthäus Kapitel 7 Vers 22 f

Und ihr werdet gehaßt werden von jedermann um meines Namens willen. Wer aber bis an das Ende beharrt, der wird selig werden.
Matthäus Kapitel 10 Vers 22

Wo zwei oder drei versammelt sind in meinem Namen, da bin ich mitten unter ihnen.
Matthäus Kapitel 18 Vers 20

Und wer Häuser oder Brüder oder Schwestern oder Vater oder Mutter oder Kinder oder Äcker verläßt um meines Namens willen, der wird's hundertfach empfangen und das ewige Leben ererben.
Matthäus Kapitel 19 Vers 29

Ich sage euch: Ihr werdet mich von jetzt an nicht sehen, bis ihr sprecht: Gelobt sei, der da kommt im Namen des Herrn!
Matthäus Kapitel 23 Vers 39
Lukas Kapitel 13 Vers 35

Es werden viele kommen unter meinem Namen und sagen: Ich bin der Christus, und sie werden viele verführen.
Matthäus Kapitel 24 Vers 5
Markus Kapitel 13 Vers 6
Lukas Kapitel 21 Vers 8

Gehet hin und machet zu Jüngern alle Völker: Taufet sie auf den Namen des Vaters und des Sohnes und des heiligen Geistes.
Matthäus Kapitel 28 Vers 19

Wer ein solches Kind in meinem Namen aufnimmt, der nimmt mich auf; und wer mich aufnimmt, der nimmt nicht mich auf, sondern den, der mich gesandt hat.
Markus Kapitel 9 Vers 37
Matthäus Kapitel 18 Vers 5
Lukas Kapitel 9 Vers 48

Niemand, der ein Wunder tut in meinem Namen, kann so bald übel von mir reden.
Markus Kapitel 9 Vers 39

Die Zeichen aber, die folgen werden denen, die da glauben, sind diese: in meinem Namen werden sie böse Geister austreiben, in neuen Zungen re-

den, Schlangen mit den Händen hochheben, und wenn sie etwas Tödliches trinken, wird's ihnen nicht schaden; auf Kranke werden sie die Hände legen, so wird's besser mit ihnen werden.
Markus Kapitel 16 Vers 17 f

Selig seid ihr, wenn euch die Menschen hassen und euch ausstoßen und schmähen und verwerfen euren Namen als böse um des Menschensohnes willen.
Lukas Kapitel 6 Vers 22

Doch darüber freut euch nicht, daß euch die Geister untertan sind. Freut euch aber, daß eure Namen im Himmel geschrieben sind.
Lukas Kapitel 10 Vers 20

Wenn ihr betet, so sprecht: Vater! Dein Name werde geheiligt.
Lukas Kapitel 11 Vers 2
Matthäus Kapitel 6 Vers 9

Wer an ihn glaubt, der wird nicht gerichtet; wer aber nicht glaubt, der ist schon gerichtet, denn er glaubt nicht an den Namen des eingeborenen Sohnes Gottes.
Johannes Kapitel 3 Vers 18

Ich bin gekommen in meines Vaters Namen, und ihr nehmt mich nicht an. Wenn ein anderer kommen wird in seinem eigenen Namen, den werdet ihr annehmen.
Johannes Kapitel 5 Vers 43

Der aber zur Tür hineingeht, der ist der Hirte der Schafe. Dem macht der Türhüter auf, und die Schafe hören seine Stimme; und er ruft seine Schafe mit Namen und führt sie hinaus.
Johannes Kapitel 10 Vers 2 f

Ich habe es euch gesagt, und ihr glaubt nicht. Die Werke, die ich tue in meines Vaters Namen, die zeugen von mir.
Johannes Kapitel 10 Vers 25

Vater, verherrliche deinen Namen!
Johannes Kapitel 12 Vers 28

Was ihr bitten werdet in meinem Namen, das will ich tun, damit der Vater verherrlicht werde im Sohn.
Johannes Kapitel 14 Vers 13

Der Tröster, der heilige Geist, den mein Vater senden wird in meinem Namen, der wird euch alles lehren und euch an alles erinnern, was ich euch gesagt habe.
Johannes Kapitel 14 Vers 26

Wahrlich, wahrlich, ich sage euch: Wenn ihr den Vater um etwas bitten werdet in meinem Namen, wird er's euch geben. Bisher habt ihr um nichts gebeten in meinem Namen. Bittet, so werdet ihr nehmen, daß eure Freude vollkommen sei.
Johannes Kapitel 16 Vers 23 f

Ich habe deinen Namen den Menschen offenbart, die du mir aus der Welt gegeben hast. Sie waren dein, und du hast sie mir gegeben, und sie haben dein Wort bewahrt.
Johannes Kapitel 17 Vers 6

Ich bin nicht mehr in der Welt; sie aber sind in der Welt, und ich komme zu dir. Heiliger Vater, erhalte sie in deinem Namen, den du mir gegeben hast, daß sie eins seien wie wir. Solange ich bei ihnen war, erhielt ich sie in deinem Namen, den du mir gegeben hast, und ich habe sie bewahrt, und keiner von ihnen ist verloren außer dem Sohn des Verderbens, damit die Schrift erfüllt werde.
Johannes Kapitel 17 Vers 11 f

NARR

Wer mit seinem Bruder zürnt, der ist des Gerichts schuldig; wer aber zu seinem Bruder sagt: Du Nichtsnutz!, der ist des Hohen Rats schuldig; wer aber sagt: Du Narr!, der ist des höllischen Feuers schuldig.
Matthäus Kapitel 5 Vers 22

Ihr Narren und Blinden! Was ist mehr: das Gold oder der Tempel, der das Gold heilig macht?
Matthäus Kapitel 23 Vers 17

Ihr Narren, hat nicht der, der das Äußere geschaffen hat, auch das Innere geschaffen?
Lukas Kapitel 11 Vers 40

Aber Gott sprach zu ihm: Du Narr! Diese Nacht wird man deine Seele von dir fordern; und wem wird dann gehören, was du angehäuft hast?
Lukas Kapitel 12 Vers 20

NEHMEN

Wie können die Hochzeitsgäste Leid tragen, solange der Bräutigam bei ihnen ist? Es wird aber die Zeit kommen, daß der Bräutigam von ihnen genommen wird; dann werden sie fasten.
Matthäus Kapitel 9 Vers 15

Und wer nicht sein Kreuz auf sich nimmt und folgt mir nach, der ist meiner nicht wert.
Matthäus Kapitel 10 Vers 38

Nehmt auf euch mein Joch und lernt von mir; denn ich bin sanftmütig und von Herzen demütig; so werdet ihr Ruhe finden für eure Seelen.
Matthäus Kapitel 11 Vers 29

Es ist nicht recht, daß man den Kindern ihr Brot nehme und werfe es vor die Hunde.
Matthäus Kapitel 15 Vers 26

Nimm, was dein ist, und geh! Ich will aber diesem letzten dasselbe geben wie dir.
Matthäus Kapitel 20 Vers 14

Das Reich Gottes wird von euch genommen und einem Volk gegeben werden, das seine Früchte bringt.
Matthäus Kapitel 21 Vers 43

Ich sage dir, steh auf, nimm dein Bett und geh heim!
Markus Kapitel 2 Vers 11

Denn wer da hat, dem wird gegeben; und wer nicht hat, dem wird man auch das nehmen, was er hat.
Markus Kapitel 4 Vers 25
Matthäus Kapitel 13 Vers 12
Lukas Kapitel 8 Vers 18

Abba, mein Vater, alles ist dir möglich; nimm diesen Kelch von mir; doch nicht, was ich will, sondern was du willst!
Markus Kapitel 14 Vers 36
Lukas Kapitel 22 Vers 42

Der Same ist das Wort Gottes. Die aber auf dem Weg, das sind die, die es hören; danach kommt der Teufel und nimmt das Wort aus ihrem Herzen, damit sie nicht glauben und selig werden.
Lukas Kapitel 8 Vers 11 f

Eins aber ist not. Maria hat das gute Teil erwählt; das soll nicht von ihr genommen werden.
Lukas Kapitel 10 Vers 42

Darum liebt mich mein Vater, weil ich mein Leben lasse, daß ich's wiedernehme. Niemand nimmt es von mir, sondern ich selber lasse es. Ich habe Macht, es zu lassen, und habe Macht, es wiederzunehmen. Dies Gebot habe ich empfangen von meinem Vater.
Johannes Kapitel 10 Vers 18

Und wenn ich hingehe, euch die Stätte zu bereiten, will ich wieder kommen und euch zu mir nehmen, damit ihr seid, wo ich bin.
Johannes Kapitel 14 Vers 3

Wer mich liebt, der wird mein Wort halten; und mein Vater wird ihn lieben, und wir werden zu ihm kommen und Wohnung bei ihm nehmen.
Johannes Kapitel 14 Vers 23

Wenn aber jener, der Geist der Wahrheit, kommen wird, wird er euch in alle Wahrheit leiten. Denn er wird nicht aus sich selber reden; sondern was er hören wird, das wird er reden, und was zukünftig ist, wird er euch verkündigen. Er wird mich verherrlichen; denn von dem Meinen wird er's nehmen und euch verkündigen.
Johannes Kapitel 16 Vers 13 f

Und auch ihr habt nun Traurigkeit; aber ich will euch wiedersehen, und euer Herz soll sich freuen, und eure Freude soll niemand von euch nehmen.
Johannes Kapitel 16 Vers 22

Bisher habt ihr um nichts gebeten in meinem Namen. Bittet, so werdet ihr nehmen, daß eure Freude vollkommen sei.
Johannes Kapitel 16 Vers 24

Ich bitte dich nicht, daß du sie aus der Welt nimmst, sondern daß du sie bewahrst vor dem Bösen.
Johannes Kapitel 17 Vers 15

NEST
Die Füchse haben Gruben, und die Vögel unter dem Himmel haben Nester; aber der Menschensohn hat nichts, wo er sein Haupt hinlege.
Matthäus Kapitel 8 Vers 20
Lukas Kapitel 9 Vers 58

NETZ

Wiederum gleicht das Himmelreich einem Netz, das ins Meer geworfen ist und Fische aller Art fängt.
Matthäus Kapitel 13 Vers 47

Werft das Netz aus zur Rechten des Bootes, so werdet ihr finden.
Johannes Kapitel 21 Vers 6

NEU

Man füllt auch nicht neuen Wein in alte Schläuche; sonst zerreißen die Schläuche, und der Wein wird verschüttet, und die Schläuche verderben. Sondern man füllt neuen Wein in neue Schläuche, so bleiben beide miteinander erhalten.
Matthäus Kapitel 9 Vers 17

Darum gleicht jeder Schriftgelehrte, der ein Jünger des Himmelreichs geworden ist, einem Hausvater, der aus seinem Schatz Neues und Altes hervorholt.
Matthäus Kapitel 13 Vers 52

Die Zeichen aber, die folgen werden denen, die da glauben, sind diese: in meinem Namen werden sie böse Geister austreiben, in neuen Zungen reden, Schlangen mit den Händen hochheben, und wenn sie etwas Tödliches trinken, wird's ihnen nicht schaden; auf Kranke werden sie die Hände legen, so wird's besser mit ihnen werden.
Markus Kapitel 16 Vers 17 f

Wahrlich, wahrlich, ich sage dir: Es sei denn, daß jemand von neuem geboren werde, so kann er das Reich Gottes nicht sehen.
Johannes Kapitel 3 Vers 3

Ein neues Gebot gebe ich euch, daß ihr euch untereinander liebt, wie ich euch geliebt habe, damit auch ihr einander lieb habt.
Johannes Kapitel 13 Vers 34

NEUNUNDNEUNZIG

Was meint ihr? Wenn ein Mensch hundert Schafe hätte und eins unter ihnen sich verirrte: läßt er nicht die neunundneunzig auf den Bergen, geht hin und sucht das verirrte?
Matthäus Kapitel 18 Vers 12

So wird auch Freude im Himmel sein über einen Sünder, der Buße tut, mehr als über neunundneunzig Gerechte, die der Buße nicht bedürfen.
Lukas Kapitel 15 Vers 7

NICHT
Ich werde von nun an nicht mehr von diesem Gewächs des Weinstocks trinken bis an den Tag, an dem ich von neuem davon trinken werde mit euch in meines Vaters Reich.
Matthäus Kapitel 26 Vers 29

Siehe, du bist gesund geworden; sündige hinfort nicht mehr, daß dir nicht etwas Schlimmeres widerfahre.
Johannes Kapitel 5 Vers 14
Johannes Kapitel 8 Vers 11

Meine Zeit ist noch nicht da, eure Zeit ist allewege.
Johannes Kapitel 7 Vers 6

Hat dich niemand verdammt? – So verdamme ich dich auch nicht.
Johannes Kapitel 8 Vers 1o f

Es ist noch eine kleine Zeit, dann wird mich die Welt nicht mehr sehen. Ihr aber sollt mich sehen, denn ich lebe, und ihr sollt auch leben.
Johannes Kapitel 14 Vers 19

NICHTS
Denn wahrlich, ich sage euch: Wenn ihr Glauben habt wie ein Senfkorn, so könnt ihr sagen zu diesem Berge: Heb dich dorthin!, so wird er sich heben; und euch wird nichts unmöglich sein.
Matthäus Kapitel 17 Vers 20

Ich kann nichts von mir aus tun. Wie ich höre, so richte ich, und mein Gericht ist gerecht; denn ich suche nicht meinen Willen, sondern den Willen dessen, der mich gesandt hat.
Johannes Kapitel 5 Vers 30

Ich bin der Weinstock, ihr seid die Reben. Wer in mir bleibt und ich in ihm, der bringt viel Frucht; denn ohne mich könnt ihr nichts tun.
Johannes Kapitel 15 Vers 5

An dem Tag werdet ihr mich nichts fragen. Wahrlich, wahrlich, ich sage euch: Wenn ihr den Vater um etwas bitten werdet in meinem Namen, wird er's euch geben.
Johannes Kapitel 16 Vers 23

NICHTSNUTZ/NICHTSNUTZIG

Wer mit seinem Bruder zürnt, der ist des Gerichts schuldig; wer aber zu seinem Bruder sagt: Du Nichtsnutz!, der ist des Hohen Rats schuldig; wer aber sagt: Du Narr!, der ist des höllischen Feuers schuldig.
Matthäus Kapitel 5 Vers 22

Ich sage euch aber, daß die Menschen Rechenschaft geben müssen am Tage des Gerichts von jedem nichtsnutzigen Wort, das sie geredet haben.
Matthäus Kapitel 12 Vers 36

NIEMAND

Niemand kann zwei Herren dienen: entweder er wird den einen hassen und den andern lieben, oder er wird an dem einen hängen und den andern verachten. Ihr könnt nicht Gott dienen und dem Mammon.
Matthäus Kapitel 6 Vers 24

Niemand flickt ein altes Kleid mit einem Lappen von neuem Tuch; denn der Lappen reißt doch wieder vom Kleid ab, und der Riß wird ärger.
Matthäus Kapitel 9 Vers 16
Markus Kapitel 2 Vers 21
Lukas Kapitel 5 Vers 36

Alles ist mir übergeben von meinem Vater; und niemand kennt den Sohn als nur der Vater; und niemand kennt den Vater als nur der Sohn und wem es der Sohn offenbaren will.
Matthäus Kapitel 11 Vers 27

Von dem Tage aber und von der Stunde weiß niemand, auch die Engel im Himmel nicht, auch der Sohn nicht, sondern allein der Vater.
Matthäus Kapitel 24 Vers 36
Markus Kapitel 13 Vers 32

Und niemand füllt neuen Wein in alte Schläuche; sonst zerreißt der Wein die Schläuche, und der Wein ist verloren und die Schläuche auch; sondern man soll neuen Wein in neue Schläuche füllen.
Markus Kapitel 2 Vers 22
Lukas Kapitel 5 Vers 37

Niemand kann aber in das Haus eines Starken eindringen und seinen Hausrat rauben, wenn er nicht zuvor den Starken fesselt; erst dann kann er sein Haus berauben.
Markus Kapitel 3 Vers 27

Niemand, der ein Wunder tut in meinem Namen, kann so bald übel von mir reden.
Markus Kapitel 9 Vers 39

Alles ist mir übergeben von meinem Vater. Und niemand weiß, wer der Sohn ist, als nur der Vater, noch, wer der Vater ist, als nur der Sohn und wem es der Sohn offenbaren will.
Lukas Kapitel 10 Vers 22

Niemand zündet ein Licht an und setzt es in einen Winkel, auch nicht unter einen Scheffel, sondern auf den Leuchter, damit, wer hineingeht, das Licht sehe.
Lukas Kapitel 11 Vers 33
Lukas Kapitel 8 Vers 16

Seht zu und hütet euch vor aller Habgier; denn niemand lebt davon, daß er viele Güter hat.
Lukas Kapitel 12 Vers 15

Was nennst du mich gut? Niemand ist gut als Gott allein.
Lukas Kapitel 18 Vers 19

Und niemand ist gen Himmel aufgefahren außer dem, der vom Himmel herabgekommen ist, nämlich der Menschensohn.
Johannes Kapitel 3 Vers 13

Denn der Vater richtet niemand, sondern hat alles Gericht dem Sohn übergeben.
Johannes Kapitel 5 Vers 22

Es kann niemand zu mir kommen, es sei denn, ihn ziehe der Vater, der mich gesandt hat, und ich werde ihn auferwecken am Jüngsten Tage.
Johannes Kapitel 6 Vers 44 und 65

Ihr richtet nach dem Fleisch, ich richte niemand.
Johannes Kapitel 8 Vers 15

Wir müssen die Werke dessen wirken, der mich gesandt hat, solange es Tag ist; es kommt die Nacht, da niemand wirken kann.
Johannes Kapitel 9 Vers 4

Darum liebt mich mein Vater, weil ich mein Leben lasse, daß ich's wiedernehme. Niemand nimmt es von mir, sondern ich selber lasse es.
Johannes Kapitel 10 Vers 17 f

Ich gebe ihnen das ewige Leben, und sie werden nimmermehr umkommen, und niemand wird sie aus meiner Hand reißen. Mein Vater, der mir sie gegeben hat, ist größer als alles, und niemand kann sie aus des Vaters Hand reißen.
Johannes Kapitel 10 Vers 28 f

Ich bin der Weg und die Wahrheit und das Leben; niemand kommt zum Vater denn durch mich.
Johannes Kapitel 14 Vers 6

Niemand hat größere Liebe als die, daß er sein Leben läßt für seine Freunde.
Johannes Kapitel 15 Vers 13

Und auch ihr habt nun Traurigkeit; aber ich will euch wiedersehen, und euer Herz soll sich freuen, und eure Freude soll niemand von euch nehmen.
Johannes Kapitel 16 Vers 22

NIMMERMEHR
Ich bin das Brot des Lebens. Wer zu mir kommt, den wird nicht hungern; und wer an mich glaubt, den wird nimmermehr dürsten.
Johannes Kapitel 6 Vers 35

Meine Schafe hören meine Stimme, und ich kenne sie, und sie folgen mir; und ich gebe ihnen das ewige Leben, und sie werden nimmermehr umkommen, und niemand wird sie aus meiner Hand reißen.
Johannes Kapitel 10 Vers 27 f

Wer da lebt und glaubt an mich, der wird nimmermehr sterben.
Johannes Kapitel 11 Vers 26

NOAH
Denn wie es in den Tagen Noahs war, so wird auch sein das Kommen des Menschensohns. Denn wie sie waren in den Tagen vor der Sintflut – sie aßen, sie tranken, sie heirateten und ließen sich heiraten bis an den Tag, an dem Noah in die Arche hineinging; und sie beachteten es nicht, bis die Sintflut kam und raffte sie alle dahin –, so wird es auch sein beim Kommen des Menschensohns.
Matthäus Kapitel 24 Vers 37-39
Lukas Kapitel 17 Vers 26 f

NORDEN
Und es werden kommen von Osten und von Westen, von Norden und von Süden, die zu Tisch sitzen werden im Reich Gottes.
Lukas Kapitel 13 Vers 29

NÖTIGEN

Und wenn dich jemand nötigt, eine Meile mitzugehen, so geh mit ihm zwei.
Matthäus Kapitel 5 Vers 41

Und der Herr sprach zu dem Knecht: Geh hinaus auf die Landstraßen und an die Zäune und nötige sie hereinzukommen, daß mein Haus voll werde.
Lukas Kapitel 14 Vers 23

NUTZEN

Denn welchen Nutzen hätte der Mensch, wenn er die ganze Welt gewönne und verlöre sich selbst oder nähme Schaden an sich selbst?
Lukas Kapitel 9 Vers 25

NÜTZE

Ihr seid das Salz der Erde. Wenn nun das Salz nicht mehr salzt, womit soll man salzen? Es ist zu nichts mehr nütze, als daß man es wegschüttet und läßt es von den Leuten zertreten.
Matthäus Kapitel 5 Vers 13

Der Geist ist's, der lebendig macht; das Fleisch ist nichts nütze. Die Worte, die ich zu euch geredet habe, die sind Geist und sind Leben.
Johannes Kapitel 6 Vers 63

O

OBEN

Der von oben her kommt, ist über allen. Wer von der Erde ist, der ist von der Erde und redet von der Erde. Der vom Himmel kommt, der ist über allen.
Johannes Kapitel 3 Vers 31

Du hättest keine Macht über mich, wenn es dir nicht von oben her gegeben wäre. Darum: der mich dir überantwortet hat, der hat größere Sünde.
Johannes Kapitel 19 Vers 11

OBRIGKEIT

Wenn sie euch aber führen werden in die Synagogen und vor die Machthaber und die Obrigkeit, so sorgt nicht, wie oder womit ihr euch verantworten oder was ihr sagen sollt.
Lukas Kapitel 12 Vers 11

OCHSE

Sagt den Gästen: Siehe, meine Mahlzeit habe ich bereitet, meine Ochsen und mein Mastvieh ist geschlachtet, und alles ist bereit; kommt zur Hochzeit!
Matthäus Kapitel 22 Vers 4

Ihr Heuchler! Bindet nicht jeder von euch am Sabbat seinen Ochsen oder seinen Esel von der Krippe los und führt ihn zur Tränke? Sollte dann nicht diese, die doch Abrahams Tochter ist, die der Satan schon achtzehn Jahre gebunden hatte, am Sabbat von dieser Fessel gelöst werden?
Lukas Kapitel 13 Vers 15 f

Der zweite sprach: Ich habe fünf Gespanne Ochsen gekauft und ich gehe jetzt hin, sie zu besehen; ich bitte dich, entschuldige mich.
Lukas Kapitel 14 Vers 19

OFFEN

Wahrlich, wahrlich, ich sage euch: Ihr werdet den Himmel offen sehen und die Engel Gottes hinauf- und herabfahren über dem Menschensohn.
Johannes Kapitel 1 Vers 51

Ich habe frei und offen vor aller Welt geredet. Ich habe allezeit gelehrt in der Synagoge und im Tempel, wo alle Juden hinkommen, und habe nichts im Verborgenen geredet.
Johannes Kapitel 18 Vers 20

OFFENBAR

Darum fürchtet euch nicht vor ihnen. Es ist nichts verborgen, was nicht offenbar wird, und nichts geheim, was man nicht wissen wird.
Matthäus Kapitel 10 Vers 26

Wer aber die Wahrheit tut, der kommt zu dem Licht, damit offenbar wird, daß seine Werke in Gott getan sind.
Johannes Kapitel 3 Vers 21

Es hat weder dieser gesündigt noch seine Eltern, sondern es sollen die Werke Gottes offenbar werden an ihm.
Johannes Kapitel 9 Vers 3

OFFENBAREN

Alles ist mir übergeben von meinem Vater; und niemand kennt den Sohn als nur der Vater; und niemand kennt den Vater als nur der Sohn und wem es der Sohn offenbaren will.
Matthäus Kapitel 11 Vers 27
Lukas Kapitel 10 Vers 22

Selig bist du, Simon, Jonas Sohn; denn Fleisch und Blut haben dir das nicht offenbart, sondern mein Vater im Himmel.
Matthäus Kapitel 16 Vers 17

Wer meine Gebote hat und hält sie, der ist's, der mich liebt. Wer mich aber liebt, der wird von meinem Vater geliebt werden, und ich werde ihn lieben und mich ihm offenbaren.
Johannes Kapitel 14 Vers 21

Ich habe deinen Namen den Menschen offenbart, die du mir aus der Welt gegeben hast. Sie waren dein, und du hast sie mir gegeben, und sie haben dein Wort bewahrt.
Johannes Kapitel 17 Vers 6

OHR

Wer Ohren hat, der höre!
Matthäus Kapitel 11 Vers 15
Matthäus Kapitel 13 Vers 9

Darum rede ich zu ihnen in Gleichnissen. Denn mit sehenden Augen sehen sie nicht und mit hörenden Ohren hören sie nicht; und sie verstehen es nicht. Und an ihnen wird die Weissagung Jesajas erfüllt, die da sagt: »Mit den Ohren werdet ihr hören und werdet es nicht verstehen; und mit sehenden Augen werdet ihr sehen und werdet es nicht erkennen. Denn das Herz dieses Volkes ist verstockt: ihre Ohren hören schwer, und ihre Augen

sind geschlossen, damit sie nicht etwa mit den Augen sehen und mit den Ohren hören und mit dem Herzen verstehen und sich bekehren, und ich ihnen helfe.« Aber selig sind eure Augen, daß sie sehen, und eure Ohren, daß sie hören.
Matthäus Kapitel 13 Vers 13-16

Was bekümmert ihr euch doch, daß ihr kein Brot habt? Versteht ihr noch nicht, und begreift ihr noch nicht? Habt ihr noch ein verhärtetes Herz in euch? Habt Augen und seht nicht, und habt Ohren und hört nicht? und denkt nicht daran, als ich die fünf Brote brach für die fünftausend, wieviel Körbe voll Brocken habt ihr da aufgesammelt?
Markus Kapitel 8 Vers 17-19

Heute ist dieses Wort der Schrift erfüllt vor euren Ohren.
Lukas Kapitel 4 Vers 21

Darum, was ihr in der Finsternis sagt, das wird man im Licht hören; und was ihr ins Ohr flüstert in der Kammer, das wird man auf den Dächern predigen.
Lukas Kapitel 12 Vers 3
Matthäus Kapitel 10 Vers 27

ÖL

Dann wird das Himmelreich gleichen zehn Jungfrauen, die ihre Lampen nahmen und gingen hinaus, dem Bräutigam entgegen. Aber fünf von ihnen waren töricht, und fünf waren klug. Die törichten nahmen ihre Lampen, aber sie nahmen kein Öl mit. Die klugen aber nahmen Öl mit in ihren Gefäßen, samt ihren Lampen. Als nun der Bräutigam lange ausblieb, wurden sie alle schläfrig und schliefen ein. Um Mitternacht aber erhob sich lautes Rufen: Siehe, der Bräutigam kommt! Geht hinaus, ihm entgegen! Da standen diese Jungfrauen alle auf und machten ihre Lampen fertig. Die törichten aber sprachen zu den klugen: Gebt uns von eurem Öl, denn unsre Lampen verlöschen. Da antworteten die klugen und sprachen: Nein, sonst würde es für uns und euch nicht genug sein; geht aber zum Kaufmann und kauft für euch selbst. Und als sie hingingen zu kaufen, kam der Bräutigam; und die bereit waren, gingen mit ihm hinein zur Hochzeit, und die Tür wurde verschlossen. Später kamen auch die andern Jungfrauen und sprachen: Herr, Herr, tu uns auf! Er antwortete aber und sprach: Wahrlich, ich sage euch: Ich kenne euch nicht. Darum wachet! Denn ihr wißt weder Tag noch Stunde.
Matthäus Kapitel 25 Vers 1-13

Was betrübt ihr die Frau? Sie hat ein gutes Werk an mir getan. Denn Arme habt ihr allezeit bei euch, mich aber habt ihr nicht allezeit. Daß sie das Öl auf meinen Leib gegossen hat, das hat sie für mein Begräbnis getan.
Matthäus Kapitel 26 Vers 1o-12

Du hast mein Haupt nicht mit Öl gesalbt; sie aber hat meine Füße mit Salböl gesalbt.
Lukas Kapitel 7 Vers 46

Er ging zu ihm, goß Öl und Wein auf seine Wunden und verband sie ihm, hob ihn auf sein Tier und brachte ihn in eine Herberge und pflegte ihn.
Lukas Kapitel 10 Vers 34

OPFER
Weh euch, ihr verblendeten Führer, die ihr sagt: Wenn einer schwört bei dem Tempel, das gilt nicht; wenn aber einer schwört bei dem Gold des Tempels, der ist gebunden. Ihr Narren und Blinden! Was ist mehr: das Gold oder der Tempel, der das Gold heilig macht? Oder: Wenn einer schwört bei dem Altar, das gilt nicht; wenn aber einer schwört bei dem Opfer, das darauf liegt, der ist gebunden. Ihr Blinden! Was ist mehr: das Opfer oder der Altar, der das Opfer heilig macht?
Matthäus Kapitel 23 Vers 16-19

OPFERN
Wenn du deine Gabe auf dem Altar opferst und dort kommt dir in den Sinn, daß dein Bruder etwas gegen dich hat, so laß dort vor dem Altar deine Gabe und geh zuerst hin und versöhne dich mit deinem Bruder und dann komm und opfere deine Gabe.
Matthäus Kapitel 5 Vers 23 f

Sieh zu, sage es niemandem, sondern geh hin und zeige dich dem Priester und opfere die Gabe, die Mose befohlen hat, ihnen zum Zeugnis.
Matthäus Kapitel 8 Vers 4

OSTEN
Viele werden kommen von Osten und von Westen und mit Abraham und Isaak und Jakob im Himmelreich zu Tisch sitzen.
Matthäus Kapitel 8 Vers 11

Denn wie der Blitz ausgeht vom Osten und leuchtet bis zum Westen, so wird auch das Kommen des Menschensohns sein.
Matthäus Kapitel 24 Vers 27

OTTERNBRUT
Ihr Schlangen, ihr Otternbrut! Wie wollt ihr der höllischen Verdammnis entrinnen?
Matthäus Kapitel 23 Vers 33

P

PALAST
Wenn ein Starker gewappnet seinen Palast bewacht, so bleibt, was er hat, in Frieden.
Lukas Kapitel 11 Vers 21

PARADIES

Wahrlich, ich sage dir: Heute wirst du mit mir im Paradies sein.
Lukas Kapitel 23 Vers 43

PASSA
Geht hin in die Stadt zu einem und sprecht zu ihm: Der Meister läßt dir sagen: Meine Zeit ist nahe; ich will bei dir das Passa feiern mit meinen Jüngern.
Matthäus Kapitel 26 Vers 18

PASSALAMM
Mich hat herzlich verlangt, dies Passalamm mit euch zu essen, ehe ich leide.
Lukas Kapitel 22 Vers 15

PEIN
Vater Abraham, erbarme dich meiner und sende Lazarus, damit er die Spitze seines Fingers ins Wasser tauche und mir die Zunge kühle; denn ich leide Pein in diesen Flammen.
Lukas Kapitel 16 Vers 24

PERLE
Ihr sollt das Heilige nicht den Hunden geben, und eure Perlen sollt ihr nicht vor die Säue werfen, damit die sie nicht zertreten mit ihren Füßen und sich umwenden und euch zerreißen.
Matthäus Kapitel 7 Vers 6

Wiederum gleicht das Himmelreich einem Kaufmann, der gute Perlen suchte, und als er eine kostbare Perle fand, ging er hin und verkaufte alles, was er hatte, und kaufte sie.
Matthäus Kapitel 13 Vers 45 f

PFENNIG
Vertrage dich mit deinem Gegner sogleich, solange du noch mit ihm auf dem Weg bist, damit dich der Gegner nicht dem Richter überantworte und der Richter dem Gerichtsdiener und du ins Gefängnis geworfen werdest.

Wahrlich, ich sage dir: Du wirst nicht von dort herauskommen, bis du auch den letzten Pfennig bezahlt hast.
Matthäus Kapitel 5 Vers 25 f

PFLANZE/PFLANZEN
Alle Pflanzen, die mein himmlischer Vater nicht gepflanzt hat, die werden ausgerissen.
Matthäus Kapitel 15 Vers 13

Hört ein anderes Gleichnis: Es war ein Hausherr, der pflanzte einen Weinberg und zog einen Zaun darum und grub eine Kelter darin und baute einen Turm und verpachtete ihn an Weingärtner und ging außer Landes.
Matthäus Kapitel 21 Vers 33

PFLEGEN
Er ging zu ihm, goß Öl und Wein auf seine Wunden und verband sie ihm, hob ihn auf sein Tier und brachte ihn in eine Herberge und pflegte ihn.
Lukas Kapitel 10 Vers 34

PFLUG
Wer seine Hand an den Pflug legt und sieht zurück, der ist nicht geschickt für das Reich Gottes.
Lukas Kapitel 9 Vers 62

PFORTE
Geht hinein durch die enge Pforte. Denn die Pforte ist weit, und der Weg ist breit, der zur Verdammnis führt, und viele sind's, die auf ihm hineingehen. Wie eng ist die Pforte und wie schmal der Weg, der zum Leben führt, und wenige sind's, die ihn finden!
Matthäus Kapitel 7 Vers 13 f

Ich sage dir auch: Du bist Petrus, und auf diesen Felsen will ich meine Gemeinde bauen, und die Pforten der Hölle sollen sie nicht überwältigen.
Matthäus Kapitel 16 Vers 18

Ringt darum, daß ihr durch die enge Pforte hineingeht; denn viele, das sage ich euch, werden danach trachten, wie sie hineinkommen, und werden's nicht können.
Lukas Kapitel 13 Vers 24

PFUND
Ein Fürst zog in ein fernes Land, um ein Königtum zu erlangen und dann zurückzukommen. Der ließ zehn seiner Knechte rufen und gab ihnen zehn Pfund und sprach zu ihnen: Handelt damit, bis ich wiederkomme! Seine Bürger aber waren ihm feind und schickten eine Gesandtschaft hinter ihm

her und ließen sagen: Wir wollen nicht, daß dieser über uns herrsche. Und es begab sich, als er wiederkam, nachdem er das Königtum erlangt hatte, da ließ er die Knechte rufen, denen er das Geld gegeben hatte, um zu erfahren, was ein jeder erhandelt hätte. Da trat der erste herzu und sprach: Herr, dein Pfund hat zehn Pfund eingebracht. Und er sprach zu ihm: Recht so, du tüchtiger Knecht; weil du im Geringsten treu gewesen bist, sollst du Macht haben über zehn Städte. Der zweite kam auch und sprach: Herr, dein Pfund hat fünf Pfund erbracht. Zu dem sprach er auch: Und du sollst über fünf Städte sein. Und der dritte kam und sprach: Herr, siehe, hier ist dein Pfund, das ich in einem Tuch verwahrt habe; denn ich fürchtete mich vor dir, weil du ein harter Mann bist; du nimmst, was du nicht angelegt hast, und erntest, was du nicht gesät hast. Er sprach zu ihm: Mit deinen eigenen Worten richte ich dich, du böser Knecht. Wußtest du, daß ich ein harter Mann bin, nehme, was ich nicht angelegt habe, und ernte, was ich nicht gesät habe: warum hast du dann mein Geld nicht zur Bank gebracht? Und wenn ich zurückgekommen wäre, hätte ich's mit Zinsen eingefordert. Und er sprach zu denen, die dabeistanden: Nehmt das Pfund von ihm und gebt's dem, der zehn Pfund hat. Und sie sprachen zu ihm: Herr, er hat doch schon zehn Pfund. Ich sage euch aber: Wer da hat, dem wird gegeben werden; von dem aber, der nicht hat, wird auch das genommen werden, was er hat.
Lukas Kapitel 19 Vers 12-26

PHARISÄER

Wenn eure Gerechtigkeit nicht besser ist als die der Schriftgelehrten und Pharisäer, so werdet ihr nicht in das Himmelreich kommen..
Matthäus Kapitel 5 Vers 20

Seht zu und hütet euch vor dem Sauerteig der Pharisäer und Sadduzäer!
Matthäus Kapitel 16 Vers 6 und 11
Markus Kapitel 8 Vers 15
Lukas Kapitel 12 Vers 1

Weh euch, Schriftgelehrte und Pharisäer, ihr Heuchler, die ihr das Himmelreich zuschließt vor den Menschen! Ihr geht nicht hinein, und die hinein wollen, laßt ihr nicht hineingehen.
Matthäus Kapitel 23 Vers 13

Weh euch, Schriftgelehrte und Pharisäer, ihr Heuchler, die ihr Land und Meer durchzieht, damit ihr einen Judengenossen gewinnt; und wenn er's geworden ist, macht ihr aus ihm ein Kind der Hölle, doppelt so schlimm wie ihr.
Matthäus Kapitel 23 Vers 15

Weh euch, Schriftgelehrte und Pharisäer, ihr Heuchler, die ihr den Zehnten gebt von Minze, Dill und Kümmel und laßt das Wichtigste im Gesetz beiseite, nämlich das Recht, die Barmherzigkeit und den Glauben! Doch dies sollte man tun und jenes nicht lassen.
Matthäus Kapitel 23 Vers 23

Weh euch, Schriftgelehrte und Pharisäer, ihr Heuchler, die ihr die Becher und Schüsseln außen reinigt, innen aber sind sie voller Raub und Gier! Du blinder Pharisäer, reinige zuerst das Innere des Bechers, damit auch das Äußere rein wird!
Matthäus Kapitel 23 Vers 25 f
Lukas Kapitel 11 Vers 39

Weh euch, Schriftgelehrte und Pharisäer, ihr Heuchler, die ihr seid wie die übertünchten Gräber, die von außen hübsch aussehen, aber innen sind sie voller Totengebeine und lauter Unrat!
Matthäus Kapitel 23 Vers 27

Weh euch, Schriftgelehrte und Pharisäer, ihr Heuchler, die ihr den Propheten Grabmäler baut und die Gräber der Gerechten schmückt und sprecht: Hätten wir zu Zeiten unserer Väter gelebt, so wären wir nicht mit ihnen schuldig geworden am Blut der Propheten!
Matthäus Kapitel 23 Vers 29 f

PLAGE
Darum sorgt nicht für morgen, denn der morgige Tag wird für das Seine sorgen. Es ist genug, daß jeder Tag seine eigene Plage hat.
Matthäus Kapitel 6 Vers 34

Meine Tochter, dein Glaube hat dich gesund gemacht; geh hin in Frieden und sei gesund von deiner Plage!
Markus Kapitel 5 Vers 34

PLAPPERN
Und wenn ihr betet, sollt ihr nicht viel plappern wie die Heiden; denn sie meinen, sie werden erhört, wenn sie viele Worte machen.
Matthäus Kapitel 6 Vers 7

PLATZREGEN
Wer meine Rede hört und tut sie, der gleicht einem klugen Mann, der sein Haus auf Fels baute. Als nun ein Platzregen fiel und die Wasser kamen und die Winde wehten und stießen an das Haus, fiel es doch nicht ein; denn es

war auf Fels gegründet. Und wer diese meine Rede hört und tut sie nicht, der gleicht einem törichten Mann, der sein Haus auf Sand baute. Als nun ein Platzregen fiel und die Wasser kamen und die Winde wehten und stießen an das Haus, da fiel es ein, und sein Fall war groß.
Matthäus Kapitel 7 Vers 24-27

PLÖTZLICH

So wacht nun; denn ihr wißt nicht, wann der Herr des Hauses kommt, ob am Abend oder zu Mitternacht oder um den Hahnenschrei oder am Morgen, damit er euch nicht schlafend finde, wenn er plötzlich kommt.
Markus Kapitel 13 Vers 35 f

Hütet euch aber, daß eure Herzen nicht beschwert werden mit Fressen und Saufen und mit täglichen Sorgen und dieser Tag nicht plötzlich über euch komme wie ein Fallstrick; denn er wird über alle kommen, die auf der ganzen Erde wohnen.
Lukas Kapitel 21 Vers 34 f

POSAUNE

Und er wird seine Engel senden mit hellen Posaunen, und sie werden seine Auserwählten sammeln von den vier Winden, von einem Ende des Himmels bis zum andern.
Matthäus Kapitel 24 Vers 31

PRASSEN

Und nicht lange danach sammelte der jüngere Sohn alles zusammen und zog in ein fernes Land; und dort brachte er sein Erbteil durch mit Prassen.
Lukas Kapitel 15 Vers 13

PREDIGEN

Geht aber und predigt und sprecht: Das Himmelreich ist nahe herbeigekommen.
Matthäus Kapitel 10 Vers 7

Was ich euch sage in der Finsternis, das redet im Licht; und was euch gesagt wird in das Ohr, das predigt auf den Dächern.
Matthäus Kapitel 10 Vers 27

Blinde sehen und Lahme gehen, Aussätzige werden rein und Taube hören, Tote stehen auf, und Armen wird das Evangelium gepredigt.
Matthäus Kapitel 11 Vers 5

Und es wird gepredigt werden dies Evangelium vom Reich in der ganzen Welt zum Zeugnis für alle Völker, und dann wird das Ende kommen.
Matthäus Kapitel 24 Vers 14

Wahrlich, ich sage euch: Wo dies Evangelium gepredigt wird in der ganzen Welt, da wird man auch sagen zu ihrem Gedächtnis, was sie getan hat.
Matthäus Kapitel 26 Vers 13

Gehet hin in alle Welt und predigt das Evangelium aller Kreatur.
Markus Kapitel 16 Vers 15

»Der Geist des Herrn ist auf mir, weil er mich gesalbt hat, zu verkündigen das Evangelium den Armen; er hat mich gesandt, zu predigen den Gefangenen, daß sie frei sein sollen, und den Blinden, daß sie sehen sollen, und den Zerschlagenen, daß sie frei und ledig sein sollen.«
Lukas Kapitel 4 Vers 18

Ich muß auch den andern Städten das Evangelium predigen vom Reich Gottes; denn dazu bin ich gesandt.
Lukas Kapitel 4 Vers 43

Das Gesetz und die Propheten reichen bis zu Johannes. Von da an wird das Evangelium vom Reich Gottes gepredigt, und jedermann drängt sich mit Gewalt hinein.
Lukas Kapitel 16 Vers 16

So steht's geschrieben, daß Christus leiden wird und auferstehen von den Toten am dritten Tage; und daß gepredigt wird in seinem Namen Buße zur Vergebung der Sünden unter allen Völkern. Fangt an in Jerusalem.
Lukas Kapitel 24 Vers 46 f

PREISEN

Laßt euer Licht leuchten vor den Leuten, damit sie eure guten Werke sehen und euren Vater im Himmel preisen.
Matthäus Kapitel 5 Vers 16

Wenn du nun Almosen gibst, sollst du es nicht vor dir ausposaunen lassen, wie es die Heuchler tun in den Synagogen und auf den Gassen, damit sie von den Leuten gepriesen werden. Wahrlich, ich sage euch: Sie haben ihren Lohn schon gehabt.
Matthäus Kapitel 6 Vers 2

Ich preise dich, Vater, Herr des Himmels und der Erde, weil du dies den Weisen und Klugen verborgen hast und hast es den Unmündigen offenbart. Ja, Vater; denn so hat es dir wohlgefallen.
Matthäus Kapitel 11 Vers 25 f

PRIESTER

Sieh zu, sage es niemandem, sondern geh hin und zeige dich dem Priester und opfere die Gabe, die Mose befohlen hat, ihnen zum Zeugnis.
Matthäus Kapitel 8 Vers 4

Es war ein Mensch, der ging von Jerusalem hinab nach Jericho und fiel unter die Räuber; die zogen ihn aus und schlugen ihn und machten sich davon und ließen ihn halbtot liegen. Es traf sich aber, daß ein Priester dieselbe Straße hinabzog; und als er ihn sah, ging er vorüber.
Lukas Kapitel 10 Vers 31

PROPHET

Selig seid ihr, wenn euch die Menschen um meinetwillen schmähen und verfolgen, und reden allerlei Übles gegen euch, wenn sie damit lügen. Seid fröhlich und getrost; es wird euch im Himmel reichlich belohnt werden. Denn ebenso haben sie verfolgt die Propheten, die vor euch gewesen sind.
Matthäus Kapitel 5 Vers 11 f

Ihr sollt nicht meinen, daß ich gekommen bin, das Gesetz oder die Propheten aufzulösen; ich bin nicht gekommen aufzulösen, sondern zu erfüllen.
Matthäus Kapitel 5 Vers 17

Alles nun, was ihr wollt, daß euch die Leute tun sollen, das tut ihnen auch! Das ist das Gesetz und die Propheten.
Matthäus Kapitel 7 Vers 12

Seht euch vor vor den falschen Propheten, die in Schafskleidern zu euch kommen, inwendig aber sind sie reißende Wölfe.
Matthäus Kapitel 7 Vers 15

Wer einen Propheten aufnimmt, weil es ein Prophet ist, der wird den Lohn eines Propheten empfangen.
Matthäus Kapitel 10 Vers 41

Oder was seid ihr hinausgegangen zu sehen? Wolltet ihr einen Propheten sehen? Ja, ich sage euch: er (Johannes) ist mehr als ein Prophet.
Matthäus Kapitel 11 Vers 9
Lukas Kapitel 7 Vers 26

Wahrlich, ich sage euch: Viele Propheten und Gerechte haben begehrt, zu sehen, was ihr seht, und haben's nicht gesehen, und zu hören, was ihr hört, und haben's nicht gehört.
Matthäus Kapitel 13 Vers 17
Lukas Kapitel 10 Vers 24

»Du sollst den Herrn, deinen Gott, lieben von ganzem Herzen, von ganzer Seele und von ganzem Gemüt.« Dies ist das höchte und größte Gebot. Das andere aber ist dem gleich: »Du sollst deinen Nächsten lieben wie dich selbst.« In diesen beiden Geboten hängt das ganze Gesetz und die Propheten.
Matthäus Kapitel 22 Vers 37-40

Darum: siehe, ich sende zu euch Propheten und Weise und Schriftgelehrte; und von ihnen werdet ihr einige töten und kreuzigen, und einige werdet ihr geißeln in euren Synagogen und werdet sie verfolgen von einer Stadt zur andern.
Matthäus Kapitel 23 Vers 34

Jerusalem, Jerusalem, die du tötest die Propheten und steinigst, die zu dir gesandt sind! Wie oft habe ich deine Kinder versammeln wollen, wie eine Henne ihre Küken versammelt unter ihre Flügel; und ihr habt nicht gewollt!
Matthäus Kapitel 23 Vers 37
Lukas Kapitel 13 Vers 34

Und es werden sich viele falsche Propheten erheben und werden viele verführen.
Matthäus Kapitel 24 Vers 11

Denn es werden falsche Christusse und falsche Propheten aufstehen und große Zeichen und Wunder tun, so daß sie, wenn es möglich wäre, auch die Auserwählten verführten.
Matthäus Kapitel 24 Vers 24
Markus Kapitel 13 Vers 22

Ein Prophet gilt nirgends weniger als in seinem Vaterland und bei seinen Verwandten und in seinem Hause.
Markus Kapitel 6 Vers 4
Matthäus Kapitel 13 Vers 57
Lukas Kapitel 4 Vers 24
Johannes Kapitel 4 Vers 44

Weh euch, wenn euch jedermann wohlredet! Denn das gleiche haben ihre Väter den falschen Propheten getan.
Lukas Kapitel 6 Vers 26

Ich will Propheten und Apostel zu ihnen senden, und einige von ihnen werden sie töten und verfolgen.
Lukas Kapitel 11 Vers 49

Doch muß ich heute und morgen und am folgenden Tage noch wandern; denn es geht nicht an, daß ein Prophet umkomme außerhalb von Jerusalem.
Lukas Kapitel 13 Vers 33

Abraham sprach: Sie haben Mose und die Propheten; die sollen sie hören. Er aber sprach: Nein, Vater Abraham, sondern wenn einer von den Toten zu ihnen ginge, so würden sie Buße tun. Er sprach zu ihm: Hören sie Mose und die Propheten nicht, so werden sie sich auch nicht überzeugen lassen, wenn jemand von den Toten auferstünde.
Lukas Kapitel 16 Vers 29-31

PURPUR
Es war aber ein reicher Mann, der kleidete sich in Purpur und kostbares Leinen und lebte alle Tage herrlich und in Freuden.
Lukas Kapitel 16 Vers 19

Q

QUAL
So bitte ich dich, Vater, daß du ihn sendest in meines Vaters Haus; denn ich habe noch fünf Brüder, die soll er warnen, damit sie nicht auch kommen an diesen Ort der Qual.
Lukas Kapitel 16 Vers 27 f

QUASTE
Alle ihre Werke aber tun sie, damit sie von den Leuten gesehen werden. Sie machen ihre Gebetsriemen breit und die Quasten an ihren Kleidern groß.
Matthäus Kapitel 23 Vers 5

QUELLE
Wer aber von dem Wasser trinken wird, das ich ihm gebe, den wird in Ewigkeit nicht dürsten, sondern das Wasser, das ich ihm geben werde, das wird in ihm eine Quelle des Wassers werden, das in das ewige Leben quillt.
Johannes Kapitel 4 Vers 14

R

RABBI
Aber ihr sollt euch nicht Rabbi nennen lassen; denn einer ist euer Meister; ihr aber seid alle Brüder.
Matthäus Kapitel 23 Vers 8

RABEN
Seht die Raben an: sie säen nicht, sie ernten auch nicht, sie haben auch keinen Keller und keine Scheune, und Gott ernährt sie doch.
Lukas Kapitel 12 Vers 24

RÄUBER
Ihr seid ausgezogen wie gegen einen Räuber mit Schwertern und mit Stangen, mich zu fangen. Habe ich doch täglich im Tempel gesessen und gelehrt, und ihr habt mich nicht ergriffen.
Matthäus Kapitel 26 Vers 55
Markus Kapitel 14 Vers 48
Lukas Kapitel 22 Vers 52

Es war ein Mensch, der ging von Jerusalem hinab nach Jericho und fiel unter die Räuber; die zogen ihn aus und schlugen ihn und machten sich davon und ließen ihn halbtot liegen.
Lukas Kapitel 10 Vers 30

Der Pharisäer stand für sich und betete so: Ich danke dir, Gott, daß ich nicht bin wie die andern Leute, Räuber, Betrüger, Ehebrecher oder auch wie dieser Zöllner.
Lukas Kapitel 18 Vers 11

Wahrlich, wahrlich, ich sage euch: Wer nicht zur Tür hineingeht in den Schafstall, sondern steigt anderswo hinein, der ist ein Dieb und ein Räuber.
Johannes Kapitel 10 Vers 1

Alle, die vor mir gekommen sind, die sind Diebe und Räuber; aber die Schafe haben ihnen nicht gehorcht.
Johannes Kapitel 10 Vers 8

RÄUBERHÖHLE
Es steht geschrieben: »Mein Haus soll ein Bethaus heißen«; ihr aber macht eine Räuberhöhle daraus.
Matthäus Kapitel 21 Vers 13
Markus Kapitel 11 Vers 17
Lukas Kapitel 19 Vers 46

RAUM

Und der Knecht sprach: Herr, es ist geschehen, was du befohlen hast; es ist aber noch Raum da. Und der Herr sprach zu dem Knecht: Geh hinaus auf die Landstraßen und an die Zäune und nötige sie hereinzukommen, daß mein Haus voll werde.
Lukas Kapitel 14 Vers 22 f

Sagt zu dem Hausherrn: Der Meister läßt dir sagen: Wo ist der Raum, in dem ich das Passalamm essen kann mit meinen Jüngern? Und er wird euch einen großen Saal zeigen, der mit Polstern versehen ist; dort bereitet es.
Lukas Kapitel 22 Vers 11 f

REBE

Ich bin der wahre Weinstock, und mein Vater der Weingärtner. Eine jede Rebe an mir, die keine Frucht bringt, wird er wegnehmen; und eine jede, die Frucht bringt, wird er reinigen, daß sie mehr Frucht bringe. Bleibt in mir und ich in euch. Wie die Rebe keine Frucht bringen kann aus sich selbst, wenn sie nicht am Weinstock bleibt, so auch ihr nicht, wenn ihr nicht in mir bleibt. Ich bin der Weinstock, ihr seid die Reben. Wer in mir bleibt und ich in ihm, der bringt viel Frucht; denn ohne mich könnt ihr nichts tun. Wer nicht in mir bleibt, der wird weggeworfen wie eine Rebe und verdorrt, und man sammelt sie und wirft sie ins Feuer, und sie müssen brennen.
Johannes Kapitel 15 Vers 1-2 und 4-6

RECHENSCHAFT

Ich sage euch aber, daß die Menschen Rechenschaft geben müssen am Tage des Gerichts von jedem nichtsnutzigen Wort, das sie geredet haben.
Matthäus Kapitel 12 Vers 36

Nach langer Zeit kam der Herr dieser Knechte und forderte Rechenschaft von ihnen.
Matthäus Kapitel 25 Vers 19

Und er ließ ihn rufen und sprach zu ihm: Was höre ich da von dir? Gib Rechenschaft über deine Verwaltung; denn du kannst hinfort nicht Verwalter sein.
Lukas Kapitel 16 Vers 2

RECHT

Nach welchem Recht ihr richtet, werdet ihr gerichtet werden; und mit welchem Maß ihr meßt, wird euch zugemessen werden.
Matthäus Kapitel 7 Vers 2

Denn Johannes kam zu euch und lehrte euch den rechten Weg, und ihr glaubtet ihm nicht; aber die Zöllner und Huren glaubten ihm. Und obwohl ihr's saht, tatet ihr dennoch nicht Buße, so daß ihr ihm dann auch geglaubt hättet.
Matthäus Kapitel 21 Vers 32

Weh euch, Schriftgelehrte und Pharisäer, ihr Heuchler, die ihr den Zehnten gebt von Minze, Dill und Kümmel und laßt das Wichtigste im Gesetz beiseite, nämlich das Recht, die Barmherzigkeit und den Glauben! Doch dies sollte man tun und jenes nicht lassen.
Matthäus Kapitel 23 Vers 23
Lukas Kapitel 11 Vers 42

Recht so, du tüchtiger und treuer Knecht, du bist über wenigem treu gewesen, ich will dich über viel setzen; geh hinein zu deines Herrn Freude!
Matthäus Kapitel 25 Vers 21 und 23

Warum aber urteilt ihr nicht auch von euch aus darüber, was recht ist?
Lukas Kapitel 12 Vers 57

Sollte Gott nicht auch Recht schaffen seinen Auserwählten, die zu ihm Tag und Nacht rufen, und sollte er's bei ihnen lange hinziehen? Ich sage euch: Er wird ihnen Recht schaffen in Kürze. Doch wenn der Menschensohn kommen wird, meinst du, er werde Glauben finden auf Erden?
Lukas Kapitel 18 Vers 7 f

Siehe, ein rechter Israelit, in dem kein Falsch ist.
Johannes Kapitel 1 Vers 47

Ihr nennt mich Meister und Herr und sagt es mit Recht, denn ich bin's auch.
Johannes Kapitel 13 Vers 13

Habe ich übel geredet, so beweise, daß es böse ist; habe ich aber recht geredet, was schlägst du mich?
Johannes Kapitel 18 Vers 23

RECHTE, DIE
Ich aber sage euch, daß ihr nicht widerstreben sollt dem Übel, sondern: wenn dich jemand auf deine rechte Backe schlägt, dem biete die andere auch dar.
Matthäus Kapitel 5 Vers 39

Wenn du aber Almosen gibst, so laß deine linke Hand nicht wissen, was die rechte tut.
Matthäus Kapitel 6 Vers 3

Meinen Kelch werdet ihr zwar trinken, aber das Sitzen zu meiner Rechten und Linken zu geben, steht mir nicht zu. Das wird denen zuteil, für die es bestimmt ist von meinem Vater.
Matthäus Kapitel 20 Vers 23
Markus Kapitel 10 Vers 40

Wenn aber der Menschensohn kommen wird in seiner Herrlichkeit, und alle Engel mit ihm, dann wird er sitzen auf dem Thron seiner Herrlichkeit, und alle Völker werden vor ihm versammelt werden. Und er wird sie voneinander scheiden, wie ein Hirt die Schafe von den Böcken scheidet, und wird die Schafe zu seiner Rechten stellen und die Böcke zur Linken. Da wird dann der König sagen zu denen zu seiner Rechten: Kommt her, ihr Gesegneten meines Vaters, ererbt das Reich, das euch bereitet ist von Anbeginn der Welt!
Matthäus Kapitel 25 Vers 31-34

Von nun an werdet ihr sehen den Menschensohn sitzen zur Rechten der Kraft und kommen auf den Wolken des Himmels.
Matthäus Kapitel 26 Vers 64
Markus Kapitel 14 Vers 62
Lukas Kapitel 22 Vers 69

David selbst hat durch den heiligen Geist gesagt: »Der Herr sprach zu meinem Herrn: Setze dich zu meiner Rechten, bis ich deine Feinde unter deine Füße lege.«
Markus Kapitel 12 Vers 36

Werft das Netz aus zur Rechten des Bootes, so werdet ihr finden.
Johannes Kapitel 21 Vers 6

RECHTEN
Und wenn jemand mit dir rechten will und dir deinen Rock nehmen, dem laß auch den Mantel.
Matthäus Kapitel 5 Vers 40

RECHTFERTIGEN
Der Menschensohn ist gekommen, ißt und trinkt; so sagen sie: Siehe, was ist dieser Mensch für ein Fresser und Weinsäufer, ein Freund der Zöllner und Sünder! Und doch ist die Weisheit gerechtfertigt worden aus ihren Werken.
Matthäus Kapitel 11 Vers 19

Aus deinen Worten wirst du gerechtfertigt werden, und aus deinen Worten wirst du verdammt werden.
Matthäus Kapitel 12 Vers 37

Ihr seid's, die ihr euch selbst rechtfertigt vor den Menschen; aber Gott kennt eure Herzen; denn was hoch ist bei den Menschen, das ist ein Greuel vor Gott.
Lukas Kapitel 16 Vers 15

Der Zöllner aber stand ferne, wollte auch die Augen nicht aufheben zum Himmel, sondern schlug an seine Brust und sprach: Gott, sei mir Sünder gnädig! Ich sage euch: Dieser ging gerechtfertigt hinab in sein Haus, nicht jener. Denn wer sich selbst erhöht, der wird erniedrigt werden; und wer sich selbst erniedrigt, der wird erhöht werden.
Lukas Kapitel 18 Vers 13 f

REDE

Eure Rede aber sei: Ja, ja; nein, nein. Was darüber ist, das ist vom Übel.
Matthäus Kapitel 5 Vers 37

Darum, wer diese meine Rede hört und tut sie, der gleicht einem klugen Mann, der sein Haus auf Fels baute.
Matthäus Kapitel 7 Vers 24

Und wer diese meine Rede hört und tut sie nicht, der gleicht einem törichten Mann, der sein Haus auf Sand baute.
Matthäus Kapitel 7 Vers 26

Und wenn euch jemand nicht aufnehmen und eure Rede nicht hören wird, so geht heraus aus diesem Hause oder dieser Stadt und schüttelt den Staub von euren Füßen.
Matthäus Kapitel 10 Vers 14

REDEN

Selig seid ihr, wenn euch die Menschen um meinetwillen schmähen und verfolgen und reden allerlei Übles gegen euch, wenn sie damit lügen.
Matthäus Kapitel 5 Vers 11

Und wer etwas redet gegen den Menschensohn, dem wird es vergeben; aber wer etwas redet gegen den heiligen Geist, dem wird's nicht vergeben, weder in dieser noch in jener Welt.
Matthäus Kapitel 12 Vers 32

Ihr Schlangenbrut, wie könnt ihr Gutes reden, die ihr böse seid? Wes das Herz voll ist, des geht der Mund über.
Matthäus Kapitel 12 Vers 34

Ich sage euch aber, daß die Menschen Rechenschaft geben müssen am Tage des Gerichts von jedem nichtsnutzigen Wort, das sie geredet haben.
Matthäus Kapitel 12 Vers 36

Ihr sollt's ihm nicht verbieten. Denn niemand, der ein Wunder tut in meinem Namen, kann so bald übel von mir reden.
Markus Kapitel 9 Vers 39

Du kennst die Gebote: »Du sollst nicht töten; du sollst nicht ehebrechen; du sollst nicht stehlen; du sollst nicht falsch Zeugnis reden; du sollst niemanden berauben; ehre Vater und Mutter.«
Markus Kapitel 10 Vers 19
Lukas Kapitel 18 Vers 20

Wenn sie euch nun hinführen und überantworten werden, so sorgt euch nicht vorher, was ihr reden sollt; sondern was euch in jener Stunde gegeben wird, das redet. Denn ihr seid's nicht, die da reden, sondern der heilige Geist.
Markus Kapitel 13 Vers 11
Matthäus Kapitel 10 Vers 19

Die Zeichen aber, die folgen werden denen, die da glauben, sind diese: in meinem Namen werden sie böse Geister austreiben, in neuen Zungen reden, Schlangen mit den Händen hochheben, und wenn sie etwas Tödliches trinken, wird's ihnen nicht schaden; auf Kranke werden sie die Hände legen, so wird's besser mit ihnen werden.
Markus Kapitel 16 Vers 17 f

Wahrlich, wahrlich, ich sage dir: Wir reden, was wir wissen, und bezeugen, was wir gesehen haben; ihr aber nehmt unser Zeugnis nicht an.
Johannes Kapitel 3 Vers 11

Wenn jemand dessen Willen tun will, wird er innewerden, ob diese Lehre von Gott ist oder ob ich von mir selbst aus rede.
Johannes Kapitel 7 Vers 17

Ich habe viel von euch zu reden und zu richten. Aber der mich gesandt hat, ist wahrhaftig, und was ich von ihm gehört habe, das rede ich zu der Welt.
Johannes Kapitel 8 Vers 26

Wenn ihr den Menschensohn erhöhen werdet, dann werdet ihr erkennen, daß ich es bin und nichts von mir selber tue, sondern, wie mich der Vater gelehrt hat, so rede ich.
Johannes Kapitel 8 Vers 28

Ich rede, was ich von meinem Vater gesehen habe; und ihr tut, was ihr von eurem Vater gehört habt.
Johannes Kapitel 8 Vers 38

Ich habe nicht aus mir selbst geredet, sondern der Vater, der mich gesandt hat, der hat mir ein Gebot gegeben, was ich tun und reden soll.
Johannes Kapitel 12 Vers 49

Und ich weiß: sein Gebot ist das ewige Leben. Darum: was ich rede, das rede ich so, wie es mir der Vater gesagt hat.
Johannes Kapitel 12 Vers 50

Die Worte, die ich zu euch rede, die rede ich nicht von mir selbst aus. Und der Vater, der in mir wohnt, der tut seine Werke.
Johannes Kapitel 14 Vers 10

Das habe ich zu euch geredet, solange ich bei euch gewesen bin. Aber der Tröster, der heilige Geist, den mein Vater senden wird in meinem Namen, der wird euch alles lehren und euch an alles erinnern, was ich euch gesagt habe.
Johannes Kapitel 14 Vers 25 f

Ich werde nicht mehr viel mit euch reden, denn es kommt der Fürst dieser Welt. Er hat keine Macht über mich.
Johannes Kapitel 14 Vers 30

Wenn aber jener, der Geist der Wahrheit, kommen wird, wird er euch in alle Wahrheit leiten. Denn er wird nicht aus sich selber reden; sondern was er hören wird, das wird er reden, und was zukünftig ist, wird er euch verkündigen.
Johannes Kapitel 16 Vers 13

Das habe ich euch in Bildern gesagt. Es kommt die Zeit, daß ich nicht mehr in Bildern mit euch reden werde, sondern euch frei heraus verkündigen von meinem Vater.
Johannes Kapitel 16 Vers 25

Nun aber komme ich zu dir und rede dies in der Welt, damit meine Freude in ihnen vollkommen sei.
Johannes Kapitel 17 Vers 13

Ich habe frei und offen vor aller Welt geredet. Ich habe allezeit gelehrt in der Synagoge und im Tempel, wo alle Juden zusammenkommen, und habe nichts im Verborgenen geredet.
Johannes Kapitel 18 Vers 20

REGEN

Wenn ihr eine Wolke aufsteigen seht vom Westen her, so sagt ihr gleich: Es gibt Regen. Und es geschieht so. Ihr Heuchler! Über das Aussehen der Erde und des Himmels könnt ihr urteilen; warum aber könnt ihr über diese Zeit nicht urteilen?
Lukas Kapitel 12 Vers 54 und 56

REGNEN

Liebt eure Feinde und bittet für die, die euch verfolgen, damit ihr Kinder seid eures Vaters im Himmel. Denn er läßt seine Sonne aufgehen über Böse und Gute und läßt regnen über Gerechte und Ungerechte.
Matthäus Kapitel 5 Vers 44 f

REICH

Es ist leichter, daß ein Kamel durch ein Nadelöhr gehe, als daß ein Reicher ins Reich Gottes komme.
Matthäus Kapitel 19 Vers 24

Weh euch Reichen! Denn ihr habt euren Trost schon gehabt.
Lukas Kapitel 6 Vers 24

Und er sagte ihnen ein Gleichnis und sprach: Es war ein reicher Mensch, dessen Feld hatte gut getragen. Und er dachte bei sich selbst und sprach: Was soll ich tun? Ich habe nichts, wohin ich meine Früchte sammle. Und sprach: Das will ich tun: ich will meine Scheunen abbrechen und größere bauen, und will darin sammeln all mein Korn und meine Vorräte und will sagen zu meiner Seele: Liebe Seele, du hast einen großen Vorrat für viele Jahre; habe nun Ruhe, iß, trink und habe guten Mut! Aber Gott sprach zu ihm: Du Narr! Diese Nacht wird man deine Seele von dir fordern; und wem wird dann gehören, was du angehäuft hast? So geht es dem, der sich Schätze sammelt und ist nicht reich bei Gott.
Lukas Kapitel 12 Vers 16-21

Es war aber ein reicher Mann, der kleidete sich in Purpur und kostbares Leinen und lebte alle Tage herrlich und in Freuden. Es war aber ein Armer mit Namen Lazarus, der lag vor seiner Tür voll von Geschwüren und begehrte, sich zu sättigen mit dem, was von des Reichen Tisch fiel; dazu kamen auch die Hunde und leckten seine Geschwüre. Es begab sich aber, daß der Arme starb, und er wurde von den Engeln getragen in Abrahams Schoß. Der Reiche aber starb auch und wurde begraben. Als er nun in der Hölle war, hob er seine Augen auf in seiner Qual und sah Abraham von ferne und Lazarus in seinem Schoß. Und er rief: Vater Abraham, erbarme dich meiner und sende Lazarus, damit er die Spitze seines Fingers ins Wasser tauche und mir die Zunge kühle; denn ich leide Pein in diesen Flammen. Abraham aber sprach: Gedenke, Sohn, daß du dein Gutes emp-

fangen hast in deinem Leben, Lazarus dagegen hat Böses empfangen; nun wird er hier getröstet, und du wirst gepeinigt. Und überdies besteht zwischen uns und euch eine große Kluft, daß niemand, der von hier zu euch hinüber will, dorthin kommen kann und auch niemand von dort zu uns herüber. Da sprach er: So bitte ich dich, Vater, daß du ihn sendest in meines Vaters Haus; denn ich habe noch fünf Brüder, die soll er warnen, damit sie nicht auch kommen an diesen Ort der Qual. Abraham sprach: Sie haben Mose und die Propheten; die sollen sie hören. Er aber sprach: Nein, Vater Abraham, sondern wenn einer von den Toten zu ihnen ginge, so würden sie Buße tun. Er sprach zu ihm: Hören sie Mose und die Propheten nicht, so werden sie sich auch nicht überzeugen lassen, wenn jemand von den Toten auferstünde.
Lukas Kapitel 16 Vers 19-31

REICH(IRDISCH)
Jedes Reich, das mit sich selbst uneins ist, wird verwüstet; und jede Stadt oder jedes Haus, das mit sich selbst uneins ist, kann nicht bestehen. Wenn nun der Satan den Satan austreibt, so muß er mit sich selbst uneins sein; wie kann dann sein Reich bestehen?
Matthäus Kapitel 12 Vers 25 f
Markus Kapitel 3 Vers 24
Lukas Kapitel 11 Vers 17 f

Ein Volk wird sich erheben gegen das andere und ein Reich gegen das andere.
Lukas Kapitel 21 Vers 10

REICH GOTTES
Dein Reich komme. Dein Wille geschehe wie im Himmel so auf Erden.
Matthäus Kapitel 6 Vers 10
Lukas Kapitel 11 Vers 2

Dein ist das Reich und die Kraft und die Herrlichkeit in Ewigkeit. Amen.
Matthäus Kapitel 6 Vers 13

Trachtet zuerst nach dem Reich Gottes und nach seiner Gerechtigkeit, so wird euch das alles zufallen.
Matthäus Kapitel 6 Vers 33
Lukas Kapitel 12 Vers 31

Wenn ich aber die bösen Geister durch den Geist Gottes austreibe, so ist ja das Reich Gottes zu euch gekommen.
Matthäus Kapitel 12 Vers 28
Lukas Kapitel 11 Vers 20

Wenn jemand das Wort von dem Reich hört und nicht versteht, so kommt der Böse und reißt hinweg, was in sein Herz gesät ist; das ist der, bei dem auf den Weg gesät ist.
Matthäus Kapitel 13 Vers 19

Der Menschensohn wird seine Engel senden, und sie werden sammeln aus seinem Reich alles, was zum Abfall verführt, und die da Unrecht tun.
Matthäus Kapitel 13 Vers 41

Wahrlich, ich sage euch: Es stehen einige hier, die werden den Tod nicht schmecken, bis sie den Menschensohn kommen sehen in seinem Reich.
Matthäus Kapitel 16 Vers 28
Markus Kapitel 9 Vers 1
Lukas Kapitel 9 Vers 27

Wahrlich, ich sage euch: Die Zöllner und Huren kommen eher ins Reich Gottes als ihr.
Matthäus Kapitel 21 Vers 31

Darum sage ich euch: Das Reich Gottes wird von euch genommen und einem Volk gegeben werden, das seine Früchte bringt.
Matthäus Kapitel 21 Vers 43

Und es wird gepredigt werden dies Evangelium vom Reich in der ganzen Welt zum Zeugnis für alle Völker, und dann wird das Ende kommen.
Matthäus Kapitel 24 Vers 14

Ich werde von nun an nicht mehr von diesem Gewächs des Weinstocks trinken bis an den Tag, an dem ich von neuem davon trinken werde mit euch in meines Vaters Reich.
Matthäus Kapitel 26 Vers 29
Markus Kapitel 14 Vers 25
Lukas Kapitel 22 Vers 18

Die Zeit ist erfüllt, und das Reich Gottes ist herbeigekommen. Tut Buße und glaubt an das Evangelium!
Markus Kapitel 1 Vers 15

Und er sprach: Mit dem Reich Gottes ist es so, wie wenn ein Mensch Samen aufs Land wirft und schläft und aufsteht, Nacht und Tag; und der Same geht auf und wächst – er weiß nicht, wie. Denn von selbst bringt die Erde Frucht, zuerst den Halm, danach die Ähre, danach den vollen Weizen in der Ähre. Wenn sie aber die Frucht gebracht hat, so schickt er alsbald die Sichel hin; denn die Ernte ist da.
Markus Kapitel 4 Vers 26-29

Wenn dich dein Auge zum Abfall verführt, so wirf's von dir! Es ist besser für dich, daß du einäugig in das Reich Gottes gehst, als daß du zwei Augen hast und wirst in die Hölle geworfen.
Markus Kapitel 9 Vers 47

Laßt die Kinder zu mir kommen und wehret ihnen nicht; denn solchen gehört das Reich Gottes. Wahrlich, ich sage euch: Wer das Reich Gottes nicht empfängt wie ein Kind, der wird nicht hineinkommen.
Markus Kapitel 10 Vers 14 f
Lukas Kapitel 18 Vers 16 f

Wie schwer werden die Reichen in das Reich Gottes kommen! Liebe Kinder, wie schwer ist's, ins Reich Gottes zu kommen! Es ist leichter, daß ein Kamel durch ein Nadelöhr gehe, als daß ein Reicher ins Reich Gottes komme.
Markus Kapitel 10 Vers 23 f
Matthäus Kapitel 19 Vers 24
Lukas Kapitel 18 Vers 24 f

Ich muß auch den andern Städten das Evangelium predigen vom Reich Gottes; denn dazu bin ich gesandt.
Lukas Kapitel 4 Vers 43

Selig seid ihr Armen; denn das Reich Gottes ist euer.
Lukas Kapitel 6 Vers 20

Ich sage euch, daß unter denen, die von einer Frau geboren sind, keiner größer ist als Johannes; der aber der Kleinste ist im Reich Gottes, der ist größer als er.
Lukas Kapitel 7 Vers 28

Laß die Toten ihre Toten begraben; du aber geh hin und verkündige das Reich Gottes!
Lukas Kapitel 9 Vers 60

Wer seine Hand an den Pflug legt und sieht zurück, der ist nicht geschickt für das Reich Gottes.
Lukas Kapitel 9 Vers 62

Heilt die Kranken, die dort sind, und sagt ihnen: Das Reich Gottes ist nahe zu euch gekommen.
Lukas Kapitel 10 Vers 9

Fürchte dich nicht, du kleine Herde! Denn es hat eurem Vater wohlgefallen, euch das Reich zu geben.
Lukas Kapitel 12 Vers 32

Und es werden kommen von Osten und von Westen, von Norden und von Süden, die zu Tisch sitzen werden im Reich Gottes.
Lukas Kapitel 13 Vers 29

Das Gesetz und die Propheten reichen bis zu Johannes. Von da an wird das Evangelium vom Reich Gottes gepredigt, und jedermann drängt sich mit Gewalt hinein.
Lukas Kapitel 16 Vers 16

Das Reich Gottes kommt nicht so, daß man's beobachten kann; man wird auch nicht sagen: Siehe, hier ist es! oder: Da ist es! Denn siehe, das Reich Gottes ist mitten unter euch.
Lukas Kapitel 17 Vers 20 f

Und ich will euch das Reich zueignen, wie mir's mein Vater zugeeignet hat, daß ihr essen und trinken sollt an meinem Tisch in meinem Reich und sitzen auf Thronen und richten die zwölf Stämme Israels.
Lukas Kapitel 22 Vers 29 f

Wahrlich, wahrlich, ich sage dir: Es sei denn, daß jemand von neuem geboren werde, so kann er das Reich Gottes nicht sehen. Wahrlich, wahrlich, ich sage dir: Es sei denn, daß jemand geboren werde aus Wasser und Geist, so kann er nicht in das Reich Gottes kommen.
Johannes Kapitel 3 Vers 3 und 5

Mein Reich ist nicht von dieser Welt. Wäre mein Reich von dieser Welt, meine Diener würden darum kämpfen, daß ich den Juden nicht überantwortet würde; nun aber ist mein Reich nicht von dieser Welt.
Johannes Kapitel 18 Vers 36

REICHTUM

Bei dem aber unter die Dornen gesät ist, das ist, der das Wort hört, und die Sorge der Welt und der betrügerische Reichtum ersticken das Wort, und er bringt keine Frucht.
Matthäus Kapitel 13 Vers 22
Markus Kapitel 4 Vers 19
Lukas Kapitel 8 Vers 14

REIF

Sagt ihr nicht selber: Es sind noch vier Monate, dann kommt die Ernte? Siehe, ich sage euch: Hebt eure Augen auf und seht auf die Felder, denn sie sind reif zur Ernte.
Johannes Kapitel 4 Vers 35

REIN

Selig sind, die reinen Herzens sind; denn sie werden Gott schauen.
Matthäus Kapitel 5 Vers 8

Macht Kranke gesund, weckt Tote auf, macht Aussätzige rein, treibt böse Geister aus. Umsonst habt ihr's empfangen, umsonst gebt es auch.
Matthäus Kapitel 10 Vers 8

Blinde sehen und Lahme gehen, Aussätzige werden rein und Taube hören, Tote stehen auf, und Armen wird das Evangelium gepredigt.
Matthäus Kapitel 11 Vers 5
Lukas Kapitel 7 Vers 22

Du blinder Pharisäer, reinige zuerst das Innere des Bechers, damit auch das Äußere rein wird!
Matthäus Kapitel 23 Vers 26

Ihr Pharisäer, ihr haltet die Becher und Schüsseln außen rein; aber euer Inneres ist voll Raubgier und Bosheit.
Lukas Kapitel 11 Vers 39

Wer gewaschen ist, bedarf nichts, als daß ihm die Füße gewaschen werden; denn er ist ganz rein. Und ihr seid rein, aber nicht alle.
Johannes Kapitel 13 Vers 10

Ihr seid schon rein um des Wortes willen, das ich zu euch geredet habe.
Johannes Kapitel 15 Vers 3

REINIGEN

Eine jede Rebe an mir, die keine Frucht bringt, wird er wegnehmen; und eine jede, die Frucht bringt, wird er reinigen, daß sie mehr Frucht bringe.
Johannes Kapitel 15 Vers 2

REISSEN

Niemand flickt ein altes Kleid mit einem Lappen von neuem Tuch; denn der Lappen reißt doch wieder vom Kleid ab, und der Riß wird ärger.
Matthäus Kapitel 9 Vers 16

Aber von den Tagen Johannes des Täufers bis heute leidet das Himmelreich Gewalt, und die Gewalttätigen reißen es an sich.
Matthäus Kapitel 11 Vers 12

RETTEN

Denn Gott hat seinen Sohn nicht in die Welt gesandt, daß er die Welt richte, sondern daß die Welt durch ihn gerettet werde.
Johannes Kapitel 3 Vers 17

Und wer meine Worte hört und bewahrt sie nicht, den werde ich nicht richten; denn ich bin nicht gekommen, daß ich die Welt richte, sondern daß ich die Welt rette.
Johannes Kapitel 12 Vers 47

REUEN

Was meint ihr aber? Es hatte ein Mann zwei Söhne und ging zu dem ersten und sprach: Mein Sohn, geh hin und arbeite heute im Weinberg. Er antwortete aber und sprach: Nein, ich will nicht. Danach reute es ihn, und er ging hin. Und der Vater ging zum zweiten Sohn und sagte dasselbe. Der aber antwortete und sprach: Ja, Herr! und ging nicht hin. Wer von den beiden hat des Vaters Willen getan?
Matthäus Kapitel 21 Vers 28-31

Hütet euch! Wenn dein Bruder sündigt, so weise ihn zurecht; und wenn er es bereut, vergib ihm.Und wenn er siebenmal am Tag an dir sündigen würde und siebenmal wieder zu dir käme und spräche: Es reut mich!, so sollst du ihm vergeben.
Lukas Kapitel 17 Vers 3 f

RICHTEN

Richtet nicht, damit ihr nicht gerichtet werdet. Denn nach welchem Recht ihr richtet, werdet ihr gerichtet werden; und mit welchem Maß ihr meßt, wird euch zugemessen werden.
Matthäus Kapitel 7 Vers 1 f

Wahrlich, ich sage euch: Ihr, die ihr mir nachgefolgt seid, werdet bei der Wiedergeburt, wenn der Menschensohn sitzen wird auf dem Thron seiner Herrlichkeit, auch sitzen auf zwölf Thronen und richten die zwölf Stämme Israels.
Matthäus Kapitel 19 Vers 28

Und richtet nicht, so werdet ihr auch nicht gerichtet. Verdammt nicht, so werdet ihr nicht verdammt. Vergebt, so wird euch vergeben.
Lukas Kapitel 6 Vers 37

Denn Gott hat seinen Sohn nicht in die Welt gesandt, daß er die Welt richte, sondern daß die Welt durch ihn gerettet werde.
Johannes Kapitel 3 Vers 17

Denn der Vater richtet niemand, sondern hat alles Gericht dem Sohn übergeben.
Johannes Kapitel 5 Vers 22

Richtet nicht nach dem, was vor Augen ist, sondern richtet gerecht.
Johannes Kapitel 7 Vers 24

Ihr richtet nach dem Fleisch, ich richte niemand. Wenn ich aber richte, so ist mein Richten gerecht; denn ich bin's nicht allein, sondern ich und der Vater, der mich gesandt hat.
Johannes Kapitel 8 Vers 15 f

Ich habe viel von euch zu reden und zu richten. Aber der mich gesandt hat, ist wahrhaftig, und was ich von ihm gehört habe, das rede ich zu der Welt.
Johannes Kapitel 8 Vers 26

Ich suche nicht meine Ehre; es ist aber einer, der sie sucht, und er richtet.
Johannes Kapitel 8 Vers 50

Und wer meine Worte hört und bewahrt sie nicht, den werde ich nicht richten; denn ich bin nicht gekommen, daß ich die Welt richte, sondern daß ich die Welt rette. Wer mich verachtet und nimmt meine Worte nicht an, der hat schon seinen Richter: Das Wort, das ich geredet habe, das wird ihn richten am Jüngsten Tage.
Johannes Kapitel 12 Vers 47 f

RICHTER

Vertrage dich mit deinem Gegner sogleich, solange du noch mit ihm auf dem Weg bist, damit dich der Gegner nicht dem Richter überantworte und der Richter dem Gerichtsdiener und du ins Gefängnis geworfen werdest.
Matthäus Kapitel 5 Vers 25
Lukas Kapitel 12 Vers 58

Wenn ich aber die bösen Geister durch Beelzebul austreibe, durch wen treiben eure Söhne sie aus? Darum werden sie eure Richter sein.
Matthäus Kapitel 12 Vers 27
Lukas Kapitel 11 Vers 19

Mensch, wer hat mich zum Richter oder Erbschlichter über euch gesetzt?
Lukas Kapitel 12 Vers 14

Es war ein Richter in einer Stadt, der fürchtete sich nicht vor Gott und scheute sich vor keinem Menschen. Es war aber eine Witwe in derselben Stadt, die kam zu ihm und sprach: Schaffe mir Recht gegen meinen Wi-

dersacher! Und er wollte lange nicht. Danach aber dachte er bei sich selbst: Wenn ich mich schon vor Gott nicht fürchte noch vor keinem Menschen scheue, will ich doch dieser Witwe, weil sie mir soviel Mühe macht, Recht schaffen, damit sie nicht zuletzt komme und mir ins Gesicht schlage. Hört, was der ungerechte Richter sagt! Sollte Gott nicht auch Recht schaffen seinen Auserwählten, die zu ihm Tag und Nacht rufen, und sollte er's bei ihnen lange hinziehen? Ich sage euch: Er wird ihnen Recht schaffen in Kürze. Doch wenn der Menschensohn kommen wird, meinst du, er werde Glauben finden auf Erden?
Lukas Kapitel 18 Vers 2-8

Wer mich verachtet und nimmt meine Worte nicht an, der hat schon seinen Richter: Das Wort, das ich geredet habe, das wird ihn richten am Jüngsten Tage.
Johannes Kapitel 12 Vers 48

RING
Aber der Vater sprach zu seinen Knechten: Bringt schnell das beste Gewand her und zieht es ihm an und gebt ihm einen Ring an seine Hand und Schuhe an seine Füße
Lukas Kapitel 15 Vers 22

RINGEN
Ringt darum, daß ihr durch die enge Pforte hineingeht; denn viele, das sage ich euch, werden danach trachten, wie sie hineinkommen, und werden's nicht können.
Lukas Kapitel 13 Vers 24

RISS
Niemand flickt ein altes Kleid mit einem Lappen von neuem Tuch; denn der Lappen reißt doch wieder vom Kleid ab, und der Riß wird ärger.
Matthäus Kapitel 9 Vers 16
Markus Kapitel 2 Vers 21

ROCK
Und wenn jemand mit dir rechten will und dir deinen Rock nehmen, dem laß auch den Mantel.
Matthäus Kapitel 5 Vers 40

Und wer dich auf die eine Backe schlägt, dem biete die andere auch dar; und wer dir den Mantel nimmt, dem verweigere auch den Rock nicht.
Lukas Kapitel 6 Vers 29

ROHR
Was seid ihr hinausgegangen in die Wüste zu sehen? Wolltet ihr ein Rohr sehen, das der Wind hin und her weht?
Matthäus Kapitel 11 Vers 7

ROST
Ihr sollt euch nicht Schätze sammeln auf Erden, wo sie die Motten und der Rost fressen und wo die Diebe einbrechen und stehlen. Sammelt euch aber Schätze im Himmel, wo sie weder Motten noch Rost fressen und wo die Diebe nicht einbrechen und stehlen.
Matthäus Kapitel 6 Vers 19 f

ROT
Und des Morgens sprecht ihr: Es wird heute ein Unwetter kommen, denn der Himmel ist rot und trübe. Über das Aussehen des Himmels könnt ihr urteilen; könnt ihr dann nicht auch über die Zeichen der Zeit urteilen?
Matthäus Kapitel 16 Vers 3

RUFEN
Ich bin gekommen, die Sünder zu rufen und nicht die Gerechten.
Matthäus Kapitel 9 Vers 13

Um Mitternacht aber erhob sich lautes Rufen: Siehe, der Bräutigam kommt! Geht hinaus, ihm entgegen!
Matthäus Kapitel 25 Vers 6

Sollte Gott nicht auch Recht schaffen seinen Auserwählten, die zu ihm Tag und Nacht rufen, und sollte er's bei ihnen lange hinziehen?
Lukas Kapitel 18 Vers 7

Bevor Philippus dich rief, als du unter dem Feigenbaum warst, sah ich dich.
Johannes Kapitel 1 Vers 48

Und die Schafe hören seine Stimme; und er ruft seine Schafe mit Namen und führt sie hinaus.
Johannes Kapitel 10 Vers 3

RUHE
Nehmt auf euch mein Joch und lernt von mir; denn ich bin sanftmütig und von Herzen demütig; so werdet ihr Ruhe finden für eure Seelen.
Matthäus Kapitel 11 Vers 29

Wenn der unreine Geist von einem Menschen ausgefahren ist, so durchstreift er dürre Stätten, sucht Ruhe und findet sie nicht.
Matthäus Kapitel 12 Vers 43

Liebe Seele, du hast einen großen Vorrat für viele Jahre; habe nun Ruhe, iß, trink und habe guten Mut!
Lukas Kapitel 12 Vers 19

RUHEN
Ach, wollt ihr weiter schlafen und ruhen? Siehe, die Stunde ist da, daß der Menschensohn in die Hände der Sünder überantwortet wird.
Matthäus Kapitel 26 Vers 45

Geht ihr allein an eine einsame Stätte und ruht ein wenig. Denn es waren viele, die kamen und gingen, und sie hatten nicht Zeit genug zum Essen.
Markus Kapitel 6 Vers 31

RÜTTELN
Gebt, so wird euch gegeben. Ein volles, gedrücktes, gerütteltes und überfließendes Maß wird man in euren Schoß geben; denn eben mit dem Maß, mit dem ihr meßt, wird man euch wieder messen.
Lukas Kapitel 6 Vers 38

S

SAAL

Sprecht zu dem Hausherrn: Der Meister läßt dir sagen: Wo ist der Raum, in dem ich das Passalamm essen kann mit meinen Jüngern? Und er wird euch einen großen Saal zeigen, der mit Polstern versehen und vorbereitet ist; dort richtet für uns zu.
Markus Kapitel 14 Vers 14 f

SABBAT

Habt ihr nicht gelesen im Gesetz, wie die Priester am Sabbat im Tempel den Sabbat brechen und sind doch ohne Schuld?
Matthäus Kapitel 12 Vers 5

Der Menschensohn ist ein Herr über den Sabbat.
Matthäus Kapitel 12 Vers 8
Markus Kapitel 2 Vers 28
Lukas Kapitel 6 Vers 5

Wer ist unter euch, der sein einziges Schaf, wenn es ihm am Sabbat in eine Grube fällt, nicht ergreift und ihm heraushilft? Wieviel mehr ist nun ein Mensch als ein Schaf!
Matthäus Kapitel 12 Vers 11 f

Der Sabbat ist um des Menschen willen gemacht und nicht der Mensch um des Sabbats willen.
Markus Kapitel 2 Vers 27

Ich frage euch: Ist's erlaubt, am Sabbat Gutes zu tun oder Böses, Leben zu erhalten oder zu vernichten?
Lukas Kapitel 6 Vers 9
Markus Kapitel 3 Vers 4

Ihr Heuchler! Bindet nicht jeder von euch am Sabbat seinen Ochsen oder seinen Esel von der Krippe los und führt ihn zur Tränke? Sollte dann nicht diese, die doch Abrahams Tochter ist, die der Satan schon achtzehn Jahre gebunden hatte, am Sabbat von dieser Fessel gelöst werden?
Lukas Kapitel 13 Vers 15 f

Wer ist unter euch, dem sein Sohn oder sein Ochse in den Brunnen fällt, und der ihn nicht alsbald herauszieht, auch am Sabbat?
Lukas Kapitel 14 Vers 5

Mose hat euch doch die Beschneidung gegeben – nicht daß sie von Mose kommt, sondern von den Vätern –, und ihr beschneidet den Menschen auch am Sabbat. Wenn nun ein Mensch am Sabbat die Beschneidung empfängt, damit nicht das Gesetz des Mose gebrochen werde, was zürnt ihr dann mir, weil ich am Sabbat den ganzen Menschen gesund gemacht habe?
Johannes Kapitel 7 Vers 22 f

SACK
Wehe dir, Chorazin! Weh dir, Betsaida! Wären solche Taten in Tyrus und Sidon geschehen, wie sie bei euch geschehen sind, sie hätten längst in Sack und Asche Buße getan.
Matthäus Kapitel 11 Vers 21

Danach fragte er den zweiten: Du aber, wieviel bist du schuldig? Er sprach: Hundert Sack Weizen. Und er sprach zu ihm: Nimm deinen Schuldschein und schreib achtzig.
Lukas Kapitel 16 Vers 7

SADDUZÄER
Seht zu und hütet euch vor dem Sauerteig der Pharisäer und Sadduzäer!
Matthäus Kapitel 16 Vers 6 und 11

SÄEN/SÄMANN
Seht die Vögel unter dem Himmel an: sie säen nicht, sie ernten nicht, sie sammeln nicht in die Scheunen; und euer himmlischer Vater ernährt sie doch. Seid ihr denn nicht viel mehr als sie?
Matthäus Kapitel 6 Vers 26

Siehe, es ging ein Sämann aus, zu säen. Und indem er säte, fiel einiges auf den Weg; da kamen die Vögel und fraßen's auf. Einiges fiel auf felsigen Boden, wo es nicht viel Erde hatte, und ging bald auf, weil es keine tiefe Erde hatte. Als aber die Sonne aufging, verwelkte es, und weil es keine Wurzel hatte, verdorrte es. Einiges fiel unter die Dornen; und die Dornen wuchsen empor und erstickten's. Einiges fiel auf gutes Land und trug Frucht, einiges hundertfach, einiges sechzigfach, einiges dreißigfach. Wer Ohren hat, der höre!
Matthäus Kapitel 13 Vers 3-9
Markus Kapitel 4 Vers 3-9
Lukas Kapitel 8 Vers 4-8

Wenn jemand das Wort von dem Reich hört und nicht versteht, so kommt der Böse und reißt hinweg, was in sein Herz gesät ist; das ist der, bei dem auf den Weg gesät ist. Bei dem aber auf felsigen Boden gesät ist, das ist, der das Wort hört und es gleich mit Freuden aufnimmt; aber er hat keine

Wurzel in sich, sondern er ist wetterwendisch; wenn sich Bedrängnis oder Verfolgung erhebt um des Wortes willen, so fällt er gleich ab. Bei dem aber unter die Dornen gesät ist, das ist, der das Wort hört, und die Sorge der Welt und der betrügerische Reichtum ersticken das Wort, und er bringt keine Frucht. Bei dem aber auf gutes Land gesät ist, das ist, der das Wort hört und versteht und dann auch Frucht bringt; und der eine trägt hundertfach, der andere sechzigfach, der dritte dreißigfach.
Matthäus Kapitel 13 Vers 19-23
Markus Kapitel 4 Vers 13-20
Lukas Kapitel 8 Vers 11-15

Das Himmelreich gleicht einem Menschen, der guten Samen auf seinen Acker säte. Als aber die Leute schliefen, kam sein Feind und säte Unkraut zwischen den Weizen und ging davon. Als nun die Saat wuchs und Frucht brachte, da fand sich auch das Unkraut.
Matthäus Kapitel 13 Vers 24-26

Der Sämann sät das Wort.
Markus Kapitel 4 Vers 14

Wer erntet, empfängt schon seinen Lohn und sammelt Frucht zum ewigen Leben, damit sich miteinander freuen, der da sät und der da erntet. Denn hier ist der Spruch wahr: Der eine sät, der andere erntet.
Johannes Kapitel 4 Vers 36 f

SAGEN
Ihr habt gehört, daß zu den Alten gesagt ist: »Du sollst nicht töten«; wer aber tötet, der soll des Gerichts schuldig sein.
Matthäus Kapitel 5 Vers 21

Wenn du nun Almosen gibst, sollst du es nicht vor dir ausposaunen lassen, wie es die Heuchler tun in den Synagogen und auf den Gassen, damit sie von den Leuten gepriesen werden. Wahrlich, ich sage euch: Sie haben ihren Lohn schon gehabt.
Matthäus Kapitel 6 Vers 2

Es werden nicht alle, die zu mir sagen: Herr, Herr!, in das Himmelreich kommen, sondern die den Willen tun meines Vaters im Himmel.
Matthäus Kapitel 7 Vers 21

Sieh zu, sage es niemandem, sondern geh hin und zeige dich dem Priester und opfere die Gabe, die Mose befohlen hat, ihnen zum Zeugnis.
Matthäus Kapitel 8 Vers 4
Markus Kapitel 1 Vers 44

Wahrlich, ich sage euch: Solchen Glauben habe ich in Israel bei keinem gefunden!
Matthäus Kapitel 8 Vers 10

Wahrlich, ich sage euch: Dem Land der Sodomer und Gomorrer wird es erträglicher ergehen am Tage des Gerichts als dieser Stadt.
Matthäus Kapitel 10 Vers 15

Was ich euch sage in der Finsternis, das redet im Licht; und was euch gesagt wird in das Ohr, das predigt auf den Dächern.
Matthäus Kapitel 10 Vers 27

Wer sagen die Leute, daß der Menschensohn sei?
Matthäus Kapitel 16 Vers 13

Denn ich sage euch: Ihr werdet mich von jetzt an nicht sehen, bis ihr sprecht: Gelobt sei, der da kommt im Namen des Herrn!
Matthäus Kapitel 23 Vers 39

Ich sage dir, steh auf, nimm dein Bett und geh heim!
Markus Kapitel 2 Vers 11

Was ich aber euch sage, das sage ich allen: Wachet!
Markus Kapitel 13 Vers 37

Simon, ich habe dir etwas zu sagen. Ein Gläubiger hatte zwei Schuldner. Einer war fünfhundert Silbergroschen schuldig, der andere fünfzig. Da sie aber nicht bezahlen konnten, schenkte er's beiden. Wer von ihnen wird ihn am meisten lieben?
Lukas Kapitel 7 Vers 40-42

Wenn sie euch aber führen werden in die Synagogen und vor die Machthaber und die Obrigkeit, so sorgt nicht, wie oder womit ihr euch verantworten oder was ihr sagen sollt; denn der heilige Geist wird euch in dieser Stunde lehren, was ihr sagen sollt.
Lukas Kapitel 12 Vers 11 f

Ihr sagt es, ich bin es.
Lukas Kapitel 22 Vers 70

Wahrlich, wahrlich, ich sage dir: Es sei denn, daß jemand von neuem geboren werde, so kann er das Reich Gottes nicht sehen.
Johannes Kapitel 3 Vers 3

Ich habe euch gesagt: Ihr habt mich gesehen und glaubt doch nicht.
Johannes Kapitel 6 Vers 36

Jetzt ist meine Seele betrübt. Und was soll ich sagen? Vater, hilf mir aus dieser Stunde? Doch darum bin ich in diese Stunde gekommen.
Johannes Kapitel 12 Vers 27

Jetzt sage ich's euch, ehe es geschieht, damit ihr, wenn es geschehen ist, glaubt, daß ich es bin.
Johannes Kapitel 13 Vers 19

Ich sage hinfort nicht, daß ihr Knechte seid; denn ein Knecht weiß nicht, was sein Herr tut. Euch aber habe ich gesagt, daß ihr Freunde seid; denn alles, was ich von meinem Vater gehört habe, habe ich euch kundgetan.
Johannes Kapitel 15 Vers 15

Ich habe euch noch viel zu sagen; aber ihr könnt es jetzt nicht ertragen.
Johannes Kapitel 16 Vers 12

Du sagst es, ich bin ein König. Ich bin dazu geboren und in die Welt gekommen, daß ich die Wahrheit bezeugen soll. Wer aus der Wahrheit ist, der hört meine Stimme.
Johannes Kapitel 18 Vers 37

SALBEN
Wenn du aber fastest, so salbe dein Haupt und wasche dein Gesicht, damit du dich nicht vor den Leuten zeigst mit deinem Fasten, sondern vor deinem Vater, der im Verborgenen ist; und dein Vater, der in das Verborgene sieht, wird dir's vergelten.
Matthäus Kapitel 6 Vers 17 f

Laßt sie in Frieden! Was betrübt ihr sie? Sie hat ein gutes Werk an mir getan. Sie hat getan, was sie konnte; sie hat meinen Leib im voraus gesalbt für mein Begräbnis.
Markus Kapitel 14 Vers 6 und 8

Du hast mein Haupt nicht mit Öl gesalbt; sie aber hat meine Füße mit Salböl gesalbt.
Lukas Kapitel 7 Vers 46

SALOMO
Ich sage euch, daß auch Salomo in aller seiner Herrlichkeit nicht gekleidet gewesen ist wie eine von ihnen.
Matthäus Kapitel 6 Vers 29

Die Königin vom Süden wird auftreten beim Jüngsten Gericht mit diesem Geschlecht und wird es verdammen; denn sie kam vom Ende der Erde, um Salomos Weisheit zu hören. Und siehe, hier ist mehr als Salomo.
Matthäus Kapitel 12 Vers 42

SALZ

Ihr seid das Salz der Erde. Wenn nun das Salz nicht mehr salzt, womit soll man salzen? Es ist zu nichts mehr nütze, als daß man es wegschüttet und läßt es von den Leuten zertreten.
Matthäus Kapitel 5 Vers 13
Lukas Kapitel 14 Vers 34

Habt Salz bei euch und habt Frieden untereinander!
Markus Kapitel 9 Vers 50

SAMARITER

Geht nicht den Weg zu den Heiden und zieht in keine Stadt der Samariter.
Matthäus Kapitel 10 Vers 5

Es war ein Mensch, der ging von Jerusalem hinab nach Jericho und fiel unter die Räuber; die zogen ihn aus und schlugen ihn und machten sich davon und ließen ihn halbtot liegen. Es traf sich aber, daß ein Priester dieselbe Straße hinabzog; und als er ihn sah, ging er vorüber. Desgleichen auch ein Levit: als er zu der Stelle kam und ihn sah, ging er vorüber. Ein Samariter aber, der auf der Reise war, kam dahin; und als er ihn sah, jammerte er ihn; und er ging zu ihm, goß Öl und Wein auf seine Wunden und verband sie ihm, hob ihn auf sein Tier und brachte ihn in eine Herberge und pflegte ihn. Am nächsten Tag zog er zwei Silbergroschen heraus, gab sie dem Wirt und sprach: Pflege ihn; und wenn du mehr ausgibst, will ich dir's bezahlen, wenn ich wiederkomme. Wer von diesen dreien, meinst du, ist der Nächste gewesen dem, der unter die Räuber gefallen war?
Lukas Kapitel 10 Vers 30-36

SAME

Das Himmelreich gleicht einem Menschen, der guten Samen auf seinen Acker säte. Als aber die Leute schliefen, kam sein Feind und säte Unkraut zwischen den Weizen und ging davon.
Matthäus Kapitel 13 Vers 24 f

Der Acker ist die Welt. Der gute Same sind die Kinder des Reichs. Das Unkraut sind die Kinder des Bösen.
Matthäus Kapitel 13 Vers 37 f

Mit dem Reich Gottes ist es so, wie wenn ein Mensch Samen aufs Land wirft und schläft und aufsteht, Nacht und Tag; und der Same geht auf und

wächst – er weiß nicht, wie. Denn von selbst bringt die Erde Frucht, zuerst den Halm, danach die Ähre, danach den vollen Weizen in der Ähre. Wenn sie aber die Frucht gebracht hat, so schickt er alsbald die Sichel hin; denn die Ernte ist da.
Markus Kapitel 4 Vers 26-29

Es ging ein Sämann aus, zu säen seinen Samen. Und indem er säte, fiel einiges auf den Weg und wurde zertreten, und die Vögel unter dem Himmel fraßen's auf.
Lukas Kapitel 8 Vers 5

Der Same ist das Wort Gottes.
Lukas Kapitel 8 Vers 11

SAMMELN
Ihr sollt euch nicht Schätze sammeln auf Erden, wo sie die Motten und der Rost fressen und wo die Diebe einbrechen und stehlen.
Matthäus Kapitel 6 Vers 19
Matthäus Kapitel 6 Vers 20

Seht die Vögel unter dem Himmel an: sie säen nicht, sie ernten nicht, sie sammeln nicht in die Scheunen; und euer himmlischer Vater ernährt sie doch. Seid ihr denn nicht viel mehr als sie?
Matthäus Kapitel 6 Vers 26

Wer nicht mit mir ist, der ist gegen mich; und wer nicht mit mir sammelt, der zerstreut.
Matthäus Kapitel 12 Vers 30
Lukas Kapitel 11 Vers 23

Laßt beides miteinander wachsen bis zur Ernte; und um die Erntezeit will ich zu den Schnittern sagen: Sammelt zuerst das Unkraut und bindet es in Bündel, damit man es verbrenne; aber den Weizen sammelt mir in meine Scheune.
Matthäus Kapitel 13 Vers 30

Der Menschensohn wird seine Engel senden, und sie werden sammeln aus seinem Reich alles, was zum Abfall verführt, und die da Unrecht tun.
Matthäus Kapitel 13 Vers 41

Wo das Aas ist, da sammeln sich die Geier.
Matthäus Kapitel 24 Vers 28

Und er wird seine Engel senden mit hellen Posaunen, und sie werden seine Auserwählten sammeln von den vier Winden, von einem Ende des Himmels bis zum andern.
Matthäus Kapitel 24 Vers 31

Und er dachte bei sich selbst und sprach: Was soll ich tun? Ich habe nichts, wohin ich meine Früchte sammle.
Lukas Kapitel 12 Vers 17

Wer erntet, empfängt schon seinen Lohn und sammelt Frucht zum ewigen Leben, damit sich miteinander freuen, der da sät und der da erntet.
Johannes Kapitel 4 Vers 36

Sammelt die übrigen Brocken, damit nichts umkommt.
Johannes Kapitel 6 Vers 12

Wer nicht in mir bleibt, der wird weggeworfen wie eine Rebe und verdorrt, und man sammelt sie und wirft sie ins Feuer, und sie müssen brennen.
Johannes Kapitel 15 Vers 6

SAND
Und wer diese meine Rede hört und tut sie nicht, der gleicht einem törichten Mann, der sein Haus auf Sand baute.
Matthäus Kapitel 7 Vers 26

SANFT
Denn mein Joch ist sanft, und meine Last ist leicht.
Matthäus Kapitel 11 Vers 30

SANFTMÜTIG
Selig sind die Sanftmütigen; denn sie werden das Erdreich besitzen.
Matthäus Kapitel 5 Vers 5

Nehmt auf euch mein Joch und lernt von mir; denn ich bin sanftmütig und von Herzen demütig; so werdet ihr Ruhe finden für eure Seelen.
Matthäus Kapitel 11 Vers 29

SATAN
Weg mit dir, Satan! denn es steht geschrieben: »Du sollst anbeten den Herrn, deinen Gott, und ihm allein dienen.«
Matthäus Kapitel 4 Vers 10

Wenn nun der Satan den Satan austreibt, so muß er mit sich selbst uneins sein; wie kann dann sein Reich bestehen?
Matthäus Kapitel 12 Vers 26
Markus Kapitel 3 Vers 23 f
Lukas Kapitel 11 Vers 18

Geh weg von mir, Satan! Du bist mir ein Ärgernis; denn du meinst nicht, was göttlich, sondern was menschlich ist.
Matthäus Kapitel 16 Vers 23
Markus Kapitel 8 Vers 33

Erhebt sich nun der Satan gegen sich selbst und ist mit sich selbst uneins, so kann er nicht bestehen, sondern es ist aus mit ihm.
Markus Kapitel 3 Vers 26

Wenn das Wort gesät wird und sie es gehört haben, kommt sogleich der Satan und nimmt das Wort weg, das in sie gesät war.
Markus Kapitel 4 Vers 15

Ich sah den Satan vom Himmel fallen wie einen Blitz.
Lukas Kapitel 10 Vers 18

Sollte dann nicht diese, die doch Abrahams Tochter ist, die der Satan schon achtzehn Jahre gebunden hatte, am Sabbat von dieser Fessel gelöst werden?
Lukas Kapitel 13 Vers 16

Simon, Simon, siehe, der Satan hat begehrt, euch zu sieben wie den Weizen. Ich aber habe für dich gebeten, daß dein Glaube nicht aufhöre. Und wenn du dereinst dich bekehrst, so stärke deine Brüder.
Lukas Kapitel 22 Vers 31 f

SATT
Selig sind, die da hungert und dürstet nach der Gerechtigkeit; denn sie sollen satt werden.
Matthäus Kapitel 5 Vers 6

Laß zuvor die Kinder satt werden; es ist nicht recht, daß man den Kindern das Brot wegnehme und werfe es vor die Hunde.
Markus Kapitel 7 Vers 27

Selig seid ihr, die ihr jetzt hungert; denn ihr sollt satt werden.
Lukas Kapitel 6 Vers 21

Weh euch, die ihr jetzt satt seid! Denn ihr werdet hungern.
Lukas Kapitel 6 Vers 25

Wahrlich, wahrlich, ich sage euch: Ihr sucht mich nicht, weil ihr Zeichen gesehen habt, sondern weil ihr von dem Brot gegessen habt und satt geworden seid.
Johannes Kapitel 6 Vers 26

SATZUNG
Ihr verlaßt Gottes Gebot und haltet der Menschen Satzungen.
Markus Kapitel 7 Vers 8

Wie fein hebt ihr Gottes Gebot auf, damit ihr eure Satzungen aufrichtet!
Markus Kapitel 7 Vers 9
Markus Kapitel 7 Vers 13

SAU
Ihr sollt das Heilige nicht den Hunden geben, und eure Perlen sollt ihr nicht vor die Säue werfen, damit die sie nicht zertreten mit ihren Füßen und sich umwenden und euch zerreißen.
Matthäus Kapitel 7 Vers 6

Als er nun all das Seine verbraucht hatte, kam eine große Hungersnot über jenes Land, und er fing an zu darben und ging hin und hängte sich an einen Bürger jenes Landes; der schickte ihn auf seinen Acker, die Säue zu hüten. Und er begehrte, seinen Bauch zu füllen mit den Schoten, die die Säue fraßen; und niemand gab sie ihm.
Lukas Kapitel 15 Vers 14-16

SAUER
Wenn ihr fastet, sollt ihr nicht sauer dreinsehen wie die Heuchler; denn sie verstellen ihr Gesicht, um sich vor den Leuten zu zeigen mit ihrem Fasten. Wahrlich, ich sage euch: Sie haben ihren Lohn schon gehabt.
Matthäus Kapitel 6 Vers 16

SAUERTEIG
Das Himmelreich gleicht einem Sauerteig, den eine Frau nahm und unter einen halben Zentner Mehl mengte, bis es ganz durchsäuert war.
Matthäus Kapitel 13 Vers 33
Lukas Kapitel 13 Vers 21

Seht zu und hütet euch vor dem Sauerteig der Pharisäer und Sadduzäer!
Matthäus Kapitel 16 Vers 6 und 11
Markus Kapitel 8 Vers 15
Lukas Kapitel 12 Vers 1

SAUFEN
Hütet euch aber, daß eure Herzen nicht beschwert werden mit Fressen und Saufen und mit täglichen Sorgen und dieser Tag nicht plötzlich über euch komme wie ein Fallstrick.
Lukas Kapitel 21 Vers 34

SÄUGLING
Habt ihr nie gelesen: »Aus dem Munde der Unmündigen und Säuglinge hast du dir Lob bereitet«?
Matthäus Kapitel 21 Vers 16

SAUSEN
Der Wind bläst, wo er will, und du hörst sein Sausen wohl; aber du weißt nicht, woher er kommt und wohin er fährt. So ist es bei jedem, der aus dem Geist geboren ist.
Johannes Kapitel 3 Vers 8

SCHADEN
Was hülfe es dem Menschen, wenn er die ganze Welt gewönne und nähme doch Schaden an seiner Seele? Oder was kann der Mensch geben, womit er seine Seele auslöse?
Matthäus Kapitel 16 Vers 26
Markus Kapitel 8 Vers 36
Lukas Kapitel 9 Vers 25

Die Zeichen aber, die folgen werden denen, die da glauben, sind diese: in meinem Namen werden sie böse Geister austreiben, in neuen Zungen reden, Schlangen mit den Händen hochheben, und wenn sie etwas Tödliches trinken, wird's ihnen nicht schaden; auf Kranke werden sie die Hände legen, so wird's besser mit ihnen werden.
Markus Kapitel 16 Vers 17 f

Seht, ich habe euch Macht gegeben, zu treten auf Schlangen und Skorpione, und Macht über alle Gewalt des Feindes; und nichts wird euch schaden.
Lukas Kapitel 10 Vers 19

SCHAF
Siehe, ich sende euch wie Schafe mitten unter die Wölfe. Darum seid klug wie die Schlangen und ohne Falsch wie die Tauben.
Matthäus Kapitel 10 Vers 16

Wer ist unter euch, der sein einziges Schaf, wenn es ihm am Sabbat in eine Grube fällt, nicht ergreift und ihm heraushilft? Wieviel mehr ist nun ein Mensch als ein Schaf! Darum darf man am Sabbat Gutes tun.
Matthäus Kapitel 12 Vers 11 f

Ich bin nur gesandt zu den verlorenen Schafen des Hauses Israel.
Matthäus Kapitel 15 Vers 24

Was meint ihr? Wenn ein Mensch hundert Schafe hätte und eins unter ihnen sich verirrte: läßt er nicht die neunundneunzig auf den Bergen, geht hin und sucht das verirrte? Und wenn es geschieht, daß er's findet, wahrlich, ich sage euch: er freut sich darüber mehr als über die neunundneunzig, die sich nicht verirrt haben. So ist's auch nicht der Wille bei eurem Vater im Himmel, daß auch nur eines von diesen Kleinen verloren werde.
Matthäus Kapitel 18 Vers 12-14
Lukas Kapitel 15 Vers 4-7

Wenn aber der Menschensohn kommen wird in seiner Herrlichkeit, und alle Engel mit ihm, dann wird er sitzen auf dem Thron seiner Herrlichkeit, und alle Völker werden vor ihm versammelt werden. Und er wird sie voneinander scheiden, wie ein Hirt die Schafe von den Böcken scheidet, und wird die Schafe zu seiner Rechten stellen und die Böcke zur Linken.
Matthäus Kapitel 25 Vers 31-33

In dieser Nacht werdet ihr alle Ärgernis nehmen an mir. Denn es steht geschrieben: »Ich werde den Hirten schlagen, und die Schafe der Herde werden sich zerstreuen.«
Matthäus Kapitel 26 Vers 31
Markus Kapitel 14 Vers 27

Freut euch mit mir; denn ich habe mein Schaf gefunden, das verloren war.
Lukas Kapitel 15 Vers 6

Wahrlich, wahrlich, ich sage euch: Wer nicht zur Tür hineingeht in den Schafstall, sondern steigt anderswo hinein, der ist ein Dieb und ein Räuber. Der aber zur Tür hineingeht, der ist der Hirte der Schafe. Dem macht der Türhüter auf, und die Schafe hören seine Stimme; und er ruft seine Schafe mit Namen und führt sie hinaus. Und wenn er alle seine Schafe hinausgelassen hat, geht er vor ihnen her, und die Schafe folgen ihm nach; denn sie kennen seine Stimme. Einem Fremden aber folgen sie nicht nach, sondern fliehen vor ihm; denn sie kennen die Stimme der Fremden nicht. Wahrlich, wahrlich, ich sage euch: Ich bin die Tür zu den Schafen. Alle, die vor mir gekommen sind, die sind Diebe und Räuber; aber die Schafe haben ihnen nicht gehorcht. Ich bin die Tür; wenn jemand durch mich hin-

eingeht, wird er selig werden und wird ein- und ausgehen und Weide finden. Ein Dieb kommt nur, um zu stehlen, zu schlachten und umzubringen. Ich bin gekommen, damit sie das Leben und volle Genüge haben sollen. Ich bin der gute Hirte. Der gute Hirte läßt sein Leben für die Schafe. Der Mietling aber, der nicht Hirte ist, dem die Schafe nicht gehören, sieht den Wolf kommen und verläßt die Schafe und flieht – und der Wolf stürzt sich auf die Schafe und zerstreut sie –, denn er ist ein Mietling und kümmert sich nicht um die Schafe. Ich bin der gute Hirte und kenne die Meinen, und die Meinen kennen mich, wie mich mein Vater kennt, und ich kenne den Vater. Und ich lasse mein Leben für die Schafe. Und ich habe noch andere Schafe, die sind nicht aus diesem Stall; auch sie muß ich herführen, und sie werden meine Stimme hören, und es wird eine Herde und ein Hirte werden.
Johannes Kapitel 10 Vers 1-16

Aber ihr glaubt nicht, denn ihr seid nicht von meinen Schafen. Meine Schafe hören meine Stimme, und ich kenne sie, und sie folgen mir; und ich gebe ihnen das ewige Leben, und sie werden nimmermehr umkommen, und niemand wird sie aus meiner Hand reißen.
Johannes Kapitel 10 Vers 26-28

Simon, Sohn des Johannes, hast du mich lieb? Weide meine Schafe!
Johannes Kapitel 21 Vers 16 f

SCHAFFEN
Habt ihr nicht gelesen: Der im Anfang den Menschen geschaffen hat, schuf sie als Mann und Frau?
Matthäus Kapitel 19 Vers 4

Denn in diesen Tagen wird eine solche Bedrängnis sein, wie sie nie gewesen ist bis jetzt vom Anfang der Schöpfung, die Gott geschaffen hat, und auch nicht wieder werden wird.
Markus Kapitel 13 Vers 19

Schafft euch Speise, die nicht vergänglich ist, sondern die bleibt zum ewigen Leben. Die wird euch der Menschensohn geben; denn auf dem ist das Siegel Gottes des Vaters.
Johannes Kapitel 6 Vers 27

SCHAFSKLEID
Seht euch vor vor den falschen Propheten, die in Schafskleidern zu euch kommen, inwendig aber sind sie reißende Wölfe.
Matthäus Kapitel 7 Vers 15

SCHAFSTALL

Wahrlich, wahrlich, ich sage euch: Wer nicht zur Tür hineingeht in den Schafstall, sondern steigt anderswo hinein, der ist ein Dieb und ein Räuber.
Johannes Kapitel 10 Vers 1

SCHÄMEN

Wer sich aber meiner und meiner Worte schämt, dessen wird sich der Menschensohn auch schämen, wenn er kommen wird in seiner Herrlichkeit und der des Vaters und der heiligen Engel.
Lukas Kapitel 9 Vers 26
Markus Kapitel 8 Vers 38

Der Verwalter sprach bei sich selbst: Was soll ich tun? Mein Herr nimmt mir das Amt; graben kann ich nicht, auch schäme ich mich zu betteln.
Lukas Kapitel 16 Vers 3

SCHATTEN

Womit wollen wir das Reich Gotttes vergleichen, und durch welches Gleichnis wollen wir es abbilden? Es ist wie ein Senfkorn: wenn das gesät wird aus Land, so ist's das kleinste unter allen Samenkörnern auf Erden; und wenn es gesät ist, so geht es auf und wird größer als alle Kräuter und treibt große Zweige, so daß die Vögel unter dem Himmel unter seinem Schatten wohnen können.
Markus Kapitel 4 Vers 30-32

SCHATZ

Ihr sollt euch nicht Schätze sammeln auf Erden, wo sie die Motten und der Rost fressen und wo die Diebe einbrechen und stehlen. Sammelt euch aber Schätze im Himmel, wo sie weder Motten noch Rost fressen und wo die Diebe nicht einbrechen und stehlen.
Matthäus Kapitel 6 Vers 19 f

Denn wo dein Schatz ist, da ist auch dein Herz.
Matthäus Kapitel 6 Vers 21
Lukas Kapitel 12 Vers 35

Ein guter Mensch bringt Gutes hervor aus dem guten Schatz seines Herzens; und ein böser Mensch bringt Böses hervor aus seinem bösen Schatz.
Matthäus Kapitel 12 Vers 35
Lukas Kapitel 6 Vers 45

Das Himmelreich gleicht einem Schatz, verborgen im Acker, den ein Mensch fand und verbarg; und in seiner Freude ging er hin und verkaufte alles, was er hatte, und kaufte den Acker.
Matthäus Kapitel 13 Vers 44

Darum gleicht jeder Schriftgelehrte, der ein Jünger des Himmelreichs geworden ist, einem Hausvater, der aus seinem Schatz Neues und Altes hervorholt.
Matthäus Kapitel 13 Vers 52

Willst du vollkommen sein, so geh hin, verkaufe, was du hast, und gib's den Armen, so wirst du einen Schatz im Himmel haben; und komm und folge mir nach!
Matthäus Kapitel 19 Vers 21
Markus Kapitel 10 Vers 21
Lukas Kapitel 18 Vers 22

So geht es dem, der sich Schätze sammelt und ist nicht reich bei Gott.
Lukas Kapitel 12 Vers 21

Verkauft, was ihr habt, und gebt Almosen. Macht euch Geldbeutel, die nicht veralten, einen Schatz, der niemals abnimmt, im Himmel, wo kein Dieb hinkommt und den keine Motten fressen.
Lukas Kapitel 12 Vers 33

SCHAUEN
Selig sind, die reinen Herzens sind; denn sie werden Gott schauen.
Matthäus Kapitel 5 Vers 8

Und warum sorgt ihr euch um die Kleidung? Schaut die Lilien auf dem Feld an, wie sie wachsen: sie arbeiten nicht, auch spinnen sie nicht.
Matthäus Kapitel 6 Vers 28

So schaue darauf, daß nicht das Licht in dir Finsternis sei.
Lukas Kapitel 11 Vers 35

SCHEFFEL
Man zündet auch nicht ein Licht an und setzt es unter einen Scheffel, sondern auf einen Leuchter; so leuchtet es allen, die im Hause sind.
Matthäus Kapitel 5 Vers 15
Markus Kapitel 4 Vers 21
Lukas Kapitel 11 Vers 33

SCHEIDEN
Es ist auch gesagt: »Wer sich von seiner Frau scheidet, der soll ihr einen Scheidebrief geben.« Ich aber sage euch: Wer sich von seiner Frau scheidet, es sei denn wegen Ehebruchs, der macht, daß sie die Ehe bricht; und wer eine Geschiedene heiratet, der bricht die Ehe.
Matthäus Kapitel 5 Vers 31 f

So wird es auch am Ende der Welt gehen: die Engel werden ausgehen und die Bösen von den Gerechten scheiden.
Matthäus Kapitel 13 Vers 49

So sind sie nun nicht mehr zwei, sondern ein Fleisch. Was nun Gott zusammengefügt hat, das soll der Mensch nicht scheiden!
Matthäus Kapitel 19 Vers 6
Markus Kapitel 10 Vers 9

Mose hat euch erlaubt, euch zu scheiden von euren Frauen, eures Herzens Härte wegen; von Anfang an aber ist's nicht so gewesen.
Matthäus Kapitel 19 Vers 8

Wenn aber der Menschensohn kommen wird in seiner Herrlichkeit, und alle Engel mit ihm, dann wird er sitzen auf dem Thron seiner Herrlichkeit, und alle Völker werden vor ihm versammelt werden. Und er wird sie voneinander scheiden, wie ein Hirt die Schafe von den Böcken scheidet.
Matthäus Kapitel 25 Vers 31 f

Wer sich scheidet von seiner Frau und heiratet eine andere, der bricht ihr gegenüber die Ehe; und wenn sich eine Frau scheidet von ihrem Mann und heiratet einen anderen, bricht sie die Ehe.
Markus Kapitel 10 Vers 11 f
Lukas Kapitel 16 Vers 18

SCHEIN

Weh euch, Schriftgelehrte und Pharisäer, ihr Heuchler, die ihr die Häuser der Witwen freßt und zum Schein lange Gebete verrichtet! Darum werdet ihr ein um so härteres Urteil empfangen.
Matthäus Kapitel 23 Vers 14

Sogleich aber nach der Bedrängnis jener Zeit wird die Sonne sich verfinstern und der Mond seinen Schein verlieren, und die Sterne werden vom Himmel fallen, und die Kräfte der Himmel werden ins Wanken kommen.
Matthäus Kapitel 24 Vers 29

SCHEMEL

Ich aber sage euch, daß ihr überhaupt nicht schwören sollt, weder bei dem Himmel, denn er ist Gottes Thron; noch bei der Erde, denn sie ist der Schemel seiner Füße; noch bei Jerusalem, denn sie ist die Stadt des großen Königs.
Matthäus Kapitel 5 Vers 34 f

SCHEUEN

Zuletzt aber sandte er seinen Sohn zu ihnen und sagte sich: Sie werden sich vor meinem Sohn scheuen.
Matthäus Kapitel 21 Vers 37

Es war ein Richter in einer Stadt, der fürchtete sich nicht vor Gott und scheute sich vor keinem Menschen.
Lukas Kapitel 18 Vers 2

SCHEUNE

Seht die Vögel unter dem Himmel an: sie säen nicht, sie ernten nicht, sie sammeln nicht in die Scheunen; und euer himmlischer Vater ernährt sie doch. Seid ihr denn nicht viel mehr als sie?
Matthäus Kapitel 6 Vers 26

Laßt beides miteinander wachsen bis zur Ernte; und um die Erntezeit will ich zu den Schnittern sagen: Sammelt zuerst das Unkraut und bindet es in Bündel, damit man es verbrenne; aber den Weizen sammelt mir in meine Scheune.
Matthäus Kapitel 13 Vers 30

Seht die Raben an: sie säen nicht, sie ernten auch nicht, sie haben auch keinen Keller und keine Scheune, und Gott ernährt sie doch. Wieviel besser seid ihr als die Vögel!
Lukas Kapitel 12 Vers 24

Das will ich tun: ich will meine Scheunen abbrechen und größere bauen, und will darin sammeln all mein Korn und meine Vorräte, und will sagen zu meiner Seele: Liebe Seele, du hast einen großen Vorrat für viele Jahre; habe nun Ruhe, iß, trink und habe guten Mut!
Lukas Kapitel 12 Vers 18 f

SCHLACHTEN

Sagt den Gästen: Siehe, meine Mahlzeit habe ich bereitet, meine Ochsen und mein Mastvieh ist geschlachtet, und alles ist bereit; kommt zur Hochzeit!
Matthäus Kapitel 22 Vers 4

Bringt das gemästete Kalb und schlachtet's; laßt uns essen und fröhlich sein!
Lukas Kapitel 15 Vers 23

Ein Dieb kommt nur, um zu stehlen, zu schlachten und umzubringen. Ich bin gekommen, damit sie das Leben und volle Genüge haben sollen.
Johannes Kapitel 10 Vers 10

SCHLAFEN

Geht hinaus! denn das Mädchen ist nicht tot, sondern es schläft.
Matthäus Kapitel 9 Vers 24

Als aber die Leute schliefen, kam sein Feind und säte Unkraut zwischen den Weizen und ging davon.
Matthäus Kapitel 13 Vers 25

Ach, wollt ihr weiter schlafen und ruhen? Siehe, die Stunde ist da, daß der Menschensohn in die Hände der Sünder überantwortet wird.
Matthäus Kapitel 26 Vers 45
Markus Kapitel 14 Vers 41

Mit dem Reich Gottes ist es so, wie wenn ein Mensch Samen aufs Land wirft und schläft und aufsteht, Nacht und Tag; und der Same geht auf und wächst – er weiß nicht, wie.
Markus Kapitel 4 Vers 26 f

So wacht nun; denn ihr wißt nicht, wann der Herr des Hauses kommt, ob am Abend oder zu Mitternacht oder um den Hahnenschrei oder am Morgen, damit er euch nicht schlafend finde, wenn er plötzlich kommt.
Markus Kapitel 13 Vers 35 f

Lazarus, unser Freund, schläft, aber ich gehe hin, ihn aufzuwecken.
Johannes Kapitel 11 Vers 11

SCHLAGEN

Ich aber sage euch, daß ihr nicht widerstreben sollt dem Übel, sondern: wenn dich jemand auf deine rechte Backe schlägt, dem biete die andere auch dar.
Matthäus Kapitel 5 Vers 39
Lukas Kapitel 6 Vers 29

Da nahmen die Weingärtner seine Knechte: den einen schlugen sie, den zweiten töteten sie, den dritten steinigten sie.
Matthäus Kapitel 21 Vers 35

Wenn aber jener als ein böser Knecht in seinem Herzen sagt: Mein Herr kommt noch lange nicht, und fängt an, seine Mitknechte zu schlagen, ißt und trinkt mit den Betrunkenen: dann wird der Herr dieses Knechtes kommen an einem Tage, an dem er‘s nicht erwartet, und zu einer Stunde, die er nicht kennt.
Matthäus Kapitel 24 Vers 48-50

Es war ein Mensch, der ging von Jerusalem hinab nach Jericho und fiel unter die Räuber; die zogen ihn aus und schlugen ihn und machten sich davon und ließen ihn halbtot liegen.
Lukas Kapitel 10 Vers 30

Wenn ich mich schon vor Gott nicht fürchte noch vor keinem Menschen scheue, will ich doch dieser Witwe, weil sie mir soviel Mühe macht, Recht schaffen, damit sie nicht zuletzt komme und mir ins Gesicht schlage.
Lukas Kapitel 18 Vers 5

Habe ich übel geredet, so beweise, daß es böse ist; habe ich aber recht geredet, was schlägst du mich?
Johannes Kapitel 18 Vers 23

SCHLANGE

Wo ist unter euch ein Vater, der seinem Sohn, wenn der ihn um einen Fisch bittet, eine Schlange für den Fisch biete?
Lukas Kapitel 11 Vers 11
Matthäus Kapitel 7 Vers 10

Ich sende euch wie Schafe mitten unter die Wölfe. Darum seid klug wie die Schlangen und ohne Falsch wie die Tauben.
Matthäus Kapitel 10 Vers 16

Ihr Schlangen, ihr Otternbrut! Wie wollt ihr der höllischen Verdammnis entrinnen?
Matthäus Kapitel 23 Vers 33

Die Zeichen aber, die folgen werden denen, die da glauben, sind diese: in meinem Namen werden sie böse Geister austreiben, in neuen Zungen reden, Schlangen mit den Händen hochheben, und wenn sie etwas Tödliches trinken, wird's ihnen nicht schaden.
Markus Kapitel 16 Vers 17 f

Ich habe euch Macht gegeben, zu treten auf Schlangen und Skorpione, und Macht über alle Gewalt des Feindes; und nichts wird euch schaden.
Lukas Kapitel 10 Vers 19

Wie Mose in der Wüste die Schlange erhöht hat, so muß der Menschensohn erhöht werden.
Johannes Kapitel 3 Vers 14

SCHLAUCH

Man füllt auch nicht neuen Wein in alte Schläuche; sonst zerreißen die Schläuche, und der Wein wird verschüttet, und die Schläuche verderben.

Sondern man füllt neuen Wein in neue Schläuche, so bleiben beide miteinander erhalten.
Matthäus Kapitel 9 Vers 17
Markus Kapitel 2 Vers 22
Lukas Kapitel 5 Vers 37 f

SCHLECHT
So bringt jeder gute Baum gute Früchte; aber ein fauler Baum bringt schlechte Früchte.
Matthäus Kapitel 7 Vers 17

Wiederum gleicht das Himmelreich einem Netz, das ins Meer geworfen ist und Fische aller Art fängt. Wenn es aber voll ist, ziehen sie es heraus an das Ufer, setzen sich und lesen die guten in Gefäße zusammen, aber die schlechten werfen sie weg.
Matthäus Kapitel 13 Vers 47 f

SCHLIMM
Siehe, du bist gesund geworden; sündige hinfort nicht mehr, daß dir nicht etwas Schlimmeres widerfahre.
Johannes Kapitel 5 Vers 14

SCHLÜSSEL
Ich will dir die Schlüssel des Himmelreichs geben: alles, was du auf Erden binden wirst, soll auch im Himmel gebunden sein, und alles, was du auf Erden lösen wirst, soll auch im Himmel gelöst sein.
Matthäus Kapitel 16 Vers 19

Weh euch Schriftgelehrten! Denn ihr habt den Schlüssel der Erkenntnis weggenommen. Ihr selbst seid nicht hineingegangen und habt auch denen gewehrt, die hinein wollten.
Lukas Kapitel 11 Vers 52

SCHMÄHEN
Selig seid ihr, wenn euch die Menschen um meinetwillen schmähen und verfolgen und reden allerlei Übles gegen euch, wenn sie damit lügen.
Matthäus Kapitel 5 Vers 11

Selig seid ihr, wenn euch die Menschen hassen und euch ausstoßen und schmähen und verwerfen euren Namen als böse um des Menschensohnes willen.
Lukas Kapitel 6 Vers 22

SCHMAL
Wie eng ist die Pforte und wie schmal der Weg, der zum Leben führt, und wenige sind's, die ihn finden!
Matthäus Kapitel 7 Vers 14

SCHMECKEN
Wahrlich, ich sage euch: Es stehen einige hier, die werden den Tod nicht schmecken, bis sie den Menschensohn kommen sehen in seinem Reich.
Matthäus Kapitel 16 Vers 28
Markus Kapitel 9 Vers 1
Lukas Kapitel 9 Vers 27

Denn ich sage euch, daß keiner der Männer, die eingeladen waren, mein Abendmahl schmecken wird.
Lukas Kapitel 14 Vers 24

Wer mein Wort hält, der wird den Tod nicht schmecken in Ewigkeit.
Johannes Kapitel 8 Vers 52

SCHMERZ
Eine Frau, wenn sie gebiert, so hat sie Schmerzen, denn ihre Stunde ist gekommen. Wenn sie aber das Kind geboren hat, denkt sie nicht mehr an die Angst um der Freude willen, daß ein Mensch zur Welt gekommen ist.
Johannes Kapitel 16 Vers 21

SCHMÜCKEN
Wenn der unreine Geist von einem Menschen ausgefahren ist, so durchstreift er dürre Stätten, sucht Ruhe und findet sie nicht. Dann spricht er: Ich will wieder zurückkehren in mein Haus, aus dem ich fortgegangen bin. Und wenn er kommt, so findet er's leer, gekehrt und geschmückt.
Matthäus Kapitel 12 Vers 43 f

Weh euch, Schriftgelehrte und Pharisäer, ihr Heuchler, die ihr den Propheten Grabmäler baut und die Gräber der Gerechten schmückt.
Matthäus Kapitel 23 Vers 29

SCHNITTER
Der Feind, der es sät, ist der Teufel. Die Ernte ist das Ende der Welt. Die Schnitter sind die Engel.
Matthäus Kapitel 13 Vers 39

SCHÖPFEN
Füllt die Wasserkrüge mit Wasser! – Schöpft nun und bringt's dem Speisemeister!
Johannes Kapitel 2 Vers 7 f

SCHOSS
Gebt, so wird euch gegeben. Ein volles, gedrücktes, gerütteltes und überfließendes Maß wird man in euren Schoß geben; denn eben mit dem Maß, mit dem ihr meßt, wird man euch wieder messen.
Lukas Kapitel 6 Vers 38

Es begab sich aber, daß der Arme starb, und er wurde von den Engeln getragen in Abrahams Schoß.
Lukas Kapitel 16 Vers 22

SCHOTEN
Und er begehrte, seinen Bauch zu füllen mit den Schoten, die die Säue fraßen; und niemand gab sie ihm.
Lukas Kapitel 15 Vers 16

SCHREIEN
Ich sage euch: Wenn diese schweigen werden, so werden die Steine schreien.
Lukas Kapitel 19 Vers 40

SCHRIFT
Habt ihr nie gelesen in der Schrift: »Der Stein, den die Bauleute verworfen haben, der ist zum Eckstein geworden. Vom Herrn ist das geschehen und ist ein Wunder vor unsern Augen«?
Matthäus Kapitel 21 Vers 42

Ihr irrt, weil ihr weder die Schrift kennt noch die Kraft Gottes.
Matthäus Kapitel 22 Vers 29
Markus Kapitel 12 Vers 24

Oder meinst du, ich könnte meinen Vater nicht bitten, daß er mir sogleich mehr als zwölf Legionen Engel schickte? Wie würde dann aber die Schrift erfüllt, daß es so geschehen muß?
Matthäus Kapitel 26 Vers 53 f

Ich bin täglich bei euch im Tempel gewesen und habe gelehrt, und ihr habt mich nicht ergriffen. Aber so muß die Schrift erfüllt werden.
Markus Kapitel 14 Vers 49

»Der Geist des Herrn ist auf mir, weil er mich gesalbt hat, zu verkündigen das Evangelium den Armen; er hat mich gesandt, zu predigen den Gefangenen, daß sie frei sein sollen, und den Blinden, daß sie sehen sollen, und den Zerschlagenen, daß sie frei und ledig sein sollen, zu verkündigen das Gnadenjahr des Herrn.« Heute ist dieses Wort der Schrift erfüllt vor euren Ohren.
Lukas Kapitel 4 Vers 18,19 und 21

Ihr sucht in der Schrift, denn ihr meint, ihr habt das ewige Leben darin; und sie ist's, die von mir zeugt.
Johannes Kapitel 5 Vers 39

Wer an mich glaubt, wie die Schrift sagt, von dessen Leib werden Ströme lebendigen Wassers fließen.
Johannes Kapitel 7 Vers 38

Steht nicht geschrieben in eurem Gesetz: »Ich habe gesagt: Ihr seid Götter« ? Wenn er die Götter nennt, zu denen das Wort Gottes geschah, – und die Schrift kann doch nicht gebrochen werden –, wie sagt ihr dann zu dem, den der Vater geheiligt und in die Welt gesandt hat: Du lästerst Gott –, weil ich sage: Ich bin Gottes Sohn?
Johannes Kapitel 10 Vers 34-36

Das sage ich nicht von euch allen; ich weiß, welche ich erwählt habe. Aber es muß die Schrift erfüllt werden: »Der mein Brot ißt, tritt mich mit Füßen.«
Johannes Kapitel 13 Vers 18

SCHRIFTGELEHRTER

Wenn eure Gerechtigkeit nicht besser ist als die der Schriftgelehrten und Pharisäer, so werdet ihr nicht in das Himmelreich kommen.
Matthäus Kapitel 5 Vers 20

Darum gleicht jeder Schriftgelehrte, der ein Jünger des Himmelreichs geworden ist, einem Hausvater, der aus seinem Schatz Neues und Altes hervorholt.
Matthäus Kapitel 13 Vers 52

Auf dem Stuhl des Mose sitzen die Schriftgelehrten und Pharisäer. Alles nun, was sie euch sagen, das tut und haltet; aber nach ihren Werken sollt ihr nicht handeln; denn sie sagen's zwar, tun's aber nicht. Sie binden schwere und unerträgliche Bürden und legen sie den Menschen auf die Schultern; aber sie selbst wollen keinen Finger dafür krümmen.
Matthäus Kapitel 23 Vers 2 f
Markus Kapitel 12 Vers 38 f
Lukas Kapitel 11 Vers 46 f

Weh euch, Schriftgelehrte und Pharisäer, ihr Heuchler, die ihr das Himmelreich zuschließt vor den Menschen! Ihr geht nicht hinein, und die hinein wollen, laßt ihr nicht hineingehen.
Matthäus Kapitel 23 Vers 13

Weh euch, Schriftgelehrte und Pharisäer, ihr Heuchler, die ihr Land und Meer durchzieht, damit ihr einen Judengenossen gewinnt; und wenn er's geworden ist, macht ihr aus ihm ein Kind der Hölle, doppelt so schlimm wie ihr.
Matthäus Kapitel 23 Vers 15

Weh euch, Schriftgelehrte und Pharisäer, ihr Heuchler, die ihr den Zehnten gebt von Minze, Dill und Kümmel und laßt das Wichtigste im Gesetz beiseite, nämlich das Recht, die Barmherzigkeit und den Glauben! Doch dies sollte man tun und jenes nicht lassen.
Matthäus Kapitel 23 Vers 23

Weh euch, Schriftgelehrte und Pharisäer, ihr Heuchler, die ihr die Becher und Schüsseln außen reinigt, innen aber sind sie voller Raub und Gier!
Matthäus Kapitel 23 Vers 25

Weh euch, Schriftgelehrte und Pharisäer, ihr Heuchler, die ihr seid wie die übertünchten Gräber, die von außen hübsch aussehen, aber innen sind sie voller Totengebeine und lauter Unrat!
Matthäus Kapitel 23 Vers 27

Weh euch, Schriftgelehrte und Pharisäer, ihr Heuchler, die ihr den Propheten Grabmäler baut und die Gräber der Gerechten schmückt.
Matthäus Kapitel 23 Vers 29

Ich sende zu euch Propheten und Weise und Schriftgelehrte; und von ihnen werdet ihr einige töten und kreuzigen, und einige werdet ihr geißeln in euren Synagogen und werdet sie verfolgen von einer Stadt zur andern,
Matthäus Kapitel 23 Vers 34

Seht euch vor vor den Schriftgelehrten, die gern in langen Gewändern gehen und lassen sich auf dem Markt grüßen.
Markus Kapitel 12 Vers 38

Weh euch Schriftgelehrten! Denn ihr habt den Schlüssel der Erkenntnis weggenommen. Ihr selbst seid nicht hineingegangen und habt auch denen gewehrt, die hinein wollten.
Lukas Kapitel 11 Vers 52

SCHUHE
Tragt keinen Geldbeutel bei euch, keine Tasche und keine Schuhe, und grüßt niemanden unterwegs.
Lukas Kapitel 10 Vers 4
Matthäus Kapitel 10 Vers 10

Bringt schnell das beste Gewand her und zieht es ihm an und gebt ihm einen Ring an seine Hand und Schuhe an seine Füße.
Lukas Kapitel 15 Vers 22

Als ich euch ausgesandt habe ohne Geldbeutel, ohne Tasche und ohne Schuhe, habt ihr da je Mangel gehabt?
Lukas Kapitel 22 Vers 35

SCHULD
Vergib uns unsere Schuld, wie auch wir vergeben unsern Schuldigern.
Matthäus Kapitel 6 Vers 12

Habt ihr nicht gelesen im Gesetz, wie die Priester am Sabbat im Tempel den Sabbat brechen und sind doch ohne Schuld?
Matthäus Kapitel 12 Vers 5

Da hatte der Herr Erbarmen mit diesem Knecht und ließ ihn frei, und die Schuld erließ er ihm auch.
Matthäus Kapitel 18 Vers 27

Da forderte ihn sein Herr vor sich und sprach zu ihm: Du böser Knecht! Deine ganze Schuld habe ich dir erlassen, weil du mich gebeten hast; hättest du dich da nicht auch erbarmen sollen über deinen Mitknecht, wie ich mich über dich erbarmt habe?
Matthäus Kaptel 18 Vers 32 f

SCHULDIG
Wer mit seinem Bruder zürnt, der ist des Gerichts schuldig; wer aber zu seinem Bruder sagt: Du Nichtsnutz!, der ist des Hohen Rats schuldig; wer aber sagt: Du Narr!, der ist des höllischen Feuers schuldig.
Matthäus Kapitel 5 Vers 22

Da ging dieser Knecht hinaus und traf einen seiner Mitknechte, der war ihm hundert Silbergroschen schuldig; und er packte und würgte ihn und sprach: Bezahle, was du mir schuldig bist!
Matthäus Kapitel 18 Vers 28

Vergib uns unsre Sünden; denn auch wir vergeben allen, die an uns schuldig werden.
Lukas Kapitel 11 Vers 4

Oder meint ihr, daß die achtzehn, auf die der Turm in Siloah fiel und erschlug sie, schuldiger gewesen sind als alle andern Menschen, die in Jerusalem wohnen?
Lukas Kapitel 13 Vers 4

So auch ihr! Wenn ihr alles getan habt, was euch befohlen ist, so sprecht: Wir sind unnütze Knechte; wir haben getan, was wir zu tun schuldig waren.
Lukas Kapitel 17 Vers 10

SCHULDNER
Ein Gläubiger hatte zwei Schuldner. Einer war fünfhundert Silbergroschen schuldig, der andere fünfzig. Da sie aber nicht bezahlen konnten, schenkte er's beiden. Wer von ihnen wird ihn am meisten lieben?
Lukas Kapitel 7 Vers 41 f

SCHULTER
Sie binden schwere und unerträgliche Bürden und legen sie den Menschen auf die Schultern; aber sie selbst wollen keinen Finger dafür krümmen.
Matthäus Kapitel 23 Vers 4

Welcher Mensch ist unter euch, der hundert Schafe hat und, wenn er eins von ihnen verliert, nicht die neunundneunzig in der Wüste läßt und geht dem verlorenen nach, bis er's findet? Und wenn er's gefunden hat, so legt er sich's auf die Schultern voller Freude.
Lukas Kapitel 15 Vers 4 f

SCHÜRZEN
Selig sind die Knechte, die der Herr, wenn er kommt, wachend findet. Wahrlich, ich sage euch: Er wird sich schürzen und wird sie zu Tisch bitten und kommen und ihnen dienen.
Lukas Kapitel 12 Vers 37

SCHÜSSEL
Weh euch, Schriftgelehrte und Pharisäer, ihr Heuchler, die ihr die Becher und Schüsseln außen reinigt, innen aber sind sie voller Raub und Gier!
Matthäus Kapitel 23 Vers 25

Der die Hand mit mir in die Schüssel taucht, der wird mich verraten.
Matthäus Kapitel 26 Vers 23

SCHWACH
Wachet und betet, daß ihr nicht in Anfechtung fallt! Der Geist ist willig; aber das Fleisch ist schwach.
Matthäus Kapitel 26 Vers 41
Markus Kapitel 14 Vers 38

SCHWANGER
Weh aber den Schwangeren und den Stillenden zu jener Zeit!
Matthäus Kapitel 24 Vers 19

SCHWARZ

Auch sollst du nicht bei deinem Haupt schwören; denn du vermagst nicht ein einziges Haar weiß oder schwarz zu machen.
Matthäus Kapitel 5 Vers 36

SCHWEIGEN

Schweig und verstumme!
Markus Kapitel 4 Vers 39

Ich sage euch: Wenn diese schweigen werden, so werden die Steine schreien.
Lukas Kapitel 19 Vers 40

SCHWERT

Ihr sollt nicht meinen, daß ich gekommen bin, Frieden zu bringen auf die Erde. Ich bin nicht gekommen, Frieden zu bringen, sondern das Schwert.
Matthäus Kapitel 10 Vers 34

Stecke dein Schwert an seinen Ort! Denn wer das Schwert nimmt, der soll durchs Schwert umkommen.
Matthäus Kapitel 26 Vers 52
Johannes Kapitel 18 Vers 11

Aber nun, wer einen Geldbeutel hat, der nehme ihn, desgleichen auch die Tasche, und wer's nicht hat, verkaufe seinen Mantel und kaufe ein Schwert.
Lukas Kapitel 22 Vers 36

Ihr seid ausgezogen wie gegen einen Räuber mit Schwertern und mit Stangen, mich zu fangen.
Matthäus Kapitel 26 Vers 55
Markus Kapitel 14 Vers 48

SCHWESTER

Und wer Häuser oder Brüder oder Schwestern oder Vater oder Mutter oder Kinder oder Äcker verläßt um meines Namens willen, der wird's hundertfach empfangen und das ewige Leben ererben.
Matthäus Kapitel 19 Vers 29

Denn wer Gottes Willen tut, der ist mein Bruder und meine Schwester und meine Mutter.
Markus Kapitel 3 Vers 35
Matthäus Kapitel 12 Vers 50

Wenn jemand zu mir kommt und haßt nicht seinen Vater, Mutter, Frau, Kinder, Brüder, Schwestern und dazu sich selbst, der kann nicht mein Jünger sein.
Lukas Kapitel 14 Vers 26

SCHWIEGERMUTTER
Denn ich bin gekommen, den Menschen zu entzweien mit seinem Vater und die Tochter mit ihrer Mutter und die Schwiegertochter mit ihrer Schwiegermutter.
Matthäus Kapitel 10 Vers 35

SCHWÖREN
Ihr habt weiter gehört, daß zu den Alten gesagt ist: »Du sollst keinen falschen Eid schwören und sollst dem Herrn deinen Eid halten.« Ich aber sage euch, daß ihr überhaupt nicht schwören sollt.
Matthäus Kapitel 5 Vers 33 f

Auch sollst du nicht bei deinem Haupt schwören; denn du vermagst nicht ein einziges Haar weiß oder schwarz zu machen.
Matthäus Kapitel 5 Vers 36

Weh euch, ihr verblendeten Führer, die ihr sagt: Wenn einer schwört bei dem Tempel, das gilt nicht; wenn aber einer schwört bei dem Gold des Tempels, der ist gebunden. Ihr Narren und Blinden! Was ist mehr: das Gold oder der Tempel, der das Gold heilig macht?
Matthäus Kapitel 23 Vers 16 f

SEELE
Fürchtet euch nicht vor denen, die den Leib töten, doch die Seele nicht töten können; fürchtet euch aber viel mehr vor dem, der Leib und Seele verderben kann in der Hölle.
Matthäus Kapitel 10 Vers 28

Nehmt auf euch mein Joch und lernt von mir; denn ich bin sanftmütig und von Herzen demütig; so werdet ihr Ruhe finden für eure Seelen.
Matthäus Kapitel 11 Vers 29

Was hülfe es dem Menschen, wenn er die ganze Welt gewönne und nähme doch Schaden an seiner Seele? Oder was kann der Mensch geben, womit er seine Seele auslöse?
Matthäus Kapitel 16 Vers 26
Markus Kapitel 8 Vers 36 f

»Du sollst den Herrn, deinen Gott, lieben von ganzem Herzen, von ganzer Seele, von allen Kräften und von ganzem Gemüt.« Dies ist das höchste und größte Gebot.
Matthäus Kapitel 22 Vers 37 f
Markus Kapitel 12 Vers 30

Meine Seele ist betrübt bis an den Tod; bleibt hier und wacht mit mir!
Matthäus Kapitel 26 Vers 38
Markus Kapitel 14 Vers 34

... und will sagen zu meiner Seele: Liebe Seele, du hast einen großen Vorrat für viele Jahre; habe nun Ruhe, iß, trink und habe guten Mut! Aber Gott sprach zu ihm: Du Narr! Diese Nacht wird man deine Seele von dir fordern; und wem wird dann gehören, was du angehäuft hast?
Lukas Kapitel 12 Vers 19 f

Jetzt ist meine Seele betrübt. Und was soll ich sagen? Vater, hilf mir aus dieser Stunde? Doch darum bin ich in diese Stunde gekommen.
Johannes Kapitel 12 Vers 27

SEGNEN

Segnet, die euch verfluchen; bittet für die, die euch beleidigen.
Lukas Kapitel 6 Vers 28

SEHEN

So laßt euer Licht leuchten vor den Leuten, damit sie eure guten Werke sehen und euren Vater im Himmel preisen.
Matthäus Kapitel 5 Vers 16

Wenn du aber Almosen gibst, so laß deine linke Hand nicht wissen, was die rechte tut, damit dein Almosen verborgen bleibe; und dein Vater, der in das Verborgene sieht, wird dir's vergelten.
Matthäus Kapitel 6 Vers 3 f

Blinde sehen und Lahme gehen, Aussätzige werden rein und Taube hören, Tote stehen auf, und Armen wird das Evangelium gepredigt.
Matthäus Kapitel 11 Vers 5

Was seid ihr hinausgegangen in die Wüste zu sehen? Wolltet ihr ein Rohr sehen, das der Wind hin und her weht? Oder was seid ihr hinausgegangen zu sehen? Wolltet ihr einen Menschen in weichen Kleidern sehen? Siehe, die weiche Kleider tragen, sind in den Häusern der Könige. Oder was seid ihr hinausgegangen zu sehen? Wolltet ihr einen Propheten sehen? Ja, ich sage euch: er ist mehr als ein Prophet.
Matthäus Kapitel 11 Vers 7 f

Darum rede ich zu ihnen in Gleichnissen. Denn mit sehenden Augen sehen sie nicht und mit hörenden Ohren hören sie nicht; und sie verstehen es nicht. Und an ihnen wird die Weissagung Jesajas erfüllt, die da sagt: »Mit den Ohren werdet ihr hören und werdet es nicht verstehen; und mit sehenden Augen werdet ihr sehen und werdet es nicht erkennen. Denn das Herz dieses Volkes ist verstockt: ihre Ohren hören schwer, und ihre Augen sind geschlossen, damit sie nicht etwa mit den Augen sehen und mit den Ohren hören und mit dem Herzen verstehen und sich bekehren, und ich ihnen helfe.« Aber selig sind eure Augen, daß sie sehen, und eure Ohren, daß sie hören.
Matthäus Kapitel 13 Vers 13-16f

Wahrlich, ich sage euch: Es stehen einige hier, die werden den Tod nicht schmecken, bis sie den Menschensohn kommen sehen in seinem Reich.
Matthäus Kapitel 16 Vers 28
Markus Kapitel 9 Vers 1
Lukas Kapitel 9 Vers 27

Seht zu, daß ihr nicht einen von diesen Kleinen verachtet. Denn ich sage euch: Ihre Engel im Himmel sehen allezeit das Angesicht meines Vaters im Himmel.
Matthäus Kapitel 18 Vers 10

Denn Johannes kam zu euch und lehrte euch den rechten Weg, und ihr glaubtet ihm nicht; aber die Zöllner und Huren glaubten ihm. Und obwohl ihr's saht, tatet ihr dennoch nicht Buße, so daß ihr ihm dann auch geglaubt hättet.
Matthäus Kapitel 21 Vers 32

Ihr werdet mich von jetzt an nicht sehen, bis ihr sprecht: Gelobt sei, der da kommt im Namen des Herrn!
Matthäus Kapitel 23 Vers 39

Und dann wird erscheinen das Zeichen des Menschensohns am Himmel. Und dann werden wehklagen alle Geschlechter auf Erden und werden sehen den Menschensohn kommen auf den Wolken des Himmels mit großer Kraft und Herrlichkeit.
Matthäus Kapitel 24 Vers 30
Lukas Kapitel 21 Vers 27

An dem Feigenbaum lernt ein Gleichnis: wenn seine Zweige jetzt saftig werden und Blätter treiben, so wißt ihr, daß der Sommer nahe ist. Ebenso auch: wenn ihr das alles seht, so wißt, daß er nahe vor der Tür ist.
Matthäus Kapitel 24 Vers 32 f

Von nun an werdet ihr sehen den Menschensohn sitzen zur Rechten der Kraft und kommen auf den Wolken des Himmels.
Matthäus Kapitel 26 Vers 64
Markus Kapitel 13 Vers 26
Markus Kapitel 14 Vers 62

Fürchtet euch nicht! Geht hin und verkündigt es meinen Brüdern, daß sie nach Galiläa gehen: dort werden sie mich sehen.
Matthäus Kapitel 28 Vers 10

Geht und verkündet Johannes, was ihr gesehen und gehört habt: Blinde sehen, Lahme gehen, Aussätzige werden rein, Taube hören, Tote stehen auf, Armen wird das Evangelium gepredigt.
Lukas Kapitel 7 Vers 22
Matthäus Kapitel 11 Vers 5

Euch ist's gegeben, die Geheimnisse des Reiches Gottes zu verstehen, den andern aber in Gleichnissen, damit sie es nicht sehen, auch wenn sie es sehen, und nicht verstehen, auch wenn sie es hören.
Lukas Kapitel 8 Vers 10

Ich sah den Satan vom Himmel fallen wie einen Blitz.
Lukas Kapitel 10 Vers 18

Und er wandte sich zu seinen Jüngern und sprach zu ihnen allein: Selig sind die Augen, die sehen, was ihr seht. Denn ich sage euch: Viele Propheten und Könige wollten sehen, was ihr seht, und haben's nicht gesehen, und hören, was ihr hört, und haben's nicht gehört.
Lukas Kapitel 10 Vers 23 f

Es wird die Zeit kommen, in der ihr begehren werdet, zu sehen einen der Tage des Menschensohns, und werdet ihn nicht sehen.
Lukas Kapitel 17 Vers 22

Wenn ihr aber sehen werdet, daß Jerusalem von einem Heer belagert wird, dann erkennt, daß seine Verwüstung nahe herbeigekommen ist.
Lukas Kapitel 21 Vers 20

Seht meine Hände und meine Füße, ich bin's selber. Faßt mich an und seht; denn ein Geist hat nicht Fleisch und Knochen, wie ihr seht, daß ich sie habe.
Lukas Kapitel 24 Vers 39

Wahrlich, wahrlich, ich sage euch: Ihr werdet den Himmel offen sehen und die Engel Gottes hinauf- und herabfahren über dem Menschensohn.
Johannes Kapitel 1 Vers 51

Wahrlich, wahrlich, ich sage dir: Es sei denn, daß jemand von neuem geboren werde, so kann er das Reich Gottes nicht sehen.
Johannes Kapitel 3 Vers 3

Wer an den Sohn glaubt, der hat das ewige Leben. Wer aber dem Sohn nicht gehorsam ist, der wird das Leben nicht sehen, sondern der Zorn Gottes bleibt über ihm.
Johannes Kapitel 3 Vers 36

Sagt ihr nicht selber: Es sind noch vier Monate, dann kommt die Ernte? Siehe, ich sage euch: Hebt eure Augen auf und seht auf die Felder, denn sie sind reif zur Ernte.
Johannes Kapitel 4 Vers 35

Wenn ihr nicht Zeichen und Wunder seht, so glaubt ihr nicht.
Johannes Kapitel 4 Vers 48

Wahrlich, wahrlich, ich sage euch: Der Sohn kann nichts von sich aus tun, sondern nur, was er den Vater tun sieht; denn was dieser tut, das tut gleicherweise auch der Sohn.
Johannes Kapitel 5 Vers 19

Denn das ist der Wille meines Vaters, daß, wer den Sohn sieht und glaubt an ihn, das ewige Leben habe; und ich werde ihn auferwecken am Jüngsten Tage.
Johannes Kapitel 6 Vers 40

Nicht als ob jemand den Vater gesehen hätte außer dem, der von Gott gekommen ist; der hat den Vater gesehen.
Johannes Kapitel 6 Vers 46

Ich rede, was ich von meinem Vater gesehen habe; und ihr tut, was ihr von eurem Vater gehört habt.
Johannes Kapitel 8 Vers 38

Wahrlich, wahrlich, ich sage euch: Wer mein Wort hält, der wird den Tod nicht sehen in Ewigkeit.
Johannes Kapitel 8 Vers 51

Abraham, euer Vater, wurde froh, daß er meinen Tag sehen sollte, und er sah ihn und freute sich.
Johannes Kapitel 8 Vers 56

Ich bin zum Gericht in diese Welt gekommen, damit, die nicht sehen, sehend werden, und die sehen, blind werden.
Johannes Kapitel 9 Vers 39

Habe ich dir nicht gesagt: Wenn du glaubst, wirst du die Herrlichkeit Gottes sehen?
Johannes Kapitel 11 Vers 40

Und wer mich sieht, der sieht den, der mich gesandt hat.
Johannes Kapitel 12 Vers 45

Es ist noch eine kleine Zeit, dann wird mich die Welt nicht mehr sehen. Ihr aber sollt mich sehen, denn ich lebe, und ihr sollt auch leben.
Johannes Kapitel 14 Vers 19
Johannes Kapitel 16 Vers 16 f

Vater, ich will, daß, wo ich bin, auch die bei mir seien, die du mir gegeben hast, damit sie meine Herrlichkeit sehen, die du mir gegeben hast; denn du hast mich geliebt, ehe der Grund der Welt gelegt war.
Johannes Kapitel 17 Vers 24

Weil du mich gesehen hast, Thomas, darum glaubst du. Selig sind, die nicht sehen und doch glauben!
Johannes Kapitel 20 Vers 29

SELIG

Selig sind, die da geistlich arm sind; denn ihrer ist das Himmelreich.
Matthäus Kapitel 5 Vers 3

Selig sind, die da Leid tragen; denn sie sollen getröstet werden.
Matthäus Kapitel 5 Vers 4

Selig sind die Sanftmütigen; denn sie werden das Erdreich besitzen.
Matthäus Kapitel 5 Vers 5

Selig sind, die da hungert und dürstet nach der Gerechtigkeit; denn sie sollen satt werden.
Matthäus Kapitel 5 Vers 6

Selig sind die Barmherzigen; denn sie werden Barmherzigkeit erlangen.
Matthäus Kapitel 5 Vers 7

Selig sind, die reinen Herzens sind; denn sie werden Gott schauen.
Matthäus Kapitel 5 Vers 8

Selig sind die Friedfertigen; denn sie werden Gottes Kinder heißen.
Matthäus Kapitel 5 Vers 9

Selig sind, die um der Gerechtigkeit willen verfolgt werden; denn ihrer ist das Himmelreich.
Matthäus Kapitel 5 Vers 10

Selig seid ihr, wenn euch die Menschen um meinetwillen schmähen und verfolgen und reden allerlei Übles gegen euch, wenn sie damit lügen.
Matthäus Kapitel 5 Vers 11

Ihr werdet gehaßt werden von jedermann um meines Namens willen. Wer aber bis an das Ende beharrt, der wird selig werden.
Matthäus Kapitel 10 Vers 22
Markus Kapitel 13 Vers 13

Selig ist, wer sich nicht an mir ärgert.
Matthäus Kapitel 11 Vers 6
Lukas Kapitel 7 Vers 23

Aber selig sind eure Augen, daß sie sehen, und eure Ohren, daß sie hören.
Matthäus Kapitel 13 Vers 16

Selig bist du, Simon, Jonas Sohn; denn Fleisch und Blut haben dir das nicht offenbart, sondern mein Vater im Himmel.
Matthäus Kapitel 16 Vers 17

Wer aber beharrt bis ans Ende, der wird selig werden.
Matthäus Kapitel 24 Vers 13

Selig ist der Knecht, den sein Herr, wenn er kommt, das tun sieht.
Matthäus Kapitel 24 Vers 46

Und wenn der Herr diese Tage nicht verkürzt hätte, würde kein Mensch selig; aber um der Auserwählten willen, die er auserwählt hat, hat er diese Tage verkürzt.
Markus Kapitel 13 Vers 20

Wer da glaubt und getauft wird, der wird selig werden; wer aber nicht glaubt, der wird verdammt werden.
Markus Kapitel 16 Vers 16

Selig seid ihr Armen; denn das Reich Gottes ist euer.
Lukas Kapitel 6 Vers 20

Selig seid ihr, die ihr jetzt hungert; denn ihr sollt satt werden. Selig seid ihr, die ihr jetzt weint; denn ihr werdet lachen.
Lukas Kapitel 6 Vers 21

Selig seid ihr, wenn euch die Menschen hassen und euch ausstoßen und schmähen und verwerfen euren Namen als böse um des Menschensohnes willen.
Lukas Kapitel 6 Vers 22

Die aber auf dem Weg, das sind die, die es hören; danach kommt der Teufel und nimmt das Wort aus ihrem Herzen, damit sie nicht glauben und selig werden.
Lukas Kapitel 8 Vers 12

Selig sind die Augen, die sehen, was ihr seht.
Lukas Kapitel 10 Vers 23

Ja, selig sind, die das Wort Gottes hören und bewahren.
Lukas Kapitel 11 Vers 28

Selig sind die Knechte, die der Herr, wenn er kommt, wachend findet. Wahrlich, ich sage euch: Er wird sich schürzen und wird sie zu Tisch bitten und kommen und ihnen dienen. Und wenn er kommt in der zweiten oder in der dritten Nachtwache und findet's so: selig sind sie.
Lukas Kapitel 12 Vers 37 f

Denn der Menschensohn ist gekommen, zu suchen und selig zu machen, was verloren ist. Lukas Kapitel 19 Vers 10
Matthäus Kapitel 18 Vers 11

Denn siehe, es wird die Zeit kommen, in der man sagen wird: Selig sind die Unfruchtbaren und die Leiber, die nicht geboren haben, und die Brüste, die nicht genährt haben!
Lukas Kapitel 23 Vers 29

Ich aber nehme nicht Zeugnis von einem Menschen; sondern ich sage das, damit ihr selig werdet.
Johannes Kapitel 5 Vers 34

Ich bin die Tür; wenn jemand durch mich hineingeht, wird er selig werden und wird ein- und ausgehen und Weide finden.
Johannes Kapitel 10 Vers 9

Wenn ihr dies wißt – selig seid ihr, wenn ihr's tut.
Johannes Kapitel 13 Vers 17

Weil du mich gesehen hast, Thomas, darum glaubst du. Selig sind, die nicht sehen und doch glauben!
Johannes Kapitel 20 Vers 29

SENDEN
Darum bittet den Herrn der Ernte, daß er Arbeiter in seine Ernte sende.
Matthäus Kapitel 9 Vers 38

Wer euch aufnimmt, der nimmt mich auf; und wer mich aufnimmt, der nimmt den auf, der mich gesandt hat.
Matthäus Kapitel 10 Vers 40

Der Menschensohn wird seine Engel senden, und sie werden sammeln aus seinem Reich alles, was zum Abfall verführt, und die da Unrecht tun.
Matthäus Kapitel 13 Vers 41
Matthäus Kapitel 24 Vers 31
Markus Kapitel 13 Vers 27

Ich bin nur gesandt zu den verlorenen Schafen des Hauses Israel.
Matthäus Kapitel 15 Vers 24

Als nun die Zeit der Früchte herbeikam, sandte er seine Knechte zu den Weingärtnern, damit sie seine Früchte holten.
Matthäus Kapitel 21 Vers 34

Jerusalem, Jerusalem, die du tötest die Propheten und steinigst, die zu dir gesandt sind! Wie oft habe ich deine Kinder versammeln wollen, wie eine Henne ihre Küken versammelt unter ihre Flügel; und ihr habt nicht gewollt!
Matthäus Kapitel 23 Vers 37

Aber wahrhaftig, ich sage euch: Es waren viele Witwen in Israel zur Zeit des Elia, als der Himmel verschlossen war drei Jahre und sechs Monate und eine große Hungersnot herrschte im ganzen Lande, und zu keiner von ihnen wurde Elia gesandt als allein zu einer Witwe nach Sarepta im Gebiet von Sidon.
Lukas Kapitel 4 Vers 25 f

Wer euch hört, der hört mich; und wer euch verachtet, der verachtet mich; wer aber mich verachtet, der verachtet den, der mich gesandt hat.
Lukas Kapitel 10 Vers 16

Darum spricht die Weisheit Gottes: Ich will Propheten und Apostel zu ihnen senden, und einige von ihnen werden sie töten und verfolgen.
Lukas Kapitel 11 Vers 49

Denn Gott hat seinen Sohn nicht in die Welt gesandt, daß er die Welt richte, sondern daß die Welt durch ihn gerettet werde.
Johannes Kapitel 3 Vers 17

Meine Speise ist die, daß ich tue den Willen dessen, der mich gesandt hat, und vollende sein Werk.
Johannes Kapitel 4 Vers 34

Wahrlich, wahrlich, ich sage euch: Wer mein Wort hört und glaubt dem, der mich gesandt hat, der hat das ewige Leben und kommt nicht in das Gericht, sondern er ist vom Tode zum Leben hindurchgedrungen.
Johannes Kapitel 5 Vers 24

Ich kann nichts von mir aus tun. Wie ich höre, so richte ich, und mein Gericht ist gerecht; denn ich suche nicht meinen Willen, sondern den Willen dessen, der mich gesandt hat.
Johannes Kapitel 5 Vers 30

Ich aber habe ein größeres Zeugnis als das des Johannes; denn die Werke, die mir der Vater gegeben hat, damit ich sie vollende, eben diese Werke, die ich tue, bezeugen von mir, daß mich der Vater gesandt hat. Und der Vater, der mich gesandt hat, hat von mir Zeugnis gegeben. Ihr habt niemals seine Stimme gehört noch seine Gestalt gesehen, und sein Wort habt ihr nicht in euch wohnen; denn ihr glaubt dem nicht, den er gesandt hat.
Johannes Kapitel 5 Vers 36-38

Wahrlich, wahrlich, ich sage euch: Der Knecht ist nicht größer als sein Herr und der Apostel nicht größer als der, der ihn gesandt hat.
Johannes Kapitel 13 Vers 16

Wahrlich, wahrlich, ich sage euch: Wer jemanden aufnimmt, den ich senden werde, der nimmt mich auf; wer aber mich aufnimmt, der nimmt den auf, der mich gesandt hat.
Johannes Kapitel 13 Vers 20

Aber der Tröster, der heilige Geist, den mein Vater senden wird in meinem Namen, der wird euch alles lehren und euch an alles erinnern, was ich euch gesagt habe.
Johannes Kapitel 14 Vers 26

Wenn aber der Tröster kommen wird, den ich euch senden werde vom Vater, der Geist der Wahrheit, der vom Vater ausgeht, der wird Zeugnis geben von mir.
Johannes Kapitel 15 Vers 26

Aber ich sage euch die Wahrheit: Es ist gut für euch, daß ich weggehe. Denn wenn ich nicht weggehe, kommt der Tröster nicht zu euch. Wenn ich aber gehe, will ich ihn zu euch senden.
Johannes Kapitel 16 Vers 7

Wie du mich gesandt hast in die Welt, so sende ich sie auch in die Welt.
Johannes Kapitel 17 Vers 18

Friede sei mit euch! Wie mich der Vater gesandt hat, so sende ich euch.
Johannes Kapitel 20 Vers 21

SENFKORN
Das Himmelreich gleicht einem Senfkorn, das ein Mensch nahm und auf seinen Acker säte; das ist das kleinste unter allen Samenkörnern; wenn es aber gewachsen ist, so ist es größer als alle Kräuter und wird ein Baum, so daß die Vögel unter dem Himmel kommen und wohnen in seinen Zweigen.
Matthäus Kapitel 13 Vers 31 f
Markus Kapitel 4 Vers 30 f
Lukas Kapitel 13 Vers 18 f

Denn wahrlich, ich sage euch: Wenn ihr Glauben habt wie ein Senfkorn, so könnt ihr sagen zu diesem Berge: Heb dich dorthin!, so wird er sich heben; und euch wird nichts unmöglich sein.
Matthäus Kapitel 17 Vers 20

Wenn ihr Glauben hättet so groß wie ein Senfkorn, dann könntet ihr zu diesem Maulbeerbaum sagen: Reiß dich aus und versetze dich ins Meer!, und er würde euch gehorchen..
Lukas Kapitel 17 Vers 6

SEUCHE
Und es werden geschehen große Erdbeben und hier und dort Hungersnöte und Seuchen; auch werden Schrecknisse und vom Himmel her große Zeichen geschehen.
Lukas Kapitel 21 Vers 11

SICHEL
Wenn sie aber die Frucht gebracht hat, so schickt er alsbald die Sichel hin; denn die Ernte ist da.
Markus Kapitel 4 Vers 29

SIEBEN/SIEBENMAL/SIEBZIGMAL
Wenn der unreine Geist von einem Menschen ausgefahren ist, so durchstreift er dürre Stätten, sucht Ruhe und findet sie nicht. Dann spricht er:

Ich will wieder zurückkehren in mein Haus, aus dem ich fortgegangen bin. Und wenn er kommt, so findet er's leer, gekehrt und geschmückt. Dann geht er hin und nimmt mit sich sieben andre Geister, die böser sind als er selbst; und wenn sie hineinkommen, wohnen sie darin; und es wird mit diesem Menschen hernach ärger, als es vorher war. So wird's auch diesem bösen Geschlecht ergehen.
Matthäus Kapitel 12 Vers 43-45

Da trat Petrus zu ihm und fragte: Herr, wie oft muß ich denn meinem Bruder, der an mir sündigt, vergeben? Genügt es siebenmal? Jesus sprach zu ihm: Ich sage dir: nicht siebenmal, sondern siebzigmal siebenmal.
Matthäus Kapitel 18 Vers 21 f

SILBER
Ihr sollt weder Gold noch Silber noch Kupfer in euren Gürteln haben.
Matthäus Kapitel 10 Vers 9

SILBERGROSCHEN
Da ging dieser Knecht hinaus und traf einen seiner Mitknechte, der war ihm hundert Silbergroschen schuldig; und er packte und würgte ihn und sprach: Bezahle, was du mir schuldig bist!
Matthäus Kapitel 18 Vers 28
Lukas Kapitel 7 Vers 41

Und als er mit den Arbeitern einig wurde über einen Silbergroschen als Tagelohn, sandte er sie in seinen Weinberg.
Matthäus Kapitel 20 Vers 2

Er aber merkte ihre Heuchelei und sprach zu ihnen: Was versucht ihr mich? Bringt mir einen Silbergroschen, daß ich ihn sehe!
Markus Kapitel 12 Vers 15

Am nächsten Tag zog er zwei Silbergroschen heraus, gab sie dem Wirt und sprach: Pflege ihn; und wenn du mehr ausgibst, will ich dir's bezahlen, wenn ich wiederkomme.
Lukas Kapitel 10 Vers 35

Oder welche Frau, die zehn Silbergroschen hat und einen davon verliert, zündet nicht ein Licht an und kehrt das Haus und sucht mit Fleiß, bis sie ihn findet? Und wenn sie ihn gefunden hat, ruft sie ihre Freundinnen und Nachbarinnen und spricht: Freut euch mit mir; denn ich habe meinen Silbergroschen gefunden, den ich verloren hatte.
Lukas Kapitel 15 Vers 8 f

SINTFLUT

Sie beachteten es nicht, bis die Sintflut kam und raffte sie alle dahin –, so wird es auch sein beim Kommen des Menschensohns.
Matthäus Kapitel 24 Vers 39

Sie aßen, sie tranken, sie heirateten, sie ließen sich heiraten bis zu dem Tag, an dem Noah in die Arche ging und die Sintflut kam und brachte sie alle um.
Lukas Kapitel 17 Vers 27
Matthäus Kapitel 24 Vers 38

SITZEN

Viele werden kommen von Osten und von Westen und mit Abraham und Isaak und Jakob im Himmelreich zu Tisch sitzen.
Matthäus Kapitel 8 Vers 11

Mit wem soll ich aber dieses Geschlecht vergleichen? Es gleicht den Kindern, die auf dem Markt sitzen und rufen den andern zu: Wir haben euch aufgespielt, und ihr wolltet nicht tanzen; wir haben Klagelieder gesungen, und ihr wolltet nicht weinen.
Matthäus Kapitel 11 Vers 16 f

Wahrlich, ich sage euch: Ihr, die ihr mir nachgefolgt seid, werdet bei der Wiedergeburt, wenn der Menschensohn sitzen wird auf dem Thron seiner Herrlichkeit, auch sitzen auf zwölf Thronen und richten die zwölf Stämme Israels.
Matthäus Kapitel 19 Vers 28

Sie sitzen gern obenan bei Tisch und in den Synagogen und haben's gern, daß sie auf dem Markt gegrüßt und von den Leuten Rabbi genannt werden.
Matthäus Kapitel 23 Vers 6

Ihr seid ausgezogen wie gegen einen Räuber mit Schwertern und mit Stangen, mich zu fangen. Habe ich doch täglich im Tempel gesessen und gelehrt, und ihr habt mich nicht ergriffen.
Matthäus Kapitel 26 Vers 55

Geht hin in das Dorf, das vor euch liegt. Und sobald ihr hineinkommt, werdet ihr ein Füllen angebunden finden, auf dem noch nie ein Mensch gesessen hat; bindet es los und führt es her!
Markus Kapitel 11 Vers 2

Und es werden kommen von Osten und von Westen, von Norden und von Süden, die zu Tisch sitzen werden im Reich Gottes.
Lukas Kapitel 13 Vers 29

SKORPION

Ich habe euch Macht gegeben, zu treten auf Schlangen und Skorpione, und Macht über alle Gewalt des Feindes; und nichts wird euch schaden.
Lukas Kapitel 10 Vers 19

Wo ist unter euch ein Vater, der seinem Sohn, wenn der ihn um einen Fisch bittet, eine Schlange für den Fisch biete? Oder der ihm, wenn er um ein Ei bittet, einen Skorpion dafür biete?
Lukas Kapitel 11 Vers 11 f

SODOM/SODOMER

Wahrlich, ich sage euch: Dem Land der Sodomer und Gomorrer wird es erträglicher ergehen am Tage des Gerichts als dieser Stadt.
Matthäus Kapitel 10 Vers 15

Und du, Kapernaum, wirst du bis zum Himmel erhoben werden? Du wirst bis in die Hölle hinuntergestoßen werden. Denn wenn in Sodom die Taten geschehen wären, die in dir geschehen sind, es stünde noch heutigen Tages.
Matthäus Kapitel 11 Vers 23

An dem Tage aber, als Lot aus Sodom ging, da regnete es Feuer und Schwefel vom Himmel und brachte sie alle um.
Lukas Kapitel 17 Vers 29

SOHN (MENSCHLICH)

Wer ist unter euch Menschen, der seinem Sohn, wenn er ihn bittet um Brot, einen Stein biete?
Matthäus Kapitel 7 Vers 9

Wer Vater oder Mutter mehr liebt, als mich, der ist meiner nicht wert; und wer Sohn oder Tochter mehr liebt als mich, der ist meiner nicht wert.
Matthäus Kapitel 10 Vers 37

Wenn ich aber die bösen Geister durch Beelzebul austreibe, durch wen treiben eure Söhne sie aus? Darum werden sie eure Richter sein.
Matthäus Kapitel 12 Vers 27
Lukas Kapitel 11 Vers 19

Was meint ihr aber? Es hatte ein Mann zwei Söhne und ging zu dem ersten und sprach: Mein Sohn, geh' hin und arbeite heute im Weinberg. Er antwortete aber und sprach: Nein, ich will nicht. Danach reute es ihn, und er ging hin. Und der Vater ging zum zweiten Sohn und sagte dasselbe. Der

aber antwortete und sprach: Ja, Herr! und ging nicht hin. Wer von den beiden hat des Vaters Willen getan? Wahrlich, ich sage euch: Die Zöllner und Huren kommen eher ins Reich Gottes als ihr.
Matthäus Kapitel 21 Vers 28-31

Zuletzt aber sandte er seinen Sohn zu ihnen und sagte sich: Sie werden sich vor meinem Sohn scheuen.
Matthäus Kapitel 21 Vers 37

Das Himmelreich gleicht einem König, der seinem Sohn die Hochzeit ausrichtete.
Matthäus Kapitel 22 Vers 2

Es wird ein Bruder den anderen dem Tod preisgeben und der Vater den Sohn, und die Kinder werden sich empören gegen die Eltern und werden sie töten helfen.
Markus Kapitel 13 Vers 12

Wer ist unter euch, dem sein Sohn oder sein Ochse in den Brunnen fällt, und der ihn nicht alsbald herauszieht, auch am Sabbat?
Lukas Kapitel 14 Vers 5

Und er sprach: Ein Mensch hatte zwei Söhne. Und der jüngere von ihnen sprach zu dem Vater: Gib mir, Vater, das Erbteil, das mir zusteht. Und er teilte Hab und Gut unter sie. Und nicht lange danach sammelte der jüngere Sohn alles zusammen und zog in ein fernes Land; und dort brachte er sein Erbteil durch mit Prassen. Als er nun all das Seine verbraucht hatte, kam eine große Hungersnot über jenes Land, und er fing an zu darben und ging hin und hängte sich an einen Bürger jenes Landes; der schickte ihn auf seinen Acker, die Säue zu hüten. Und er begehrte, seinen Bauch zu füllen mit den Schoten, die die Säue fraßen; und niemand gab sie ihm. Da ging er in sich und sprach: Wie viele Tagelöhner hat mein Vater, die Brot in Fülle haben, und ich verderbe hier im Hunger! Ich will mich aufmachen und zu meinem Vater gehen und zu ihm sagen: Vater, ich habe gesündigt gegen den Himmel und vor dir. Ich bin hinfort nicht mehr wert, daß ich dein Sohn heiße; mache mich zu einem deiner Tagelöhner! Und er machte sich auf und kam zu seinem Vater. Als er aber noch weit entfernt war, sah ihn sein Vater, und es jammerte ihn; er lief und fiel ihm um den Hals und küßte ihn. Der Sohn aber sprach zu ihm: Vater, ich habe gesündigt gegen den Himmel und vor dir; ich bin hinfort nicht mehr wert, daß ich dein Sohn heiße. Aber der Vater sprach zu seinen Knechten: Bringt schnell das beste Gewand her und zieht es ihm an und gebt ihm einen Ring an seine Hand und Schuhe an seine Füße und bringt das gemästete Kalb und schlachtet's; laßt uns essen und fröhlich sein! Denn dieser mein Sohn war tot und ist wieder lebendig geworden; er war verloren und ist gefunden worden. Und

sie fingen an, fröhlich zu sein. Aber der ältere Sohn war auf dem Feld. Und als er nahe zum Hause kam, hörte er Singen und Tanzen und rief zu sich einen der Knechte, und fragte, was das wäre. Der aber sagte ihm: Dein Bruder ist gekommen, und dein Vater hat das gemästete Kalb geschlachtet, weil er ihn gesund wieder hat. Da wurde er zornig und wollte nicht hineingehen. Da ging sein Vater heraus und bat ihn. Er antwortete aber und sprach zu seinem Vater: Siehe, so viele Jahre diene ich dir und habe dein Gebot noch nie übertreten, und du hast mir nie einen Bock gegeben, daß ich mit meinen Freunden fröhlich gewesen wäre. Nun aber, da dieser dein Sohn gekommen ist, der dein Hab und Gut mit Huren verpraßt hat, hast du ihm das gemästete Kalb geschlachtet. Er aber sprach zu ihm: Mein Sohn, du bist allezeit bei mir, und alles, was mein ist, das ist dein. Du solltest aber fröhlich und guten Mutes sein; denn dieser dein Bruder war tot und ist wieder lebendig geworden, er war verloren und ist wiedergefunden.
Lukas Kapitel 15 Vers 11-32

Abraham aber sprach: Gedenke, Sohn, daß du dein Gutes empfangen hast in deinem Leben, Lazarus dagegen hat Böses empfangen; nun wird er hier getröstet, und du wirst gepeinigt.
Lukas Kapitel 16 Vers 25

Heute ist diesem Hause Heil widerfahren, denn auch er ist Abrahams Sohn.
Lukas Kapitel 19 Vers 9

Geh hin, dein Sohn lebt!
Johannes Kapitel 4 Vers 50

Solange ich bei ihnen war, erhielt ich sie in deinem Namen, den du mir gegeben hast, und ich habe sie bewahrt, und keiner von ihnen ist verloren außer dem Sohn des Verderbens, damit die Schrift erfüllt werde.
Johannes Kapitel 17 Vers 12

Frau, siehe, das ist dein Sohn!
Johannes Kapitel 19 Vers 26

SOHN (GOTTES)
Alles ist mir übergeben von meinem Vater; und niemand kennt den Sohn als nur der Vater; und niemand kennt den Vater als nur der Sohn und wem es der Sohn offenbaren will.
Matthäus Kapitel 11 Vers 27

Gehet hin und machet zu Jüngern alle Völker: Taufet sie auf den Namen des Vaters und des Sohnes und des heiligen Geistes.
Matthäus Kapitel 28 Vers 19

Von dem Tage aber und der Stunde weiß niemand, auch die Engel im Himmel nicht, auch der Sohn nicht, sondern allein der Vater.
Markus Kapitel 13 Vers 32

Denn also hat Gott die Welt geliebt, daß er seinen eingeborenen Sohn gab, damit alle, die an ihn glauben, nicht verloren werden, sondern das ewige Leben haben.
Johannes Kapitel 3 Vers 16

Der Sohn kann nichts von sich aus tun, sondern nur was er den Vater tun sieht; denn was dieser tut, das tut gleicherweise auch der Sohn. Denn der Vater hat den Sohn lieb und zeigt ihm alles, was er tut, und wird ihm noch größere Werke zeigen, so daß ihr euch verwundern werdet. Denn wie der Vater die Toten auferweckt und macht sie lebendig, so macht auch der Sohn lebendig, welche er will. Denn der Vater richtet niemand, sondern hat alles Gericht dem Sohn übergeben, damit sie alle den Sohn ehren, wie sie den Vater ehren. Wer den Sohn nicht ehrt, der ehrt den Vater nicht, der ihn gesandt hat.
Johannes Kapitel 5 Vers 19-23

Es kommt die Stunde und ist schon jetzt, daß die Toten hören werden die Stimme des Sohnes Gottes, und die sie hören werden, die werden leben. Denn wie der Vater das Leben hat in sich selber, so hat er auch dem Sohn gegeben, das Leben zu haben in sich selber; und er hat ihm Vollmacht gegeben, das Gericht zu halten, weil er der Menschensohn ist.
Johannes Kapitel 5 Vers 25-27

Denn das ist der Wille meines Vaters, daß, wer den Sohn sieht und glaubt an ihn, das ewige Leben habe; und ich werde ihn auferwecken am Jüngsten Tage.
Johannes Kapitel 6 Vers 40

Wenn euch nun der Sohn frei macht, so seid ihr wirlich frei.
Johannes Kapitel 8 Vers 36

Was ihr bitten werdet in meinem Namen, das will ich tun, damit der Vater verherrlicht werde im Sohn.
Johannes Kapitel 14 Vers 13

Vater, die Stunde ist da: verherrliche deinen Sohn, damit der Sohn dich verherrliche; denn du hast ihm Macht gegeben über alle Menschen, damit er das ewige Leben gebe allen, die du ihm gegeben hast.
Johannes 17 Vers 1 f

SOMMER

An dem Feigenbaum lernt ein Gleichnis: wenn seine Zweige jetzt saftig werden und Blätter treiben, so wißt ihr, daß der Sommer nahe ist.
Matthäus Kapitel 24 Vers 32
Markus Kapitel 13 Vers 28
Lukas Kapitel 21 Vers 30

SONNE

Ich aber sage euch: Liebt eure Feinde und bittet für die, die euch verfolgen, damit ihr Kinder seid eures Vaters im Himmel. Denn er läßt seine Sonne aufgehen über Böse und Gute und läßt regnen über Gerechte und Ungerechte.
Matthäus Kapitel 5 Vers 44 f

Dann werden die Gerechten leuchten wie die Sonne in ihres Vaters Reich.
Matthäus Kapitel 13 Vers 43

Sogleich aber nach der Bedrängnis jener Zeit wird die Sonne sich verfinstern und der Mond seinen Schein verlieren, und die Sterne werden vom Himmel fallen, und die Kräfte der Himmel werden ins Wanken kommen.
Matthäus Kapitel 24 Vers 29
Markus Kapitel 13 Vers 24
Lukas Kapitel 21 Vers 25

SORGE/SORGEN

Darum sage ich euch: Sorgt nicht um euer Leben, was ihr essen und trinken werdet; auch nicht um euren Leib, was ihr anziehen werdet. Ist nicht das Leben mehr als die Nahrung und der Leib mehr als die Kleidung?
Matthäus Kapitel 6 Vers 25

Wer ist unter euch, der seines Lebens Länge eine Spanne zusetzen könnte, wie sehr er sich auch darum sorgt?
Matthäus Kapitel 6 Vers 27

Darum sollt ihr nicht sorgen und sagen: Was werden wir essen? Was werden wir trinken? Womit werden wir uns kleiden? Nach dem allen trachten die Heiden. Denn euer himmlischer Vater weiß, daß ihr all dessen bedürft.
Matthäus Kapitel 6 Vers 31 f
Lukas Kapitel 12 Vers 22

Darum sorgt nicht für morgen, denn der morgige Tag wird für das Seine sorgen. Es ist genug, daß jeder Tag seine eigene Plage hat.
Matthäus Kapitel 6 Vers 34

Bei dem aber unter die Dornen gesät ist, das ist, der das Wort hört, und die Sorge der Welt und der betrügerische Reichtum ersticken das Wort, und er bringt keine Frucht.
Matthäus Kapitel 13 Vers 22

Was aber unter die Dornen fiel, sind die, die es hören und gehen hin und ersticken unter den Sorgen, dem Reichtum und den Freuden des Lebens und bringen keine Frucht.
Lukas Kapitel 8 Vers 14

Marta, Marta, du hast viel Sorge und Mühe. Eins aber ist not. Maria hat das gute Teil erwählt; das soll nicht von ihr genommen werden.
Lukas Kapitel 10 Vers 41 f

Hütet euch aber, daß eure Herzen nicht beschwert werden mit Fressen und Saufen und mit täglichen Sorgen und dieser Tag nicht plötzlich über euch komme wie ein Fallstrick.
Lukas Kapitel 21 Vers 34

Wer ist unter euch, der, wie sehr er sich auch darum sorgt, seines Lebens Länge eine Spanne zusetzen könnte? Wenn ihr nun auch das Geringste nicht vermögt, warum sorgt ihr euch um das andre?
Lukas Kapitel 12 Vers 25 f
Matthäus Kapitel 6 Vers 27

SPEISE

Ein Arbeiter ist seiner Speise wert.
Matthäus Kapitel 10 Vers 10

Ich habe eine Speise zu essen, von der ihr nicht wißt. Meine Speise ist die, daß ich tue den Willen dessen, der mich gesandt hat, und vollende sein Werk.
Johannes Kapitel 4 Vers 32 und 34

Schafft euch Speise, die nicht vergänglich ist, sondern die bleibt zum ewigen Leben. Die wird euch der Menschensohn geben; denn auf dem ist das Siegel Gottes des Vaters.
Johannes Kapitel 6 Vers 27

Denn mein Fleisch ist die wahre Speise, und mein Blut ist der wahre Trank.
Johannes Kapitel 6 Vers 55

SPERLINGE

Kauft man nicht zwei Sperlinge für einen Groschen? Dennoch fällt keiner von ihnen auf die Erde ohne euren Vater. Nun aber sind auch eure Haare auf dem Haupt alle gezählt. Darum füchtet euch nicht; ihr seid besser als viele Sperlinge.

Matthäus Kapitel 10 Vers 29 f

Lukas Kapitel 12 Vers 6 f

SPINNEN

Und warum sorgt ihr euch um die Kleidung? Schaut die Lilien auf dem Feld an, wie sie wachsen: sie arbeiten nicht, auch spinnen sie nicht.

Matthäus Kapitel 6 Vers 28

SPLITTER

Was siehst du aber den Splitter in deines Bruders Auge und nimmst nicht wahr den Balken in deinem Auge? Oder wie kannst du sagen zu deinem Bruder: Halt, ich will dir den Splitter aus deinem Auge ziehen?, und siehe, ein Balken ist in deinem Auge. Du Heuchler, zieh zuerst den Balken aus deinem Auge; danach sieh zu, wie du den Splitter aus deines Bruders Auge ziehst.

Matthäus Kapitel 7 Vers 3 f

Lukas Kapitel 6 Vers 41 f

SPRACHLOS

Du sprachloser und tauber Geist, ich gebiete dir: Fahre von ihm aus und fahre nicht mehr in ihn hinein!

Markus Kapitel 9 Vers 25

SPREU

Er hat seine Worfschaufel in der Hand; er wird seine Tenne fegen und seinen Weizen in die Scheune sammeln; aber die Spreu wird er verbrennen mit unauslöschlichem Feuer.

Matthäus Kapitel 3 Vers 12

SPRICHWORT

Ihr werdet mir freilich dies Sprichwort sagen: Arzt, hilf dir selber! Denn wie große Dinge haben wir gehört, die in Kapernaum geschehen sind! Tu so auch hier in deiner Vaterstadt.

Lukas Kapitel 4 Vers 23

SPRUCH

Denn hier ist der Spruch wahr: Der eine sät, der andere erntet.

Johannes Kapitel 4 Vers 37

STADT

Ihr seid das Licht der Welt. Es kann die Stadt, die auf einem Berge liegt, nicht verborgen sein.
Matthäus Kapitel 5 Vers 14

Geht nicht den Weg zu den Heiden und zieht in keine Stadt der Samariter.
Matthäus Kapitel 10 Vers 5

Wenn ihr aber in eine Stadt oder ein Dorf geht, da erkundigt euch, ob jemand darin ist, der es wert ist; und bei dem bleibt, bis ihr weiterzieht.
Matthäus Kapitel 10 Vers 11

Wenn euch jemand nicht aufnehmen und eure Rede nicht hören wird, so geht heraus aus diesem Hause oder dieser Stadt und schüttelt den Staub von euren Füßen. Wahrlich, ich sage euch: Dem Land der Sodomer und Gomorrer wird es erträglicher ergehen am Tage des Gerichts als dieser Stadt.
Matthäus Kapitel 10 Vers 14 f
Lukas Kapitel 9 Vers 5

Wenn sie euch aber in einer Stadt verfolgen, so flieht in eine andere. Wahrlich, ich sage euch: Ihr werdet mit den Städten Israels nicht zu Ende kommen, bis der Menschensohn kommt.
Matthäus Kapitel 10 Vers 23

Jedes Reich, das mit sich selbst uneins ist, wird verwüstet; und jede Stadt oder jedes Haus, das mit sich selbst uneins ist, kann nicht bestehen.
Matthäus Kapitel 12 Vers 25

Geht hin in die Stadt zu einem und sprecht zu ihm: Der Meister läßt dir sagen: Meine Zeit ist nahe; ich will bei dir das Passa feiern mit meinen Jüngern.
Matthäus Kapitel 26 Vers 18

Und wenn ihr in eine Stadt kommt, und sie euch aufnehmen, dann eßt, was euch vorgesetzt wird, und heilt die Kranken, die dort sind, und sagt ihnen: Das Reich Gottes ist nahe zu euch gekommen. Wenn ihr aber in eine Stadt kommt, und sie euch nicht aufnehmen, so geht hinaus auf ihre Straßen und sprecht: Auch den Staub aus eurer Stadt, der sich an unsre Füße gehängt hat, schütteln wir ab auf euch. Doch sollt ihr wissen: das Reich Gottes ist nahe herbeigekommen. Ich sage euch: Es wird Sodom erträglicher ergehen an jenem Tage als dieser Stadt.
Lukas Kapitel 10 Vers 8-12

Und siehe, ich will auf euch herabsenden, was mein Vater verheißen hat. Ihr aber sollt in der Stadt bleiben, bis ihr ausgerüstet werdet mit Kraft aus der Höhe.
Lukas Kapitel 24 Vers 49

STANGE
Ihr seid ausgezogen wie gegen einen Räuber mit Schwertern und mit Stangen, mich zu fangen. Habe ich doch täglich im Tempel gesessen und gelehrt, und ihr habt mich nicht ergriffen.
Matthäus Kapitel 26 Vers 55
Markus Kapitel 14 Vers 43
Markus Kapitel 14 Vers 48
Lukas Kapitel 22 Vers 52

STARK
Die Starken bedürfen keines Arztes, sondern die Kranken. Ich bin gekommen, die Sünder zu rufen und nicht die Gerechten.
Markus Kapitel 2 Vers 17
Matthäus Kapitel 9 Vers 12

Niemand kann aber in das Haus eines Starken eindringen und seinen Hausrat rauben, wenn er nicht zuvor den Starken fesselt; erst dann kann er sein Haus berauben.
Markus Kapitel 3 Vers 27
Matthäus Kapitel 12 Vers 29
Lukas Kapitel 11 Vers 21

STÄRKEN
Simon, Simon, siehe, der Satan hat begehrt, euch zu sieben wie den Weizen. Ich aber habe für dich gebeten, daß dein Glaube nicht aufhöre. Und wenn du dereinst dich bekehrst, so stärke deine Brüder.
Lukas Kapitel 22 Vers 31 f

STÄTTE
In meines Vaters Hause sind viele Wohnungen. Wenn's nicht so wäre, hätte ich dann zu euch gesagt: Ich gehe hin, euch die Stätte zu bereiten? Und wenn ich hingehe, euch die Stätte zu bereiten, will ich wieder kommen und euch zu mir nehmen, damit ihr seid, wo ich bin.
Johannes Kapitel 14 Vers 2 f

STAUB
Und wenn euch jemand nicht aufnehmen und eure Rede nicht hören wird, so geht heraus aus diesem Hause oder dieser Stadt und schüttelt den Staub von euren Füßen.
Matthäus Kapitel 10 Vers 14

STEHEN

Wahrlich, ich sage euch: Es stehen einige hier, die werden den Tod nicht schmecken, bis sie den Menschensohn kommen sehen in seinem Reich.
Matthäus Kapitel 16 Vers 28

Der Zöllner aber stand ferne, wollte auch die Augen nicht aufheben zum Himmel, sondern schlug an seine Brust und sprach: Gott, sei mir Sünder gnädig!
Lukas Kapitel 18 Vers 13

So seid allezeit wach und betet, daß ihr stark werdet, zu entfliehen diesem allen, was geschehen soll, und zu stehen vor dem Menschensohn.
Lukas Kapitel 21 Vers 36

Ihr habt den Teufel zum Vater, und nach eures Vaters Gelüste wollt ihr tun. Der ist ein Mörder von Anfang an und steht nicht in der Wahrheit; denn die Wahrheit ist nicht in ihm. Wenn er Lügen redet, so spricht er aus dem Eigenen; denn er ist ein Lügner und der Vater der Lüge.
Johannes Kapitel 8 Vers 44

STEHLEN

Ihr sollt euch nicht Schätze sammeln auf Erden, wo sie die Motten und der Rost fressen und wo die Diebe einbrechen und stehlen. Sammelt euch aber Schätze im Himmel, wo sie weder Motten noch Rost fressen und wo die Diebe nicht einbrechen und stehlen.
Matthäus Kapitel 6 Vers 19 f

»Du sollst nicht töten; du sollst nicht ehebrechen; du sollst nicht stehlen; du sollst nicht falsch Zeugnis geben...«
Matthäus Kapitel 19 Vers 18
Markus Kapitel 10 Vers 19
Lukas Kapitel 18 Vers 20

Ein Dieb kommt nur, um zu stehlen, zu schlachten und umzubringen. Ich bin gekommen, damit sie das Leben und volle Genüge haben sollen.
Johannes Kapitel 10 Vers 10

STEIN

Wer ist unter euch Menschen, der seinem Sohn, wenn er ihn bittet um Brot, einen Stein biete?
Matthäus Kapitel 7 Vers 9

Habt ihr nie gelesen in der Schrift: »Der Stein, den die Bauleute verworfen haben, der ist zum Eckstein geworden. Vom Herrn ist das geschehen

und ist ein Wunder vor unsern Augen« ? Und wer auf diesen Stein fällt, der wird zerschellen; auf wen aber er fällt, den wird er zermalmen.
Matthäus Kapitel 21 Vers 42 f
Markus Kapitel 12 Vers 10
Lukas Kapitel 20 Vers 17 f

Seht ihr nicht das alles? Wahrlich, ich sage euch: Es wird hier nicht ein Stein auf dem andern bleiben, der nicht zerbrochen werde.
Matthäus Kapitel 24 Vers 2
Markus Kapitel 13 Vers 2
Lukas Kapitel 21 Vers 6

Ich sage euch: Wenn diese schweigen werden, so werden die Steine schreien.
Lukas Kapitel 19 Vers 40

Wer unter euch ohne Sünde ist, der werfe den ersten Stein auf sie.
Johannes Kapitel 8 Vers 7

Hebt den Stein weg! – Habe ich dir nicht gesagt: Wenn du glaubst, wirst du die Herrlichkeit Gottes sehen?
Johannes Kapitel 11 Vers 39 f

STEINIGEN
Da nahmen die Weingärtner seine Knechte: den einen schlugen sie, den zweiten töteten sie, den dritten steinigten sie.
Matthäus Kapitel 21 Vers 35

Jerusalem, Jerusalem, die du tötest die Propheten und steinigst, die zu dir gesandt sind! Wie oft habe ich deine Kinder versammeln wollen, wie eine Henne ihre Küken versammelt unter ihre Flügel; und ihr habt nicht gewollt!
Matthäus Kapitel 23 Vers 37

Viele gute Werke habe ich euch erzeigt vom Vater; um welches dieser Werke willen wollt ihr mich steinigen?
Johannes Kapitel 10 Vers 32

STERBEN
Denn Gott hat geboten: »Du sollst Vater und Mutter ehren; wer aber Vater und Mutter flucht, der soll des Todes sterben.« Aber ihr lehrt: Wer zu Vater oder Mutter sagt: Eine Opfergabe soll sein, was dir von mir zusteht, der braucht seinen Vater nicht zu ehren. Damit habt ihr Gottes Gebot aufgehoben um eurer Satzungen willen.
Matthäus Kapitel 15 Vers 4-6
Markus Kapitel 7 Vers 10-13

Was lärmt und weint ihr? Das Kind ist nicht gestorben, sondern es schläft.
Markus Kapitel 5 Vers 39

Wenn dich dein Auge zum Abfall verführt, so wirf's von dir! Es ist besser für dich, daß du einäugig in das Reich Gottes gehst, als daß du zwei Augen hast und wirst in die Hölle geworfen, wo ihr Wurm nicht stirbt und das Feuer nicht verlöscht.
Markus Kapitel 9 Vers 47 f

Es begab sich aber, daß der Arme starb, und er wurde von den Engeln getragen in Abrahams Schoß. Der Reiche aber starb auch und wurde begraben.
Lukas Kapitel 16 Vers 22

Die Kinder dieser Welt heiraten und lassen sich heiraten; welche aber gewürdigt werden, jene Welt zu erlangen und die Auferstehung von den Toten, die werden weder heiraten noch sich heiraten lassen. Denn sie können hinfort auch nicht sterben; denn sie sind den Engeln gleich und Gottes Kinder, weil sie Kinder der Auferstehung sind.
Lukas Kapitel 20 Vers 34-36

Dies ist das Brot, das vom Himmel gekommen ist. Es ist nicht wie bei den Vätern, die gegessen haben und gestorben sind. Wer dies Brot ißt, der wird leben in Ewigkeit.
Johannes Kapitel 6 Vers 58

Ich gehe hinweg, und ihr werdet mich suchen und in eurer Sünde sterben. Wo ich hingehe, da könnt ihr nicht hinkommen.
Johannes Kapitel 8 Vers 21

Ich bin die Auferstehung und das Leben. Wer an mich glaubt, der wird leben, auch wenn er stirbt; wer da lebt und glaubt an mich, der wird nimmermehr sterben.
Johannes Kapitel 11 Vers 25 f

STERN
Sogleich aber nach der Bedrängnis jener Zeit wird die Sonne sich verfinstern und der Mond seinen Schein verlieren, und die Sterne werden vom Himmel fallen, und die Kräfte der Himmel werden ins Wanken kommen.
Matthäus Kapitel 24 Vers 29
Markus Kapitel 13 Vers 25

STEUERN
Von wem nehmen die Könige auf Erden Zoll oder Steuern: von ihren Kindern oder von den Fremden?
Matthäus Kapitel 17 Vers 25

STIMME

Wahrlich, wahrlich, ich sage euch: Es kommt die Stunde und ist schon jetzt, daß die Toten hören werden die Stimme des Sohnes Gottes, und die sie hören werden, die werden leben.
Johannes Kapitel 5 Vers 25

Wundert euch darüber nicht. Denn es kommt die Stunde, in der alle, die in den Gräbern sind, seine Stimme hören werden.
Johannes Kapitel 5 Vers 28

Und der Vater, der mich gesandt hat, hat von mir Zeugnis gegeben. Ihr habt niemals seine Stimme gehört noch seine Gestalt gesehen, und sein Wort habt ihr nicht in euch wohnen.
Johannes Kapitel 5 Vers 37 f

Der aber zur Tür hineingeht, der ist der Hirte der Schafe. Dem macht der Türhüter auf, und die Schafe hören seine Stimme; und er ruft seine Schafe mit Namen und führt sie hinaus. Und wenn er alle seine Schafe hinausgelassen hat, geht er vor ihnen her, und die Schafe folgen ihm nach; denn sie kennen seine Stimme. Einem Fremden aber folgen sie nicht nach, sondern fliehen vor ihm; denn sie kennen die Stimme der Fremden nicht.
Johannes Kapitel 10 Vers 2 f

Ich habe noch andere Schafe, die sind nicht aus diesem Stall; auch sie muß ich herführen, und sie werden meine Stimme hören, und es wird eine Herde und ein Hirte werden.
Johannes Kapitel 10 Vers 16

Meine Schafe hören meine Stimme, und ich kenne sie, und sie folgen mir.
Johannes Kapitel 10 Vers 27

Diese Stimme ist nicht um meinetwillen geschehen, sondern um euretwillen.
Johannes Kapitel 12 Vers 30

Du sagst es, ich bin ein König. Ich bin dazu geboren und in die Welt gekommen, daß ich die Wahrheit bezeugen soll. Wer aus der Wahrheit ist, der hört meine Stimme.
Johannes Kapitel 18 Vers 37

STOSSEN

Als nun ein Platzregen fiel und die Wasser kamen und die Winde wehten und stießen an das Haus, fiel es doch nicht ein; denn es war auf Fels gegründet.
Mattthäus Kapitel 7 Vers 25

Hat nicht der Tag zwölf Stunden? Wer bei Tag umhergeht, der stößt sich nicht; denn er sieht das Licht dieser Welt. Wer aber bei Nacht umhergeht, der stößt sich; denn es ist kein Licht in ihm.
Johannes Kapitel 11 Vers 9 f

STRAFE
Und sie werden hingehen: diese zur ewigen Strafe, aber die Gerechten in das ewige Leben.
Matthäus Kapitel 25 Vers 46

STRASSENECKE
Und wenn ihr betet, sollt ihr nicht sein wie die Heuchler, die gern in den Synagogen und an den Straßenecken stehen und beten, damit sie von den Leuten gesehen werden. Wahrlich, ich sage euch: Sie haben ihren Lohn schon gehabt.
Matthäus Kapitel 6 Vers 5

STROM
Wer an mich glaubt, wie die Schrift sagt, von dessen Leib werden Ströme lebendigen Wassers fließen.
Johannes Kapitel 7 Vers 38

STUNDE
Von dem Tage aber und von der Stunde weiß niemand, auch die Engel im Himmel nicht, auch der Sohn nicht, sondern allein der Vater.
Matthäus Kapitel 24 Vers 36
Markus Kapitel 13 Vers 32

Wenn ein Hausvater wüßte, zu welcher Stunde in der Nacht der Dieb kommt, so würde er ja wachen und nicht in sein Haus einbrechen lassen. Darum seid auch ihr bereit! Denn der Menschensohn kommt zu einer Stunde, da ihr's nicht meint.
Matthäus Kapitel 24 Vers 43 f
Lukas Kapitel 12 Vers 39 f

Dann wird der Herr dieses Knechts kommen an einem Tage, an dem er's nicht erwartet, und zu einer Stunde, die er nicht kennt.
Matthäus Kapitel 24 Vers 50
Lukas Kapitel 12 Vers 46

Darum wachet! Denn ihr wißt weder Tag noch Stunde.
Matthäus Kapitel 25 Vers 13

Könnt ihr denn nicht eine Stunde mit mir wachen?
Matthäus Kapitel 26 Vers 40
Markus Kapitel 14 Vers 37

Ach, wollt ihr weiter schlafen und ruhen? Siehe, die Stunde ist da, daß der Menschensohn in die Hände der Sünder überantwortet wird.
Matthäus Kapitel 26 Vers 45
Markus Kapitel 14 Vers 41

Wenn sie euch nun hinführen und überantworten werden, so sorgt euch nicht vorher, was ihr reden sollt; sondern was euch in jener Stunde gegeben wird, das redet. Denn ihr seid's nicht, die da reden, sondern der heilige Geist.
Markus Kapitel 13 Vers 11
Matthäus Kapitel 10 Vers 19

Der heilige Geist wird euch in dieser Stunde lehren, was ihr sagen sollt.
Lukas Kapitel 12 Vers 12

Ich bin täglich bei euch im Tempel gewesen, und ihr habt nicht Hand an mich gelegt. Aber dies ist eure Stunde und die Macht der Finsternis.
Lukas Kapitel 22 Vers 53

Was geht's dich an, Frau, was ich tue? Meine Stunde ist noch nicht gekommen.
Johannes Kapitel 2 Vers 4

Wahrlich, wahrlich, ich sage euch: Es kommt die Stunde und ist schon jetzt, daß die Toten hören werden die Stimme des Sohnes Gottes, und die sie hören werden, die werden leben.
Johannes Kapitel 5 Vers 25

Wundert euch darüber nicht. Denn es kommt die Stunde, in der alle, die in den Gräbern sind, seine Stimme hören werden.
Johannes Kapitel 5 Vers 28

Jetzt ist meine Seele betrübt. Und was soll ich sagen? Vater, hilf mir aus dieser Stunde? Doch darum bin ich in diese Stunde gekommen.
Johannes Kapitel 12 Vers 27

Aber dies habe ich zu euch geredet, damit, wenn ihre Stunde kommen wird, ihr daran denkt, daß ich's euch gesagt habe. Zu Anfang aber habe ich es euch nicht gesagt, denn ich war bei euch.
Johannes Kapitel 16 Vers 4

Eine Frau, wenn sie gebiert, so hat sie Schmerzen, denn ihre Stunde ist gekommen. Wenn sie aber das Kind geboren hat, denkt sie nicht mehr an die Angst um der Freude willen, daß ein Mensch zur Welt gekommen ist.
Johannes Kapitel 16 Vers 21

Siehe, es kommt die Stunde und ist schon gekommen, daß ihr zerstreut werdet, ein jeder in das Seine, und mich allein laßt. Aber ich bin nicht allein, denn der Vater ist bei mir.
Johannes Kapitel 16 Vers 32

Vater, die Stunde ist da: verherrliche deinen Sohn, damit der Sohn dich verherrliche.
Johannes Kapitel 17 Vers 1

SUCHEN
Bittet, so wird euch gegeben; suchet, so werdet ihr finden; klopfet an, so wird euch aufgetan.
Matthäus Kapitel 7 Vers 7

Wiederum gleicht das Himmelreich einem Kaufmann, der gute Perlen suchte.
Matthäus Kapitel 13 Vers 45

Was meint ihr? Wenn ein Mensch hundert Schafe hätte und eins unter ihnen sich verirrte: läßt er nicht die neunundneunzig auf den Bergen, geht hin und sucht das verirrte?
Matthäus Kapitel 18 Vers 12

Denn wem viel gegeben ist, bei dem wird man viel suchen; und wem viel anvertraut ist, von dem wird man um so mehr fordern.
Lukas Kapitel 12 Vers 48

Denn der Menschensohn ist gekommen, zu suchen und selig zu machen, was verloren ist.
Lukas Kapitel 19 Vers 10

Was sucht ihr? Kommt und seht.
Johannes Kapitel 1 Vers 38 f

Ich kann nichts von mir aus tun. Wie ich höre, so richte ich, und mein Gericht ist gerecht; denn ich suche nicht meinen Willen, sondern den Willen dessen, der mich gesandt hat.
Johannes Kapitel 5 Vers 30

Ihr sucht in der Schrift, denn ihr meint, ihr habt das ewige Leben darin; und sie ist's, die von mir zeugt.
Johannes Kapitel 5 Vers 39

Ihr werdet mich suchen und nicht finden; und wo ich bin, könnt ihr nicht hinkommen.
Johannes Kapitel 7 Vers 34

Ich gehe hinweg, und ihr werdet mich suchen und in eurer Sünde sterben. Wo ich hingehe, da könnt ihr nicht hinkommen.
Johannes Kapitel 8 Vers 21

Liebe Kinder, ich bin noch eine kleine Weile bei euch. Ihr werdet mich suchen. Und wie ich zu den Juden sagte, sage ich jetzt auch zu euch: Wo ich hingehe, da könnt ihr nicht hinkommen.
Johannes Kapitel 13 Vers 33

Wen sucht ihr? Ich bin's!
Johannes Kapitel 18 Vers 4 f

SÜDEN

Die Königin vom Süden wird auftreten beim Jüngsten Gericht mit diesem Geschlecht und wird es verdammen; denn sie kam vom Ende der Erde, um Salomos Weisheit zu hören. Und siehe, hier ist mehr als Salomo.
Matthäus Kapitel 12 Vers 42

Und es werden kommen von Osten und von Westen, von Norden und von Süden, die zu Tisch sitzen werden im Reich Gottes.
Lukas Kapitel 13 Vers 29

SÜNDE

Sei getrost, mein Sohn, deine Sünden sind dir vergeben.
Matthäus Kapitel 9 Vers 2 und 6
Markus Kapitel 2 Vers 5

Alle Sünde und Lästerung wird den Menschen vergeben; aber die Lästerung gegen den Geist wird nicht vergeben.
Matthäus Kapitel 12 Vers 31
Markus Kapitel 3 Vers 29

Das ist mein Blut des Bundes, das vergossen wird für viele zur Vergebung der Sünden.
Matthäus Kapitel 26 Vers 28

Was ist leichter, zu dem Gelähmten zu sagen: Dir sind deine Sünden vergeben, oder zu sagen: Steh auf, nimm dein Bett und geh umher? Damit ihr aber wißt, daß der Menschensohn Vollmacht hat, Sünden zu vergeben auf Erden – : Ich sage dir, steh auf, nimm dein Bett und geh heim!
Markus Kapitel 2 Vers 9 -11
Lukas Kapitel 5 Vers 23 f
Matthäus Kapitel 9 Vers 5

Ihre vielen Sünden sind vergeben, denn sie hat viel Liebe gezeigt; wem aber wenig vergeben wird, der liebt wenig. Dir sind deine Sünden vergeben.
Lukas Kapitel 7 Vers 47 f

Vergib uns unsre Sünden; denn auch wir vergeben allen, die an uns schuldig werden.
Lukas Kapitel 11 Vers 4

So steht's geschrieben, daß Christus leiden wird und auferstehen von den Toten am dritten Tage; und daß gepredigt wird in seinem Namen Buße zur Vergebung der Sünden unter allen Völkern. Fangt an in Jerusalem.
Lukas Kapitel 24 Vers 46 f

Wer unter euch ohne Sünde ist, der werfe den ersten Stein auf sie.
Johannes Kapitel 8 Vers 7

Ich gehe hinweg, und ihr werdet mich suchen und in eurer Sünde sterben. Wo ich hingehe, da könnt ihr nicht hinkommen.
Johannes Kapitel 8 Vers 21

Darum habe ich euch gesagt, daß ihr sterben werdet in euren Sünden; denn wenn ihr nicht glaubt, daß ich es bin, werdet ihr sterben in euren Sünden.
Johannes Kapitel 8 Vers 24

Wahrlich, wahrlich, ich sage euch: Wer Sünde tut, der ist der Sünde Knecht.
Johannes Kapitel 8 Vers 34

Wer von euch kann mich einer Sünde zeihen? Wenn ich aber die Wahrheit sage, warum glaubt ihr mir nicht?
Johannes Kapitel 8 Vers 46

Wärt ihr blind, so hättet ihr keine Sünde; weil ihr aber sagt: Wir sind sehend, bleibt eure Sünde.
Johannes Kapitel 9 Vers 41

Wenn ich nicht gekommen wäre und hätte es ihnen gesagt, so hätten sie keine Sünde; nun aber können sie nichts vorwenden, um ihre Sünde zu entschuldigen.
Johannes Kapitel 15 Vers 22

Hätte ich nicht die Werke getan unter ihnen, die kein anderer getan hat, so hätten sie keine Sünde. Nun aber haben sie es gesehen, und doch hassen sie mich und meinen Vater.
Johannes Kapitel 15 Vers 24

Und wenn er kommt, wird er der Welt die Augen auftun über die Sünde und über die Gerechtigkeit und über das Gericht; über die Sünde: daß sie nicht an mich glauben.
Johannes Kapitel 16 Vers 8 f

Du hättest keine Macht über mich, wenn es dir nicht von oben her gegeben wäre. Darum: der mich dir überantwortet hat, der hat größere Sünde.
Johannes Kapitel 19 Vers 11

Welchen ihr die Sünden erlaßt, denen sind sie erlassen; und welchen ihr sie behaltet, denen sind sie behalten.
Johannes Kapitel 20 Vers 23

SÜNDER

Der Menschensohn ist gekommen, ißt und trinkt; so sagen sie: Siehe, was ist dieser Mensch für ein Fresser und Weinsäufer, ein Freund der Zöllner und Sünder! Und doch ist die Weisheit gerechtfertigt worden aus ihren Werken.
Matthäus Kapitel 11 Vers 19
Lukas Kapitel 7 Vers 34

Ach, wollt ihr weiter schlafen und ruhen? Siehe, die Stunde ist da, daß der Menschensohn in die Hände der Sünder überantwortet wird.
Matthäus Kapitel 26 Vers 45
Markus Kapitel 14 Vers 41

Ich bin gekommen, die Sünder zur Buße zu rufen und nicht die Gerechten.
Lukas Kapitel 5 Vers 32
Markus Kapitel 2 Vers 17
Matthäus Kapitel 9 Vers 13

Und wenn ihr die liebt, die euch lieben, welchen Dank habt ihr davon? Denn auch die Sünder lieben ihre Freunde. Und wenn ihr euren Wohltätern wohltut, welchen Dank habt ihr davon? Denn die Sünder tun dasselbe auch. Und wenn ihr denen leiht, von denen ihr etwas zu bekommen

hofft, welchen Dank habt ihr davon? Auch die Sünder leihen den Sündern, damit sie das Gleiche bekommen.
Lukas Kapitel 6 Vers 32-34

So wird auch Freude im Himmel sein über einen Sünder, der Buße tut, mehr als über neunundneunzig Gerechte, die der Buße nicht bedürfen.
Lukas Kapitel 15 Vers 7

So, sage ich euch, wird Freude sein vor den Engeln Gottes über einen Sünder, der Buße tut.
Lukas Kapitel 15 Vers 10

Der Zöllner aber stand ferne, wollte auch die Augen nicht aufheben zum Himmel, sondern schlug an seine Brust und sprach: Gott, sei mir Sünder gnädig!
Lukas Kapitel 18 Vers 13

Der Menschensohn muß überantwortet werden in die Hände der Sünder und gekreuzigt werden und am dritten Tage auferstehen.
Lukas Kapitel 24 Vers 7

SÜNDIG/SÜNDIGEN

Sündigt aber dein Bruder an dir, so geh hin und weise ihn zurecht zwischen dir und ihm allein. Hört er auf dich, so hast du deinen Bruder gewonnen.
Matthäus Kapitel 18 Vers 15

Wer sich aber meiner und meiner Worte schämt unter diesem abtrünnigen und sündigen Geschlecht, dessen wird sich auch der Menschensohn schämen, wenn er kommen wird in der Herrlichkeit seines Vaters mit den heiligen Engeln.
Markus Kapitel 8 Vers 38

Meint ihr, daß diese Galiläer mehr gesündigt haben als alle andern Galiläer, weil sie das erlitten haben?
Lukas Kapitel 13 Vers 2

Ich will mich aufmachen und zu meinem Vater gehen und zu ihm sagen: Vater, ich habe gesündigt gegen den Himmel und vor dir.
Lukas Kapitel 15 Vers 18

Wenn dein Bruder sündigt, so weise ihn zurecht; und wenn er es bereut, vergib ihm. Und wenn er siebenmal am Tag an dir sündigen würde und siebenmal wieder zu dir käme und spräche: Es reut mich!, so sollst du ihm vergeben.
Lukas Kapitel 17 Vers 3 f

Sündige hinfort nicht mehr, daß dir nicht etwas Schlimmeres widerfahre.
Johannes Kapitel 5 Vers 14

Wo sind sie, Frau? Hat dich niemand verdammt? – So verdamme ich dich auch nicht; geh hin und sündige hinfort nicht mehr.
Johannes Kapitel 8 Vers 10 f

T

TAG

Darum sorgt nicht für morgen, denn der morgige Tag wird für das Seine sorgen. Es ist genug, daß jeder Tag seine eigene Plage hat.
Matthäus Kapitel 6 Vers 34

Ich sage euch aber, daß die Menschen Rechenschaft geben müssen am Tage des Gerichts von jedem nichtsnutzigen Wort, das sie geredet haben.
Matthäus Kapitel 12 Vers 36

Des Abends sprecht ihr: Es wird ein schöner Tag werden, denn der Himmel ist rot.
Matthäus Kapitel 16 Vers 2

Diese letzten haben nur eine Stunde gearbeitet, doch du hast sie uns gleichgestellt, die wir des Tages Last und Hitze getragen haben.
Matthäus Kapitel 20 Vers 12

Darum wachet; denn ihr wißt nicht, an welchem Tag euer Herr kommt.
Matthäus Kapitel 24 Vers 42
Matthäus Kapitel 25 Vers 13

Ich sage euch: Ich werde von nun an nicht mehr von diesem Gewächs des Weinstocks trinken bis an den Tag, an dem ich von neuem davon trinken werde mit euch in meines Vaters Reich.
Matthäus Kapitel 26 Vers 29
Markus Kapitel 14 Vers 25

Und siehe, ich bin bei euch alle Tage bis an der Welt Ende.
Matthäus Kapitel 28 Vers 20

Denn es ist nichts verborgen, was nicht offenbar werden soll, und ist nichts geheim, was nicht an den Tag kommen soll.
Markus Kapitel 4 Vers 22
Lukas Kapitel 8 Vers 17

Mit dem Reich Gottes ist es so, wie wenn ein Mensch Samen aufs Land wirft und schläft und aufsteht, Nacht und Tag; und der Same geht auf und wächst – er weiß nicht, wie.
Markus Kapitel 4 Vers 26 f

Der Menschensohn muß viel leiden und verworfen werden von den Ältesten und Hohenpriestern und Schriftgelehrten und getötet werden und am dritten Tag auferstehen.
Lukas Kapitel 9 Vers 22

Unser tägliches Brot gib uns Tag für Tag.
Lukas Kapitel 11 Vers 3

Und wenn er siebenmal am Tag an dir sündigen würde und siebenmal wieder zu dir käme und spräche: Es reut mich!, so sollst du ihm vergeben.
Lukas Kapitel 17 Vers 4

Es wird die Zeit kommen, in der ihr begehren werdet, zu sehen einen der Tage des Menschensohns, und werdet ihn nicht sehen.
Lukas Kapitel 17 Vers 22

Sollte Gott nicht auch Recht schaffen seinen Auserwählten, die zu ihm Tag und Nacht rufen, und sollte er's bei ihnen lange hinziehen?
Lukas Kapitel 18 Vers 7

Hütet euch aber, daß eure Herzen nicht beschwert werden mit Fressen und Saufen und mit täglichen Sorgen und dieser Tag nicht plötzlich über euch komme wie ein Fallstrick.
Lukas Kapitel 21 Vers 34

Mein Vater wirkt bis auf diesen Tag, und ich wirke auch.
Johannes Kapitel 5 Vers 17

Abraham, euer Vater, wurde froh, daß er meinen Tag sehen sollte, und er sah ihn und freute sich.
Johannes Kapitel 8 Vers 56

Wir müssen die Werke dessen wirken, der mich gesandt hat, solange es Tag ist; es kommt die Nacht, da niemand wirken kann.
Johannes Kapitel 9 Vers 4

Hat nicht der Tag zwölf Stunden? Wer bei Tag umhergeht, der stößt sich nicht; denn er sieht das Licht dieser Welt.
Johannes Kapitel 11 Vers 9

Laß sie in Frieden! Es soll gelten für den Tag meines Begräbnisses. Denn Arme habt ihr allezeit bei euch; mich aber habt ihr nicht allezeit.
Johannes Kapitel 12 Vers 7 f

An jenem Tage werdet ihr erkennen, daß ich in meinem Vater bin und ihr in mir und ich in euch.
Johannes Kapitel 14 Vers 20

An dem Tag werdet ihr mich nichts fragen. Wahrlich, wahrlich, ich sage euch: Wenn ihr den Vater um etwas bitten werdet in meinem Namen, wird er's euch geben.
Johannes Kapitel 16 Vers 23

An jenem Tage werdet ihr bitten in meinem Namen. Und ich sage euch nicht, daß ich den Vater für euch bitten will; denn er selbst, der Vater, hat euch lieb, weil ihr mich liebt und glaubt, daß ich von Gott ausgegangen bin.
Johannes Kapitel 16 Vers 26 f

TAGELÖHNER
Wie viele Tagelöhner hat mein Vater, die Brot in Fülle haben, und ich verderbe hier im Hunger! Ich will mich aufmachen und zu meinem Vater gehen und zu ihm sagen: Vater, ich habe gesündigt gegen den Himmel und vor dir. Ich bin hinfort nicht mehr wert, daß ich dein Sohn heiße; mache mich zu einem deiner Tagelöhner!
Lukas Kapitel 15 Vers 17-19

TÄGLICH
Unser tägliches Brot gib uns heute.
Matthäus Kapitel 6 Vers 11

Ich bin täglich bei euch im Tempel gewesen und habe gelehrt, und ihr habt mich nicht ergriffen. Aber so muß die Schrift erfüllt werden.
Markus Kapitel 14 Vers 49
Matthäus Kapitel 26 Vers 55
Lukas Kapitel 22 Vers 53

Wer mir folgen will, der verleugne sich selbst und nehme sein Kreuz auf sich täglich und folge mir nach.
Lukas Kapitel 9 Vers 23

TALITA KUM
Talita kum! – das heißt übersetzt: Mädchen, ich sage dir, steh auf!
Markus Kapitel 5 Vers 41

TANZEN
Wir haben euch aufgespielt, und ihr wolltet nicht tanzen; wir haben Klagelieder gesungen, und ihr wolltet nicht weinen.
Matthäus Kapitel 11 Vers 17

Aber der ältere Sohn war auf dem Feld. Und als er nahe zum Hause kam, hörte er Singen und Tanzen und rief zu sich einen der Knechte, und fragte, was das wäre.
Lukas Kapitel 15 Vers 25 f

TASCHE
Ihr sollt nichts mit auf den Weg nehmen, weder Stab noch Tasche noch Brot noch Geld; es soll auch einer nicht zwei Hemden haben.
Lukas Kapitel 9 Vers 3
Lukas Kapitel 10 Vers 4

Als ich euch ausgesandt habe ohne Geldbeutel, ohne Tasche und ohne Schuhe, habt ihr da je Mangel gehabt?
Lukas Kapitel 22 Vers 35

Aber nun, wer einen Geldbeutel hat, der nehme ihn, desgleichen auch die Tasche, und wer's nicht hat, verkaufe seinen Mantel und kaufe ein Schwert.
Lukas Kapitel 22 Vers 36

TAT
Und du, Kapernaum, wirst du bis zum Himmel erhoben werden? Du wirst bis in die Hölle hinuntergestoßen werden. Denn wenn in Sodom die Taten geschehen wären, die in dir geschehen sind, es stünde noch heutigen Tages.
Matthäus Kapitel 11 Vers 23

Weh dir, Chorazin! Weh dir, Betsaida! Denn wären solche Taten in Tyrus und Sidon geschehen, wie sie bei euch geschehen sind, sie hätten längst in Sack und Asche gesessen und Buße getan.
Lukas Kapitel 10 Vers 13
Matthäus Kapitel 11 Vers 21

So bezeugt ihr und billigt die Taten eurer Väter; denn sie haben sie getötet; und ihr baut ihnen Grabmäler!
Lukas Kapitel 11 Vers 48

TAUB
Geht und verkündet Johannes, was ihr gesehen und gehört habt: Blinde sehen, Lahme gehen, Aussätzige werden rein, Taube hören, Tote stehen auf, Armen wird das Evangelium gepredigt.
Lukas Kapitel 7 Vers 22
Matthäus Kapitel 11 Vers 5

TAUBE
Seid klug wie die Schlangen und ohne Falsch wie die Tauben.
Matthäus Kapitel 10 Vers 16

TAUFE / TAUFEN
Ich will euch auch eine Sache fragen; wenn ihr mir die sagt, will ich euch auch sagen, aus welcher Vollmacht ich das tue. Woher war die Taufe des Johannes? War sie vom Himmel oder von den Menschen?
Matthäus Kapitel 21 Vers 24 f

Gehet hin und machet zu Jüngern alle Völker: Taufet sie auf den Namen des Vaters und des Sohnes und des heiligen Geistes.
Matthäus Kapitel 28 Vers 19

Ihr wißt nicht, was ihr bittet. Könnt ihr den Kelch trinken, den ich trinke, oder euch taufen lassen mit der Taufe, mit der ich getauft werde? – Ihr werdet zwar den Kelch trinken, den ich trinke, und getauft werden mit der Taufe, mit der ich getauft werde; zu sitzen aber zu meiner Rechten oder zu meiner Linken, das steht mir nicht zu, euch zu geben, sondern das wird denen zuteil, für die es bestimmt ist.
Markus Kapitel 10 Vers 38-40

Wer da glaubt und getauft wird, der wird selig werden; wer aber nicht glaubt, der wird verdammt werden.
Markus Kapitel 16 Vers 16

Ich bin gekommen, ein Feuer anzuzünden auf Erden; was wollte ich lieber, als daß es schon brennte! Aber ich muß mich zuvor taufen lassen mit einer Taufe, und wie ist mir so bange, bis sie vollbracht ist!
Lukas Kapitel 12 Vers 49 f

TÄUFER
Wahrlich, ich sage euch: Unter allen, die von einer Frau geboren sind, ist keiner aufgetreten, der größer ist als Johannes der Täufer; der aber der Kleinste ist im Himmelreich, ist größer als er.
Matthäus Kapitel 11 Vers 11

TEIL
Eins aber ist not. Maria hat das gute Teil erwählt; das soll nicht von ihr genommen werden.
Lukas Kapitel 10 Vers 42

Wenn nun dein Leib ganz licht ist und kein Teil an ihm finster ist, dann wird er ganz licht sein, wie wenn dich das Licht erleuchtet mit hellem Schein.
Lukas Kapitel 11 Vers 36

Dann wird der Herr dieses Knechtes kommen an einem Tage, an dem er's nicht erwartet, und zu einer Stunde, die er nicht kennt, und wird ihn in Stücke hauen lassen und wird ihm sein Teil geben bei den Ungläubigen.
Lukas Kapitel 12 Vers 46
Matthäus Kapitel 24 Vers 50 f

Wenn ich dich nicht wasche, so hast du kein Teil an mir.
Johannes Kapitel 13 Vers 8

TEILEN
Und der jüngere von ihnen sprach zu dem Vater: Gib mir, Vater, das Erbteil, das mir zusteht. Und er teilte Hab und Gut unter sie.
Lukas Kapitel 15 Vers 12

Und er nahm den Kelch, dankte und sprach: Nehmt ihn und teilt ihn unter euch; denn ich sage euch: Ich werde von nun an nicht trinken von dem Gewächs des Weinstocks, bis das Reich Gottes kommt.
Lukas Kapitel 22 Vers 17 f

TEMPEL
Oder habt ihr nicht gelesen im Gesetz, wie die Priester am Sabbat im Tempel den Sabbat brechen und sind doch ohne Schuld? Ich sage euch aber: Hier ist Größeres als der Tempel.
Matthäus Kapitel 12 Vers 5 f

Weh euch, ihr verblendeten Führer, die ihr sagt: Wenn einer schwört bei dem Tempel, das gilt nicht; wenn aber einer schwört bei dem Gold des Tempels, der ist gebunden. Ihr Narren und Blinden! Was ist mehr: das Gold oder der Tempel, der das Gold heilig macht? Und wer schwört bei dem Tempel, der schwört bei ihm und bei dem, der darin wohnt.
Matthäus Kapitel 23 Vers 16 f und 21

Ihr seid ausgezogen wie gegen einen Räuber mit Schwertern und mit Stangen, mich zu fangen. Habe ich doch täglich im Tempel gesessen und gelehrt, und ihr habt mich nicht ergriffen.
Matthäus Kapitel 26 Vers 55
Markus Kapitel 14 Vers 49
Lukas Kapitel 22 Vers 53
Johannes Kapitel 18 Vers 20

Es gingen zwei Menschen hinauf in den Tempel, um zu beten, der eine ein Pharisäer, der andere ein Zöllner.
Lukas Kapitel 18 Vers 10

Brecht diesen Tempel ab, und in drei Tagen will ich ihn aufrichten.
Johannes Kapitel 2 Vers 19

TEUFEL
Der Feind, der es sät, ist der Teufel. Die Ernte ist das Ende der Welt. Die Schnitter sind die Engel.
Matthäus Kapitel 13 Vers 39

Dann wird er auch sagen zu denen zur Linken: Geht weg von mir, ihr Verfluchten, in das ewige Feuer, das bereitet ist dem Teufel und seinen Engeln!
Matthäus Kapitel 25 Vers 41

Das Gleichnis aber bedeutet dies: Der Same ist das Wort Gottes. Die aber auf dem Weg, das sind die, die es hören; danach kommt der Teufel und nimmt das Wort aus ihrem Herzen, damit sie nicht glauben und selig werden.
Lukas Kapitel 8 Vers 11 f

Habe ich nicht euch Zwölf erwählt? Und einer von euch ist ein Teufel.
Johannes Kapitel 6 Vers 70

Ihr habt den Teufel zum Vater, und nach eures Vaters Gelüste wollt ihr tun. Der ist ein Mörder von Anfang an und steht nicht in der Wahrheit; denn die Wahrheit ist nicht in ihm. Wenn er Lügen redet, so spricht er aus dem Eigenen; denn er ist ein Lügner und der Vater der Lüge.
Johannes Kapitel 8 Vers 44

THRON
Ich aber sage euch, daß ihr überhaupt nicht schwören sollt, weder bei dem Himmel, denn er ist Gottes Thron; noch bei der Erde, denn sie ist der Schemel seiner Füße; noch bei Jerusalem, denn sie ist die Stadt des großen Königs.
Matthäus Kapitel 5 Vers 34 f

Wahrlich, ich sage euch: Ihr, die ihr mir nachgefolgt seid, werdet bei der Wiedergeburt, wenn der Menschensohn sitzen wird auf dem Thron seiner Herrlichkeit, auch sitzen auf zwölf Thronen und richten die zwölf Stämme Israels.
Matthäus Kapitel 19 Vers 28

Und wer schwört bei dem Himmel, der schwört bei dem Thron Gottes und bei dem, der darauf sitzt.
Matthäus Kapitel 23 Vers 22

Wenn aber der Menschensohn kommen wird in seiner Herrlichkeit, und alle Engel mit ihm, dann wird er sitzen auf dem Thron seiner Herrlichkeit.
Matthäus Kapitel 25 Vers 31

TISCH

Aber ich sage euch: Viele werden kommen von Osten und von Westen und mit Abraham und Isaak und Jakob im Himmelreich zu Tisch sitzen.
Matthäus Kapitel 8 Vers 11

Darum geht hinaus auf die Straßen und ladet zur Hochzeit ein, wen ihr findet. Und die Knechte gingen auf die Straßen hinaus und brachten zusammen, wen sie fanden, Böse und Gute; und die Tische wurden alle voll.
Matthäus Kapitel 22 Vers 9 f

Selig sind die Knechte, die der Herr, wenn er kommt, wachend findet. Wahrlich, ich sage euch: Er wird sich schürzen und wird sie zu Tisch bitten und kommen und ihnen dienen.
Lukas Kapitel 12 Vers 37

Es werden kommen von Osten und von Westen, von Norden und von Süden, die zu Tisch sitzen werden im Reich Gottes.
Lukas Kapitel 13 Vers 29

Wenn du eingeladen bist, so geh hin und setz dich untenan, damit, wenn der kommt, der dich eingeladen hat, er zu dir sagt: Freund, rücke hinauf! Dann wirst du Ehre haben vor allen, die mit dir zu Tisch sitzen.
Lukas Kapitel 14 Vers 10

Wer unter euch hat einen Knecht, der pflügt oder das Vieh weidet, und sagt ihm, wenn der vom Feld heimkommt: Komm gleich her und setz dich zu Tisch?
Lukas Kapitel 17 Vers 7

Hütet euch vor den Schriftgelehrten, die es lieben, in langen Gewändern einherzugehen, und lassen sich gern grüßen auf dem Markt und sitzen gern obenan in den Synagogen und bei Tisch.
Lukas Kapitel 20 Vers 46
Matthäus Kapitel 23 Vers 5 f
Markus Kapitel 12 Vers 38 f

Doch siehe, die Hand meines Verräters ist mit mir am Tisch.
Lukas Kapitel 22 Vers 21

Denn wer ist größer: der zu Tisch sitzt oder der dient? Ist's nicht der, der zu Tisch sitzt? Ich aber bin unter euch wie ein Diener. Und ich will euch das Reich zueignen, wie mir's mein Vater zugeeignet hat, daß ihr essen und trinken sollt an meinem Tisch in meinem Reich und sitzen auf Thronen und richten die zwölf Stämme Israels.
Lukas Kapitel 22 Vers 27-29

TOCHTER
Sei getrost, meine Tochter, dein Glaube hat dir geholfen.
Matthäus Kapitel 9 Vers 22
Markus Kapitel 5 Vers 34
Lukas Kapitel 8 Vers 48

Ich bin gekommen, den Menschen zu entzweien mit seinem Vater und die Tochter mit ihrer Mutter und die Schwiegertochter mit ihrer Schwiegermutter.
Matthäus Kapitel 10 Vers 35

Wer Vater oder Mutter mehr liebt als mich, der ist meiner nicht wert; und wer Sohn oder Tochter mehr liebt als mich, der ist meiner nicht wert.
Matthäus Kapitel 10 Vers 37

Um dieses Wortes willen geh hin, der böse Geist ist von deiner Tochter ausgefahren.
Markus Kapitel 7 Vers 29
Matthäus Kapitel 15 Vers 28

Es wird der Vater gegen den Sohn sein und der Sohn gegen den Vater, die Mutter gegen die Tochter und die Tochter gegen die Mutter, die Schwiegermutter gegen die Schwiegertochter und die Schwiegertochter gegen die Schwiegermutter.
Lukas Kapitel 12 Vers 53

Sollte dann nicht diese, die doch Abrahams Tochter ist, die der Satan schon achtzehn Jahre gebunden hatte, am Sabbat von dieser Fessel gelöst werden?
Lukas Kapitel 13 Vers 16

Ihr Töchter von Jerusalem, weint nicht über mich, sondern weint über euch selbst und über eure Kinder.
Lukas Kapitel 23 Vers 28

TOD

Es wird aber ein Bruder den andern dem Tod preisgeben und der Vater den Sohn, und die Kinder werden sich empören gegen ihre Eltern und werden sie töten helfen.
Matthäus Kapitel 10 Vers 21
Markus Kapitel 13 Vers 12

Wahrlich, ich sage euch: Es stehen einige hier, die werden den Tod nicht schmecken, bis sie den Menschensohn kommen sehen in seinem Reich.
Matthäus Kapitel 16 Vers 28

Siehe, wir ziehen hinauf nach Jerusalem, und der Menschensohn wird den Hohenpriestern und Schriftgelehrten überantwortet werden; und sie werden ihn zum Tode verurteilen und werden ihn den Heiden überantworten, damit sie ihn verspotten und geißeln und kreuzigen; und am dritten Tage wird er auferstehen.
Matthäus Kapitel 20 Vers 18 f

Meine Seele ist betrübt bis an den Tod; bleibt hier und wacht mit mir!
Matthäus Kapitel 26 Vers 38

Wahrlich, ich sage euch: Es stehen einige hier, die werden den Tod nicht schmecken, bis sie sehen das Reich Gottes kommen mit Kraft.
Markus Kapitel 9 Vers 1
Lukas Kapitel 9 Vers 27

Wer mein Wort hört und glaubt dem, der mich gesandt hat, der hat das ewige Leben und kommt nicht in das Gericht, sondern er ist vom Tode zum Leben hindurchgedrungen.
Johannes Kapitel 5 Vers 24

Wahrlich, wahrlich, ich sage euch: Wer mein Wort hält, der wird den Tod nicht sehen in Ewigkeit.
Johannes Kapitel 8 Vers 51

Diese Krankheit ist nicht zum Tode, sondern zur Verherrlichung Gottes, damit der Sohn Gottes dadurch verherrlicht werde.
Johannes Kapitel 11 Vers 4

TOR

O ihr Toren, zu trägen Herzens, all dem zu glauben, was die Propheten geredet haben!
Lukas Kapitel 24 Vers 25

TOT

Geht hinaus! denn das Mädchen ist nicht tot, sondern es schläft.
Matthäus Kapitel 9 Vers 24

Denn dieser mein Sohn war tot und ist wieder lebendig geworden; er war verloren und ist gefunden worden. Und sie fingen an, fröhlich zu sein.
Lukas Kapitel 15 Vers 24

TÖTEN

Ihr habt gehört, daß zu den Alten gesagt ist: »Du sollst nicht töten« ; wer aber tötet, der soll des Gerichts schuldig sein. Ich aber sage euch: Wer mit seinem Bruder zürnt, der ist des Gerichts schuldig; wer aber zu seinem Bruder sagt: Du Nichtsnutz!, der ist des Hohen Rats schuldig; wer aber sagt: Du Narr!, der ist des höllischen Feuers schuldig.
Matthäus Kapitel 5 Vers 21 f

Es wird aber ein Bruder den andern dem Tod preisgeben und der Vater den Sohn, und die Kinder werden sich empören gegen ihre Eltern und werden sie töten helfen.
Matthäus Kapitel 10 Vers 21
Markus Kapitel 13 Vers 12

Und fürchtet euch nicht vor denen, die den Leib töten, doch die Seele nicht töten können; fürchtet euch aber viel mehr vor dem, der Leib und Seele verderben kann in der Hölle.
Matthäus Kapitel 10 Vers 28

»Du sollst nicht töten; du sollst nicht ehebrechen; du sollst nicht stehlen; du sollst nicht falsch Zeugnis geben...«
Matthäus Kapitel 19 Vers 18
Markus Kapitel 10 Vers 19
Lukas Kapitel 18 Vers 20

Da nahmen die Weingärtner seine Knechte: den einen schlugen sie, den zweiten töteten sie, den dritten steinigten sie.
Matthäus Kapitel 21 Vers 35

Einige aber ergriffen seine Knechte, verhöhnten und töteten sie.
Matthäus Kapitel 22 Vers 6

Ich sende zu euch Propheten und Weise und Schriftgelehrte; und von ihnen werdet ihr einige töten und kreuzigen, und einige werdet ihr geißeln in euren Synagogen und werdet sie verfolgen von einer Stadt zur andern.
Matthäus Kapitel 23 Vers 34
Lukas Kapitel 11 Vers 49

Jerusalem, Jerusalem, die du tötest die Propheten und steinigst, die zu dir gesandt sind! Wie oft habe ich deine Kinder versammeln wollen, wie eine Henne ihre Küken versammelt unter ihre Flügel; und ihr habt nicht gewollt!
Matthäus Kapitel 23 Vers 37

Dann werden sie euch der Bedrängnis preisgeben und euch töten. Und ihr werdet gehaßt werden um meines Namens willen von allen Völkern.
Matthäus Kapitel 24 Vers 9

Soll man am Sabbat Gutes tun oder Böses tun, Leben erhalten oder töten?
Markus Kapitel 3 Vers 4

Der Menschensohn wird überantwortet werden in die Hände der Menschen, und sie werden ihn töten; und wenn er getötet ist, so wird er nach drei Tagen auferstehen.
Markus Kapitel 9 Vers 31

Die werden ihn verspotten und anspeien und geißeln und töten, und nach drei Tagen wird er auferstehen.
Markus Kapitel 10 Vers 34
Lukas Kapitel 18 Vers 33

Ich sage aber euch, meinen Freunden: Fürchtet euch nicht vor denen, die den Leib töten und danach nichts mehr tun können.
Lukas Kapitel 12 Vers 4

Ihr werdet aber verraten werden von Eltern, Brüdern, Verwandten und Freunden; und man wird einige von euch töten.
Lukas Kapitel 21 Vers 16

Hat euch nicht Mose das Gesetz gegeben? Und niemand unter euch tut das Gesetz. Warum sucht ihr mich zu töten?
Johannes Kapitel 7 Vers 19

Ich weiß wohl, daß ihr Abrahams Kinder seid; aber ihr sucht mich zu töten, denn mein Wort findet bei euch keinen Raum.
Johannes Kapitel 8 Vers 37

Nun aber sucht ihr mich zu töten, einen Menschen, der euch die Wahrheit gesagt hat, wie ich sie von Gott gehört habe. Das hat Abraham nicht getan.
Johannes Kapitel 8 Vers 40

Es kommt aber die Zeit, daß, wer euch tötet, meinen wird, er tue Gott einen Dienst damit.
Johannes Kapitel 16 Vers 2

TOTENGEBEIN
Weh euch, Schriftgelehrte und Pharisäer, ihr Heuchler, die ihr seid wie die übertünchten Gräber, die von außen hübsch aussehen, aber innen sind sie voller Totengebeine und lauter Unrat!
Matthäus Kapitel 23 Vers 27

TOTER
Macht Kranke gesund, weckt Tote auf, macht Aussätzige rein, treibt böse Geister aus. Umsonst habt ihr's empfangen, umsonst gebt es auch.
Matthäus Kapitel 10 Vers 8

Blinde sehen und Lahme gehen, Aussätzige werden rein und Taube hören, Tote stehen auf, und Armen wird das Evangelium gepredigt.
Matthäus Kapitel 11 Vers 5
Lukas Kapitel 7 Vers 22

Ihr sollt von dieser Erscheinung niemandem sagen, bis der Menschensohn von den Toten auferstanden ist.
Matthäus Kapitel 17 Vers 9

Gott ist nicht ein Gott der Toten, sondern der Lebenden.
Matthäus Kapitel 22 Vers 32
Markus Kapitel 12 Vers 27

Laß die Toten ihre Toten begraben; du aber geh hin und verkündige das Reich Gottes!
Lukas Kapitel 9 Vers 60
Matthäus Kapitel 8 Vers 22

Nein, Vater Abraham, sondern wenn einer von den Toten zu ihnen ginge, so würden sie Buße tun.
Lukas Kapitel 16 Vers 30

Denn wie der Vater die Toten auferweckt und macht sie lebendig, so macht auch der Sohn lebendig, welche er will.
Johannes Kapitel 5 Vers 21

Es kommt die Stunde und ist schon jetzt, daß die Toten hören werden die Stimme des Sohnes Gottes, und die sie hören werden, die werden leben.
Johannes Kapitel 5 Vers 25

TRACHTEN

Trachtet zuerst nach dem Reich Gottes und nach seiner Gerechtigkeit, so wird euch das alles zufallen.
Matthäus Kapitel 6 Vers 33

Ringt darum, daß ihr durch die enge Pforte hineingeht; denn viele, das sage ich euch, werden danach trachten, wie sie hineinkommen, und werden's nicht können.
Lukas Kapitel 13 Vers 24

TRÄGE

O ihr Toren, zu trägen Herzens, all dem zu glauben, was die Propheten geredet haben!
Lukas Kapitel 24 Vers 25

TRAGEN

Einiges fiel auf gutes Land und trug Frucht, einiges hundertfach, einiges sechzigfach, einiges dreißigfach.
Matthäus Kapitel 13 Vers 8

Diese letzten haben nur eine Stunde gearbeitet, doch du hast sie uns gleichgestellt, die wir des Tages Last und Hitze getragen haben.
Matthäus Kapitel 20 Vers 12

Geht hin in die Stadt, und es wird euch ein Mensch begegnen, der trägt einen Krug mit Wasser; folgt ihm, und wo er hineingeht, da sprecht zu dem Hausherrn: Der Meister läßt dir sagen: Wo ist der Raum, in dem ich das Passalamm essen kann mit meinen Jüngern?
Markus Kapitel 14 Vers 13 f

Denn es gibt keinen guten Baum, der faule Frucht trägt, und keinen faulen Baum, der gute Frucht trägt.
Lukas Kapitel 6 Vers 43

Es war ein reicher Mensch, dessen Feld hatte gut getragen.
Lukas Kapitel 12 Vers 16

Und wer nicht sein Kreuz trägt und mir nachfolgt, der kann nicht mein Jünger sein.
Lukas Kapitel 14 Vers 27

Es begab sich aber, daß der Arme starb, und er wurde von den Engeln getragen in Abrahams Schoß. Der Reiche aber starb auch und wurde begraben.
Lukas Kapitel 16 Vers 22

TRANK
Denn mein Fleisch ist die wahre Speise, und mein Blut ist der wahre Trank.
Johannes Kapitel 6 Vers 55

TRAUBE
An ihren Früchten sollt ihr sie erkennen. Kann man denn Trauben lesen von den Dornen oder Feigen von den Disteln?
Matthäus Kapitel 7 Vers 16

Denn jeder Baum wird an seiner eigenen Frucht erkannt. Man pflückt ja nicht Feigen von den Dornen, auch liest man nicht Trauben von den Hecken.
Lukas Kapitel 6 Vers 44

TRAUER
Doch weil ich das zu euch geredet habe, ist euer Herz voll Trauer.
Johannes Kapitel 16 Vers 6

TRAURIG/TRAURIGKEIT
Wahrlich, wahrlich, ich sage euch: Ihr werdet weinen und klagen, aber die Welt wird sich freuen; ihr werdet traurig sein, doch eure Traurigkeit soll in Freude verwandelt werden. Eine Frau, wenn sie gebiert, so hat sie Schmerzen, denn ihre Stunde ist gekommen. Wenn sie aber das Kind geboren hat, denkt sie nicht mehr an die Angst um der Freude willen, daß ein Mensch zur Welt gekommen ist. Und auch ihr habt nun Traurigkeit; aber ich will euch wiedersehen, und euer Herz soll sich freuen, und eure Freude soll niemand von euch nehmen.
Johannes Kapitel 16 Vers 20-22

TRETEN
Seht, ich habe euch Macht gegeben, zu treten auf Schlangen und Skorpione, und Macht über alle Gewalt des Feindes; und nichts wird euch schaden.
Lukas Kapitel 10 Vers 19

TREU
Wer ist nun der treue und kluge Knecht, den der Herr über seine Leute gesetzt hat, damit er ihnen zur rechten Zeit zu essen gebe? Selig ist der Knecht, den sein Herr, wenn er kommt, das tun sieht. Wahrlich, ich sage euch: Er wird ihn über alle seine Güter setzen.
Matthäus Kapitel 24 Vers 45-47
Lukas Kapitel 12 Vers 42

Da sprach sein Herr zu ihm: Recht so, du tüchtiger und treuer Knecht, du bist über wenigem treu gewesen, ich will dich über viel setzen; geh hinein zu deines Herrn Freude!
Matthäus Kapitel 25 Vers 21

Wer im Geringsten treu ist, der ist auch im Großen treu; und wer im Geringsten ungerecht ist, der ist auch im Großen ungerecht. Wenn ihr nun mit dem ungerechten Mammon nicht treu seid, wer wird euch das wahre Gut anvertrauen? Und wenn ihr mit dem fremden Gut nicht treu seid, wer wird euch geben, was euer ist?
Lukas Kapitel 16 Vers 10 -12

Recht so, du tüchtiger Knecht; weil du im Geringsten treu gewesen bist, sollst du Macht haben über zehn Städte.
Lukas Kapitel 19 Vers 17

TRINKEN
Sorgt nicht um euer Leben, was ihr essen und trinken werdet; auch nicht um euren Leib, was ihr anziehen werdet. Ist nicht das Leben mehr als die Nahrung und der Leib mehr als die Kleidung?
Matthäus Kapitel 6 Vers 25 und 31
Lukas Kapitel 12 Vers 29

Der Menschensohn ist gekommen, ißt und trinkt; so sagen sie: Siehe, was ist dieser Mensch für ein Fresser und Weinsäufer, ein Freund der Zöllner und Sünder! Und doch ist die Weisheit gerechtfertigt worden aus ihren Werken.
Matthäus Kapitel 11 Vers 19

Ihr wißt nicht, was ihr bittet. Könnt ihr den Kelch trinken, den ich trinken werde? – Meinen Kelch werdet ihr zwar trinken, aber das Sitzen zu meiner Rechten und Linken zu geben, steht mir nicht zu. Das wird denen zuteil, für die es bestimmt ist von meinem Vater.
Matthäus Kapitel 20 Vers 22 f
Markus Kapitel 10 Vers 38 f

Denn wie sie waren in den Tagen vor der Sintflut – sie aßen, sie tranken, sie heirateten und ließen sich heiraten bis an den Tag, an dem Noah in die Arche hineinging.
Matthäus Kapitel 24 Vers 38

Ich bin durstig gewesen, und ihr habt mir zu trinken gegeben.
Matthäus Kapitel 25 Vers 35

Dann werden ihm die Gerechten antworten und sagen: Herr, wann haben wir dich hungrig gesehen und haben dir zu essen gegeben? Oder durstig und haben dir zu trinken gegeben?
Matthäus Kapitel 25 Vers 37

Ich bin durstig gewesen, und ihr habt mir nicht zu trinken gegeben.
Matthäus Kapitel 25 Vers 42

Und er nahm den Kelch und dankte, gab ihnen den und sprach: Trinket alle daraus; das ist mein Blut des Bundes, das vergossen wird für viele zur Vergebung der Sünden. Ich sage euch: Ich werde von nun an nicht mehr von diesem Gewächs des Weinstocks trinken bis an den Tag, an dem ich von neuem davon trinken werde mit euch in meines Vaters Reich.
Matthäus Kapitel 26 Vers 27-29
Markus Kapitel 14 Vers 25
Lukas Kapitel 22 Vers 18

Denn wer euch einen Becher Wasser zu trinken gibt deshalb, weil ihr Christus angehört, wahrlich, ich sage euch: Es wird ihm nicht unvergolten bleiben.
Markus Kapitel 9 Vers 41
Matthäus Kapitel 10 Vers 42

Wenn sie etwas Tödliches trinken, wird's ihnen nicht schaden; auf Kranke werden sie die Hände legen, so wird's besser mit ihnen werden.
Markus Kapitel 16 Vers 18

Und niemand, der vom alten Wein trinkt, will neuen; denn er spricht: Der alte ist milder.
Lukas Kapitel 5 Vers 39

Liebe Seele, du hast einen großen Vorrat für viele Jahre; habe nun Ruhe, iß, trink und habe guten Mut!
Lukas Kapitel 12 Vers 19

Dann werdet ihr anfangen zu sagen: Wir haben vor dir gegessen und getrunken, und auf unsern Straßen hast du gelehrt. Und er wird zu ihnen sagen: Ich kenne euch nicht; wo seid ihr her? Weicht alle von mir, ihr Übeltäter!
Lukas Kapitel 13 Vers 26 f

Ich will euch das Reich zueignen, wie mir's mein Vater zugeeignet hat, daß ihr essen und trinken sollt an meinem Tisch in meinem Reich und sitzen auf Thronen und richten die zwölf Stämme Israels.
Lukas Kapitel 22 Vers 29 f

Wenn du erkenntest die Gabe Gottes und wer der ist, der zu dir sagt: Gib mir zu trinken!, du bätest ihn, und der gäbe dir lebendiges Wasser.
Johannes Kapitel 4 Vers 10

Wer aber von dem Wasser trinken wird, das ich ihm gebe, den wird in Ewigkeit nicht dürsten, sondern das Wasser, das ich ihm geben werde, das wird in ihm eine Quelle des Wassers werden, das in das ewige Leben quillt.
Johannes Kapitel 4 Vers 14

Wer mein Fleisch ißt und mein Blut trinkt, der hat das ewige Leben, und ich werde ihn am Jüngsten Tage auferwecken.
Johannes Kapitel 6 Vers 54

Wen da dürstet, der komme zu mir und trinke!
Johannes Kapitel 7 Vers 37

Steck dein Schwert in die Scheide! Soll ich den Kelch nicht trinken, den mir mein Vater gegeben hat?
Johannes Kapitel 18 Vers 11

TRÖSTEN /TROST
Selig sind, die da Leid tragen; denn sie sollen getröstet werden.
Matthäus Kapitel 5 Vers 4

Weh euch Reichen! Denn ihr habt euren Trost schon gehabt.
Lukas Kapitel 6 Vers 24

Abraham aber sprach: Gedenke, Sohn, daß du dein Gutes empfangen hast in deinem Leben, Lazarus dagegen hat Böses empfangen; nun wird er hier getröstet, und du wirst gepeinigt.
Lukas Kapitel 16 Vers 25

TRÖSTER
Und ich will den Vater bitten, und er wird euch einen andern Tröster geben, daß er bei euch sei in Ewigkeit.
Johannes Kapitel 14 Vers 16

Der Tröster, der heilige Geist, den mein Vater senden wird in meinem Namen, der wird euch alles lehren und euch an alles erinnern, was ich euch gesagt habe.
Johannes Kapitel 14 Vers 26
Johannes Kapitel 15 Vers 26

Aber ich sage euch die Wahrheit: Es ist gut für euch, daß ich weggehe. Denn wenn ich nicht weggehe, kommt der Tröster nicht zu euch. Wenn ich aber gehe, will ich ihn zu euch senden.
Johannes Kapitel 16 Vers 7

TRÜBE
Und des Morgens sprecht ihr: Es wird heute ein Unwetter kommen, denn der Himmel ist rot und trübe. Über das Aussehen des Himmels könnt ihr urteilen; könnt ihr dann nicht auch über die Zeichen der Zeit urteilen?
Matthäus Kapitel 16 Vers 3

TUCH
Niemand flickt ein altes Kleid mit einem Lappen von neuem Tuch; denn der Lappen reißt doch wieder vom Kleid ab, und der Riß wird ärger.
Matthäus Kapitel 9 Vers 16
Markus Kapitel 2 Vers 21

Und der dritte kam und sprach: Herr, siehe, hier ist dein Pfund, das ich in einem Tuch verwahrt habe.
Lukas Kapitel 19 Vers 20

TÜCHTIG
Da sprach sein Herr zu ihm: Recht so, du tüchtiger und treuer Knecht, du bist über wenigem treu gewesen, ich will dich über viel setzen; geh hinein zu deines Herrn Freude!
Matthäus Kapitel 25 Vers 21

TUN
Wer nun eines von diesen kleinsten Geboten auflöst und lehrt die Leute so, der wird der Kleinste heißen im Himmelreich; wer es aber tut und lehrt, der wird groß heißen im Himmelreich.
Matthäus Kapitel 5 Vers 19

Wenn du aber Almosen gibst, so laß deine linke Hand nicht wissen, was die rechte tut.
Matthäus Kapitel 6 Vers 3

Es werden nicht alle, die zu mir sagen: Herr, Herr!, in das Himmelreich kommen, sondern die den Willen tun meines Vaters im Himmel.
Matthäus Kapitel 7 Vers 21

Darum, wer diese meine Rede hört und tut sie, der gleicht einem klugen Mann, der sein Haus auf Fels baute. Als nun ein Platzregen fiel und die Wasser kamen und die Winde wehten und stießen an das Haus, fiel es doch nicht ein; denn es war auf Fels gegründet. Und wer diese meine Rede hört

und tut sie nicht, der gleicht einem törichten Mann, der sein Haus auf Sand baute. Als nun ein Platzregen fiel und die Wasser kamen und die Winde wehten und stießen an das Haus, da fiel es ein, und sein Fall war groß.
Matthäus Kapitel 7 Vers 24-27

Ich will's tun; sei rein!
Matthäus Kapitel 8 Vers 3

Glaubt ihr, daß ich das tun kann? – Euch geschehe nach eurem Glauben!
Matthäus Kapitel 9 Vers 28 f

Die Leute von Ninive werden auftreten beim Jüngsten Gericht mit diesem Geschlecht und werden es verdammen; denn sie taten Buße nach der Predigt des Jona. Und siehe, hier ist mehr als Jona.
Matthäus Kapitel 12 Vers 41
Lukas Kapitel 11 Vers 32

Was wollt ihr, daß ich für euch tun soll?
Matthäus Kapitel 20 Vers 32

Alles nun, was sie euch sagen, das tut und haltet; aber nach ihren Werken sollt ihr nicht handeln; denn sie sagen's zwar, tun's aber nicht.
Matthäus Kapitel 23 Vers 3

Und der König wird antworten und zu ihnen sagen: Wahrlich, ich sage euch: Was ihr getan habt einem von diesen meinen geringsten Brüdern, das habt ihr mir getan.
Matthäus Kapitel 25 Vers 40

Dann wird er ihnen antworten und sagen: Wahrlich, ich sage euch: Was ihr nicht getan habt einem von diesen Geringsten, das habt ihr mir auch nicht getan.
Matthäus Kapitel 25 Vers 45

Was betrübt ihr die Frau? Sie hat ein gutes Werk an mir getan.
Matthäus Kapitel 26 Vers 10

Sie hat getan, was sie konnte; sie hat meinen Leib im voraus gesalbt für mein Begräbnis.
Markus Kapitel 14 Vers 8

Wie ihr wollt, daß euch die Leute tun sollen, so tut ihnen auch!
Lukas Kapitel 6 Vers 31

Meine Mutter und meine Brüder sind diese, die Gottes Wort hören und tun.
Lukas Kapitel 8 Vers 21

Du hast recht geantwortet; tu das, so wirst du leben.
Lukas Kapitel 10 Vers 28

Das ist mein Leib, der für euch gegeben wird; das tut zu meinem Gedächtnis.
Lukas Kapitel 22 Vers 19

Vater, vergib ihnen; denn sie wissen nicht, was sie tun!
Lukas Kapitel 23 Vers 34

Wer aber die Wahrheit tut, der kommt zu dem Licht, damit offenbar wird, daß seine Werke in Gott getan sind.
Johannes Kapitel 3 Vers 21

Meine Speise ist die, daß ich tue den Willen dessen, der mich gesandt hat, und vollende sein Werk.
Johannes Kapitel 4 Vers 34

Wahrlich, wahrlich, ich sage euch: Der Sohn kann nichts von sich aus tun, sondern nur, was er den Vater tun sieht; denn was dieser tut, das tut gleicherweise auch der Sohn.
Johannes Kapitel 5 Vers 19

Wenn jemand dessen Willen tun will, wird er innewerden, ob diese Lehre von Gott ist oder ob ich von mir selbst aus rede.
Johannes Kapitel 7 Vers 17

Und der mich gesandt hat, ist mit mir. Er läßt mich nicht allein; denn ich tue allezeit, was ihm gefällt.
Johannes Kapitel 8 Vers 29

Wenn ihr dies wißt – selig seid ihr, wenn ihr's tut.
Johannes Kapitel 13 Vers 17

Wahrlich, wahrlich, ich sage euch: Wer an mich glaubt, der wird die Werke auch tun, die ich tue, und er wird noch größere als diese tun; denn ich gehe zum Vater.
Johannes Kapitel 14 Vers 12

Ich bin der Weinstock, ihr seid die Reben. Wer in mir bleibt und ich in ihm, der bringt viel Frucht; denn ohne mich könnt ihr nichts tun.
Johannes Kapitel 15 Vers 5

TÜPFELCHEN

Denn wahrlich, ich sage euch: Bis Himmel und Erde vergehen, wird nicht vergehen der kleinste Buchstabe noch ein Tüpfelchen vom Gesetz, bis es alles geschieht.
Matthäus Kapitel 5 Vers 18

TÜR

Wenn du aber betest, so geh in dein Kämmerlein und schließ die Tür zu und bete zu deinem Vater, der im Verborgenen ist; und dein Vater, der in das Verborgene sieht, wird dir's vergelten.
Matthäus Kapitel 6 Vers 6

An dem Feigenbaum lernt ein Gleichnis: wenn seine Zweige jetzt saftig werden und Bätter treiben, so wißt ihr, daß der Sommer nahe ist. Ebenso auch: wenn ihr das alles seht, so wißt, daß er nahe vor der Tür ist.
Matthäus Kapitel 24 Vers 32 f

Und als sie hingingen zu kaufen, kam der Bräutigam; und die bereit waren, gingen mit ihm hinein zur Hochzeit, und die Tür wurde verschlossen.
Matthäus Kapitel 25 Vers 10

Wenn der Hausherr aufgestanden ist und die Tür verschlossen hat, und ihr anfangt, draußen zu stehen und an die Tür zu klopfen und zu sagen: Herr, tu uns auf!, dann wird er antworten und zu euch sagen: Ich kenne euch nicht; wo seid ihr her?
Lukas Kapitel 13 Vers 25

Es war aber ein Armer mit Namen Lazarus, der lag vor seiner Tür voll von Geschwüren und begehrte, sich zu sättigen mit dem, was von des Reichen Tisch fiel; dazu kamen auch die Hunde und leckten seine Geschwüre.
Lukas Kapitel 16 Vers 20 f

Wahrlich, wahrlich, ich sage euch: Wer nicht zur Tür hineingeht in den Schafstall, sondern steigt anderswo hinein, der ist ein Dieb und ein Räuber. Der aber zur Tür hineingeht, der ist der Hirte der Schafe.
Johannes Kapitel 10 Vers 1 f

Wahrlich, wahrlich, ich sage euch: Ich bin die Tür zu den Schafen. Ich bin die Tür; wenn jemand durch mich hineingeht, wird er selig werden und wird ein- und ausgehen und Weide finden.
Johannes Kapitel 10 Vers 7 und 9

Siehe, ich stehe vor der Tür und klopfe an. Wenn jemand meine Stimme hören wird und die Tür auftun, zu dem werde ich hineingehen und das Abendmahl mit ihm halten.
Offenbarung Kapitel 3 Vers 2o

TURM

Ein Mensch pflanzte einen Weinberg und zog einen Zaun darum und grub eine Kelter und baute einen Turm und verpachtete ihn an Weingärtner und ging außer Landes.
Markus Kapitel 12 Vers 1
Matthäus Kapitel 21 Vers 33

Oder meint ihr, daß die achtzehn, auf die der Turm in Siloah fiel und erschlug sie, schuldiger gewesen sind als alle andern Menschen, die in Jerusalem wohnen?
Lukas Kapitel 13 Vers 4

Denn wer ist unter euch, der einen Turm bauen will und setzt sich nicht zuvor hin und überschlägt die Kosten, ob er genug habe, um es auszuführen?
Lukas Kapitel 14 Vers 28

U

ÜBEL

Selig seid ihr, wenn euch die Menschen um meinetwillen schmähen und verfolgen und reden allerlei Übles gegen euch, wenn sie damit lügen.
Matthäus Kapitel 5 Vers 11

Eure Rede aber sei: Ja, ja; nein, nein. Was darüber ist, das ist vom Übel.
Matthäus Kapitel 5 Vers 37

Ich aber sage euch, daß ihr nicht widerstreben sollt dem Übel, sondern: wenn dich jemand auf deine rechte Backe schlägt, dem biete die andere auch dar.
Matthäus Kapitel 5 Vers 39

Niemand, der ein Wunder tut in meinem Namen, kann so bald übel von mir reden.
Markus Kapitel 9 Vers 39

Habe ich übel geredet, so beweise, daß es böse ist; habe ich aber recht geredet, was schlägst du mich?
Johannes Kapitel 18 Vers 23

ÜBELTÄTER

Es werden viele zu mir sagen an jenem Tage: Herr, Herr, haben wir nicht in deinem Namen geweissagt? Haben wir nicht in deinem Namen böse Geister ausgetrieben? Haben wir nicht in deinem Namen viele Wunder getan? Dann werde ich ihnen bekennen: Ich habe euch noch nie gekannt; weicht von mir, ihr Übeltäter!
Matthäus Kapitel 7 Vers 22 f
Lukas Kapitel 13 Vers 27

ÜBERFLIESSEND/ÜBERFLUSS

Gebt, so wird euch gegeben. Ein volles, gedrücktes, gerütteltes und überfließendes Maß wird man in euren Schoß geben; denn eben mit dem Maß, mit dem ihr meßt, wird man euch wieder messen.
Lukas Kapitel 6 Vers 38

Sie haben alle etwas von ihrem Überfluß eingelegt; diese aber hat von ihrer Armut ihre ganze Habe eingelegt, alles, was sie zum Leben hatte.
Markus Kapitel 12 Vers 44
Lukas Kapitel 21 Vers 4

ÜBERHANDNEHMEN
Und weil die Ungerechtigkeit überhand nehmen wird, wird die Liebe in vielen erkalten.
Matthäus Kapitel 24 Vers 12

ÜBERTRETUNG
Wenn ihr steht und betet, so vergebt, wenn ihr etwas gegen jemanden habt, damit auch euer Vater im Himmel euch vergebe eure Übertretungen.
Markus Kapitel 11 Vers 25

ÜBERWÄLTIGEN
Und ich sage dir auch: Du bist Petrus, und auf diesen Felsen will ich meine Gemeinde bauen, und die Pforten der Hölle sollen sie nicht überwältigen.
Matthäus Kapitel 16 Vers 18

ÜBERWINDEN
Wenn aber ein Stärkerer über ihn kommt und überwindet ihn, so nimmt er ihm seine Rüstung, auf die er sich verließ, und verteilt die Beute.
Lukas Kapitel 11 Vers 22

Das habe ich mit euch geredet, damit ihr in mir Frieden habt. In der Welt habt ihr Angst; aber seid getrost, ich habe die Welt überwunden.
Johannes Kapitel 16 Vers 33

ÜBERZEUGEN
Hören sie Mose und die Propheten nicht, so werden sie sich auch nicht überzeugen lassen, wenn jemand von den Toten auferstünde.
Lukas Kapitel 16 Vers 31

UMGÜRTEN
Laßt eure Lenden umgürtet sein und eure Lichter brennen und seid gleich den Menschen, die auf ihren Herrn warten, wann er aufbrechen wird von der Hochzeit, damit, wenn er kommt und anklopft, sie ihm sogleich auftun.
Lukas Kapitel 12 Vers 35 f

UMKEHREN
Wahrlich, ich sage euch: Wenn ihr nicht umkehrt und werdet wie die Kinder, so werdet ihr nicht ins Himmelreich kommen.
Matthäus Kapitel 18 Vers 3

UMKOMMEN
Stecke dein Schwert an seinen Ort! Denn wer das Schwert nimmt, der soll durchs Schwert umkommen.
Matthäus Kapitel 26 Vers 52

Wenn ihr nicht Buße tut, werdet ihr alle auch so umkommen.
Lukas Kapitel 13 Vers 3 und 5

Sammelt die übrigen Brocken, damit nichts umkommt.
Johannes Kapitel 6 Vers 12

Ich gebe ihnen das ewige Leben, und sie werden nimmermehr umkommen, und niemand wird sie aus meiner Hand reißen.
Johannes Kapitel 10 Vers 28

UMSONST
Macht Kranke gesund, weckt Tote auf, macht Aussätzige rein, treibt böse Geister aus. Umsonst habt ihr's empfangen, umsonst gebt es auch.
Matthäus Kapitel 10 Vers 8

UNDANKBAR
Vielmehr liebt eure Feinde; tut Gutes und leiht, wo ihr nichts dafür zu bekommen hofft. So wird euer Lohn groß sein, und ihr werdet Kinder des Allerhöchsten sein; denn er ist gütig gegen die Undankbaren und Bösen.
Lukas Kapitel 6 Vers 35

UNGERECHT
Er läßt seine Sonne aufgehen über Böse und Gute und läßt regnen über Gerechte und Ungerechte.
Matthäus Kapitel 5 Vers 45

Und ich sage euch: Macht euch Freunde mit dem ungerechten Mammon, damit, wenn er zu Ende geht, sie euch aufnehmen in die ewigen Hütten.
Lukas Kapitel 16 Vers 9

Wer im Geringsten treu ist, der ist auch im Großen treu; und wer im Geringsten ungerecht ist, der ist auch im Großen ungerecht.
Lukas Kapitel 16 Vers 10

Da sprach der Herr: Hört, was der ungerechte Richter sagt! Sollte Gott nicht auch Recht schaffen seinen Auserwählten, die zu ihm Tag und Nacht rufen, und sollte er's bei ihnen lange hinziehen?
Lukas Kapitel 18 Vers 6 f

UNGERECHTIGKEIT
Weil die Ungerechtigkeit überhandnehmen wird, wird die Liebe in vielen erkalten.
Matthäus Kapitel 24 Vers 12

Wer von sich selbst aus redet, der sucht seine eigene Ehre; wer aber die Ehre dessen sucht, der ihn gesandt hat, der ist wahrhaftig, und keine Ungerechtigkeit ist in ihm.
Johannes Kapitel 7 Vers 18

UNGLÄUBIG

O du ungläubiges und verkehrtes Geschlecht, wie lange soll ich bei euch sein? Wie lange soll ich euch erdulden?
Matthäus Kapitel 17 Vers 17

Wenn aber jener Knecht in seinem Herzen sagt: Mein Herr kommt noch lange nicht, und fängt an, die Knechte und Mägde zu schlagen, auch zu essen und zu trinken und sich vollzusaufen, dann wird der Herr dieses Knechtes kommen an einem Tage, an dem er's nicht erwartet, und zu einer Stunde, die er nicht kennt, und wird ihn in Stücke hauen lassen und wird ihm sein Teil geben bei den Ungläubigen.
Lukas Kapitel 12 Vers 45 f

Reiche deinen Finger her und sieh meine Hände und reiche deine Hand her und lege sie in meine Seite, und sei nicht ungläubig, sondern gläubig!
Johannes Kapitel 20 Vers 27

UNKRAUT

Das Himmelreich gleicht einem Menschen, der guten Samen auf seinen Acker säte. Als aber die Leute schliefen, kam sein Feind und säte Unkraut zwischen den Weizen und ging davon. Als nun die Saat wuchs und Frucht brachte, da fand sich auch das Unkraut. Da traten die Knechte zu dem Hausvater und sprachen: Herr, hast du nicht guten Samen auf deinen Acker gesät? Woher hat er denn das Unkraut? Er sprach zu ihnen: Das hat ein Feind getan. Da sprachen die Knechte: Willst du denn, daß wir hingehen und es ausjäten? Er sprach: Nein! damit ihr nicht zugleich den Weizen mit ausrauft, wenn ihr das Unkraut ausjätet. Laßt beides miteinander wachsen bis zur Ernte; und um die Erntezeit will ich zu den Schnittern sagen: Sammelt zuerst das Unkraut und bindet es in Bündel, damit man es verbrenne; aber den Weizen sammelt mir in meine Scheune.
Matthäus Kapitel 13 Vers 24-30

Der Acker ist die Welt. Der gute Same sind die Kinder des Reichs. Das Unkraut sind die Kinder des Bösen. Wie man nun das Unkraut ausjätet und mit Feuer verbrennt, so wird's auch am Ende der Welt gehen.
Matthäus Kapitel 13 Vers 38 und 40

UNMÖGLICH
Wenn ihr Glauben habt wie ein Senfkorn, so könnt ihr sagen zu diesem Berge: Heb dich dorthin!, so wird er sich heben; und euch wird nichts unmöglich sein
Matthäus Kapitel 17 Vers 20

Es ist unmöglich, daß keine Verführungen kommen; aber weh dem, durch den sie kommen!
Lukas Kapitel 17 Vers 1

Was bei den Menschen unmöglich ist, das ist bei Gott möglich.
Lukas Kapitel 18 Vers 27
Matthäus Kapitel 19 Vers 26
Markus Kapitel 10 Vers 27

UNMÜNDIG
Ich preise dich, Vater, Herr des Himmels und der Erde, weil du dies den Weisen und Klugen verborgen hast und hast es den Unmündigen offenbart.
Matthäus Kapitel 11 Vers 25
Lukas Kapitel 10 Vers 21

Habt ihr nie gelesen: »Aus dem Munde der Unmündigen und Säuglinge hast du dir Lob bereitet«?
Matthäus Kapitel 21 Vers 16

UNNÜTZ
Und den unnützen Knecht werft in die Finsternis hinaus; da wird sein Heulen und Zähneklappern.
Matthäus Kapitel 25 Vers 30

So auch ihr! Wenn ihr alles getan habt, was euch befohlen ist, so sprecht: Wir sind unnütze Knechte; wir haben getan, was wir zu tun schuldig waren.
Lukas Kapitel 17 Vers 10

UNRAT
Weh euch, Schriftgelehrte und Pharisäer, ihr Heuchler, die ihr seid wie die übertünchten Gräber, die von außen hübsch aussehen, aber innen sind sie voller Totengebeine und lauter Unrat!
Matthäus Kapitel 23 Vers 27

UNRECHT
Der Menschensohn wird seine Engel senden, und sie werden sammeln aus seinem Reich alles, was zum Abfall verführt, und die da Unrecht tun.
Matthäus Kapitel 13 Vers 41

Mein Freund, ich tu dir nicht Unrecht. Bist du nicht mit mir einig geworden über einen Silbergroschen?
Matthäus Kapitel 20 Vers 13

So auch ihr: von außen scheint ihr vor den Menschen fromm, aber innen seid ihr voller Heuchelei und Unrecht.
Matthäus Kapitel 23 Vers 28

UNREIN
Was zum Mund hineingeht, das macht den Menschen nicht unrein; sondern was aus dem Mund herauskommt, das macht den Menschen unrein.
Matthäus Kapitel 15 Vers 11
Markus Kapitel 7 Vers 15 und 18 f

Was aber aus dem Mund herauskommt, das kommt aus dem Herzen, und das macht den Menschen unrein.
Matthäus Kapitel 15 Vers 18

Mit ungewaschenen Händen essen, macht den Menschen nicht unrein.
Matthäus Kapitel 15 Vers 20

Fahre aus, du unreiner Geist, von dem Menschen!
Markus Kapitel 5 Vers 8

UNSCHULDIG
Wenn ihr aber wüßtet, was das heißt: »Ich habe Wohlgefallen an Barmherzigkeit und nicht am Opfer«, dann hättet ihr die Unschuldigen nicht verdammt.
Matthäus Kapitel 12 Vers 7

UNVERNUNFT
Von innen, aus dem Herzen der Menschen, kommen heraus böse Gedanken, Unzucht, Diebstahl, Mord, Ehebruch, Habgier, Bosheit, Arglist, Ausschweifung, Mißgunst, Lästerung, Hochmut, Unvernunft. Alle diese bösen Dinge kommen von innen heraus und machen den Menschen unrein.
Markus Kapitel 7 Vers 21 f

UNVERSCHÄMT
Ich sage euch: Und wenn er schon nicht aufsteht und ihm etwas gibt, weil er sein Freund ist, dann wird er doch wegen seines unverschämten Drängens aufstehen und ihm geben, soviel er bedarf.
Lukas Kapitel 11 Vers 8

UNVERSTÄNDIG

Seid denn auch ihr noch immer unverständig?
Matthäus Kapitel 15 Vers 16

URTEIL/URTEILEN

Und des Morgens sprecht ihr: Es wird heute ein Unwetter kommen, denn der Himmel ist rot und trübe. Über das Aussehen des Himmels könnt ihr urteilen; könnt ihr dann nicht auch über die Zeichen der Zeit urteilen?
Matthäus Kapitel 16 Vers 3
Lukas Kapitel 12 Vers 56

Sie fressen die Häuser der Witwen und verrichten zum Schein lange Gebete. Die werden ein um so härteres Urteil empfangen.
Markus Kapitel 12 Vers 40
Lukas Kapitel 20 Vers 47

V

VATER (HIMMLISCH)

Darum sollt ihr vollkommen sein, wie euer Vater im Himmel vollkommen ist.
Matthäus Kapitel 5 Vers 48

Darum sollt ihr so beten: Unser Vater im Himmel! Dein Name werde geheiligt. Dein Reich komme. Dein Wille geschehe wie im Himmel so auf Erden. Unser tägliches Brot gib uns heute. Und vergib uns unsere Schuld, wie auch wir vergeben unsern Schuldigern.Und führe uns nicht in Versuchung, sondern erlöse uns von dem Bösen. Denn dein ist das Reich und die Kraft und die Herrlichkeit in Ewigkeit. Amen.
Matthäus Kapitel 6 Vers 9 -13
Lukas Kapitel 11 Vers 2-4

Es werden nicht alle, die zu mir sagen: Herr, Herr!, in das Himmelreich kommen, sondern die den Willen tun meines Vaters im Himmel.
Matthäus Kapitel 7 Vers 21

Wer nun mich bekennt vor den Menschen, den will ich auch bekennen vor meinem himmlischen Vater.
Matthäus Kapitel 10 Vers 32

Alles ist mir übergeben von meinem Vater; und niemand kennt den Sohn als nur der Vater; und niemand kennt den Vater als nur der Sohn und wem es der Sohn offenbaren will.
Matthäus Kapitel 11 Vers 27

Dann werden die Gerechten leuchten wie die Sonne in ihres Vaters Reich.
Matthäus Kapitel 13 Vers 43

Aber er antwortete und sprach: Alle Pflanzen, die mein himmlischer Vater nicht gepflanzt hat, die werden ausgerissen.
Matthäus Kapiel 15 Vers 13

Selig bist du, Simon, Jonas Sohn; denn Fleisch und Blut haben dir das nicht offenbart, sondern mein Vater im Himmel.
Matthäus Kapitel 16 Vers 17

Seht zu, daß ihr nicht einen von diesen Kleinen verachtet. Denn ich sage euch: Ihre Engel im Himmel sehen allezeit das Angesicht meines Vaters im Himmel.
Matthäus Kapitel 18 Vers 10

Ihr sollt niemanden unter euch Vater nennen auf Erden; denn einer ist euer Vater, der im Himmel ist.
Matthäus Kapitel 23 Vers 9

Von dem Tage aber und von der Stunde weiß niemand, auch die Engel im Himmel nicht, auch der Sohn nicht, sondern allein der Vater.
Matthäus Kapitel 24 Vers 36

Da wird dann der König sagen zu denen zu seiner Rechten: Kommt her, ihr Gesegneten meines Vaters, ererbt das Reich, das euch bereitet ist von Anbeginn der Welt!
Matthäus Kapitel 25 Vers 34

Gehet hin und machet zu Jüngern alle Völker: Taufet sie auf den Namen des Vaters und des Sohnes und des heiligen Geistes.
Matthäus Kapitel 28 Vers 19

Abba, mein Vater, alles ist dir möglich; nimm diesen Kelch von mir; doch nicht, was ich will, sondern was du willst!
Markus Kapitel 14 Vers 36
Matthäus Kapitel 26 Vers 39

Warum habt ihr mich gesucht? Wißt ihr nicht, daß ich sein muß in dem, was meines Vaters ist?
Lukas Kapitel 2 Vers 49

Seid barmherzig, wie auch euer Vater barmherzig ist.
Lukas Kapitel 6 Vers 36

Ich preise dich, Vater, Herr des Himmels und der Erde, weil du dies den Weisen und Klugen verborgen hast und hast es den Unmündigen offenbart. Ja, Vater, so hat es dir wohlgefallen.
Lukas Kapitel 10 Vers 21

Alles ist mir übergeben von meinem Vater. Und niemand weiß, wer der Sohn ist, als nur der Vater, noch, wer der Vater ist, als nur der Sohn und wem es der Sohn offenbaren will.
Lukas Kapitel 10 Vers 22

Wenn nun ihr, die ihr böse seid, euren Kindern gute Gaben geben könnt, wieviel mehr wird der Vater im Himmel den heiligen Geist geben denen, die ihn bitten!
Lukas Kapitel 11 Vers 13

Und ich will euch das Reich zueignen, wie mir's mein Vater zugeeignet hat.
Lukas Kapitel 22 Vers 29

Vater, vergib ihnen; denn sie wissen nicht, was sie tun!
Lukas Kapitel 23 Vers 34

Vater, ich befehle meinen Geist in deine Hände!
Lukas Kapitel 23 Vers 46

Der Vater hat den Sohn lieb und hat ihm alles in seine Hand gegeben.
Johannes Kapitel 3 Vers 35

Aber es kommt die Zeit und ist schon jetzt, in der die wahren Anbeter den Vater anbeten werden im Geist und in der Wahrheit; denn auch der Vater will solche Anbeter haben.
Johannes Kapitel 4 Vers 23

Mein Vater wirkt bis auf diesen Tag, und ich wirke auch.
Johannes Kapitel 5 Vers 17

Wahrlich, wahrlich, ich sage euch: Der Sohn kann nichts von sich aus tun, sondern nur, was er den Vater tun sieht; denn was dieser tut, das tut gleicherweise auch der Sohn. Denn der Vater hat den Sohn lieb und zeigt ihm alles, was er tut, und wird ihm noch größere Werke zeigen, so daß ihr euch verwundern werdet. Denn wie der Vater die Toten auferweckt und macht sie lebendig, so macht auch der Sohn lebendig, welche er will. Denn der Vater richtet niemand, sondern hat alles Gericht dem Sohn übergeben, damit sie alle den Sohn ehren, wie sie den Vater ehren. Wer den Sohn nicht ehrt, der ehrt den Vater nicht, der ihn gesandt hat.
Johannes Kapitel 5 Vers 19-23

Denn wie der Vater das Leben hat in sich selber, so hat er auch dem Sohn gegeben, das Leben zu haben in sich selber.
Johannes Kapitel 5 Vers 26

Ich aber habe ein größeres Zeugnis als das des Johannes; denn die Werke, die mir der Vater gegeben hat, damit ich sie vollende, eben diese Werke, die ich tue, bezeugen von mir, daß mich der Vater gesandt hat. Und der Vater, der mich gesandt hat, hat von mir Zeugnis gegeben. Ihr habt niemals seine Stimme gehört noch seine Gestalt gesehen, und sein Wort habt ihr nicht in euch wohnen; denn ihr glaubt dem nicht, den er gesandt hat.
Johannes Kapitel 5 Vers 36-38

Ihr sollt nicht meinen, daß ich euch vor dem Vater verklagen werde.
Johannes Kapitel 5 Vers 45

Wahrlich, wahrlich, ich sage euch: Nicht Mose hat euch das Brot vom Himmel gegeben, sondern mein Vater gibt euch das wahre Brot vom Himmel.
Johannes Kapitel 6 Vers 32

Alles, was mir mein Vater gibt, das kommt zu mir; und wer zu mir kommt, den werde ich nicht hinausstoßen.
Johannes Kapitel 6 Vers 37

Es kann niemand zu mir kommen, es sei denn, ihn ziehe der Vater, der mich gesandt hat, und ich werde ihn auferwecken am Jüngsten Tage. Es steht geschrieben in den Propheten: »Sie werden alle von Gott gelehrt sein.« Wer es vom Vater hört und lernt, der kommt zu mir. Nicht als ob jemand den Vater gesehen hätte außer dem, der von Gott gekommen ist; der hat den Vater gesehen.
Johannes Kapitel 6 Vers 44-46

Wie mich der lebendige Vater gesandt hat und ich lebe um des Vaters willen, so wird auch, wer mich ißt, leben um meinetwillen.
Johannes Kapitel 6 Vers 57

Ihr kennt weder mich noch meinen Vater; wenn ihr mich kenntet, so kenntet ihr auch meinen Vater.
Johannes Kapitel 8 Vers 19

Ich rede, was ich von meinem Vater gesehen habe; und ihr tut, was ihr von eurem Vater gehört habt.
Johannes Kapitel 8 Vers 38

Ich habe keinen bösen Geist, sondern ich ehre meinen Vater, aber ihr nehmt mir die Ehre.
Johannes Kapitel 8 Vers 49

Ich und der Vater sind eins.
Johannes Kapitel 10 Vers 30

Tue ich nicht die Werke meines Vaters, so glaubt mir nicht; tue ich sie aber, so glaubt doch den Werken, wenn ihr mir nicht glauben wollt, damit ihr erkennt und wißt, daß der Vater in mir ist und ich in ihm.
Johannes Kapitel 10 Vers 37 f

Vater, ich danke dir, daß du mich erhört hast. Ich weiß, daß du mich allezeit hörst; aber um des Volkes willen, das umhersteht, sage ich's, damit sie glauben, daß du mich gesandt hast.
Johannes Kapitel 11 Vers 41 f

Jetzt ist meine Seele betrübt. Und was soll ich sagen? Vater, hilf mir aus dieser Stunde? Doch darum bin ich in diese Stunde gekommen. Vater, verherrliche deinen Namen!
Johannes Kapitel 12 Vers 27 f

Euer Herz erschrecke nicht! Glaubt an Gott und glaubt an mich! In meines Vaters Hause sind viele Wohnungen. Wenn's nicht so wäre, hätte ich dann zu euch gesagt: Ich gehe hin, euch die Stätte zu bereiten?
Johannes Kapitel 14 Vers 1 f

Ich bin der Weg und die Wahrheit und das Leben; niemand kommt zum Vater denn durch mich. Wenn ihr mich erkannt habt, so werdet ihr auch meinen Vater erkennen. Und von nun an kennt ihr ihn und habt ihn gesehen. – So lange bin ich bei euch, und du kennst mich nicht, Philippus? Wer mich sieht, der sieht den Vater! Wie sprichst du dann: Zeige uns den Vater? Glaubst du nicht, daß ich im Vater bin und der Vater in mir? Die Worte, die ich zu euch rede, die rede ich nicht von mir selbst aus. Und der Vater, der in mir wohnt, der tut seine Werke. Glaubt mir, daß ich im Vater bin und der Vater in mir; wenn nicht, so glaubt mir doch um der Werke willen.
Johannes Kapitel 14 Vers 6-7 und 9-11f

Wer meine Gebote hat und hält sie, der ist's, der mich liebt. Wer mich aber liebt, der wird von meinem Vater geliebt werden, und ich werde ihn lieben und mich ihm offenbaren.
Johannes Kapitel 14 Vers 21

Wer mich liebt, der wird mein Wort halten; und mein Vater wird ihn lieben, und wir werden zu ihm kommen und Wohnung bei ihm nehmen.
Johannes Kapitel 14 Vers 23

Aber der Tröster, der heilige Geist, den mein Vater senden wird in meinem Namen, der wird euch alles lehren und euch an alles erinnern, was ich euch gesagt habe.
Johannes Kapitel 14 Vers 26

Ihr habt gehört, daß ich euch gesagt habe: Ich gehe hin und komme wieder zu euch. Hättet ihr mich lieb, so würdet ihr euch freuen, daß ich zum Vater gehe; denn der Vater ist größer als ich.
Johannes Kapitel 14 Vers 28

Ich bin der wahre Weinstock, und mein Vater der Weingärtner.
Johannes Kapitel 15 Vers 1

Darin wird mein Vater verherrlicht, daß ihr viel Frucht bringt und werdet meine Jünger.
Johannes Kapitel 15 Vers 8

Wie mich mein Vater liebt, so liebe ich euch auch. Bleibt in meiner Liebe!
Johannes Kapitel 15 Vers 9

Wenn ihr den Vater um etwas bitten werdet in meinem Namen, wird er's euch geben.
Johannes Kapitel 16 Vers 23

An jenem Tage werdet ihr bitten in meinem Namen. Und ich sage euch nicht, daß ich den Vater für euch bitten will; denn er selbst, der Vater, hat euch lieb, weil ihr mich liebt und glaubt, daß ich von Gott ausgegangen bin. Ich bin vom Vater ausgegangen und in die Welt gekommen; ich verlasse die Welt wieder und gehe zum Vater.
Johannes Kapitel 16 Vers 26-28

Vater, die Stunde ist da: verherrliche deinen Sohn, damit der Sohn dich verherrliche; denn du hast ihm Macht gegeben über alle Menschen, damit er das ewige Leben gebe allen, die du ihm gegeben hast. Das ist aber das ewige Leben, daß sie dich, der du allein wahrer Gott bist, und den du gesandt hast, Jesus Christus, erkennen. Ich habe dich verherrlicht auf Erden und das Werk vollendet, das du mir gegeben hast, damit ich es tue. Und nun, Vater, verherrliche du mich bei dir mit der Herrlichkeit, die ich bei dir hatte, ehe die Welt war. Ich habe deinen Namen den Menschen offenbart, die du mir aus der Welt gegeben hast. Sie waren dein, und du hast sie mir gegeben, und sie haben dein Wort bewahrt. Nun wissen sie, daß alles, was du mir gegeben hast, von dir kommt. Denn die Worte, die du mir gegeben hast, habe ich ihnen gegeben, und sie haben sie angenommen und wahrhaftig erkannt, daß ich von dir ausgegangen bin, und sie glauben, daß du mich gesandt hast. Ich bitte für sie und bitte nicht für die Welt, sondern für die, die du mir gegeben hast; denn sie sind dein. Und alles, was mein ist, das ist dein, und was dein ist, das ist mein; und ich bin in ihnen verherrlicht. Ich bin nicht mehr in der Welt; sie aber sind in der Welt, und ich komme zu dir. Heiliger Vater, erhalte sie in deinem Namen, den du mir gegeben hast, daß sie eins seien wie wir. Solange ich bei ihnen war, erhielt ich sie in deinem Namen, den du mir gegeben hast, und ich habe sie bewahrt, und keiner von ihnen ist verloren außer dem Sohn des Verderbens, damit die Schrift erfüllt werde. Nun aber komme ich zu dir und rede dies in der Welt, damit meine Freude in ihnen vollkommen sei. Ich habe ihnen dein Wort gegeben, und die Welt hat sie gehaßt; denn sie sind nicht von der Welt, wie auch ich nicht von der Welt bin. Ich bitte dich nicht, daß du sie aus der Welt nimmst, sondern daß du sie bewahrst vor dem Bösen. Sie

sind nicht von der Welt, wie auch ich nicht von der Welt bin. Heilige sie in der Wahrheit; dein Wort ist die Wahrheit. Wie du mich gesandt hast in die Welt, so sende ich sie auch in die Welt.
Johannes Kapitel 17 Vers 1-18

Vater, ich will, daß, wo ich bin, auch die bei mir seien, die du mir gegeben hast, damit sie meine Herrlichkeit sehen, die du mir gegeben hast; denn du hast mich geliebt, ehe der Grund der Welt gelegt war. Gerechter Vater, die Welt kennt dich nicht; ich aber kenne dich, und diese haben erkannt, daß du mich gesandt hast. Und ich habe ihnen deinen Namen kundgetan und werde ihn kundtun, damit die Liebe, mit der du mich liebst, in ihnen sei und ich in ihnen.
Johannes Kapitel 17 Vers 24-26

Steck dein Schwert in die Scheide! Soll ich den Kelch nicht trinken, den mir mein Vater gegeben hat?
Johannes Kapitel 18 Vers 11

Rühre mich nicht an! denn ich bin noch nicht aufgefahren zum Vater.
Johannes Kapitel 20 Vers 17

Friede sei mit euch! Wie mich der Vater gesandt hat, so sende ich euch.
Johannes Kapitel 20 Vers 21

VATER (MENSCHLICH)
Wer Vater oder Mutter mehr liebt als mich, der ist meiner nicht wert; und wer Sohn oder Tochter mehr liebt als mich, der ist meiner nicht wert.
Matthäus Kapitel 10 Vers 37

Und wer Häuser oder Brüder oder Schwestern oder Vater oder Mutter oder Kinder oder Äcker verläßt um meines Namens willen, der wird's hundertfach empfangen und das ewige Leben ererben.
Matthäus Kapitel 19 Vers 29

Und ihr sollt niemanden unter euch Vater nennen auf Erden; denn einer ist euer Vater, der im Himmel ist.
Matthäus Kapitel 23 Vers 9

Es wird ein Bruder den andern dem Tod preisgeben und der Vater den Sohn, und die Kinder werden sich empören gegen die Eltern und werden sie töten helfen.
Markus Kapitel 13 Vers 12

Wo ist unter euch ein Vater, der seinem Sohn, wenn der ihn um einen Fisch bittet, eine Schlange für den Fisch biete? Wenn nun ihr, die ihr böse seid, euren Kindern gute Gaben geben könnt, wieviel mehr wird der Vater im Himmel den heiligen Geist geben denen, die ihn bitten!
Lukas Kapitel 11 Vers 11 f

Wenn jemand zu mir kommt und haßt nicht seinen Vater, Mutter, Frau, Kinder, Brüder, Schwestern und dazu sich selbst, der kann nicht mein Jünger sein.
Lukas Kapitel 14 Vers 26

Da ging er in sich und sprach: Wie viele Tagelöhner hat mein Vater, die Brot in Fülle haben, und ich verderbe hier im Hunger! Ich will mich aufmachen und zu meinem Vater gehen und zu ihm sagen: Vater, ich habe gesündigt gegen den Himmel und vor dir. Ich bin hinfort nicht mehr wert, daß ich dein Sohn heiße; mache mich zu einem deiner Tagelöhner! Und er machte sich auf und kam zu seinem Vater. Als er aber noch weit entfernt war, sah ihn sein Vater, und es jammerte ihn; er lief und fiel ihm um den Hals und küßte ihn. Der Sohn aber sprach zu ihm: Vater, ich habe gesündigt gegen den Himmel und vor dir; ich bin hinfort nicht mehr wert, daß ich dein Sohn heiße. Aber der Vater sprach zu seinen Knechten: Bringt schnell das beste Gewand her und zieht es ihm an und gebt ihm einen Ring an seine Hand und Schuhe an seine Füße und bringt das gemästete Kalb und schlachtet's; laßt uns essen und fröhlich sein! Denn dieser mein Sohn war tot und ist wieder lebendig geworden; er war verloren und ist gefunden worden. Und sie fingen an, fröhlich zu sein. Aber der ältere Sohn war auf dem Feld. Und als er nahe zum Hause kam, hörte er Singen und Tanzen und rief zu sich einen der Knechte, und fragte, was das wäre. Der aber sagte ihm: Dein Bruder ist gekommen, und dein Vater hat das gemästete Kalb geschlachtet, weil er ihn gesund wieder hat. Da wurde er zornig und wollte nicht hineingehen. Da ging sein Vater heraus und bat ihn. Er antwortete aber und sprach zu seinem Vater: Siehe, so viele Jahre diene ich dir und habe dein Gebot noch nie übertreten, und du hast mir nie einen Bock gegeben, daß ich mit meinen Freunden fröhlich gewesen wäre. Nun aber, da dieser dein Sohn gekommen ist, der dein Hab und Gut mit Huren verpraßt hat, hast du ihm das gemästete Kalb geschlachtet. Er aber sprach zu ihm: Mein Sohn, du bist allezeit bei mir, und alles, was mein ist, das ist dein. Du solltest aber fröhlich und guten Mutes sein; denn dieser dein Bruder war tot und ist wieder lebendig geworden, er war verloren und ist wiedergefunden.
Lukas Kapitel 15 Vers 17-32

Ich rede, was ich von meinem Vater gesehen habe; und ihr tut, was ihr von eurem Vater gehört habt.
Johannes Kapitel 8 Vers 38

VATERLAND

Ein Prophet gilt nirgends weniger als in seinem Vaterland und bei seinen Verwandten und in seinem Hause.
Markus Kapitel 6 Vers 4
Matthäus Kapitel 13 Vers 57
Lukas Kapitel 4 Vers 24

VERACHTEN

Seht zu, daß ihr nicht einen von diesen Kleinen verachtet. Denn ich sage euch: Ihre Engel im Himmel sehen allezeit das Angesicht meines Vaters im Himmel.
Matthäus Kapitel 18 Vers 10

Abermals sandte er andere Knechte aus und sprach: Sagt den Gästen: Siehe, meine Mahlzeit habe ich bereitet, meine Ochsen und mein Mastvieh ist geschlachtet, und alles ist bereit; kommt zur Hochzeit! Aber sie verachteten das und gingen weg, einer auf seinen Acker, der andere an sein Geschäft.
Matthäus Kapitel 22 Vers 4 f

Wie steht dann geschrieben von dem Menschensohn, daß er viel Leiden und verachtet werden soll?
Markus Kapitel 9 Vers 12

Wer euch hört, der hört mich; und wer euch verachtet, der verachtet mich; wer aber mich verachtet, der verachtet den, der mich gesandt hat.
Lukas Kapitel 10 Vers 16

Kein Knecht kann zwei Herren dienen; entweder er wird den einen hassen und den andern lieben, oder er wird an dem einen hängen und den andern verachten. Ihr könnt nicht Gott dienen und dem Mammon.
Lukas Kapitel 16 Vers 13
Matthäus Kapitel 6 Vers 24

Wer mich verachtet und nimmt meine Worte nicht an, der hat schon seinen Richter: Das Wort, das ich geredet habe, das wird ihn richten am Jüngsten Tag.
Johannes Kapitel 12 Vers 48

VERANTWORTEN

Wenn sie euch aber führen werden in die Synagogen und vor die Machthaber und die Obrigkeit, so sorgt nicht, wie oder womit ihr euch verantworten oder was ihr sagen sollt; denn der heilige Geist wird euch in dieser Stunde lehren, was ihr sagen sollt.
Lukas Kapitel 12 Vers 11 f

VERBORGEN

Ihr seid das Licht der Welt. Es kann die Stadt, die auf einem Berge liegt, nicht verborgen sein.
Matthäus Kapitel 5 Vers 14

Wenn du aber Almosen gibst, so laß deine linke Hand nicht wissen, was die rechte tut, damit dein Almosen verborgen bleibe; und dein Vater, der in das Verborgene sieht, wird dir's vergelten.
Matthäus Kapitel 6 Vers 3 f

Wenn du aber betest, so geh in dein Kämmerlein und schließ die Tür zu und bete zu deinem Vater, der im Verborgenen ist; und dein Vater, der in das Verborgene sieht, wird dir's vergelten.
Matthäus Kapitel 6 Vers 6

Wenn du ber fastest, so salbe dein Haupt und wasche dein Gesicht, damit du dich nicht vor den Leuten zeigst mit deinem Fasten, sondern vor deinem Vater, der im Verborgenen ist; und dein Vater, der in das Verborgene sieht, wird dir's vergelten.
Matthäus Kapitel 6 Vers 18

Ich preise dich, Vater, Herr des Himmels und der Erde, weil du dies den Weisen und Klugen verborgen hast und hast es den Unmündigen offenbart.
Matthäus Kapitel 11 Vers 25

Das Himmelreich gleicht einem Schatz, verborgen im Acker, den ein Mensch fand und verbarg; und in seiner Freude ging er hin und verkaufte alles, was er hatte, und kaufte den Acker.
Matthäus Kapitel 13 Vers 44

Es ist nichts verborgen, was nicht offenbar werden soll, und ist nichts geheim, was nicht an den Tag kommen soll.
Markus Kapitel 4 Vers 22
Matthäus Kapitel 10 Vers 26
Lukas Kapitel 8 Vers 17
Lukas Kapitel 12 Vers 2

Wenn doch auch du erkenntest zu dieser Zeit, was zum Frieden dient! Aber nun ist's vor deinen Augen verborgen.
Lukas Kapitel 19 Vers 42

Ich habe frei und offen vor aller Welt geredet. Ich habe allezeit gelehrt in der Synagoge und im Tempel, wo alle Juden zusammenkommen, und habe nichts im Verborgenen geredet.
Johannes Kapitel 18 Vers 20

VERBRENNEN

Er hat seine Worfschaufel in der Hand; er wird seine Tenne fegen und seinen Weizen in die Scheune sammeln; aber die Spreu wird er verbrennen mit unauslöschlichem Feuer.
Matthäus Kapitel 3 Vers 12

Laßt beides miteinander wachsen bis zur Ernte; und um die Erntezeit will ich zu den Schnittern sagen: Sammelt zuerst das Unkraut und bindet es in Bündel, damit man es verbrenne; aber den Weizen sammelt mir in meine Scheune.
Matthäus Kapitel 13 Vers 30

VERDAMMEN

Aus deinen Worten wirst du gerechtfertigt werden, und aus deinen Worten wirst du verdammt werden.
Matthäus Kapitel 12 Vers 37

Die Leute von Ninive werden auftreten beim Jüngsten Gericht mit diesem Geschlecht und werden es verdammen; denn sie taten Buße nach der Predigt des Jona. Und siehe, hier ist mehr als Jona.
Matthäus Kapitel 12 Vers 41
Lukas Kapitel 11 Vers 32

Die Königin vom Süden wird auftreten beim Jüngsten Gericht mit diesem Geschlecht und wird es verdammen; denn sie kam vom Ende der Erde, um Salomos Weisheit zu hören. Und siehe, hier ist mehr als Salomo.
Matthäus Kapitel 12 Vers 42
Lukas Kapitel 11 Vers 31

Verdammt nicht, so werdet ihr nicht verdammt. Vergebt, so wird euch vergeben.
Lukas Kapitel 6 Vers 37

Wo sind sie, Frau? Hat dich niemand verdammt? – So verdamme ich dich auch nicht; geh hin und sündige hinfort nicht mehr.
Johannes Kapitel 8 Vers 10 f

VERDAMMNIS

Geht hinein durch die enge Pforte. Denn die Pforte ist weit, und der Weg ist breit, der zur Verdammnis führt, und viele sind's, die auf ihm hineingehen.
Matthäus Kapitel 7 Vers 13

Ihr Schlangen, ihr Otternbrut! Wie wollt ihr der höllischen Verdammnis entrinnen?
Matthäus Kapitel 23 Vers 33

VERFLUCHEN

Dann wird er auch sagen zu denen zur Linken: Geht weg von mir, ihr Verfluchten, in das ewige Feuer, das bereitet ist dem Teufel und seinen Engeln!
Matthäus Kapitel 25 Vers 41

Segnet, die euch verfluchen; bittet für die, die euch beleidigen.
Lukas Kapitel 6 Vers 28

VERFOLGEN

Selig sind, die um der Gerechtigkeit willen verfolgt werden; denn ihrer ist das Himmelreich.
Matthäus Kapitel 5 Vers 10

Selig seid ihr, wenn euch die Menschen um meinetwillen schmähen und verfolgen und reden allerlei Übles gegen euch, wenn sie damit lügen. Seid fröhlich und getrost; es wird euch im Himmel reichlich belohnt werden. Denn ebenso haben sie verfolgt die Propheten, die vor euch gewesen sind.
Matthäus Kapitel 5 Vers 11 f

Liebt eure Feinde und bittet für die, die euch verfolgen.
Matthäus Kapitel 5 Vers 44

Wenn sie euch aber in einer Stadt verfolgen, so flieht in eine andere. Wahrlich, ich sage euch: Ihr werdet mit den Städten Israels nicht zu Ende kommen, bis der Menschensohn kommt.
Matthäus Kapitel 10 Vers 23

Ich sende zu euch Propheten und Weise und Schriftgelehrte; und von ihnen werdet ihr einige töten und kreuzigen, und einige werdet ihr geißeln in euren Synagogen und werdet sie verfolgen von einer Stadt zur andern.
Matthäus Kapitel 23 Vers 34
Lukas Kapitel 11 Vers 49

Aber vor diesem allen werden sie Hand an euch legen und euch verfolgen, und werden euch überantworten den Synagogen und Gefängnissen und euch vor Könige und Statthalter führen um meines Namens willen.
Lukas Kapitel 21 Vers 12

Gedenkt an das Wort, das ich euch gesagt habe: Der Knecht ist nicht größer als sein Herr. Haben sie mich verfolgt, so werden sie euch auch verfolgen; haben sie mein Wort gehalten, so werden sie eures auch halten.
Johannes Kapitel 15 Vers 20

VERFÜHREN

Wenn dich aber dein rechtes Auge zum Abfall verführt, so reiß es aus und wirf's von dir. Es ist besser für dich, daß eins deiner Glieder verderbe und nicht der ganze Leib in die Hölle geworfen werde. Wenn dich deine rechte Hand zum Abfall verführt, so hau sie ab und wirf sie von dir. Es ist besser für dich, daß eins deiner Glieder verderbe und nicht der ganze Leib in die Hölle fahre.
Matthäus Kapitel 5 Vers 29 f

Wer aber einen dieser Kleinen, die an mich glauben, zum Abfall verführt, für den wäre es besser, daß ein Mühlstein an seinen Hals gehängt und er ersäuft würde im Meer, wo es am tiefsten ist. Weh der Welt der Verführungen wegen! Es müssen ja Verführungen kommen; doch weh dem Menschen, der zum Abfall verführt!
Matthäus Kapitel 18 Vers 6 f
Markus Kapitel 9 Vers 42
Lukas Kapitel 7 Vers 2

Denn es werden viele kommen unter meinem Namen und sagen: Ich bin der Christus, und sie werden viele verführen.
Matthäus Kapitel 24 Vers 5
Markus Kapitel 13 Vers 6

Und es werden sich viele falsche Propheten erheben und werden viele verführen.
Matthäus Kapitel 24 Vers 11

Denn es werden sich erheben falsche Christusse und falsche Propheten, die Zeichen und Wunder tun, so daß sie die Auserwählten verführen würden, wenn es möglich wäre.
Markus Kapitel 13 Vers 22

Seht zu, laßt euch nicht verführen. Denn viele werden kommen unter meinem Namen und sagen: Ich bin's, und: Die Zeit ist herbeigekommen. – Folgt ihnen nicht nach!
Lukas Kapitel 21 Vers 8

VERGÄNGLICH

Schafft euch Speise, die nicht vergänglich ist, sondern die bleibt zum ewigen Leben. Die wird euch der Menschensohn geben; denn auf dem ist das Siegel Gottes des Vaters.
Johannes Kapitel 6 Vers 27

VERGEBEN

Vergib uns unsere Schuld, wie auch wir vergeben unsern Schuldigern.
Matthäus Kapitel 6 Vers 12
Lukas Kapitel 11 Vers 4

Denn wenn ihr den Menschen ihre Verfehlungen vergebt, so wird euch euer himmlischer Vater auch vergeben. Wenn ihr aber den Menschen nicht vergebt, so wird euch euer Vater eure Verfehlungen auch nicht vergeben.
Matthäus Kapitel 6 Vers 14 f

Sei getrost, mein Sohn, deine Sünden sind dir vergeben.
Matthäus Kapitel 9 Vers 2
Markus Kapitel 2 Vers 5

Was ist denn leichter, zu sagen: Dir sind deine Sünden vergeben, oder zu sagen: Steh auf und geh umher? Damit ihr aber wißt, daß der Menschensohn Vollmacht hat, auf Erden die Sünden zu vergeben – : Steh auf, hebe dein Bett auf und geh heim!
Matthäus Kapitel 9 Vers 5 f
Markus Kapitel 2 Vers 9 f
Lukas Kapitel 5 Vers 23 f

Alle Sünde und Lästerung wird den Menschen vergeben; aber die Lästerung gegen den Geist wird nicht vergeben. Und wer etwas redet gegen den Menschensohn, dem wird es vergeben; aber wer etwas redet gegen den heiligen Geist, dem wird's nicht vergeben, weder in dieser noch in jener Welt.
Matthäus Kapitel 12 Vers 31 f
Markus Kapitel 3 Vers 28 f
Lukas Kapitel 12 Vers 10

Euch ist das Geheimnis des Reiches Gottes gegeben; denen aber draußen widerfährt es alles in Gleichnissen. Damit sie es mit sehenden Augen sehen und doch nicht erkennen, und mit hörenden Ohren hören und doch nicht verstehen, damit sie sich nicht etwa bekehren und ihnen vergeben werde.
Markus Kapitel 4 Vers 11 f

Wenn ihr steht und betet, so vergebt, wenn ihr etwas gegen jemanden habt, damit auch euer Vater im Himmel euch vergebe eure Übertretungen.
Markus Kapitel 11 Vers 25

Und richtet nicht, so werdet ihr auch nicht gerichtet. Verdammt nicht, so werdet ihr nicht verdammt. Vergebt, so wird euch vergeben.
Lukas Kapitel 6 Vers 37

Deshalb sage ich dir: Ihre vielen Sünden sind vergeben, denn sie hat viel Liebe gezeigt; wem aber wenig vergeben wird, der liebt wenig. – Dir sind deine Sünden vergeben.
Lukas Kapitel 7 Vers 47 f

Und wenn er siebenmal am Tag an dir sündigen würde und siebenmal wieder zu dir käme und spräche: Es reut mich!, so sollst du ihm vergeben.
Lukas Kapitel 17 Vers 4
Matthäus Kapitel 18 Vers 22

Vater, vergib ihnen; denn sie wissen nicht, was sie tun!
Lukas Kapitel 23 Vers 34

VERGEBUNG

Das ist mein Blut des Bundes, das vergossen wird für viele zur Vergebung der Sünden.
Matthäus Kapitel 26 Vers 28

Wer aber den heiligen Geist lästert, der hat keine Vergebung in Ewigkeit, sondern ist ewiger Sünde schuldig.
Markus Kapitel 3 Vers 29

So steht's geschrieben, daß Christus leiden wird und auferstehen von den Toten am dritten Tage; und daß gespredigt wird in seinem Namen Buße zur Vergebung der Sünden unter allen Völkern.
Lukas Kapitel 24 Vers 46 f

VERGEHEN

Denn wahrlich, ich sage euch: Bis Himmel und Erde vergehen, wird nicht vergehen der kleinste Buchstabe noch ein Tüpfelchen vom Gesetz, bis es alles geschieht.
Matthäus Kapitel 5 Vers 18

Wahrlich, ich sage euch: Dieses Geschlecht wird nicht vergehen, bis dies alles geschieht. Himmel und Erde werden vergehen; aber meine Worte werden nicht vergehen.
Matthäus Kapitel 24 Vers 34 f

VERGELTEN

Wenn du aber Almosen gibst, so laß deine linke Hand nicht wissen, was die rechte tut, damit dein Almosen verborgen bleibe; und dein Vater, der in das Verborgene sieht, wird dir's vergelten.
Matthäus Kapitel 6 Vers 3 f

Wenn du aber betest, so geh in dein Kämmerlein und schließ die Tür zu und bete zu deinem Vater, der im Verborgenen ist; und dein Vater, der in das Verborgene sieht, wird dir's vergelten.
Matthäus Kapitel 6 Vers 6

Wenn du aber fastest, so salbe dein Haupt und wasche dein Gesicht, damit du dich nicht vor den Leuten zeigst mit deinem Fasten, sondern vor deinem Vater, der im Verborgenen ist; und dein Vater, der in das Verborgene sieht, wird dir's vergelten.
Matthäus Kapitel 6 Vers 17 f

Es wird geschehen, daß der Menschensohn kommt in der Herrlichkeit seines Vaters mit seinen Engeln, und dann wird er einem jeden vergelten nach seinem Tun.
Matthäus Kapitel 16 Vers 27

Wer euch einen Becher Wasser zu trinken gibt deshalb, weil ihr Christus angehört, wahrlich, ich sage euch: Es wird ihm nicht unvergolten bleiben.
Markus Kapitel 9 Vers 41

Wenn du ein Mahl machst, so lade Arme, Verkrüppelte, Lahme und Blinde ein, dann wirst du selig sein, denn sie haben nichts, um es dir zu vergelten; es wird dir aber vergolten werden bei der Auferstehung der Gerechten.
Lukas Kapitel 14 Vers 13 f

VERGESSEN
Verkauft man nicht fünf Sperlinge für zwei Groschen? Dennoch ist vor Gott nicht einer von ihnen vergessen. Aber auch die Haare auf eurem Haupt sind alle gezählt. Darum fürchtet euch nicht; ihr seid besser als viele Sperlinge.
Lukas Kapitel 12 Vers 6 f

VERGLEICHEN
Mit wem soll ich aber dieses Geschlecht vergleichen? Es gleicht den Kindern, die auf dem Markt sitzen und rufen den andern zu: Wir haben euch aufgespielt, und ihr wolltet nicht tanzen; wir haben Klagelieder gesungen, und ihr wolltet nicht weinen.
Matthäus Kapitel 11 Vers 16 f

Und er sprach: Womit wollen wir das Reich Gottes vergleichen, und durch welches Gleichnis wollen wir es abbilden? Es ist wie ein Senfkorn: wenn das gesät wird aufs Land, so ist's das kleinste unter allen Samenkörnern

auf Erden; und wenn es gesät ist, so geht es auf und wird größer als alle Kräuter und treibt große Zweige, so daß die Vögel unter dem Himmel unter seinem Schatten wohnen können.
Markus Kapitel 4 Vers 30-32

VERHEISSEN
Und siehe, ich will auf euch herabsenden, was mein Vater verheißen hat. Ihr aber sollt in der Stadt bleiben, bis ihr ausgerüstet werdet mit Kraft aus der Höhe.
Lukas Kapitel 24 Vers 49

VERKAUFEN
Das Himmelreich gleicht einem Schatz, verborgen im Acker, den ein Mensch fand und verbarg; und in seiner Freude ging er hin und verkaufte alles, was er hatte, und kaufte den Acker. Wiederum gleicht das Himmelreich einem Kaufmann, der gute Perlen suchte, und als er eine kostbare Perle fand, ging er hin und verkaufte alles, was er hatte, und kaufte sie.
Matthäus Kapitel 13 Vers 44-46

Willst du vollkommen sein, so geh hin, verkaufe, was du hast, und gib's den Armen, so wirst du einen Schatz im Himmel haben; und komm und folge mir nach!
Matthäus Kapitel 19 Vers 21

Verkauft man nicht fünf Sperlinge für zwei Groschen? Dennoch ist vor Gott nicht einer von ihnen vergessen.
Lukas Kapitel 12 Vers 6

Verkauft, was ihr habt, und gebt Almosen. Macht euch Geldbeutel, die nicht veralten, einen Schatz, der niemals abnimmt, im Himmel, wo kein Dieb hinkommt und den keine Motten fressen.
Lukas Kapitel 12 Vers 33

Ebenso, wie es geschah zu den Zeiten Lots: Sie aßen, sie tranken, sie kauften, sie verkauften, sie pflanzten, sie bauten; an dem Tage aber, als Lot aus Sodom ging, da regnete es Feuer und Schwefel vom Himmel und brachte sie alle um. Auf diese Weise wird's auch gehen an dem Tage, wenn der Menschensohn wird offenbar werden.
Lukas Kapitel 17 Vers 28-30

VERKEHRT
O du ungläubiges und verkehrtes Geschlecht, wie lange soll ich bei euch sein? Wie lange soll ich euch erdulden?
Matthäus Kapitel 17 Vers 17

VERKLAGEN

Ihr sollt nicht meinen, daß ich euch vor dem Vater verklagen werde; es ist einer, der euch verklagt: Mose, auf den ihr hofft.
Johannes Kapitel 5 Vers 45

VERKÜNDIGEN

»Der Geist des Herrn ist auf mir, weil er mich gesalbt hat, zu verkündigen das Evangelium den Armen; er hat mich gesandt, zu predigen den Gefangenen, daß sie frei sein sollen, und den Blinden, daß sie sehen sollen, und den Zerschlagenen, daß sie frei und ledig sein sollen, zu verkündigen das Gnadenjahr des Herrn.« – Heute ist dieses Wort der Schrift erfüllt vor euren Ohren.
Lukas Kapitel 4 Vers 18-19 und 21

Laß die Toten ihre Toten begraben; du aber geh hin und verkündige das Reich Gottes!
Lukas Kapitel 9 Vers 60

Wenn aber jener, der Geist der Wahrheit, kommen wird, wird er euch in alle Wahrheit leiten. Denn er wird nicht aus sich selber reden; sondern was er hören wird, das wird er reden, und was zukünftig ist, wird er euch verkündigen. Er wird mich verherrlichen; denn von dem Meinen wird er's nehmen und euch verkündigen. Alles, was der Vater hat, das ist mein. Darum habe ich gesagt: Er wird's von dem Meinen nehmen und euch verkündigen.
Johannes Kapitel 16 Vers 13 f

Das habe ich euch in Bildern gesagt. Es kommt die Zeit, daß ich nicht mehr in Bildern mit euch reden werde, sondern euch frei heraus verkündigen von meinem Vater.
Johannes Kapitel 16 Vers 25

VERLANGEN

Mich hat herzlich verlangt, dies Passalamm mit euch zu essen, ehe ich leide.
Lukas Kapitel 22 Vers 15

VERLASSEN

Und wer Häuser oder Brüder oder Schwestern oder Vater oder Mutter oder Kinder oder Äcker verläßt um meines Namens willen, der wird's hundertfach empfangen und das ewige Leben ererben.
Matthäus Kapitel 19 Vers 29

Der Mietling aber, der nicht Hirte ist, dem die Schafe nicht gehören, sieht den Wolf kommen und verläßt die Schafe und flieht – und der Wolf stürzt sich auf die Schafe und zerstreut sie –, denn er ist ein Mietling und kümmert sich nicht um die Schafe.
Johannes Kapitel 10 Vers 12 f

Ich bin vom Vater ausgegangen und in die Welt gekommen; ich verlasse die Welt wieder und gehe zum Vater.
Johannes Kapitel 16 Vers 28

VERLEUGNEN

Wer mich aber verleugnet vor den Menschen, den will ich auch verleugnen vor meinem himmlischen Vater.
Matthäus Kapitel 10 Vers 33

Will mir jemand nachfolgen, der verleugne sich selbst und nehme sein Kreuz auf sich und folge mir.
Matthäus Kapitel 16 Vers 24

Wahrlich, ich sage dir: In dieser Nacht, ehe der Hahn kräht, wirst du mich dreimal verleugnen.
Matthäus Kapitel 26 Vers 34
Markus Kapitel 14 Vers 30
Johannes Kapitel 13 Vers 38

VERLIEREN

Wer sein Leben findet, der wird's verlieren; und wer sein Leben verliert um meinetwillen, der wird's finden.
Matthäus Kapitel 10 Vers 39

Ich bin nur gesandt zu den verlorenen Schafen des Hauses Israel.
Matthäus Kapitel 15 Vers 24

Denn der Menschensohn ist gekommen, selig zu machen, was verloren ist.
Matthäus Kapitel 18 Vers 11

Sogleich aber nach der Bedrängnis jener Zeit wird die Sonne sich verfinstern und der Mond seinen Schein verlieren, und die Sterne werden vom Himmel fallen, und die Kräfte der Himmel werden ins Wanken kommen.
Matthäus Kapitel 24 Vers 29

Denn welchen Nutzen hätte der Mensch, wenn er die ganze Welt gewönne und verlöre sich selbst oder nähme Schaden an sich selbst?
Lukas Kapitel 9 Vers 25

Denn dieser mein Sohn war tot und ist wieder lebendig geworden; er war verloren und ist gefunden worden.
Lukas Kapitel 15 Vers 24

Und kein Haar von eurem Haupt soll verloren gehen.
Lukas Kapitel 21 Vers 18

Denn also hat Gott die Welt geliebt, daß er seinen eingeborenen Sohn gab, damit alle, die an ihn glauben, nicht verloren werden, sondern das ewige Leben haben.
Johannes Kapitel 3 Vers 16

Das ist aber der Wille dessen, der mich gesandt hat, daß ich nichts verliere von allem, was er mir gegeben hat, sondern daß ich's auferwecke am Jüngsten Tage.
Johannes Kapitel 6 Vers 39

Damit sollte das Wort erfüllt werden, das er gesagt hatte: Ich habe keinen von denen verloren, die du mir gegeben hast.
Johannes Kapitel 18 Vers 9

VERRATEN

Dann werden viele abfallen und werden sich untereinander verraten und werden sich untereinander hassen.
Matthäus Kapitel 24 Vers 10

Wahrlich, ich sage euch: Einer unter euch wird mich verraten.
Matthäus Kapitel 26 Vers 21
Markus Kapitel 14 Vers 18
Johannes Kapitel 13 Vers 21

Der die Hand mit mir in die Schüssel taucht, der wird mich verraten. Der Menschensohn geht zwar dahin, wie von ihm geschrieben steht; doch weh dem Menschen, durch den der Menschensohn verraten wird! Es wäre für diesen Menschen besser, wenn er nie geboren wäre.
Matthäus Kapitel 26 Vers 23 f
Markus Kapitel 14 Vers 21
Lukas Kapitel 22 Vers 22

Ihr werdet aber verraten werden von Eltern, Brüdern, Verwandten und Freunden; und man wird einige von euch töten.
Lukas Kapitel 21 Vers 16

Judas, verrätst du den Menschensohn mit einem Kuß?
Lukas Kapitel 22 Vers 48

VERSAMMELN

Wo zwei oder drei versammelt sind in meinem Namen, da bin ich mitten unter ihnen.
Matthäus Kapitel 18 Vers 20

Jerusalem, Jerusalem, die du tötest die Propheten und steinigst, die zu dir gesandt sind! Wie oft habe ich deine Kinder versammeln wollen, wie eine Henne ihre Küken versammelt unter ihre Flügel; und ihr habt nicht gewollt!
Matthäus Kapitel 23 Vers 37

Wenn aber der Menschensohn kommen wird in seiner Herrlichkeit, und alle Engel mit ihm, dann wird er sitzen auf dem Thron seiner Herrlichkeit, und alle Völker werden vor ihm versammelt werden. Und er wird sie voneinander scheiden, wie ein Hirt die Schafe von den Böcken scheidet, und wird die Schafe zu seiner Rechten stellen und die Böcke zur Linken.
Matthäus Kapitel 25 Vers 31- 33

VERSÖHNEN

Laß dort vor dem Altar deine Gabe und geh zuerst hin und versöhne dich mit deinem Bruder und dann komm und opfere deine Gabe.
Matthäus Kapitel 5 Vers 24

VERSTEHEN

Er antwortete und sprach zu ihnen: Euch ist's gegeben, die Geheimnisse des Himmelreichs zu verstehen, diesen aber ist's nicht gegeben. Denn wer da hat, dem wird gegeben, daß er die Fülle habe; wer aber nicht hat, dem wird auch das genommen, was er hat. Darum rede ich zu ihnen in Gleichnissen. Denn mit sehenden Augen sehen sie nicht und mit hörenden Ohren hören sie nicht; und sie verstehen es nicht. Und an ihnen wird die Weissagung Jesajas erfüllt, die da sagt: »Mit den Ohren werdet ihr hören und werdet es nicht verstehen; und mit sehenden Augen werdet ihr sehen und werdet es nicht erkennen. Denn das Herz dieses Volkes ist verstockt: ihre Ohren hören schwer, und ihre Augen sind geschlossen, damit sie nicht etwa mit den Augen sehen und mit den Ohren hören und mit dem Herzen verstehen und sich bekehren, und ich ihnen helfe.«
Matthäus Kapitel 13 Vers 11-15

Euch ist's gegeben, die Geheimnisse des Reiches Gottes zu verstehen, den andern aber in Gleichnissen, damit sie es nicht sehen, auch wenn sie es sehen, und nicht verstehen, auch wenn sie es hören.
Lukas Kapitel 8 Vers 10

Was ich tue, das verstehst du jetzt nicht; du wirst es aber hernach erfahren.
Johannes Kapitel 13 Vers 7

VERSUCHEN

Wiederum steht auch geschrieben: »Du sollst den Herrn, deinen Gott, nicht versuchen.«
Matthäus Kapitel 4 Vers 7
Lukas Kapitel 4 Vers 12

Ihr Heuchler, was versucht ihr mich? Zeigt mir die Steuermünze! – Wessen Bild und Aufschrift ist das? – So gebt dem Kaiser, was des Kaisers ist, und Gott, was Gottes ist!
Matthäus Kapitel 22 Vers 18-21

VERSUCHUNG

Und führe uns nicht in Versuchung, sondern erlöse uns von dem Bösen.
Matthäus Kapitel 6 Vers 13
Lukas Kapitel 11 Vers 4

Wachet und betet, daß ihr nicht in Versuchung fallt! Der Geist ist willig; aber das Fleisch ist schwach.
Markus Kapitel 14 Vers 38

VERWALTER

Wer ist denn der treue und kluge Verwalter, den der Herr über seine Leute setzt, damit er ihnen zur rechten Zeit gibt, was ihnen zusteht? Selig ist der Knecht, den sein Herr, wenn er kommt, das tun sieht. Wahrlich, ich sage euch: Er wird ihn über alle seine Güter setzen.
Lukas Kapitel 12 Vers 42-44

Es war ein reicher Mann, der hatte einen Verwalter; der wurde bei ihm beschuldigt, er verschleudere ihm seinen Besitz. Und er ließ ihn rufen und sprach zu ihm: Was höre ich da von dir? Gib Rechenschaft über deine Verwaltung; denn du kannst hinfort nicht Verwalter sein. Der Verwalter sprach bei sich selbst: Was soll ich tun? Mein Herr nimmt mir das Amt; graben kann ich nicht, auch schäme ich mich zu betteln. Ich weiß, was ich tun will, damit sie mich in ihre Häuser aufnehmen, wenn ich von dem Amt abgesetzt werde. Und er rief zu sich die Schuldner seines Herrn, einen jeden für sich, und fragte den ersten: Wieviel bist du meinem Herrn schuldig? Er sprach: Hundert Eimer Öl. Und er sprach zu ihm: Nimm deinen Schuldschein, setz dich hin und schreib flugs fünfzig. Danach fragte er den zweiten: Du aber, wieviel bist du schuldig? Er sprach: Hundert Sack Weizen. Und er sprach zu ihm: Nimm deinen Schuldschein und schreib achtzig. Und der Herr lobte den ungetreuen Verwalter, weil er klug gehandelt hatte; denn die Kinder dieser Welt sind unter ihresgleichen klüger als die Kinder des Lichts. Und ich sage euch: Macht euch Freunde mit dem ungerechten Mammon, damit, wenn er zu Ende geht, sie euch aufnehmen in die ewigen Hütten.
Lukas Kapitel 16 Vers 1-9

VERWERFEN

Habt ihr nie gelesen in der Schrift: »Der Stein, den die Bauleute verworfen haben, der ist zum Eckstein geworden. Vom Herrn ist das geschehen und ist ein Wunder vor unsern Augen«?
Matthäus Kapitel 21 Vers 42
Markus Kapitel 12 Vers 10
Lukas Kapitel 20 Vers 17

Der Menschensohn muß viel leiden und verworfen werden von den Ältesten und Hohenpriestern und Schriftgelehrten und getötet werden und nach drei Tagen auferstehen.
Markus Kapitel 8 Vers 31

Selig seid ihr, wenn euch die Menschen hassen und euch ausstoßen und schmähen und verwerfen euren Namen als böse um des Menschensohnes willen.
Lukas Kapitel 6 Vers 22

VERWUNDERN

Denn der Vater hat den Sohn lieb und zeigt ihm alles, was er tut, und wird ihm noch größere Werke zeigen, so daß ihr euch verwundern werdet.
Johannes Kapitel 5 Vers 20

VERWÜSTUNG

Wenn ihr nun sehen werdet das Greuelbild der Verwüstung stehen an der heiligen Stätte, wovon gesagt ist durch den Propheten Daniel – wer das liest, der merke auf! –, alsdann fliehe auf die Berge, wer in Judäa ist.
Matthäus Kapitel 24 Vers 15 f

Wenn ihr aber sehen werdet, daß Jerusalem von einem Heer belagert wird, dann erkennt, daß seine Verwüstung nahe herbeigekommen ist.
Lukas Kapitel 21 Vers 20

VIEL/VIELE

Und wenn ihr betet, sollt ihr nicht viel plappern wie die Heiden; denn sie meinen, sie werden erhört, wenn sie viele Worte machen.
Matthäus Kapitel 6 Vers 7

Geht hinein durch die enge Pforte. Denn die Pforte ist weit, und der Weg ist breit, der zur Verdammnis führt, und viele sind's, die auf ihm hineingehen.
Matthäus Kapitel 7 Vers 13

Aber ich sage euch: Viele werden kommen von Osten und von Westen und mit Abraham und Isaak und Jakob im Himmelreich zu Tisch sitzen.
Matthäus Kapitel 8 Vers 11

Wahrlich, ich sage euch: Viele Propheten und Gerechte haben begehrt, zu sehen, was ihr seht, und haben's nicht gesehen, und zu hören, was ihr hört, und haben's nicht gehört.
Matthäus Kapitel 13 Vers 17

Aber viele, die die Ersten sind, werden die Letzten und die Letzten werden die Ersten sein.
Matthäus Kapitel 19 Vers 30
Markus Kapitel 10 Vers 31

So wie der Menschensohn nicht gekommen ist, daß er sich dienen lasse, sondern daß er diene und gebe sein Leben zu einer Erlösung für viele.
Matthäus Kapitel 20 Vers 28

Denn viele sind berufen, aber wenige sind auserwählt.
Matthäus Kapitel 22 Vers 14

Denn es werden viele kommen unter meinem Namen und sagen: Ich bin der Christus, und sie werden viele verführen.
Matthäus Kapitel 24 Vers 5
Markus Kapitel 13 Vers 6
Lukas Kapitel 21 Vers 8

Dann werden viele abfallen und werden sich untereinander verraten und werden sich untereinander hassen. Und es werden sich viele falsche Propheten erheben und werden viele verführen.
Matthäus Kapitel 24 Vers 10 f

Und weil die Ungerechtigkeit überhandnehmen wird, wird die Liebe in vielen erkalten.
Matthäus Kapitel 24 Vers 12

Recht so, du tüchtiger und treuer Knecht, du bist über wenigem treu gewesen, ich will dich über viel setzen; geh hinein zu deines Herrn Freude!
Matthäus Kapitel 25 Vers 21 und 23

Das ist mein Blut des Bundes, das vergossen wird für viele zur Vergebung der Sünden.
Matthäus Kapitel 26 Vers 28

Deshalb sage ich dir: Ihre vielen Sünden sind vergeben, denn sie hat viel Liebe gezeigt; wem aber wenig vergeben wird, der liebt wenig.
Lukas Kapitel 7 Vers 47

Marta, Marta, du hast viel Sorge und Mühe. Eins aber ist not. Maria hat das gute Teil erwählt; das soll nicht von ihr genomen werden.
Lukas Kapitel 10 Vers 41 f

Wem viel gegeben ist, bei dem wird man viel suchen; und wem viel anvertraut ist, von dem wird man um so mehr fordern.
Lukas Kapitel 12 Vers 48

Ringt darum, daß ihr durch die enge Pforte hineingeht; denn viele, das sage ich euch, werden danach trachten, wie sie hineinkommen, und werden's nicht können.
Lukas Kapitel 13 Vers 24

Wahrlich, wahrlich, ich sage euch: Wenn das Weizenkorn nicht in die Erde fällt und erstirbt, bleibt es allein; wenn es aber erstirbt, bringt es viel Frucht.
Johannes Kapitel 12 Vers 24

In meines Vaters Hause sind viele Wohnungen. Wenn's nicht so wäre, hätte ich dann zu euch gesagt: Ich gehe hin, euch die Stätte zu bereiten?
Johannes Kapitel 14 Vers 2

Ich bin der Weinstock, ihr seid die Reben. Wer in mir bleibt und ich in ihm, der bringt viel Frucht; denn ohne mich könnt ihr nichts tun.
Johannes Kapitel 15 Vers 5

Ich habe euch noch viel zu sagen; aber ihr könnt es jetzt nicht ertragen.
Johannes Kapitel 16 Vers 12

VÖGEL

Seht die Vögel unter dem Himmel an: sie säen nicht, sie ernten nicht, sie sammeln nicht in die Scheunen; und euer himmlischer Vater ernährt sie doch. Seid ihr denn nicht viel mehr als sie?
Matthäus Kapitel 6 Vers 26
Lukas Kapitel 12 Vers 24

Die Füchse haben Gruben, und die Vögel unter dem Himmel haben Nester; aber der Menschensohn hat nichts, wo er sein Haupt hinlege.
Matthäus Kapitel 8 Vers 20
Lukas Kapitel 9 Vers 58

Und indem er säte, fiel einiges auf den Weg; da kamen die Vögel und fraßen's auf.
Matthäus Kapitel 13 Vers 4
Markus Kapitel 4 Vers 4
Lukas Kapitel 8 Vers 5

Das Himmelreich gleicht einem Senfkorn, das ein Mensch nahm und auf seinen Acker säte; das ist das kleinste unter allen Samenkörnern; wenn es aber gewachsen ist, so ist es größer als alle Kräuter und wird ein Baum, so daß die Vögel unter dem Himmel kommen und wohnen in seinen Zweigen.
Matthäus Kapitel 13 Vers 31 f
Lukas Kapitel 13 Vers 18 f
Markus Kapitel 4 Vers 30-32

VOLK
Mit den Ohren werdet ihr hören und werdet es nicht verstehen; und mit sehenden Augen werdet ihr sehen und werdet es nicht erkennen. »Denn das Herz dieses Volkes ist verstockt: ihre Ohren hören schwer, und ihre Augen sind geschlossen, damit sie nicht etwa mit den Augen sehen und mit den Ohren hören und mit dem Herzen verstehen und sich bekehren, und ich ihnen helfe.«
Matthäus Kapitel 13 Vers 14 f

Ihr Heuchler, wie fein Jesaja von euch geweissagt und gesprochen: »Dies Volk ehrt mich mit seinen Lippen, aber ihr Herz ist fern von mir, vergeblich dienen sie mir, weil sie lehren solche Lehren, die nichts als Menschengebote sind.«
Matthäus Kapitel 15 Vers 7-9

Es wird sich ein Volk gegen das andere erheben und ein Königsreich gegen das andere.
Matthäus Kapitel 24 Vers 7
Markus Kapitel 13 Vers 8

Ihr werdet gehaßt werden um meines Namens willen von allen Völkern.
Matthäus Kapitel 24 Vers 9

Und es wird gepredigt werden dies Evangelium vom Reich in der ganzen Welt zum Zeugnis für alle Völker, und dann wird das Ende kommen.
Matthäus Kapitel 24 Vers 14

Wenn aber der Menschensohn kommen wird in seiner Herrlichkeit, und alle Engel mit ihm, dann wird er sitzen auf dem Thron seiner Herrlichkeit, und alle Völker werden vor ihm versammelt werden. Und er wird sie voneinander scheiden, wie ein Hirt die Schafe von den Böcken scheidet.
Matthäus Kapitel 25 Vers 31 f

Gehet hin und machet zu Jüngern alle Völker: Taufet sie auf den Namen des Vaters und des Sohnes und des heiligen Geistes.
Matthäus Kapitel 28 Vers 19

Ihr wißt, die als Herrscher gelten, halten ihre Völker nieder, und ihre Mächtigen tun ihnen Gewalt an. Aber so ist es unter euch nicht; sondern wer groß sein will unter euch, der soll euer Diener sein.
Markus Kapitel 10 Vers 42 f
Matthäus Kapitel 20 Vers 25 f

Steht nicht geschrieben: »Mein Haus soll ein Bethaus heißen für alle Völker«? Ihr aber habt eine Räuberhöhle daraus gemacht.
Markus Kapitel 11 Vers 17

Das Evangelium muß zuvor gepredigt werden unter allen Völkern. Und ihr werdet gehaßt sein von jedermann um meines Namens willen. Wer aber beharrt bis an das Ende, der wird selig.
Markus Kapitel 13 Vers 10 und 13

Sie werden fallen durch die Schärfe des Schwertes und gefangen weggeführt unter alle Völker, und Jerusalem wird zertreten werden von den Heiden, bis die Zeiten der Heiden erfüllt sind.
Lukas Kapitel 21 Vers 24

Die Könige herrschen über ihre Völker, und ihre Machthaber lassen sich Wohltäter nennen. Ihr aber nicht so! Sondern der Größte unter euch soll sein wie der Jüngste, und der Vornehmste wie ein Diener.
Lukas Kapitel 22 Vers 25 f

VOLLBRACHT

Ich bin gekommen, ein Feuer anzuzünden auf Erden; was wollte ich lieber, als daß es schon brennte! Aber ich muß mich zuvor taufen lassen mit einer Taufe, und wie ist mir so bange, bis sie vollbracht ist!
Lukas Kapitel 12 Vers 49 f

Es ist vollbracht!
Johannes Kapitel 19 Vers 30

VOLLENDEN

Seht, wir gehen hinauf nach Jerusalem, und es wird alles vollendet werden, was geschrieben ist durch die Propheten von dem Menschensohn.
Lukas Kapitel 18 Vers 31

Denn ich sage euch: Es muß das an mir vollendet werden, was geschrieben steht: »Er ist zu den Übeltätern gerechnet worden.« Denn was von mir geschrieben ist, das wird vollendet.
Lukas Kapitel 22 Vers 37

Meine Speise ist die, daß ich tue den Willen dessen, der mich gesandt hat, und vollende sein Werk.
Johannes Kapitel 4 Vers 34

Ich habe dich verherrlicht auf Erden und das Werk vollendet, das du mir gegeben hast, damit ich es tue.
Johannes Kapitel 17 Vers 4

VOLLKOMMEN

Darum sollt ihr vollkommen sein, wie euer Vater im Himmel vollkommen ist.
Matthäus Kapitel 5 Vers 48

Willst du vollkommen sein, so geh hin, verkaufe, was du hast, und gib's den Armen, so wirst du einen Schatz im Himmel haben; und komm und folge mir nach!
Matthäus Kapitel 19 Vers 21

Der Jünger steht nicht über dem Meister; wenn er vollkommen ist, so ist er wie sein Meister.
Lukas Kapitel 6 Vers 40

Das sage ich euch, damit meine Freude in euch bleibe und eure Freude vollkommen werde.
Johannes Kapitel 15 Vers 11

Und ich habe ihnen die Herrlichkeit gegeben, die du mir gegeben hast, damit sie eins seien, wie wir eins sind, ich in ihnen und du in mir, damit sie vollkommen eins seien und die Welt erkenne, daß du mich gesandt hast und sie liebst, wie du mich liebst.
Johannes Kapitel 17 Vers 22 f

VOLLMACHT

Damit ihr aber wißt, daß der Menschensohn Vollmacht hat, auf Erden die Sünden zu vergeben – : Steh auf, hebe dein Bett auf und geh heim!
Matthäus Kapitel 9 Vers 6
Markus Kapitel 2 Vers 10
Lukas Kapitel 5 Vers 24

Ich will euch auch eine Sache fragen; wenn ihr mir die sagt, will ich euch auch sagen, aus welcher Vollmacht ich das tue. Woher war die Taufe des Johannes? War sie vom Himmel oder von den Menschen? – So sage ich euch auch nicht, aus welcher Vollmacht ich das tue.
Matthäus Kapitel 21 Vers 24, 25 und 27
Markus Kapitel 11 Vers 29, 30 und 33
Lukas Kapitel 20 Vers 3,4 und 8

Denn wie der Vater das Leben hat in sich selber, so hat er auch dem Sohn gegeben, das Leben zu haben in sich selber; und er hat ihm Vollmacht gegeben, das Gericht zu halten, weil er der Menschensohn ist.
Johannes Kapitel 5 Vers 26 f

VORHERSAGEN
Denn es werden falsche Christusse und falsche Propheten aufstehen und große Zeichen und Wunder tun, so daß sie, wenn es möglich wäre, auch die Auserwählten verführten. Siehe, ich habe es euch vorausgesagt.
Matthäus Kapitel 24 Vers 24 f

VORNEHM
Wenn du von jemandem zur Hochzeit geladen bist, so setze dich nicht obenan; denn es könnte einer eingeladen sein, der vornehmer ist als du, und dann kommt der, der dich und ihn eingeladen hat, und sagt zu dir: Weiche diesem!, und du mußt dann beschämt untenan sitzen.
Lukas Kapitel 14 Vers 8 f

W

WACH

So seid allezeit wach und betet, daß ihr stark werdet.
Lukas Kapitel 21 Vers 36

WACHEN

Wachet; denn ihr wißt nicht, an welchem Tag euer Herr kommt.
Matthäus Kapitel 24 Vers 42
Matthäus Kapitel 25 Vers 13
Markus Kapitel 13 Vers 33

Wenn ein Hausvater wüßte, zu welcher Stunde in der Nacht der Dieb kommt, so würde er ja wachen und nicht in sein Haus einbrechen lassen.
Matthäus Kapitel 24 Vers 43

Könnt ihr denn nicht eine Stunde mit mir wachen? Wachet und betet, daß ihr nicht in Anfechtung fallt! Der Geist ist willig; aber das Fleisch ist schwach.
Matthäus Kapitel 26 Vers 40 f
Markus Kapitel 14 Vers 37 f

So wacht nun; denn ihr wißt nicht, wann der Herr des Hauses kommt, ob am Abend oder zu Mitternacht oder um den Hahnenschrei oder am Morgen, damit er euch nicht schlafend finde, wenn er plötzlich kommt. Was ich aber euch sage, das sage ich allen: Wachet!
Markus Kapitel 13 Vers 35-37

Meine Seele ist betrübt bis an den Tod; bleibt hier und wachet!
Markus Kapitel 14 Vers 34

WACHSEN

Und warum sorgt ihr euch um die Kleidung? Schaut die Lilien auf dem Feld an, wie sie wachsen: sie arbeiten nicht, auch spinnen sie nicht.
Matthäus Kapitel 6 Vers 28

Laßt beides miteinander wachsen bis zur Ernte; und um die Erntezeit will ich zu den Schnittern sagen: Sammelt zuerst das Unkraut und bindet es in Bündel, damit man es verbrenne; aber den Weizen sammelt mir in meine Scheune.
Matthäus Kapitel 13 Vers 30

Nun wachse auf dir niemals mehr Frucht!
Matthäus Kapitel 21 Vers 19

Mit dem Reich Gottes ist es so, wie wenn ein Mensch Samen aufs Land wirft und schläft und aufsteht, Nacht und Tag; und der Same geht auf und wächst – er weiß nicht, wie.
Markus Kapitel 4 Vers 26 f

Wem gleicht das Reich Gottes, und womit soll ich's vergleichen? Es gleicht einem Senfkorn, das ein Mensch nahm und in seinen Garten säte; und es wuchs und wurde ein Baum, und die Vögel des Himmels wohnten in seinen Zweigen.
Lukas Kapitel 13 Vers 18 f

WAHR

Aber es kommt die Zeit und ist schon jetzt, in der die wahren Anbeter den Vater anbeten werden im Geist und in der Wahrheit; denn auch der Vater will solche Anbeter haben.
Johannes Kapitel 4 Vers 23

Wenn ich von mir selbst zeuge, so ist mein Zeugnis nicht wahr. Ein anderer ist's, der von mir zeugt; und ich weiß, daß das Zeugnis wahr ist, das er von mir gibt.
Johannes Kapitel 5 Vers 31 f

Wahrlich, wahrlich, ich sage euch: Nicht Mose hat euch das Brot vom Himmel gegeben, sondern mein Vater gibt euch das wahre Brot vom Himmel.
Johannes Kapitel 6 Vers 32

Denn mein Fleisch ist die wahre Speise, und mein Blut ist der wahre Trank.
Johannes Kapitel 6 Vers 55

Auch wenn ich von mir selbst zeuge, ist mein Zeugnis wahr; denn ich weiß, woher ich gekommen bin und wohin ich gehe; ihr aber wißt nicht, woher ich komme oder wohin ich gehe.
Johannes Kapitel 8 Vers 14

Ich bin der wahre Weinstock, und mein Vater der Weingärtner.
Johannes Kapitel 15 Vers 1

Das ist aber das ewige Leben, daß sie dich, der du allein wahrer Gott bist, und den du gesandt hast, Jesus Christus, erkennen.
Johannes Kapitel 17 Vers 3

WAHRHEIT

Wer aber die Wahrheit tut, der kommt zu dem Licht, damit offenbar wird, daß seine Werke in Gott getan sind.
Johannes Kapitel 3 Vers 21

Aber es kommt die Zeit und ist schon jetzt, in der die wahren Anbeter den Vater anbeten werden im Geist und in der Wahrheit; denn auch der Vater will solche Anbeter haben. Gott ist Geist, und die ihn anbeten, die müssen ihn im Geist und in der Wahrheit anbeten.
Johannes Kapitel 4 Vers 23 f

Ihr habt zu Johannes geschickt, und er hat die Wahrheit bezeugt.
Johannes Kapitel 5 Vers 33

Ihr werdet die Wahrheit erkennen, und die Wahrheit wird euch frei machen.
Johannes Kapitel 8 Vers 32

Nun aber sucht ihr mich zu töten, einen Menschen, der euch die Wahrheit gesagt hat, wie ich sie von Gott gehört habe.
Johannes Kapitel 8 Vers 40

Ihr habt den Teufel zum Vater, und nach eures Vaters Gelüste wollt ihr tun. Der ist ein Mörder von Anfang an und steht nicht in der Wahrheit; denn die Wahrheit ist nicht in ihm. Wenn er Lügen redet, so spricht er aus dem Eigenen; denn er ist ein Lügner und der Vater der Lüge. Weil ich aber die Wahrheit sage, glaubt ihr mir nicht.
Johannes Kapitel 8 Vers 44 f

Wer von euch kann mich einer Sünde zeihen? Wenn ich aber die Wahrheit sage, warum glaubt ihr mir nicht?
Johannes Kapitel 8 Vers 46

Ich bin der Weg und die Wahrheit und das Leben; niemand kommt zum Vater denn durch mich.
Johannes Kapitel 14 Vers 6

Und ich will den Vater bitten, und er wird euch einen anderen Tröster geben, daß er bei euch sei in Ewigkeit: den Geist der Wahrheit, den die Welt nicht empfangen kann, denn sie sieht ihn nicht und kennt ihn nicht. Ihr kennt ihn, denn er bleibt bei euch und wird in euch sein.
Johannes Kapitel 14 Vers 16 f

Wenn aber der Tröster kommen wird, den ich euch senden werde vom Vater, der Geist der Wahrheit, der vom Vater ausgeht, der wird Zeugnis geben von mir.
Johannes Kapitel 15 Vers 26

Wenn aber jener, der Geist der Wahrheit, kommen wird, wird er euch in alle Wahrheit leiten. Denn er wird nicht aus sich selber reden; sondern was er hören wird, das wird er reden, und was zukünftig ist, wird er euch verkündigen.
Johannes Kapitel 16 Vers 13

Heilige sie in der Wahrheit; dein Wort ist die Wahrheit. Wie du mich gesandt hast in die Welt, so sende ich sie auch in die Welt. Ich heilige mich selbst für sie, damit auch sie geheiligt seien in der Wahrheit.
Johannes Kapitel 17 Vers 17-19

Ich bin dazu geboren und in die Welt gekommen, daß ich die Wahrheit bezeugen soll. Wer aus der Wahrheit ist, der hört meine Stimme.
Johannes Kapitel 18 Vers 37

WAISE
Ich will euch nicht als Waisen zurücklassen; ich komme zu euch.
Johannes Kapitel 14 Vers 18

WANDELN
Ich bin das Licht der Welt. Wer mir nachfolgt, der wird nicht wandeln in der Finsternis, sondern wird das Licht des Lebens haben.
Johannes Kapitel 8 Vers 12

Es ist das Licht noch eine kleine Zeit bei euch. Wandelt, solange ihr das Licht habt, damit euch die Finsternis nicht überfalle. Wer in der Finsternis wandelt, der weiß nicht, wo er hingeht.
Johannes Kapitel 12 Vers 35

WANDERN
Doch muß ich heute und morgen und am folgenden Tage noch wandern; denn es geht nicht an, daß ein Prophet umkomme außerhalb von Jerusalem.
Lukas Kapitel 13 Vers 33

WANKEN
Sogleich aber nach der Bedrängnis jener Zeit wird die Sonne sich verfinstern und der Mond seinen Schein verlieren, und die Sterne werden vom Himmel fallen, und die Kräfte der Himmel werden ins Wanken kommen.
Matthäus Kapitel 24 Vers 29

WARTEN
Laßt eure Lenden umgürtet sein und eure Lichter brennen und seid gleich den Menschen, die auf ihren Herrn warten, wann er aufbrechen wird von der Hochzeit, damit, wenn er kommt und anklopft, sie ihm sogleich auftun.
Lukas Kapitel 12 Vers 35 f

WASCHEN
Wenn du aber fastest, so salbe dein Haupt und wasche dein Gesicht.
Matthäus Kapitel 6 Vers 17

Wenn ich dich nicht wasche, so hast du kein Teil an mir.
Johannes Kapitel 13 Vers 8

Wenn nun ich, euer Herr und Meister, euch die Füße gewaschen habe, so sollt auch ihr euch untereinander die Füße waschen.
Johannes Kapitel 13 Vers 14

WASSER
Wer diese meine Rede hört und tut sie, der gleicht einem klugen Mann, der sein Haus auf Fels baute. Als nun ein Platzregen fiel und die Wasser kamen und die Winde wehten und stießen an das Haus, fiel es doch nicht ein; denn es war auf Fels gegründet.
Matthäus Kapitel 7 Vers 24 f

Wer euch einen Becher Wasser zu trinken gibt deshalb, weil ihr Christus angehört, wahrlich, ich sage euch: Es wird ihm nicht unvergolten bleiben.
Markus Kapitel 9 Vers 41
Matthäus Kapitel 10 Vers 42

Siehst du diese Frau? Ich bin in dein Haus gekommen; du hast mir kein Wasser für meine Füße gegeben; diese aber hat meine Füße mit Tränen benetzt und mit ihren Haaren getrocknet.
Lukas Kapitel 7 Vers 44

Vater Abraham, erbarme dich meiner und sende Lazarus, damit er die Spitze seines Fingers ins Wasser tauche und mir die Zunge kühle; denn ich leide Pein in diesen Flammen.
Lukas Kapitel 16 Vers 24

Füllt die Wasserkrüge mit Wasser! – Schöpft nun und bringt's dem Speisemeister!
Johannes Kapitel 2 Vers 7 f

Wahrlich, wahrlich, ich sage dir: Es sei denn, daß jemand geboren werde aus Wasser und Geist, so kann er nicht in das Reich Gottes kommen.
Johannes Kapitel 3 Vers 5

Wenn du erkenntest die Gabe Gottes und wer der ist, der zu dir sagt: Gib mir zu trinken!, du bätest ihn, und der gäbe dir lebendiges Wasser. Wer von diesem Wasser trinkt, den wird wieder dürsten; wer aber von dem Wasser trinken wird, das ich ihm gebe, den wird in Ewigkeit nicht dürsten, sondern das Wasser, das ich ihm geben werde, das wird in ihm eine Quelle des Wassers werden, das in das ewige Leben quillt.
Johannes Kapitel 4 Vers 10, 13 und 14

Wer an mich glaubt, wie die Schrift sagt, von dessen Leib werden Ströme lebendigen Wassers fließen.
Johannes Kapitel 7 Vers 38

WEG

Vertrage dich mit deinem Gegner sogleich, solange du noch mit ihm auf dem Weg bist, damit dich der Gegner nicht dem Richter überantworte und der Richter dem Gerichtsdiener und du ins Gefängnis geworfen werdest.
Matthäus Kapitel 5 Vers 25

Geht hinein durch die enge Pforte. Denn die Pforte ist weit, und der Weg ist breit, der zur Verdammnis führt, und viele sind's, die auf ihm hineingehen. Wie eng ist die Pforte und wie schmal der Weg, der zum Leben führt, und wenige sind's, die ihn finden!
Matthäus Kapitel 7 Vers 13 f

Geht nicht den Weg zu den Heiden und zieht in keine Stadt der Samariter.
Matthäus Kapitel 10 Vers 5

Siehe, es ging ein Sämann aus, zu säen. Und indem er säte, fiel einiges auf den Weg; da kamen die Vögel und fraßen's auf.
Matthäus Kapitel 13 Vers 3 f

Wenn jemand das Wort von dem Reich hört und nicht versteht, so kommt der Böse und reißt hinweg, was in sein Herz gesät ist; das ist der, bei dem auf den Weg gesät ist.
Matthäus Kapitel 13 Vers 19
Markus Kapitel 4 Vers 15

Das Volk jammert mich; denn sie harren nun schon drei Tage bei mir aus und haben nichts zu essen; und ich will sie nicht hungrig gehen lassen, damit sie nicht verschmachten auf dem Wege.
Matthäus Kapitel 15 Vers 32

Johannes kam zu euch und lehrte euch den rechten Weg, und ihr glaubtet ihm nicht; aber die Zöllner und Huren glaubten ihm. Und obwohl ihr's saht, tatet ihr dennoch nicht Buße, so daß ihr ihm dann auch geglaubt hättet.
Matthäus Kapitel 21 Vers 32

Kann auch ein Blinder einem Blinden den Weg weisen? Werden sie nicht alle beide in die Grube fallen?
Lukas Kapitel 6 Vers 39

Und wo ich hingehe, den Weg wißt ihr.
Johannes Kapitel 14 Vers 4

Ich bin der Weg und die Wahrheit und das Leben; niemand kommt zum Vater denn durch mich.
Johannes Kapitel 14 Vers 6

WEGGEHEN
Wollt ihr auch weggehen?
Johannes Kapitel 6 Vers 67

Aber ich sage euch die Wahrheit: Es ist gut für euch, daß ich weggehe. Denn wenn ich nicht weggehe, kommt der Tröster nicht zu euch. Wenn ich aber gehe, will ich ihn zu euch senden.
Johannes Kapitel 16 Vers 7

WEHEN
Das alles aber ist der Anfang der Wehen. Dann werden sie euch der Bedrängnis preisgeben und euch töten. Und ihr werdet gehaßt werden um meines Namens willen von allen Völkern.
Matthäus Kapitel 24 Vers 8 f

WEHKLAGEN
Und dann wird erscheinen das Zeichen des Menschensohns am Himmel. Und dann werden wehklagen alle Geschlechter auf Erden und werden sehen den Menschensohn kommen auf den Wolken des Himmels mit großer Kraft und Herrlichkeit.
Matthäus Kapitel 24 Vers 30

WEHREN
Lasset die Kinder und wehret ihnen nicht, zu mir zu kommen; denn solchen gehört das Himmelreich.
Matthäus Kapitel 19 Vers 14

WEICHEN
Dann werde ich ihnen bekennen: Ich habe euch noch nie gekannt; weicht von mir, ihr Übeltäter!
Matthäus Kapitel 7 Vers 23

WEIDE
Ich bin die Tür; wenn jemand durch mich hineingeht, wird er selig werden und wird ein- und ausgehen und Weide finden.
Johannes Kapitel 10 Vers 9

WEIDEN
Simon, Sohn des Johannes, hast du mich lieber, als mich diese haben? – Weide meine Lämmer! – Simon, Sohn des Johannes, hast du mich lieb? – Weide meine Schafe! – Simon, Sohn des Johannes, hast du mich lieb? – Weide meine Schafe!
Johannes Kapitel 21 Vers 15-17

WEIN
Man füllt auch nicht neuen Wein in alte Schläuche; sonst zerreißen die Schläuche, und der Wein wird verschüttet, und die Schläuche verderben. Sondern man füllt neuen Wein in neue Schläuche, so bleiben beide miteinander erhalten.
Matthäus Kapitel 9 Vers 17
Markus Kapitel 2 Vers 22
Lukas Kapitel 5 Vers 37

Johannes der Täufer ist gekommen und aß kein Brot und trank keinen Wein; so sagt ihr: Er ist besessen.
Lukas Kapitel 7 Vers 33

Er ging zu ihm, goß Öl und Wein auf seine Wunden und verband sie ihm, hob ihn auf sein Tier und brachte ihn in eine Herberge und pflegte ihn.
Lukas Kapitel 10 Vers 34

WEINBERG
Das Himmelreich gleicht einem Hausherrn, der früh am Morgen ausging, um Arbeiter für seinen Weinberg einzustellen. Und als er mit den Arbeitern einig wurde über einen Silbergroschen als Tagelohn, sandte er sie in seinen Weinberg. Und er ging aus um die dritte Stunde und sah andere müßig auf dem Markt stehen und sprach zu ihnen: Geht ihr auch hin in den Weinberg; ich will euch geben, was recht ist. Und sie gingen hin. Abermals ging er aus um die sechste und um die neunte Stunde und tat dasselbe. Um die elfte Stunde aber ging er aus und fand andere und sprach zu ihnen: Was steht ihr den ganzen Tag müßig da? Sie sprachen zu ihm: Es hat uns niemand eingestellt. Er sprach zu ihnen: Geht ihr auch hin in

den Weinberg. Als es nun Abend wurde, sprach der Herr des Weinbergs zu seinem Verwalter: Ruf die Arbeiter und gib ihnen den Lohn und fang an bei den letzten bis zu den ersten. Da kamen, die um die elfte Stunde eingestellt waren, und jeder empfing seinen Silbergroschen. Als aber die ersten kamen, meinten sie, sie würden mehr empfangen; und auch sie empfingen ein jeder seinen Silbergroschen. Und als sie den empfingen, murrten sie gegen den Hausherrn und sprachen: Diese letzten haben nur eine Stunde gearbeitet, doch du hast sie uns gleichgestellt, die wir des Tages Last und Hitze getragen haben. Er antwortete aber und sagte zu einem von ihnen: Mein Freund, ich tu dir nicht Unrecht. Bist du nicht mit mir einig geworden über einen Silbergroschen? Nimm, was dein ist, und geh! Ich will aber diesem letzten dasselbe geben wie dir. Oder habe ich nicht Macht zu tun, was ich will, mit dem, was mein ist? Siehst du scheel drein, weil ich so gütig bin?
Matthäus Kapitel 20 Vers 1-15

Was meint ihr aber? Es hatte ein Mann zwei Söhne und ging zu dem ersten und sprach: Mein Sohn, geh hin und arbeite heute im Weinberg. Er antwortete aber und sprach: Nein, ich will nicht. Danach reute es ihn, und er ging hin. Und der Vater ging zum zweiten Sohn und sagte dasselbe. Der aber antwortete und sprach: Ja, Herr! und ging nicht hin. Wer von den beiden hat des Vaters Willen getan?
Matthäus Kapitel 21 Vers 28-31

Hört ein anderes Gleichnis: Es war ein Hausherr, der pflanzte einen Weinberg und zog einen Zaun darum und grub eine Kelter darin und baute einen Turm und verpachtete ihn an Weingärtner und ging außer Landes.
Matthäus Kapitel 21 Vers 33
Markus Kapitel 12 Vers 1

Was wird nun der Herr des Weinbergs tun? Er wird kommen und die Weingärtner umbringen und den Weinberg andern geben.
Markus Kapitel 12 Vers 9

Es hatte einer einen Feigenbaum, der war gepflanzt in seinem Weinberg, und er kam und suchte Frucht darauf und fand keine.
Lukas Kapitel 13 Vers 6

WEINEN
Wir haben euch aufgespielt, und ihr wolltet nicht tanzen; wir haben Klagelieder gesungen, und ihr wolltet nicht weinen.
Matthäus Kapitel 11 Vers 17

Selig seid ihr, die ihr jetzt weint; denn ihr werdet lachen.
Lukas Kapitel 6 Vers 21

Weh euch, die ihr jetzt lacht! Denn ihr werdet weinen und klagen.
Lukas Kapitel 6 Vers 25

Ihr Töchter von Jerusalem, weint nicht über mich, sondern weint über euch selbst und über eure Kinder.
Lukas Kapitel 23 Vers 28

Wahrlich, wahrlich, ich sage euch: Ihr werdet weinen und klagen, aber die Welt wird sich freuen; ihr werdet traurig sein, doch eure Traurigkeit soll in Freude verwandelt werden.
Johannes Kapitel 16 Vers 20

WEINGÄRTNER

Ein Mensch pflanzte einen Weinberg und zog einen Zaun darum und grub eine Kelter und baute einen Turm und verpachtete ihn an Weingärtner und ging außer Landes. Und er sandte, als die Zeit kam, einen Knecht zu den Weingärtnern, damit er von den Weingärtnern seinen Anteil an den Früchten des Weinbergs hole. Sie nahmen ihn aber, schlugen ihn und schickten ihn mit leeren Händen fort. Abermals sandte er zu ihnen einen andern Knecht; dem schlugen sie auf den Kopf und schmähten ihn. Und er sandte noch einen andern, den töteten sie; und viele andere: die einen schlugen sie, die andern töteten sie. Da hatte er noch einen, seinen geliebten Sohn; den sandte er als letzten auch zu ihnen und sagte sich: Sie werden sich vor meinem Sohn scheuen. Sie aber, die Weingärtner, sprachen untereinander: Dies ist der Erbe; kommt, laßt uns ihn töten, so wird das Erbe unser sein! Und sie nahmen ihn und töteten ihn und warfen ihn hinaus vor den Weinberg. Was wird nun der Herr des Weinbergs tun? Er wird kommen und die Weingärtner umbringen und den Weinberg andern geben.
Markus Kapitel 12 Vers 1-9
Matthäus Kapitel 21 Vers 33-46
Lukas Kapitel 20 Vers 9-19

Ich bin der wahre Weinstock, und mein Vater der Weingärtner.
Johannes Kapitel 15 Vers 1

WEINSÄUFER

Johannes ist gekommen, aß nicht und trank nicht; so sagen sie: Er ist besessen. Der Menschensohn ist gekommen, ißt und trinkt; so sagen sie: Siehe, was ist dieser Mensch für ein Fresser und Weinsäufer, ein Freund der Zöllner und Sünder! Und doch ist die Weisheit gerechtfertigt worden aus ihren Werken.
Matthäus Kapitel 11 Vers 18 f

WEINSTOCK

Ich sage euch, daß ich nicht mehr trinken werde vom Gewächs des Weinstocks bis an den Tag, an dem ich aufs neue davon trinke im Reich Gottes.
Markus Kapitel 14 Vers 25
Matthäus Kapitel 26 Vers 29

Ich bin der wahre Weinstock, und mein Vater der Weingärtner. Eine jede Rebe an mir, die keine Frucht bringt, wird er wegnehmen; und eine jede, die Frucht bringt, wird er reinigen, daß sie mehr Frucht bringe. Ihr seid schon rein um des Wortes willen, das ich zu euch geredet habe. Bleibt in mir und ich in euch. Wie die Rebe keine Frucht bringen kann aus sich selbst, wenn sie nicht am Weinstock bleibt, so auch ihr nicht, wenn ihr nicht in mir bleibt. Ich bin der Weinstock, ihr seid die Reben. Wer in mir bleibt und ich in ihm, der bringt viel Frucht; denn ohne mich könnt ihr nichts tun. Wer nicht in mir bleibt, der wird weggeworfen wie eine Rebe und verdorrt, und man sammelt sie und wirft sie ins Feuer, und sie müssen brennen. Wenn ihr in mir bleibt und meine Worte in euch bleiben, werdet ihr bitten, was ihr wollt, und es wird euch widerfahren. Darin wird mein Vater verherrlicht, daß ihr viel Frucht bringt und werdet meine Jünger.
Johannes Kapitel 15 Vers 1-8

WEISE

Ich preise dich, Vater, Herr des Himmels und der Erde, weil du dies den Weisen und Klugen verborgen hast und hast es den Unmündigen offenbart.
Matthäus Kapitel 11 Vers 25
Lukas Kapitel 10 Vers 21

Darum: siehe, ich sende zu euch Propheten und Weise und Schriftgelehrte; und von ihnen werdet ihr einige töten und kreuzigen, und einige werdet ihr geißeln in euren Synagogen und werdet sie verfolgen von einer Stadt zur andern.
Matthäus Kapitel 23 Vers 34

WEISHEIT

Der Menschensohn ist gekommen, ißt und trinkt; so sagen sie: Siehe, was ist dieser Mensch für ein Fresser und Weinsäufer, ein Freund der Zöllner und Sünder! Und doch ist die Weisheit gerechtfertigt worden aus ihren Werken.
Matthäus Kapitel 11 Vers 19

Darum spricht die Weisheit Gottes: Ich will Propheten und Apostel zu ihnen senden, und einige von ihnen werden sie töten und verfolgen, damit

gefordert werde von diesem Geschlecht das Blut aller Propheten, das vergossen ist seit Erschaffung der Welt.
Lukas Kapitel 11 Vers 49 f

Denn ich will euch Mund und Weisheit geben, der alle eure Gegner nicht widerstehen noch widersprechen können.
Lukas Kapitel 21 Vers 15

WEISSAGEN
Es werden viele zu mir sagen an jenem Tage: Herr, Herr, haben wir nicht in deinem Namen geweissagt? Haben wir nicht in deinem Namen böse Geister ausgetrieben? Haben wir nicht in deinem Namen viele Wunder getan? Dann werde ich ihnen bekennen: Ich habe euch noch nie gekannt; weicht von mir, ihr Übeltäter!
Matthäus Kapitel 7 Vers 22 f

Denn alle Propheten und das Gesetz haben geweissagt bis hin zu Johannes; und wenn ihr's annehmen wollt: er ist Elia, der da kommen soll.
Matthäus Kapitel 11 Vers 13 f

WEIZEN
Das Himmelreich gleicht einem Menschen, der guten Samen auf seinen Acker säte. Als aber die Leute schliefen, kam sein Feind und säte Unkraut zwischen den Weizen und ging davon. Als nun die Saat wuchs und Frucht brachte, da fand sich auch das Unkraut. Da traten die Knechte zu dem Hausvater und sprachen: Herr, hast du nicht guten Samen auf deinen Acker gesät? Woher hat er denn das Unkraut? Er sprach zu ihnen: Das hat ein Feind getan. Da sprachen die Knechte: Willst du denn, daß wir hingehen und es ausjäten? Er sprach: Nein! damit ihr nicht zugleich den Weizen mit ausrauft, wenn ihr das Unkraut ausjätet. Laßt beides miteinander wachsen bis zur Ernte; und um die Erntezeit will ich zu den Schnittern sagen: Sammelt zuerst das Unkraut und bindet es in Bündel, damit man es verbrenne; aber den Weizen sammelt mir in meine Scheune.
Matthäus Kapitel 13 Vers 24-30

Mit dem Reich Gottes ist es so, wie wenn ein Mensch Samen aufs Land wirft und schläft und aufsteht, Nacht und Tag; und der Same geht auf und wächst – er weiß nicht, wie. Denn von selbst bringt die Erde Frucht, zuerst den Halm, danach die Ähre, danach den vollen Weizen in der Ähre.
Markus Kapitel 4 Vers 26-28

Simon, Simon, siehe, der Satan hat begehrt, euch zu sieben wie den Weizen. Ich aber habe für dich gebeten, daß dein Glaube nicht aufhöre. Und wenn du dereinst dich bekehrst, so stärke deine Brüder.
Lukas Kapitel 22 Vers 31 f

WEIZENKORN

Wahrlich, wahrlich, ich sage euch: Wenn das Weizenkorn nicht in die Erde fällt und erstirbt, bleibt es allein; wenn es aber erstirbt, bringt es viel Frucht.
Johannes Kapitel 12 Vers 24

WELT

Ihr seid das Licht der Welt. Es kann die Stadt, die auf einem Berge liegt, nicht verborgen sein.
Matthäus Kapitel 5 Vers 14

Und wer etwas redet gegen den Menschensohn, dem wird es vergeben; aber wer etwas redet gegen den heiligen Geist, dem wird's nicht vergeben, weder in dieser noch in jener Welt.
Matthäus Kapitel 12 Vers 32

Bei dem aber unter die Dornen gesät ist, das ist, der das Wort hört, und die Sorge der Welt und der betrügerische Reichtum ersticken das Wort, und er bringt keine Frucht.
Matthäus Kapitel 13 Vers 22

Der Acker ist die Welt. Der gute Same sind die Kinder des Reichs. Das Unkraut sind die Kinder des Bösen. Der Feind, der es sät, ist der Teufel. Die Ernte ist das Ende der Welt. Die Schnitter sind die Engel. Wie man nun das Unkraut ausjätet und mit Feuer verbrennt, so wird's auch am Ende der Welt gehen.
Matthäus Kapitel 13 Vers 38 f

So wird es auch am Ende der Welt gehen: die Engel werden ausgehen und die Bösen von den Gerechten scheiden
Matthäus Kapitel 13 Vers 49

Was hülfe es dem Menschen, wenn er die ganze Welt gewönne und nähme doch Schaden an seiner Seele? Oder was kann der Mensch geben, womit er seine Seele auslöse?
Matthäus Kapitel 16 Vers 26
Markus Kapitel 8 Vers 36
Lukas Kapitel 9 Vers 25

Weh der Welt der Verführungen wegen! Es müssen ja Verführungen kommen; doch weh dem Menschen, der zum Abfall verführt!
Matthäus Kapitel 18 Vers 7

Und es wird gepredigt werden dies Evangelium vom Reich in der ganzen Welt zum Zeugnis für alle Völker, und dann wird das Ende kommen.
Matthäus Kapitel 24 Vers 14

Ich bin bei euch alle Tage bis an der Welt Ende.
Matthäus Kapitel 28 Vers 20

Gehet hin in alle Welt und predigt das Evangelium aller Kreatur.
Markus Kapitel 16 Vers 15

Und der Herr lobte den ungetreuen Verwalter, weil er klug gehandelt hatte; denn die Kinder dieser Welt sind unter ihresgleichen klüger als die Kinder des Lichts.
Lukas Kapitel 16 Vers 8

Die Kinder dieser Welt heiraten und lassen sich heiraten. Welche aber gewürdigt werden, jene Welt zu erlangen und die Auferstehung von den Toten, die werden weder heiraten noch sich heiraten lassen.
Lukas Kapitel 20 Vers 34 f

Also hat Gott die Welt geliebt, daß er seinen eingeborenen Sohn gab, damit alle, die an ihn glauben, nicht verloren werden, sondern das ewige Leben haben. Denn Gott hat seinen Sohn nicht in die Welt gesandt, daß er die Welt richte, sondern daß die Welt durch ihn gerettet werde.
Johannes Kapitel 3 Vers 16 f

Das ist aber das Gericht, daß das Licht in die Welt gekommen ist, und die Menschen liebten die Finsternis mehr als das Licht, denn ihre Werke waren böse.
Johannes Kapitel 3 Vers 19

Denn Gottes Brot ist das, das vom Himmel kommt und gibt der Welt das Leben.
Johannes Kapitel 6 Vers 33

Ich bin das lebendige Brot, das vom Himmel gekommen ist. Wer von diesem Brot ißt, der wird leben in Ewigkeit. Und dieses Brot ist mein Fleisch, das ich geben werde für das Leben der Welt.
Johannes Kapitel 6 Vers 51

Die Welt kann euch nicht hassen. Mich aber haßt sie, denn ich bezeuge von ihr, daß ihre Werke böse sind.
Johannes Kapitel 7 Vers 7

Ich bin das Licht der Welt. Wer mir nachfolgt, der wird nicht wandeln in der Finsternis, sondern wird das Licht des Lebens haben.
Johannes Kapitel 8 Vers 12

Ihr seid von unten her, ich bin von oben her; ihr seid von dieser Welt, ich bin nicht von dieser Welt.
Johannes Kapitel 8 Vers 23

Ich habe viel von euch zu reden und zu richten. Aber der mich gesandt hat, ist wahrhaftig, und was ich von ihm gehört habe, das rede ich zu der Welt.
Johannes Kapitel 8 Vers 26

Solange ich in der Welt bin, bin ich das Licht der Welt.
Johannes Kapitel 9 Vers 5

Ich bin zum Gericht in diese Welt gekommen, damit, die nicht sehen, sehend werden, und die sehen, blind werden.
Johannes Kapitel 9 Vers 39

Steht nicht geschrieben in eurem Gesetz: »Ich habe gesagt: Ihr seid Götter«? Wenn er die Götter nennt, zu denen das Wort Gottes geschah, – und die Schrift kann doch nicht gebrochen werden – wie sagt ihr dann zu dem, den der Vater geheiligt und in die Welt gesandt hat: Du lästerst Gott –, weil ich sage: Ich bin Gottes Sohn?
Johannes Kapitel 10 Vers 34-36

Wer sein Leben lieb hat, der wird's verlieren; und wer sein Leben auf dieser Welt haßt, der wird's erhalten zum ewigen Leben.
Johannes Kapitel 12 Vers 25

Jetzt ergeht das Gericht über diese Welt; nun wird der Fürst dieser Welt ausgestoßen werden. Und ich, wenn ich erhöht werde von der Erde, so will ich alle zu mir ziehen.
Johannes Kapitel 12 Vers 31 f

Ich bin in die Welt gekommen als ein Licht, damit, wer an mich glaubt, nicht in der Finsternis bleibe. Und wer meine Worte hört und bewahrt sie nicht, den werde ich nicht richten; denn ich bin nicht gekommen, daß ich die Welt richte, sondern daß ich die Welt rette.
Johannes Kapitel 12 Vers 46 f

Den Frieden lasse ich euch, meinen Frieden gebe ich euch. Nicht gebe ich euch, wie die Welt gibt. Euer Herz erschrecke nicht und fürchte sich nicht.
Johannes Kapitel 14 Vers 27

Ich werde nicht mehr viel mit euch reden, denn es kommt der Fürst dieser Welt. Er hat keine Macht über mich; aber die Welt soll erkennen, daß ich

den Vater liebe und tue, wie mir der Vater geboten hat. Steht auf und laßt uns von hier weggehen.
Johannes Kapitel 14 Vers 30 f

Wenn euch die Welt haßt, so wißt, daß sie mich vor euch gehaßt hat.
Johannes Kapitel 15 Vers 18

Wäret ihr von der Welt, so hätte die Welt das Ihre lieb. Weil ihr aber nicht von der Welt seid, sondern ich euch aus der Welt erwählt habe, darum haßt euch die Welt.
Johannes Kapitel 15 Vers 19

Ich bin vom Vater ausgegangen und in die Welt gekommen; ich verlasse die Welt wieder und gehe zum Vater.
Johannes Kapitel 16 Vers 28

Das habe ich mit euch geredet, damit ihr in mir Frieden habt. In der Welt habt ihr Angst; aber seid getrost, ich habe die Welt überwunden.
Johannes Kapitel 16 Vers 33

Und nun, Vater, verherrliche du mich bei dir mit der Herrlichkeit, die ich bei dir hatte, ehe die Welt war. Ich habe deinen Namen den Menschen offenbart, die du mir aus der Welt gegeben hast. Sie waren dein, und du hast sie mir gegeben, und sie haben dein Wort bewahrt.
Johannes Kapitel 17 Vers 5 f

Ich bitte für sie und bitte nicht für die Welt, sondern für die, die du mir gegeben hast; denn sie sind dein. Ich bin nicht mehr in der Welt; sie aber sind in der Welt, und ich komme zu dir. Heiliger Vater, erhalte sie in deinem Namen, den du mir gegeben hast, daß sie eins seien wie wir.
Johannes Kapitel 17 Vers 9 und 11

Nun aber komme ich zu dir und rede dies in der Welt, damit meine Freude in ihnen vollkommen sei. Ich habe ihnen dein Wort gegeben, und die Welt hat sie gehaßt; denn sie sind nicht von der Welt, wie auch ich nicht von der Welt bin. Ich bitte dich nicht, daß du sie aus der Welt nimmst, sondern daß du sie bewahrst vor dem Bösen. Sie sind nicht von der Welt, wie auch ich nicht von der Welt bin. Heilige sie in der Wahrheit; dein Wort ist die Wahrheit.Wie du mich gesandt hast in die Welt, so sende ich sie auch in die Welt.
Johannes Kapitel 17 Vers 13-18

Vater, ich will, daß, wo ich bin, auch die bei mir seien, die du mir gegeben hast, damit sie meine Herrlichkeit sehen, die du mir gegeben hast; denn du hast mich geliebt, ehe der Grund der Welt gelegt war. Gerechter

Vater, die Welt kennt dich nicht; ich aber kenne dich, und diese haben erkannt, daß du mich gesandt hast.
Johannes Kapitel 17 Vers 24 f

Ich habe frei und offen vor aller Welt geredet. Ich habe allezeit gelehrt in der Synagoge und im Tempel, wo alle Juden zusammenkommen, und habe nichts im Verborgenen geredet.
Johannes Kapitel 18 Vers 20

Mein Reich ist nicht von dieser Welt. Wäre mein Reich von dieser Welt, meine Diener würden darum kämpfen, daß ich den Juden nicht überantwortet würde; nun aber ist mein Reich nicht von dieser Welt. Ich bin dazu geboren und in die Welt gekommen, daß ich die Wahrheit bezeugen soll. Wer aus der Wahrheit ist, der hört meine Stimme.
Johannes Kapitel 18 Vers 36 f

WENIG/WENIGE

Wie eng ist die Pforte und wie schmal der Weg, der zum Leben führt, und wenige sind's, die ihn finden!
Matthäus Kapitel 7 Vers 14

Da sprach er zu seinen Jüngern: Die Ernte ist groß, aber wenige sind der Arbeiter.
Matthäus Kapitel 9 Vers 37

Ein Prophet gilt nirgends weniger als in seinem Vaterland und in seinem Hause.
Matthäus Kapitel 13 Vers 57

So werden die Letzten die Ersten und die Ersten die Letzten sein. Denn viele sind berufen, aber wenige sind auserwählt.
Matthäus Kapitel 20 Vers 16

Da sprach sein Herr zu ihm: Recht so, du tüchtiger und treuer Knecht, du bist über wenigem treu gewesen, ich will dich über viel setzen; geh hinein zu deines Herrn Freude!
Matthäus Kapitel 25 Vers 21

Geht ihr allein an eine einsame Stätte und ruht ein wenig. Denn es waren viele, die kamen und gingen, und sie hatten nicht Zeit genug zum Essen.
Markus Kapitel 6 Vers 31

Deshalb sage ich dir: Ihre vielen Sünden sind vergeben, denn sie hat viel Liebe gezeigt; wem aber wenig vergeben wird, der liebt wenig.
Lukas Kapitel 7 Vers 47

Wer ihn aber nicht kennt und getan hat, was Schläge verdient, wird wenig Schläge erleiden. Denn wem viel gegeben ist, bei dem wird man viel suchen; und wem viel anvertraut ist, von dem wird man um so mehr fordern.
Lukas Kapitel 12 Vers 48

WERK

So laßt euer Licht leuchten vor den Leuten, damit sie eure guten Werke sehen und euren Vater im Himmel preisen.
Matthäus Kapitel 5 Vers 16

Der Menschensohn ist gekommen, ißt und trinkt; so sagen sie: Siehe, was ist dieser Mensch für ein Fresser und Weinsäufer, ein Freund der Zöllner und Sünder! Und doch ist die Weisheit gerechtfertigt worden aus ihren Werken.
Matthäus Kapitel 11 Vers 19

Alles nun, was sie euch sagen, das tut und haltet; aber nach ihren Werken sollt ihr nicht handeln; denn sie sagen's zwar, tun's aber nicht.
Matthäus Kapitel 23 Vers 3

Was betrübt ihr die Frau? Sie hat ein gutes Werk an mir getan.
Matthäus Kapitel 26 Vers 10

Das ist aber das Gericht, daß das Licht in die Welt gekommen ist, und die Menschen liebten die Finsternis mehr als das Licht, denn ihre Werke waren böse. Wer Böses tut, der haßt das Licht und kommt nicht zu dem Licht, damit seine Werke nicht aufgedeckt werden. Wer aber die Wahrheit tut, der kommt zu dem Licht, damit offenbar wird, daß seine Werke in Gott getan sind.
Johannes Kapitel 3 Vers 19-21

Meine Speise ist die, daß ich tue den Willen dessen, der mich gesandt hat, und vollende sein Werk.
Johannes Kapitel 4 Vers 34

Denn der Vater hat den Sohn lieb und zeigt ihm alles, was er tut, und wird ihm noch größere Werke zeigen, so daß ihr euch verwundern werdet.
Johannes Kapitel 5 Vers 20

Ich aber habe ein größeres Zeugnis als das des Johannes; denn die Werke, die mir der Vater gegeben hat, damit ich sie vollende, eben diese Werke, die ich tue, bezeugen von mir, daß mich der Vater gesandt hat.
Johannes Kapitel 5 Vers 36

Das ist Gottes Werk, daß ihr an den glaubt, den er gesandt hat.
Johannes Kapitel 6 Vers 29

Die Welt kann euch nicht hassen. Mich aber haßt sie, denn ich bezeuge von ihr, daß ihre Werke böse sind.
Johannes Kapitel 7 Vers 7

Ihr tut die Werke eures Vaters.
Johannes Kapitel 8 Vers 41

Es hat weder dieser gesündigt noch seine Eltern, sondern es sollen die Werke Gottes offenbar werden an ihm. Wir müssen die Werke dessen wirken, der mich gesandt hat, solange es Tag ist; es kommt die Nacht, da niemand wirken kann.
Johannes Kapitel 9 Vers 3 f

Viele gute Werke habe ich euch erzeigt vom Vater; um welches dieser Werke willen wollt ihr mich steinigen?
Johannes Kapitel 10 Vers 32

Tue ich nicht die Werke meines Vaters, so glaubt mir nicht.
Johannes Kapitel 10 Vers 37

Glaubst du nicht, daß ich im Vater bin und der Vater in mir? Die Worte, die ich zu euch rede, die rede ich nicht von mir selbst aus. Und der Vater, der in mir wohnt, der tut seine Werke. Glaubt mir, daß ich im Vater bin und der Vater in mir; wenn nicht, so glaubt mir doch um der Werke willen. Wahrlich, wahrlich, ich sage euch: Wer an mich glaubt, der wird die Werke auch tun, die ich tue, und er wird noch größere als diese tun; denn ich gehe zum Vater.
Johannes Kapitel 14 Vers 10-12

Hätte ich nicht die Werke getan unter ihnen, die kein anderer getan hat, so hätten sie keine Sünde. Nun aber haben sie es gesehen, und doch hassen sie mich und meinen Vater.
Johannes Kapitel 15 Vers 24

Ich habe dich verherrlicht auf Erden und das Werk vollendet, das du mir gegeben hast, damit ich es tue.
Johannes Kapitel 17 Vers 4

WESTEN
Aber ich sage euch: Viele werden kommen von Osten und von Westen und mit Abraham und Isaak und Jakob im Himmelreich zu Tisch sitzen.
Matthäus Kapitel 8 Vers 11

Denn wie der Blitz ausgeht vom Osten und leuchtet bis zum Westen, so wird auch das Kommen des Menschensohns sein.
Matthäus Kapitel 24 Vers 27

WETTERWENDISCH
Bei dem aber auf felsigen Boden gesät ist, das ist, der das Wort hört und es gleich mit Freuden aufnimmt; aber er hat keine Wurzel in sich, sondern er ist wetterwendisch; wenn sich Bedrängnis oder Verfolgung erhebt um des Wortes willen, so fällt er gleich ab.
Matthäus Kapitel 13 Vers 20 f

WICHTIG
Weh euch, Schriftgelehrte und Pharisäer, ihr Heuchler, die ihr den Zehnten gebt von Minze, Dill und Kümmel und laßt das Wichtigste im Gesetz beiseite, nämlich das Recht, die Barmherzigkeit und den Glauben! Doch dies sollte man tun und jenes nicht lassen.
Matthäus Kapitel 23 Vers 23

WIDERFAHREN
Wahrlich, ich sage euch auch: Wenn zwei unter euch eins werden auf Erden, worum sie bitten wollen, so soll es ihnen widerfahren von meinem Vater im Himmel.
Matthäus Kapitel 18 Vers 19

Heute ist diesem Hause Heil widerfahren.
Lukas Kapitel 19 Vers 9

Siehe, du bist gesund geworden; sündige hinfort nicht mehr, daß dir nicht etwas Schlimmeres widerfahre.
Johannes Kapitel 5 Vers 14

Wenn ihr in mir bleibt und meine Worte in euch bleiben, werdet ihr bitten, was ihr wollt, und es wird euch widerfahren.
Johannes Kapitel 15 Vers 7

WIDERSPRECHEN
Denn ich will euch Mund und Weisheit geben, der alle eure Gegner nicht widerstehen noch widersprechen können.
Lukas Kapitel 21 Vers 15

WIDERSTREBEN
Ich aber sage euch, daß ihr nicht widerstreben sollt dem Übel, sondern: wenn dich jemand auf deine rechte Backe schlägt, dem biete die andere auch dar.
Matthäus Kapitel 5 Vers 39

WIEDERFINDEN

Du solltest aber fröhlich und guten Mutes sein; denn dieser dein Bruder war tot und ist wieder lebendig geworden, er war verloren und ist wiedergefunden.
Lukas Kapitel 15 Vers 32

WIEDERGEBURT

Wahrlich, ich sage euch: Ihr, die ihr mir nachgefolgt seid, werdet bei der Wiedergeburt, wenn der Menschensohn sitzen wird auf dem Thron seiner Herrlichkeit, auch sitzen auf zwölf Thronen und richten die zwölf Stämme Israels.
Matthäus Kapitel 19 Vers 28

WILLE

Dein Reich komme. Dein Wille geschehe wie im Himmel so auf Erden.
Matthäus Kapitel 6 Vers 10

Es werden nicht alle, die zu mir sagen: Herr, Herr!, in das Himmelreich kommen, sondern die den Willen tun meines Vaters im Himmel.
Matthäus Kapitel 7 Vers 21

Wer den Willen tut meines Vaters im Himmel, der ist mir Bruder und Schwester und Mutter.
Matthäus Kapitel 12 Vers 50
Markus Kapitel 3 Vers 35

So ist's auch nicht der Wille bei eurem Vater im Himmel, daß auch nur eines von diesen Kleinen verloren werde.
Matthäus Kapitel 18 Vers 14

Mein Vater, ist's nicht möglich, daß dieser Kelch an mir vorübergehe, ohne daß ich ihn trinke, so geschehe dein Wille!
Matthäus Kapitel 26 Vers 42
Lukas Kapitel 22 Vers 42

Der Knecht aber, der den Willen seines Herrn kennt, hat aber nichts vorbereitet noch nach seinem Willen getan, der wird viel Schläge erleiden müssen.
Lukas Kapitel 12 Vers 47

Meine Speise ist die, daß ich tue den Willen dessen, der mich gesandt hat, und vollende sein Werk.
Johannes Kapitel 4 Vers 34

Ich kann nichts von mir aus tun. Wie ich höre, so richte ich, und mein Gericht ist gerecht; denn ich suche nicht meinen Willen, sondern den Willen dessen, der mich gesandt hat.
Johannes Kapitel 5 Vers 30

Denn ich bin vom Himmel gekommen, nicht damit ich meinen Willen tue, sondern den Willen dessen, der mich gesandt hat.
Johannes Kapitel 6 Vers 38

Das ist aber der Wille dessen, der mich gesandt hat, daß ich nichts verliere von allem, was er mir gegeben hat, sondern daß ich's auferwecke am Jüngsten Tage. Denn das ist der Wille meines Vaters, daß, wer den Sohn sieht und glaubt an ihn, das ewige Leben habe; und ich werde ihn auferwecken am Jüngsten Tage.
Johannes Kapitel 6 Vers 39 f

Wenn jemand dessen Willen tun will, wird er innewerden, ob diese Lehre von Gott ist oder ob ich von mir selbst aus rede.
Johannes Kapitel 7 Vers 17

WIND

Wer diese meine Rede hört und tut sie, der gleicht einem klugen Mann, der sein Haus auf Fels baute. Als nun ein Platzregen fiel und die Wasser kamen und die Winde wehten und stießen an das Haus, fiel es doch nicht ein; denn es war auf Fels gegründet.
Matthäus Kapitel 7 Vers 24 f

Was seid ihr hinausgegangen in die Wüste zu sehen? Wolltet ihr ein Rohr sehen, das der Wind hin und her weht?
Matthäus Kapitel 11 Vers 7
Lukas Kapitel 7 Vers 24

Der Wind bläst, wo er will, und du hörst sein Sausen wohl; aber du weißt nicht, woher er kommt und wohin er fährt. So ist es bei jedem, der aus dem Geist geboren ist.
Johannes Kapitel 3 Vers 8

WINTER

Bittet aber, daß eure Flucht nicht geschehe im Winter oder am Sabbat.
Matthäus Kapitel 24 Vers 20

WIRKEN

Mein Vater wirkt bis auf diesen Tag, und ich wirke auch.
Johannes Kapitel 5 Vers 17

Wir müssen die Werke dessen wirken, der mich gesandt hat, solange es Tag ist; es kommt die Nacht, da niemand wirken kann.
Johannes Kapitel 9 Vers 4

WIRKLICH
Wenn euch nun der Sohn frei macht, so seid ihr wirklich frei.
Johannes Kapitel 8 Vers 36

WIRT
Am nächsten Tag zog er zwei Silbergroschen heraus, gab sie dem Wirt und sprach: Pflege ihn; und wenn du mehr ausgibst, will ich dir's bezahlen, wenn ich wiederkomme.
Lukas Kapitel 10 Vers 35

WISSEN
Wenn du aber Almosen gibst, so laß deine linke Hand nicht wissen, was die rechte tut.
Matthäus Kapitel 6 Vers 3

Darum fürchtet euch nicht vor ihnen. Es ist nichts verborgen, was nicht offenbar wird, und nichts geheim, was man nicht wissen wird.
Matthäus Kapitel 10 Vers 26

Ihr wißt nicht, was ihr bittet. Könnt ihr den Kelch trinken, den ich trinken werde?
Matthäus Kapitel 20 Vers 22

Darum wachet; denn ihr wißt nicht, an welchem Tag euer Herr kommt.
Matthäus Kapitel 24 Vers 42

Warum habt ihr mich gesucht? Wißt ihr nicht, daß ich sein muß in dem, was meines Vaters ist?
Lukas Kapitel 2 Vers 49

Wißt ihr nicht, welchen Geistes Kinder ihr seid? Der Menschensohn ist nicht gekommen, das Leben der Menschen zu vernichten, sondern zu erhalten.
Lukas Kapitel 9 Vers 55

Vater, vergib ihnen; denn sie wissen nicht, was sie tun!
Lukas Kapitel 23 Vers 34

Ihr wißt nicht, was ihr anbetet; wir wissen aber, was wir anbeten; denn das Heil kommt von den Juden.
Johannes Kapitel 4 Vers 22

Ich weiß, daß du mich allezeit hörst; aber um des Volkes willen, das umhersteht, sage ich's, damit sie glauben, daß du mich gesandt hast.
Johannes Kapitel 11 Vers 42

Es ist das Licht noch eine kleine Zeit bei euch. Wandelt, solange ihr das Licht habt, damit euch die Finsternis nicht überfalle. Wer in der Finsternis wandelt, der weiß nicht, wo er hingeht.
Johannes Kapitel 12 Vers 35

Das sage ich nicht von euch allen; ich weiß, welche ich erwählt habe. Aber es muß die Schrift erfüllt werden: »Der mein Brot ißt, tritt mich mit Füßen.«
Johannes Kapitel 13 Vers 18

Und wo ich hingehe, den Weg wißt ihr.
Johannes Kapitel 14 Vers 4

Ich sage hinfort nicht, daß ihr Knechte seid; denn ein Knecht weiß nicht, was sein Herr tut. Euch aber habe ich gesagt, daß ihr Freunde seid; denn alles, was ich von meinem Vater gehört habe, habe ich euch kundgetan.
Johannes Kapitel 15 Vers 15

WITWE

Weh euch, Schriftgelehrte und Pharisäer, ihr Heuchler, die ihr die Häuser der Witwen freßt und zum Schein lange Gebete verrichtet! Darum werdet ihr ein um so härteres Urteil empfangen.
Matthäus Kapitel 23 Vers 14

Wahrlich, ich sage euch: Diese arme Witwe hat mehr in den Gotteskasten gelegt als alle, die etwas eingelegt haben.
Markus Kapitel 12 Vers 43
Lukas Kapitel 21 Vers 3

Aber wahrhaftig, ich sage euch: Es waren viele Witwen in Israel zur Zeit des Elia, als der Himmel verschlossen war drei Jahre und sechs Monate und eine große Hungersnot herrschte im ganzen Lande, und zu keiner von ihnen wurde Elia gesandt als allein zu einer Witwe nach Sarepta im Gebiet von Sidon.
Lukas Kapitel 4 Vers 25 f

Es war ein Richter in einer Stadt, der fürchtete sich nicht vor Gott und scheute sich vor keinem Menschen. Es war aber eine Witwe in derselben Stadt, die kam zu ihm und sprach: Schaffe mir Recht gegen meinen Widersacher! Und er wollte lange nicht. Danach aber dachte er bei sich selbst: Wenn ich mich schon vor Gott nicht fürchte noch vor keinem Men-

schen scheue, will ich doch dieser Witwe, weil sie mir soviel Mühe macht, Recht schaffen, damit sie nicht zuletzt komme und mir ins Gesicht schlage. Hört, was der ungerechte Richter sagt! Sollte Gott nicht auch Recht schaffen seinen Auserwählten, die zu ihm Tag und Nacht rufen, und sollte er's bei ihnen lange hinziehen? Ich sage euch: Er wird ihnen Recht schaffen in Kürze. Doch wenn der Menschensohn kommen wird, meinst du, er werde Glauben finden auf Erden?
Lukas Kapitel 18 Vers 2-8

WOHLGEFALLEN
Geht aber hin und lernt, was das heißt: »Ich habe Wohlgefallen an Barmherzigkeit und nicht am Opfer.« Ich bin gekommen, die Sünder zu rufen und nicht die Gerechten.
Matthäus Kapitel 9 Vers 13

Ja, Vater; denn so hat es dir wohlgefallen.
Matthäus Kapitel 11 Vers 26

Fürchte dich nicht, du kleine Herde! Denn es hat eurem Vater wohlgefallen, euch das Reich zu geben.
Lukas Kapitel 12 Vers 32

WOHLREDEN
Weh euch, wenn euch jedermann wohlredet! Denn das gleiche haben ihre Väter den falschen Propheten getan.
Lukas Kapitel 6 Vers 26

WOHLTÄTER
Und wenn ihr euren Wohltätern wohltut, welchen Dank habt ihr davon? Denn die Sünder tun dasselbe auch.
Lukas Kapitel 6 Vers 33

Die Könige herrschen über ihre Völker, und ihre Machthaber lassen sich Wohltäter nennen.
Lukas Kapitel 22 Vers 25

WOHLTUN
Liebt eure Feinde, segnet, die euch fluchen, tut wohl denen, die euch hassen, und bittet für die, die euch beleidigen und verfolgen.
Matthäus Kapitel 5 Vers 44

WOHNEN
Das Himmelreich gleicht einem Senfkorn, das ein Mensch nahm und auf seinen Acker säte; das ist das kleinste unter allen Samenkörnern; wenn es aber gewachsen ist, so ist es größer als alle Kräuter und wird ein Baum,

so daß die Vögel unter dem Himmel kommen und wohnen in seinen Zweigen.
Matthäus Kapitel 13 Vers 31 f

Sein Wort habt ihr nicht in euch wohnen; denn ihr glaubt dem nicht, den er gesandt hat.
Johannes Kapitel 5 Vers 38

Glaubst du nicht, daß ich im Vater bin und der Vater in mir? Die Worte, die ich zu euch rede, die rede ich nicht von mir selbst aus. Und der Vater, der in mir wohnt, der tut seine Werke.
Johannes Kapitel 14 Vers 10

WOHNUNG
In meines Vaters Hause sind viele Wohnungen. Wenn's nicht so wäre, hätte ich dann zu euch gesagt: Ich gehe hin, euch die Stätte zu bereiten?
Johannes Kapitel 14 Vers 2

Wer mich liebt, der wird mein Wort halten; und mein Vater wird ihn lieben, und wir werden zu ihm kommen und Wohnung bei ihm nehmen.
Johannes Kapitel 14 Vers 23

WOLF
Seht euch vor vor den falschen Propheten, die in Schafskleidern zu euch kommen, inwendig aber sind sie reißende Wölfe.
Matthäus Kapitel 7 Vers 15

Siehe, ich sende euch wie Schafe mitten unter die Wölfe. Darum seid klug wie die Schlangen und ohne Falsch wie die Tauben.
Matthäus Kapitel 10 Vers 16
Lukas Kapitel 10 Vers 3

Der Mietling aber, der nicht Hirte ist, dem die Schafe nicht gehören, sieht den Wolf kommen und verläßt die Schafe und flieht – und der Wolf stürzt sich auf die Schafe und zerstreut sie .
Johannes Kapitel 10 Vers 12

WOLKE
Und dann wird erscheinen das Zeichen des Menschensohns am Himmel. Und dann werden wehklagen alle Geschlechter auf Erden und werden sehen den Menschensohn kommen auf den Wolken des Himmels mit großer Kraft und Herrlichkeit.
Matthäus Kapitel 24 Vers 30

Wenn ihr eine Wolke aufsteigen seht vom Westen her, so sagt ihr gleich: Es gibt Regen. Und es geschieht so.
Lukas Kapitel 12 Vers 54

WOLLEN
Alles nun, was ihr wollt, daß euch die Leute tun sollen, das tut ihnen auch! Das ist das Gesetz und die Propheten.
Matthäus Kapitel 7 Vers 12

Wir haben euch aufgespielt, und ihr wolltet nicht tanzen; wir haben Klagelieder gesungen, und ihr wolltet nicht weinen.
Matthäus Kapitl 11 Vers 17

Frau, dein Glaube ist groß. Dir geschehe, wie du willst!
Matthäus Kapitel 15 Vers 28

Oder habe ich nicht Macht zu tun, was ich will, mit dem, was mein ist? Siehst du scheel drein, weil ich so gütig bin?
Matthäus Kapitel 20 Vers 15

Und er sandte seine Knechte aus, die Gäste zur Hochzeit zu laden; doch sie wollten nicht kommen.
Matthäus Kapitel 22 Vers 3

Jerusalem, Jerusalem, die du tötest die Propheten und steinigst, die zu dir gesandt sind! Wie oft habe ich deine Kinder versammeln wollen, wie eine Henne ihre Küken versammelt unter ihre Flügel; und ihr habt nicht gewollt!
Matthäus Kapitel 23 Vers 37

Mein Vater, ist's möglich, so gehe dieser Kelch an mir vorüber; doch nicht wie ich will, sondern wie du willst!
Matthäus Kapitel 26 Vers 39

Denn ihr habt allezeit Arme bei euch, und wenn ihr wollt, könnt ihr ihnen Gutes tun; mich aber habt ihr nicht allezeit.
Markus Kapitel 14 Vers 7

Es war aber eine Witwe in derselben Stadt, die kam zu ihm und sprach: Schaffe mir Recht gegen meinen Widersacher! Und er wollte lange nicht. Danach aber dachte er bei sich selbst: Wenn ich mich schon vor Gott nicht fürchte noch vor keinem Menschen scheue, will ich doch dieser Witwe, weil sie mir soviel Mühe macht, Recht schaffen, damit sie nicht zuletzt komme und mir ins Gesicht schlage.
Lukas Kapitel 18 Vers 3-5

Der Wind bläst, wo er will, und du hörst sein Sausen wohl; aber du weißt nicht, woher er kommt und wohin er fährt. So ist es bei jedem, der aus dem Geist geboren ist.
Johannes Kapitel 3 Vers 8

Denn wie der Vater die Toten auferweckt und macht sie lebendig, so macht auch der Sohn lebendig, welche er will.
Johannes Kapitel 5 Vers 21

Wenn ihr in mir bleibt und meine Worte in euch bleiben, werdet ihr bitten, was ihr wollt, und es wird euch widerfahren.
Johannes Kapitel 15 Vers 7

Vater, ich will, daß, wo ich bin, auch die bei mir seien, die du mir gegeben hast, damit sie meine Herrlichkeit sehen, die du mir gegeben hast; denn du hast mich geliebt, ehe der Grund der Welt gelegt war.
Johannes Kapitel 17 Vers 24

Wahrlich, wahrlich, ich sage dir: Als du jünger warst, gürtetest du dich selbst und gingst, wo du hin wolltest; wenn du aber alt wirst, wirst du deine Hände ausstrecken, und ein anderer wird dich gürten und führen, wo du nicht hin willst.
Johannes Kapitel 21 Vers 18

WORT

Es steht geschrieben: »Der Mensch lebt nicht vom Brot allein, sondern von einem jeden Wort, das aus dem Mund Gottes geht.«
Matthäus Kapitel 4 Vers 4

Und wenn ihr betet, sollt ihr nicht viel plappern wie die Heiden; denn sie meinen, sie werden erhört, wenn sie viele Worte machen.
Matthäus Kapitel 6 Vers 7

Ich sage euch aber, daß die Menschen Rechenschaft geben müssen am Tage des Gerichts von jedem nichtsnutzigen Wort, das sie geredet haben. Aus deinen Worten wirst du gerechtfertigt werden, und aus deinen Worten wirst du verdammt werden.
Matthäus Kapitel 12 Vers 36 f

Himmel und Erde werden vergehen; aber meine Worte werden nicht vergehen.
Matthäus Kapitel 24 Vers 35
Markus Kapitel 13 Vers 31
Lukas Kapitel 21 Vers 33

Der Sämann sät das Wort. Das aber sind die auf dem Wege: wenn das Wort gesät wird und sie es gehört haben, kommt sogleich der Satan und nimmt das Wort weg, das in sie gesät war. Desgleichen auch die, bei denen auf felsigen Boden gesät ist: wenn sie das Wort gehört haben, nehmen sie es sogleich mit Freuden auf, aber sie haben keine Wurzel in sich, sondern sind wetterwendisch; wenn sich Bedrängnis oder Verfolgung um des Wortes willen erhebt, so fallen sie sogleich ab. Und andere sind die, bei denen unter die Dornen gesät ist: die hören das Wort, und die Sorgen der Welt und der betrügerische Reichtum und die Begierden nach allem andern dringen ein und ersticken das Wort, und es bleibt ohne Frucht. Diese aber sind's, bei denen auf gutes Land gesät ist: die hören das Wort und nehmen's an und bringen Frucht, einige dreißigfach und einige sechzigfach und einige hundertfach.
Markus Kapitel 4 Vers 14-20
Matthäus Kapitel 13 Vers 19 f
Lukas Kapitel 8 Vers 11 f

Wer sich aber meiner und meiner Worte schämt unter diesem abtrünnigen und sündigen Geschlecht, dessen wird sich auch der Menschensohn schämen, wenn er kommen wird in der Herrlichkeit seines Vaters mit den heiligen Engeln.
Markus Kapitel 8 Vers 38
Lukas Kapitel 9 Vers 26

Heute ist dieses Wort der Schrift erfüllt vor euren Ohren.
Lukas Kapitel 4 Vers 21

Meine Mutter und meine Brüder sind diese, die Gottes Wort hören und tun.
Lukas Kapitel 8 Vers 21

Ja, selig sind, die das Wort Gottes hören und bewahren.
Lukas Kapitel 11 Vers 28

Und wer ein Wort gegen den Menschensohn sagt, dem soll es vergeben werden; wer aber den heiligen Geist lästert, dem soll es nicht vergeben werden.
Lukas Kapitel 12 Vers 10

Wahrlich, wahrlich, ich sage euch: Wer mein Wort hört und glaubt dem, der mich gesandt hat, der hat das ewige Leben und kommt nicht in das Gericht, sondern er ist vom Tode zum Leben hindurchgedrungen.
Johannes Kapitel 5 Vers 24

Der Geist ist's, der lebendig macht; das Fleisch ist nichts nütze. Die Worte, die ich zu euch geredet habe, die sind Geist und sind Leben.
Johannes Kapitel 6 Vers 63

Wenn ihr bleiben werdet an meinem Wort, so seid ihr wahrhaftig meine Jünger.
Johannes Kapitel 8 Vers 31

Ich weiß wohl, daß ihr Abrahams Kinder seid; aber ihr sucht mich zu töten, denn mein Wort findet bei euch keinen Raum.
Johannes Kapitel 8 Vers 37

Warum versteht ihr denn meine Sprache nicht? Weil ihr mein Wort nicht hören könnt!
Johannes Kapitel 8 Vers 43

Wer von Gott ist, der hört Gottes Worte; ihr hört darum nicht, weil ihr nicht von Gott seid.
Johannes Kapitel 8 Vers 47

Wahrlich, wahrlich, ich sage euch: Wer mein Wort hält, der wird den Tod nicht sehen in Ewigkeit.
Johannes Kapitel 8 Vers 51

Und wer meine Worte hört und bewahrt sie nicht, den werde ich nicht richten; denn ich bin nicht gekommen, daß ich die Welt richte, sondern daß ich die Welt rette. Wer mich verachtet und nimmt meine Worte nicht an, der hat schon seinen Richter: Das Wort, das ich geredet habe, das wird ihn richten am Jüngsten Tage.
Johannes Kapitel 12 Vers 47 f

Glaubst du nicht, daß ich im Vater bin und der Vater in mir? Die Worte, die ich zu euch rede, die rede ich nicht von mir selbst aus. Und der Vater, der in mir wohnt, der tut seine Werke.
Johannes Kapitel 14 Vers 10

Wer mich liebt, der wird mein Wort halten; und mein Vater wird ihn lieben, und wir werden zu ihm kommen und Wohnung bei ihm nehmen. Wer aber mich nicht liebt, der hält meine Worte nicht. Und das Wort, das ihr hört, ist nicht mein Wort, sondern das des Vaters, der mich gesandt hat.
Johannes Kapitel 14 Vers 23 f

Ihr seid schon rein um des Wortes willen, das ich zu euch geredet habe.
Johannes Kapitel 15 Vers 3

Wenn ihr in mir bleibt und meine Worte in euch bleiben, werdet ihr bitten, was ihr wollt, und es wird euch widerfahren.
Johannes Kapitel 15 Vers 7

Gedenkt an das Wort, das ich euch gesagt habe: Der Knecht ist nicht größer als sein Herr. Haben sie mich verfolgt, so werden sie euch auch verfolgen; haben sie mein Wort gehalten, so werden sie eures auch halten.
Johannes Kapitel 15 Vers 20

Ich habe deinen Namen den Menschen offenbart, die du mir aus der Welt gegeben hast. Sie waren dein, und du hast sie mir gegeben, und sie haben dein Wort bewahrt.
Johannes Kapitel 17 Vers 6

Denn die Worte, die du mir gegeben hast, habe ich ihnen gegeben, und sie haben sie angenommen und wahrhaftig erkannt, daß ich von dir ausgegangen bin, und sie glauben, daß du mich gesandt hast.
Johannes Kapitel 17 Vers 8

Ich habe ihnen dein Wort gegeben, und die Welt hat sie gehaßt; denn sie sind nicht von der Welt, wie auch ich nicht von der Welt bin.
Johannes Kapitel 17 Vers 14

Heilige sie in der Wahrheit; dein Wort ist die Wahrheit.
Johannes Kapitel 17 Vers 17

Ich bitte aber nicht allein für sie, sondern auch für die, die durch ihr Wort an mich glauben werden.
Johannes Kapitel 17 Vers 20

WUNDE

Er ging zu ihm, goß Öl und Wein auf seine Wunden und verband sie ihm, hob ihn auf sein Tier und brachte ihn in eine Herberge und pflegte ihn.
Lukas Kapitel 10 Vers 34

WUNDER

Es werden viele zu mir sagen an jenem Tage: Herr, Herr, haben wir nicht in deinem Namen geweissagt? Haben wir nicht in deinem Namen böse Geister ausgetrieben? Haben wir nicht in deinem Namen viele Wunder getan?
Matthäus Kapitel 7 Vers 22

Habt ihr nie gelesen in der Schrift: »Der Stein, den die Bauleute verworfen haben, der ist zum Eckstein geworden. Vom Herrn ist das geschehen und ist ein Wunder vor unsern Augen«?
Matthäus Kapitel 21 Vers 42

Denn es werden falsche Christusse und falsche Propheten aufstehen und große Zeichen und Wunder tun, so daß sie, wenn es möglich wäre, auch die Auserwählten verführten.
Matthäus Kapitel 24 Vers 24
Markus Kapitel 13 Vers 22

Niemand, der ein Wunder tut in meinem Namen, kann so bald übel von mir reden.
Markus Kapitel 9 Vers 39

Wenn ihr nicht Zeichen und Wunder seht, so glaubt ihr nicht.
Johannes Kapitel 4 Vers 48

WUNDERN
Ein einziges Werk habe ich getan, und es wundert euch alle.
Johannes Kapitel 7 Vers 21

WÜRGEN
Da ging dieser Knecht hinaus und traf einen seiner Mitknechte, der war ihm hundert Silbergroschen schuldig; und er packte und würgte ihn und sprach: Bezahle, was du mir schuldig bist!
Matthäus Kapitel 18 Vers 28

WURM
Wenn dich dein Auge zum Abfall verführt, so wirf's von dir! Es ist besser für dich, daß du einäugig in das Reich Gottes gehst, als daß du zwei Augen hast und wirst in die Hölle geworfen, wo ihr Wurm nicht stirbt und das Feuer nicht verlöscht.
Markus Kapitel 9 Vers 47 f

WURZEL
Desgleichen auch die, bei denen auf felsigen Boden gesät ist: wenn sie das Wort gehört haben, nehmen sie es sogleich mit Freuden auf, aber sie haben keine Wurzel in sich, sondern sind wetterwendisch; wenn sich Bedrängnis oder Verfolgung um des Wortes willen erhebt, so fallen sie sogleich ab.
Markus Kapitel 4 Vers 16 f
Matthäus Kapitel 13 Vers 21
Lukas Kapitel 8 Vers 13

WÜRZEN
Das Salz ist gut; wenn aber das Salz nicht mehr salzt, womit wird man's würzen? Habt Salz bei euch und habt Frieden untereinander!
Markus Kapitel 9 Vers 50

WÜSTE

Was seid ihr hinausgegangen in die Wüste zu sehen? Wolltet ihr ein Rohr sehen, das der Wind hin und her weht?
Matthäus Kapitel 11 Vers 7

Wenn sie also zu euch sagen werden: Siehe, er ist in der Wüste!, so geht nicht hinaus; siehe, er ist drinnen im Haus!, so glaubt es nicht.
Matthäus Kapitel 24 Vers 26

Welcher Mensch ist unter euch, der hundert Schafe hat und, wenn er eins von ihnen verliert, nicht die neunundneunzig in der Wüste läßt und geht dem verlorenen nach, bis er's findet?
Lukas Kapitel 15 Vers 4

Und wie Mose in der Wüste die Schlange erhöht hat, so muß der Menschensohn erhöht werden.
Johannes Kapitel 3 Vers 14

Z

ZÄHLEN
Nun aber sind auch eure Haare auf dem Haupt alle gezählt.
Matthäus Kapitel 10 Vers 30

ZAHN
Ihr habt gehört, daß zu den Alten gesagt ist: »Auge um Auge, Zahn um Zahn.« Ich aber sage euch, daß ihr nicht widerstreben sollt dem Übel, sondern, wenn dich jemand auf deine rechte Backe schlägt, dem biete die andere auch dar.
Matthäus Kapitel 5 Vers 38 f

ZÄHNEKLAPPERN
Aber ich sage euch: Viele werden kommen von Osten und von Westen und mit Abraham und Isaak und Jakob im Himmelreich zu Tisch sitzen; aber die Kinder des Reichs werden hinausgestoßen in die Finsternis; da wird sein Heulen und Zähneklappern.
Matthäus Kapitel 8 Vers 11 f

Der Menschensohn wird seine Engel senden, und sie werden sammeln aus seinem Reich alles, was zum Abfall verführt, und die da Unrecht tun, und werden sie in den Feuerofen werfen; da wird Heulen und Zähneklappern sein.
Matthäus Kapitel 13 Vers 41 f

So wird es auch am Ende der Welt gehen: die Engel werden ausgehen und die Bösen von den Gerechten scheiden und werden sie in den Feuerofen werfen; da wird Heulen und Zähneklappern sein.
Matthäus Kapitel 13 Vers 49 f

Da sprach der König zu seinen Dienern: Bindet ihm Hände und Füße und werft ihn in die Finsternis hinaus! Da wird sein Heulen und Zähneklappern.
Matthäus Kapitel 22 Vers 13

Und den unnützen Knecht werft in die Finsternis hinaus; da wird sein Heulen und Zähneklappern
Matthäus Kapitel 25 Vers 30

ZEHN
Dann wird das Himmelreich gleichen zehn Jungfrauen, die ihre Lampen nahmen und gingen hinaus, dem Bräutigam entgegen.
Matthäus Kapitel 25 Vers 1

Oder welche Frau, die zehn Silbergroschen hat und einen davon verliert, zündet nicht ein Licht an und kehrt das Haus und sucht mit Fleiß, bis sie ihn findet?
Lukas Kapitel 15 Vers 8

Sind nicht die zehn rein geworden? Wo sind aber die neun?
Lukas Kapitel 17 Vers 17

ZEHNTE
Weh euch, Schriftgelehrte und Pharisäer, ihr Heuchler, die ihr den Zehnten gebt von Minze, Dill und Kümmel und laßt das Wichtigste im Gesetz beiseite, nämlich das Recht, die Barmherzigkeit und den Glauben! Doch dies sollte man tun und jenes nicht lassen.
Matthäus Kapitel 23 Vers 23

Ich faste zweimal in der Woche und gebe den Zehnten von allem, was ich einnehme.
Lukas Kapitel 18 Vers 12

ZEICHEN
Ein böses und abtrünniges Geschlecht fordert ein Zeichen, aber es wird ihm kein Zeichen gegeben werden, es sei denn das Zeichen des Propheten Jona.
Matthäus Kapitel 12 Vers 39
Matthäus Kapitel 16 Vers 4
Markus Kapitel 8 Vers 12
Lukas Kapitel 11 Vers 29

Und des Morgens sprecht ihr: Es wird heute ein Unwetter kommen, denn der Himmel ist rot und trübe. Über das Aussehen des Himmels könnt ihr urteilen; könnt ihr dann nicht auch über die Zeichen der Zeit urteilen?
Matthäus Kapitel 16 Vers 3

Es werden falsche Christusse und falsche Propheten aufstehen und große Zeichen und Wunder tun, so daß sie, wenn es möglich wäre, auch die Auserwählten verführten.
Matthäus Kapitel 24 Vers 24
Markus Kapitel 13 Vers 22

Dann wird erscheinen das Zeichen des Menschensohns am Himmel. Und dann werden wehklagen alle Geschlechter auf Erden und werden sehen den Menschensohn kommen auf den Wolken des Himmels mit großer Kraft und Herrlichkeit.
Matthäus Kapitel 24 Vers 30

Die Zeichen aber, die folgen werden denen, die da glauben, sind diese: in meinem Namen werden sie böse Geister austreiben, in neuen Zungen reden.
Markus Kapitel 16 Vers 17

Und es werden Zeichen geschehen an Sonne und Mond und Sternen, und auf Erden wird den Völkern bange sein, und sie werden verzagen vor dem Brausen und Wogen des Meeres.
Lukas Kapitel 21 Vers 25

Wenn ihr nicht Zeichen und Wunder seht, so glaubt ihr nicht.
Johannes Kapitel 4 Vers 48

Wahrlich, wahrlich, ich sage euch: Ihr sucht mich nicht, weil ihr Zeichen gesehen habt, sondern weil ihr von dem Brot gegessen habt und satt geworden seid.
Johannes Kapitel 6 Vers 26

ZEIGEN
Wenn ihr fastet, sollt ihr nicht sauer dreinsehen wie die Heuchler; denn sie verstellen ihr Gesicht, um sich vor den Leuten zu zeigen mit ihrem Fasten. Wahrlich, ich sage euch: Sie haben ihren Lohn schon gehabt.
Matthäus Kapitel 6 Vers 16

Sieh zu, sage es niemandem, sondern geh hin und zeige dich dem Priester und opfere die Gabe, die Mose befohlen hat, ihnen zum Zeugnis.
Matthäus Kapitel 8 Vers 4

Zeigt mir die Steuermünze! – So gebt dem Kaiser, was des Kaiser ist, und Gott, was Gottes ist!
Matthäus Kapitel 22 Vers 19 und 21

Und er wird euch einen großen Saal zeigen, der mit Polstern versehen und vorbereitet ist; dort richtet für uns zu.
Markus Kapitel 14 Vers 15

Denn der Vater hat den Sohn lieb und zeigt ihm alles, was er tut, und wird ihm noch größere Werke zeigen, so daß ihr euch verwundern werdet.
Johannes Kapitel 5 Vers 20

ZEIT
Wie können die Hochzeitsgäste Leid tragen, solange der Bräutigam bei ihnen ist? Es wird aber die Zeit kommen, daß der Bräutigam von ihnen genommen wird; dann werden sie fasten.
Matthäus Kapitel 9 Vers 15
Lukas Kapitel 5 Vers 35

Und des Morgens sprecht ihr: Es wird heute ein Unwetter kommen, denn der Himmel ist rot und trübe. Über das Aussehen des Himmels könnt ihr urteilen; könnt ihr dann nicht auch über die Zeichen der Zeit urteilen?
Matthäus Kapitel 16 Vers 3

Weh euch, Schriftgelehrte und Pharisäer, ihr Heuchler, die ihr den Propheten Grabmäler baut und die Gräber der Gerechten schmückt und sprecht: Hätten wir zu Zeiten unserer Väter gelebt, so wären wir nicht mit ihnen schuldig geworden am Blut der Propheten!
Matthäus Kapitel 23 Vers 29 f

Geht hin in die Stadt zu einem und sprecht zu ihm: Der Meister läßt dir sagen: Meine Zeit ist nahe; ich will bei dir das Passa feiern mit meinen Jüngern.
Matthäus Kapitel 26 Vers 18

Die Zeit ist erfüllt, und das Reich Gottes ist herbeigekommen. Tut Buße und glaubt an das Evangelium!
Markus Kapitel 1 Vers 15

Seht euch vor, wachet! denn ihr wißt nicht, wann die Zeit da ist.
Markus Kapitel 13 Vers 33

Die aber auf dem Fels sind die: wenn sie es hören, nehmen sie das Wort mit Freuden an. Doch sie haben keine Wurzel; eine Zeitlang glauben sie, und zu der Zeit der Anfechtung fallen sie ab.
Lukas Kapitel 8 Vers 13

Wenn ihr eine Wolke aufsteigen seht vom Westen her, so sagt ihr gleich: Es gibt Regen. Und es geschieht so. Ihr Heuchler! Über das Aussehen der Erde und des Himmels könnt ihr urteilen; warum aber könnt ihr über diese Zeit nicht urteilen?
Lukas Kapitel 12 Vers 54 f

Ihr werdet mich nicht mehr sehen, bis die Zeit kommt, da ihr sagen werdet: Gelobt ist, der da kommt in dem Namen des Herrn!
Lukas Kapitel 13 Vers 35

Es wird die Zeit kommen, in der ihr begehren werdet, zu sehen einen der Tage des Menschensohns, und werdet ihn nicht sehen.
Lukas Kapitel 17 Vers 22

Wenn doch auch du erkenntest zu dieser Zeit, was zum Frieden dient! Aber nun ist's vor deinen Augen verborgen. Denn es wird eine Zeit über dich kommen, da werden deine Feinde um dich einen Wall aufwerfen,

dich belagern und von allen Seiten bedrängen, und werden dich dem Erdboden gleichmachen samt deinen Kindern in dir und keinen Stein auf dem andern lassen in dir, weil du die Zeit nicht erkannt hast, in der du heimgesucht worden bist.
Lukas Kapitel 19 Vers 42-44

Es wird die Zeit kommen, in der von allem, was ihr seht, nicht ein Stein auf dem andern gelassen wird, der nicht zerbrochen werde.
Lukas Kapitel 21 Vers 6

Laßt euch nicht verführen. Denn viele werden kommen unter meinem Namen und sagen: Ich bin's, und: Die Zeit ist herbeigekommen. – Folgt ihnen nicht nach!
Lukas Kapitel 21 Vers 8

Aber es kommt die Zeit und ist schon jetzt, in der die wahren Anbeter den Vater anbeten werden im Geist und in der Wahrheit; denn auch der Vater will solche Anbeter haben.
Johannes Kapitel 4 Vers 23

Meine Zeit ist noch nicht da, eure Zeit ist allewege.
Johannes Kapitel 7 Vers 6

Ich bin noch eine kleine Zeit bei euch, und dann gehe ich hin zu dem, der mich gesandt hat.
Johannes Kapitel 7 Vers 33

Die Zeit ist gekommen, daß der Menschensohn verherrlicht werde.
Johannes Kapitel 12 Vers 23

Es ist das Licht noch eine kleine Zeit bei euch. Wandelt, solange ihr das Licht habt, damit euch die Finsternis nicht überfalle. Wer in der Finsternis wandelt, der weiß nicht, wo er hingeht.
Johannes Kapitel 12 Vers 35

Es ist noch eine kleine Zeit, dann wird mich die Welt nicht mehr sehen. Ihr aber sollt mich sehen, denn ich lebe, und ihr sollt auch leben.
Johannes Kapitel 14 Vers 19

Sie werden euch aus der Synagoge ausstoßen. Es kommt aber die Zeit, daß, wer euch tötet, meinen wird, er tue Gott einen Dienst damit.
Johannes Kapitel 16 Vers 2

Das habe ich euch in Bildern gesagt. Es kommt die Zeit, daß ich nicht mehr in Bildern mit euch reden werde, sondern euch frei heraus verkündigen von meinem Vater.
Johannes Kapitel 16 Vers 25

ZENTNER

Das Himmelreich gleicht einem Sauerteig, den eine Frau nahm und unter einen halben Zentner Mehl mengte, bis es ganz durchsäuert war.
Matthäus Kapitel 13 Vers 33

Und als er anfing abzurechnen, wurde einer vor ihn gebracht, der war ihm zehntausend Zentner Silber schuldig.
Matthäus Kapitel 18 Vers 24

Wachet! Denn ihr wißt weder Zeit noch Stunde. Denn es ist wie mit einem Menschen, der außer Landes ging: er rief seine Knechte und vertraute ihnen sein Vermögen an; dem einen gab er fünf Zentner Silber, dem andern zwei, dem dritten einen, jedem nach seiner Tüchtigkeit, und zog fort. Sogleich ging der hin, der fünf Zentner empfangen hatte, und handelte mit ihnen und gewann weitere fünf dazu. Ebenso gewann der, der zwei Zentner empfangen hatte, zwei weitere dazu. Der aber einen empfangen hatte, ging hin, grub ein Loch in die Erde und verbarg das Geld seines Herrn. Nach langer Zeit kam der Herr dieser Knechte und forderte Rechenschaft von ihnen. Da trat herzu, der fünf Zentner empfangen hatte, und legte weitere fünf Zentner dazu und sprach: Herr, du hast mir fünf Zentner anvertraut; siehe da, ich habe damit weitere fünf Zentner gewonnen. Da sprach sein Herr zu ihm: Recht so, du tüchtiger und treuer Knecht, du bist über wenigem treu gewesen, ich will dich über viel setzen; geh hinein zu deines Herrn Freude! Da trat auch herzu, der zwei Zentner empfangen hatte, und sprach: Herr, du hast mir zwei Zentner anvertraut; siehe da, ich habe damit zwei weitere gewonnen. Sein Herr sprach zu ihm: Recht so, du tüchtiger und treuer Knecht, du bist über wenigem treu gewesen, ich will dich über viel setzen; geh hinein zu deines Herrn Freude! Da trat auch herzu, der einen Zentner empfangen hatte, und sprach: Herr, ich wußte, daß du ein harter Mann bist: du erntest, wo du nicht gesät hast, und sammelst ein, wo du nicht ausgestreut hast; und ich fürchtete mich, ging hin und verbarg deinen Zentner in der Erde. Siehe, da hast du das Deine. Sein Herr aber antwortete und sprach zu ihm: Du böser und fauler Knecht! Wußtest du, daß ich ernte, wo ich nicht gesät habe, und einsammle, wo ich nicht ausgestreut habe? Dann hättest du mein Geld zu den Wechslern bringen sollen, und wenn ich gekommen wäre, hätte ich das Meine wiederbekommen mit Zinsen. Darum nehmt ihm den Zentner ab und gebt ihn dem, der zehn Zentner hat. Denn wer da hat, dem wird gegeben werden, und er wird die Fülle haben; wer aber nicht hat, dem wird auch, was er hat, ge-

nommen werden.Und den unnützen Knecht werft in die Finsternis hinaus; da wird sein Heulen und Zähneklappern.
Matthäus Kapitel 25 Vers 13-30
Lukas Kapitel 19 Vers 12-27

ZERREISSEN
Man füllt auch nicht neuen Wein in alte Schläuche; sonst zerreißen die Schläuche, und der Wein wird verschüttet, und die Schläuche verderben. Sondern man füllt neuen Wein in neue Schläuche, so bleiben beide miteinander erhalten.
Matthäus Kapitel 9 Vers 17

ZEUGE
Hört er nicht auf dich, so nimm noch einen oder zwei zu dir, damit jede Sache durch den Mund von zwei oder drei Zeugen bestätigt werde.
Matthäus Kapitel 18 Vers 16

So steht's geschrieben, daß Christus leiden wird und auferstehen von den Toten am dritten Tage; und daß gepredigt wird in seinem Namen Buße zur Vergebung der Sünden unter allen Völkern. Fangt an in Jerusalem, und seid dafür Zeugen.
Lukas Kapitel 24 Vers 46-48

Und auch ihr seid meine Zeugen, denn ihr seid von Anfang an bei mir gewesen.
Johannes Kapitel 15 Vers 27

ZEUGNIS
Und man wird euch vor Statthalter und Könige führen um meinetwillen, ihnen und den Heiden zum Zeugnis.
Matthäus Kapitel 10 Vers 18

Denn aus dem Herzen kommen böse Gedanken, Mord, Ehebruch, Unzucht, Diebstahl, falsches Zeugnis, Lästerung.
Matthäus Kapitel 15 Vers 19

Und es wird gepredigt werden dies Evangelium vom Reich in der ganzen Welt zum Zeugnis für alle Völker, und dann wird das Ende kommen.
Matthäus Kapitel 24 Vers 14

Wo man euch nicht aufnimmt und nicht hört, da geht hinaus und schüttelt den Staub von euren Füßen zum Zeugnis gegen sie.
Markus Kapitel 6 Vers 11
Lukas Kapitel 9 Vers 5

Du kennst die Gebote: »Du sollst nicht töten; du sollst nicht ehebrechen; du sollst nicht stehlen; du sollst nicht falsch Zeugnis reden; du sollst niemanden berauben; ehre Vater und Mutter.«
Markus Kapitel 10 Vers 19
Lukas Kapitel 18 Vers 20
Matthäus Kapitel 19 Vers 18

Wenn ich von mir selbst zeuge, so ist mein Zeugnis nicht wahr. Ein anderer ist's, der von mir zeugt; und ich weiß, daß das Zeugnis wahr ist, das er von mir gibt. Ihr habt zu Johannes geschickt, und er hat die Wahrheit bezeugt. Ich aber nehme nicht Zeugnis von einem Menschen; sondern ich sage das, damit ihr selig werdet. Er war ein brennendes und scheinendes Licht; ihr aber wolltet eine kleine Weile fröhlich sein in seinem Licht. Ich aber habe ein größeres Zeugnis als das des Johannes; denn die Werke, die mir der Vater gegeben hat, damit ich sie vollende, eben diese Werke, die ich tue, bezeugen von mir, daß mich der Vater gesandt hat. Und der Vater, der mich gesandt hat, hat von mir Zeugnis gegeben. Ihr habt niemals seine Stimme gehört noch seine Gestalt gesehen, und sein Wort habt ihr nicht in euch wohnen; denn ihr glaubt dem nicht, den er gesandt hat. Ihr sucht in der Schrift, denn ihr meint, ihr habt das ewige Leben darin; und sie ist's, die von mir zeugt;
Johannes Kapitel 5 Vers 31-39

Auch wenn ich von mir selbst zeuge, ist mein Zeugnis wahr; denn ich weiß, woher ich gekommen bin und wohin ich gehe; ihr aber wißt nicht, woher ich komme oder wohin ich gehe.
Johannes Kapitel 8 Vers 14

Wenn aber der Tröster kommen wird, den ich euch senden werde vom Vater, der Geist der Wahrheit, der vom Vater ausgeht, der wird Zeugnis geben von mir.
Johannes Kapitel 15 Vers 26

ZIEHEN

Du Heuchler, zieh zuerst den Balken aus deinem Auge; danach sieh zu, wie du den Splitter aus deines Bruders Auge ziehst.
Matthäus Kapitel 7 Vers 5

Es kann niemand zu mir kommen, es sei denn, ihn ziehe der Vater, der mich gesandt hat, und ich werde ihn auferwecken am Jüngsten Tage.
Johannes Kapitel 6 Vers 44

Und ich, wenn ich erhöht werde von der Erde, so will ich alle zu mir ziehen.
Johannes Kapitel 12 Vers 32

ZOLL

Von wem nehmen die Könige auf Erden Zoll oder Steuern: von ihren Kindern oder von den Fremden?
Matthäus Kapitel 17 Vers 25

ZÖLLNER

Denn wenn ihr liebt, die euch lieben, was werdet ihr für Lohn haben? Tun nicht dasselbe auch die Zöllner?
Matthäus Kapitel 5 Vers 46

Der Menschensohn ist gekommen, ißt und trinkt; so sagen sie: Siehe, was ist dieser Mensch für ein Fresser und Weinsäufer, ein Freund der Zöllner und Sünder! Und doch ist die Weisheit gerechtfertigt worden aus ihren Werken.
Matthäus Kapitel 11 Vers 19
Lukas Kapitel 7 Vers 34

Hört er auf die nicht, so sage es der Gemeinde. Hört er auch auf die Gemeinde nicht, so sei er für dich wie ein Heide und Zöllner.
Matthäus Kapitel 18 Vers 17

Wahrlich, ich sage euch: Die Zöllner und Huren kommen eher ins Reich Gottes als ihr. Denn Johannes kam zu euch und lehrte euch den rechten Weg, und ihr glaubtet ihm nicht; aber die Zöllner und Huren glaubten ihm. Und obwohl ihr's saht, tatet ihr dennoch nicht Buße, so daß ihr ihm dann auch geglaubt hättet.
Matthäus Kapitel 21 Vers 31 f

Es gingen zwei Menschen hinauf in den Tempel, um zu beten, der eine ein Pharisäer, der andere ein Zöllner. Der Pharisäer stand für sich und betete so: Ich danke dir, Gott, daß ich nicht bin wie die andern Leute, Räuber, Betrüger, Ehebrecher oder auch wie dieser Zöllner. Ich faste zweimal in der Woche und gebe den Zehnten von allem, was ich einnehme. Der Zöllner aber stand ferne, wollte auch die Augen nicht aufheben zum Himmel, sondern schlug an seine Brust und sprach: Gott, sei mir Sünder gnädig! Ich sage euch: Dieser ging gerechtfertigt hinab in sein Haus, nicht jener. Denn wer sich selbst erhöht, der wird erniedrigt werden; und wer sich selbst erniedrigt, der wird erhöht werden.
Lukas Kapitel 18 Vers 10-14

ZORNIG

Hättest du dich da nicht auch erbarmen sollen über deinen Mitknecht, wie ich mich über dich erbarmt habe? Und sein Herr wurde zornig und über-

antwortete ihn den Peinigern, bis er alles bezahlt hätte, was er ihm schuldig war. So wird auch mein himmlischer Vater an euch tun, wenn ihr einander nicht von Herzen vergebt, ein jeder seinem Bruder.
Matthäus Kapitel 18 Vers 33-35

Da wurde der Hausherr zornig und sprach zu seinem Knecht: Geh schnell hinaus auf die Straßen und Gassen der Stadt und führe die Armen, Verkrüppelten, Blinden und Lahmen herein.
Lukas Kapitel 14 Vers 21

ZUEIGNEN
Und ich will euch das Reich zueignen, wie mir's mein Vater zugeeignet hat.
Lukas Kapitel 22 Vers 29

ZUFALLEN
Trachtet zuerst nach dem Reich Gottes und nach seiner Gerechtigkeit, so wird euch das alles zufallen.
Matthäus Kapitel 6 Vers 33

ZUHÖREN
Hört zu und begreift's: Was zum Mund hineingeht, das macht den Menschen nicht unrein; sondern was aus dem Mund herauskommt, das macht den Menschen unrein.
Matthäus Kapitel 15 Vers 10 f

So seht nun darauf, wie ihr zuhört; denn wer da hat, dem wird gegeben; wer aber nicht hat, dem wird auch das genommen, was er meint zu haben.
Lukas Kapitel 8 Vers 18

ZÜRNEN
Ich aber sage euch: Wer mit seinem Bruder zürnt, der ist des Gerichts schuldig; wer aber zu seinem Bruder sagt: Du Nichtsnutz!, der ist des Hohen Rats schuldig; wer aber sagt: Du Narr!, der ist des höllischen Feuers schuldig.
Matthäus Kapitel 5 Vers 22

ZURÜCKSEHEN
Jesus aber sprach zu ihm: Wer seine Hand an den Pflug legt und sieht zurück, der ist nicht geschickt für das Reich Gottes.
Lukas Kapitel 9 Vers 62

ZUSTEHEN

Meinen Kelch werdet ihr zwar trinken, aber das Sitzen zu meiner Rechten und Linken zu geben, steht mir nicht zu. Das wird denen zuteil, für die es bestimmt ist von meinem Vater.
Matthäus Kapitel 20 Vers 23

Der Herr aber sprach: Wer ist denn der treue und kluge Verwalter, den der Herr über seine Leute setzt, damit er ihnen zur rechten Zeit gibt, was ihnen zusteht?
Lukas Kapitel 12 Vers 42

Und der jüngere von ihnen sprach zu dem Vater: Gib mir, Vater, das Erbteil, das mir zusteht. Und er teilte Hab und Gut unter sie.
Lukas Kapitel 15 Vers 12

ZWEI

Und wenn dich jemand nötigt, eine Meile mitzugehen, so geh mit ihm zwei.
Matthäus Kapitel 5 Vers 41

Niemand kann zwei Herren dienen: entweder er wird den einen hassen und den andern lieben, oder er wird an dem einen hängen und den andern verachten. Ihr könnt nicht Gott dienen und dem Mammon.
Matthäus Kapitel 6 Vers 24

Kauft man nicht zwei Sperlinge für einen Groschen? Dennoch fällt keiner von ihnen auf die Erde ohne euren Vater.
Matthäus Kapitel 10 Vers 29

Wo zwei oder drei versammelt sind in meinem Namen, da bin ich mitten unter ihnen.
Matthäus Kapitel 18 Vers 20

Was meint ihr aber? Es hatte ein Mann zwei Söhne und ging zu dem ersten und sprach: Mein Sohn, geh hin und arbeite heute im Weinberg. Er antwortete aber und sprach: Nein, ich will nicht. Danach reute es ihn, und er ging hin. Und der Vater ging zum zweiten Sohn und sagte dasselbe. Der aber antwortete und sprach: Ja, Herr! und ging nicht hin. Wer von den beiden hat des Vaters Willen getan?
Matthäus Kapitel 21 Vers 28-31

Dann werden zwei auf dem Felde sein; der eine wird angenommen, der andere wird preisgegeben. Zwei Frauen werden mahlen mit der Mühle; die eine wird angenommen, die andere wird preisgegeben.
Matthäus Kapitel 24 Vers 40 f

Wahrlich, ich sage dir: Heute, in dieser Nacht, ehe der Hahn zweimal kräht, wirst du mich dreimal verleugnen.
Markus Kapitel 14 Vers 30

Wer zwei Hemden hat, der gebe dem, der keines hat; und wer zu essen hat, tue ebenso.
Lukas Kapitel 3 Vers 11

Ein Gläubiger hatte zwei Schuldner. Einer war fünfhundert Silbergroschen schuldig, der andere fünfzig. Da sie aber nicht bezahlen konnten, schenkte er's beiden. Wer von ihnen wird ihn am meisten lieben?
Lukas Kapitel 7 Vers 41 f

Es gingen zwei Menschen hinauf in den Tempel, um zu beten, der eine ein Pharisäer, der andere ein Zöllner. Der Pharisäer stand für sich und betete so: Ich danke dir, Gott, daß ich nicht bin wie die andern Leute, Räuber, Betrüger, Ehebrecher oder auch wie dieser Zöllner. Ich faste zweimal in der Woche und gebe den Zehnten von allem, was ich einnehme. Der Zöllner aber stand ferne, wollte auch die Augen nicht aufheben zum Himmel, sondern schlug an seine Brust und sprach: Gott, sei mir Sünder gnädig! Ich sage euch: Dieser ging gerechtfertigt hinab in sein Haus, nicht jener. Denn wer sich selbst erhöht, der wird erniedrigt werden; und wer sich selbst erniedrigt, der wird erhöht werden.
Lukas Kapitel 18 Vers 10-14

ZWEIFELN
Du Kleingläubiger, warum hast du gezweifelt?
Matthäus Kapitel 14 Vers 31

Wahrlich, ich sage euch: Wenn ihr Glauben habt und nicht zweifelt, so werdet ihr nicht allein Taten wie die mit dem Feigenbaum tun, sondern, wenn ihr zu diesem Berge sagt: Heb dich und wirf dich ins Meer!, so wird's geschehen.
Matthäus Kapitel 21 Vers 21

ZWEIG
Das Himmelreich gleicht einem Senfkorn, das ein Mensch nahm und auf seinen Acker säte; das ist das kleinste unter allen Samenkörnern; wenn es aber gewachsen ist, so ist es größer als alle Kräuter und wird ein Baum, so daß die Vögel unter dem Himmel kommen und wohnen in seinen Zweigen.
Matthäus Kapitel 13 Vers 31 f
Markus Kapitel 4 Vers 30-32

An dem Feigenbaum lernt ein Gleichnis: wenn seine Zweige jetzt saftig werden und Blätter treiben, so wißt ihr, daß der Sommer nahe ist.
Matthäus Kapitel 24 Vers 32

ZWIETRACHT
Meint ihr, daß ich gekommen bin, Frieden zu bringen auf Erden? Ich sage: Nein, sondern Zwietracht.
Lukas Kapitel 12 Vers 51

ZWÖLF
Wahrlich, ich sage euch: Ihr, die ihr mir nachgefolgt seid, werdet bei der Wiedergeburt, wenn der Menschensohn sitzen wird auf dem Thron seiner Herrlichkeit, auch sitzen auf zwölf Thronen und richten die zwölf Stämme Israels.
Matthäus Kapitel 19 Vers 28

Wahrlich, ich sage euch: Einer unter euch, der mit mir ißt, wird mich verraten. – Einer von den Zwölfen, der mit mir seinen Bissen in die Schüssel taucht.
Markus Kapitel 14 Vers 18 und 20

Habe ich nicht euch Zwölf erwählt? Und einer von euch ist ein Teufel.
Johannes Kapitel 6 Vers 70

Hat nicht der Tag zwölf Stunden? Wer bei Tag umhergeht, der stößt sich nicht; denn er sieht das Licht dieser Welt.
Johannes Kapitel 11 Vers 9

Die Jesusworte sind wiedergegeben nach:

Die Bibel
Nach der Übersetzung Martin Luthers
Revidierte Fassung 1984
Herausgegeben von der Evangelischen Kirche in Deutschland

2 3 4 5 00 99 98

Postfach 80 06 69, 70506 Stuttgart, Tel.: 0711 / 78 80 30
Umschlaggestaltung: Jürgen Reichert, Stuttgart
Satz: Rund ums Buch, Rudi Kern, Nürtingen
Druck und Bindung: Milanostampa, Farigliano
ISBN 3 7831 1450 0

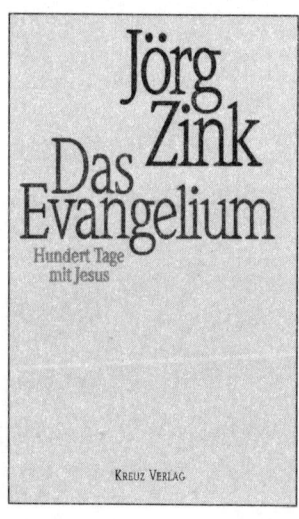